曹禺研究资料

目录索引

刘继林　王刘梅　覃雪娇　编

曹禺研究资料长编

长江出版社
上海科学技术文献出版社

图书在版编目（CIP）数据

曹禺研究资料目录索引 / 刘继林，王刘梅，覃雪娇编 .
—武汉：长江出版社，2021.3（2023.1 重印）
（曹禺研究资料长编）
ISBN 978-7-5492-7605-9

Ⅰ. ①曹… Ⅱ. ①刘…②王…③覃… Ⅲ. ①曹禺（1910-1996）—戏剧研究—研究资料—索引 Ⅳ. ①Z89:I207.34

中国版本图书馆 CIP 数据核字（2021）第 047406 号

项目统筹：张　树
责任编辑：朱　舒　李栋栋　邱　萍　湛　青
封面设计：汪　雪　彭　微

曹禺研究资料目录索引
刘继林　王刘梅　覃雪娇　编
出版发行：上海科学技术文献出版社
地　　址：上海市长乐路 746 号　200040
出版发行：长江出版社
地　　址：武汉市解放大道 1863 号　430010
经　　销：各地新华书店
印　　刷：武汉市金港彩印有限公司
规　　格：787mm×1092mm　1/16
印　　张：20.75
字　　数：465 千字
版　　次：2021 年 3 月第 1 版　2023 年 1 月第 2 次印刷
书　　号：ISBN 978-7-5492-7605-9
定　　价：120.00 元

编委会

丛书总序

史料与现实的关系

以刘川鄂为带头人的湖北大学中国现当代文学学科不仅注重作家作品、文学社团、文学现象和文学思潮的研究，同时也把大量的精力投入到中国现当代文学历史资料的发掘和整理中，从对湖北作家的相关史料发掘整理和研究出发，逐渐拓展到对文学史上重要作家作品的史料整理和研究。显然，这样的学科发展战略目标，是循序渐进、良性循环的学术策略。正是在这样的学术背景下，由刘川鄂、刘继林两位教授担任主编，湖北大学中国现当代文学学科团队精心编选的《曹禺研究资料长编》（共十一卷），旨在将业已僵化的著名大作家研究导向一种新的研究范式之中，让围绕曹禺的学术研究重新焕发出活气来。

一切学术研究的基础首先就是史料的梳理，离开了史料的依托，研究就如悬在空中的楼阁，看许多现实问题也就囿于平面化。正如编选者在其中的《曹禺综合研究资料》卷“导言”所言：“研究文学史上名有定论的作家本来就有一定难度，加上随着时间的推移，史料和研究视角越来越难发掘，未来的曹禺研究工作会越来越难超出前人的成果，越来越难找出有新意有理据的命题。”显而易见，史料的重新发掘和编选，直指的是学术研究的拓展。编选者在研究资料的选取上，充分注意到一些重要的历史节点。比如将1949年作为研究资料编选的历史切分点，并不完全是由于学科的界限，我以为更是一种对学术态度的历史检验，其中的奥妙就在于作为当时的剧评家和研究者采取的是什么样的学术价值观——是凭着自己的学术良知和艺术审美对作家作品进行判断，还是跟着时代的潮流风向标走，这才是艺术评论生与死的考验。

曹禺是中国现当代文学史上的一个具有特别意义的作家，属于那种“井喷”以后就戛然而止的剧作家。“曹禺现象”恰恰是中国现当代作家在文学史变迁中最具代表性的范例，他才是与我们文学思潮史上最贴切，也是最契合文学史解剖的研究对象。如果我们意识不到这样一个“曹禺现象”在文学史上的独特意义，即便是再多的文学史资料的呈现，在许多研究者的视野中，恐怕也是一个盲点。所以，我们只有重新解读曹禺作品，重新梳理各个不同时代的曹禺研究资料，或许才能真正获取解剖“曹禺现象”的密码。只有回到历史的原点和原典之中，站在一个新的历史制高点上，我们才能看清曹禺作品的思想内容和艺术内涵，才能廓清许许多多迷失在历史河流中的“飞鱼”和“蜉蝣”行状。

毋庸置疑，自《雷雨》开始的曹禺戏剧创作，是中国戏剧史上历经八十七年的奇迹，也是中国现当代文学史上“最雷雨”的戏剧发生的时段，它见证的是中国文学在启蒙主义进入一个复杂的现代语境窗口时的深刻内涵，同时也是中国戏剧文学在艺术方法和艺术技巧上借鉴西方戏剧第一次“吃螃蟹”的历程。如何看待这一现象，应该是值得研究者注意的问题。

之所以说《雷雨》在启蒙主义的窗口上，强化了对封建的专制主义的批判，用“最雷雨”的批判现实主义方法抨击了家长制戕害人性的本质，是因为尽管窗外雷电交加，但是，那个“铁屋子”里仍然在演绎着一幕幕人间的悲剧，也只有悲剧才最能引起人们心灵的震撼。从某种意义上来说，它引起的不仅仅是亚里士多德古典悲剧的“同情和怜悯”，从悲剧的本质意义上来说，“最雷雨的”《雷雨》才是见证历史的活剧。这样一出活剧贯穿于中国文学的过去、现在和未来，这才是《雷雨》的意义所在。因此，也只有翻开这八十七年对《雷雨》以及曹禺几个代表作的批评研究、传播接受的历史，我们方才可以看出这套丛书的重大意义所在。

之所以说《雷雨》是中国戏剧汲取西方戏剧艺术方法与技巧精华的真正开端，为中国戏剧走向现代奠定了坚实的基础，并在一定程度上影响了整个文学领域对外开放的格局，让人们知晓中国文学正因为有了世界文学艺术方法和技巧的参照，才成为独特的艺术，只有“拿来”，方才可以攻玉，才能走向新生；亦只有熟悉了自《雷雨》开始的两种艺术观的争论，在史料的长廊中寻觅到艺术的真谛，我们的文学艺术才能得到长足的发展。

我充分理解湖北大学文学院编辑这套研究资料的良苦用心，囿于曹禺研究的停滞不前、文学史研究的基本定型，没有史料的重现，就不足以唤醒人们的价值理念，就不能触发研究者的研究冲动，也就不能让这个领域的研究走向深入。编选者认为四十余年来“海内外、多视角全面推进”的曹禺研究格局成就很大，似乎过于乐观了一点。尽管涌现出的著述颇丰，但多为重复叠加的著述，难免捉襟见肘，鲜有能够警醒世人、真正拓展研究深度和广度的扛鼎之作。而这套即将面世的丛书，将极大催生新见解、新角度的曹禺研究著述的问世。在某种程度上，它应该是曹禺研究的“助产士”。

道路是曲折的，也是十分艰难的，今后也许会更加艰难，但是我们仍然要前行，谁让你是一个只能尊重历史的研究者呢？！

中国现代文学研究会会长
南京大学文学院教授　　丁　帆

2020 年 10 月 1 日草于南大和园

目录

曹禺著述系年目录

1923年

澄江的中元节(杂感)

署名万家宝。载《少年》1923年第13卷第8期。

1926年

今宵酒醒何处(小说)

署名曹禺。载《庸报·玄背》1926年9月第6—10期。

林中(诗)

载《庸报·玄背》1926年10月31日第13期。

"菊""酒""西风"(诗)

载《庸报·玄背》1926年10月31日第13期。

1927年

杂感(杂文)

署名万家宝。载《南中周刊》1927年4月18日第20期。

偶像孔子(杂文)

署名万家宝。载《南中周刊》1927年5月第25期。

房东太太(翻译小说)

署名曹禺。载《国闻周报》1927年6月12日第4卷第22期。

"中国人,你听着!"(杂文)

署名小石。载《南中周刊》1927年双十专号第30期。

1928年

压迫(独幕剧)

署名碧郎。载《南开双周》1928年第1期。

一个独身者的零零碎碎(翻译小说)

署名曹禺。载《国闻周报》1928年2月26日第5卷第7期。

四月梢,我送别一个美丽的行人(诗)

署名万家宝。载《南开双周》(南中半月刊)1928年3月19日第1卷第1期。

不久长,不久长(诗)

署名曹禺。载《南开双周》(南中半月刊)1928 年 3 月 28 日第 1 卷第 2 期。
南风曲(诗)
署名万家宝。载《南开双周》(南中半月刊)1928 年 5 月 4 日第 1 卷第 4 期。

1929 年

太太!(改译剧作)
署名小石。载《南大周刊》1929 年 12 月 10 日第 74 期。
冬夜(改译剧作)
署名小石。载《南大周刊》1929 年 12 月 31 日第 77 期。

1930 年

争强(改译剧作)单行本
曹禺执笔,1929 年完成。1930 年 4 月以南开新剧团“南开新剧团丛书”之一出版。
《争强》序
署名万家宝。1930 年 4 月“南开新剧团丛书”《争强》单行本序言。

1931 年

拉斯基论英美大学教育(翻译)
署名万小石。载《国闻周报》1931 年第 8 卷第 31 期。

1934 年

新村正(改编剧作)
张彭春原作,1934 曹禺执笔改编。改编本散佚未见。
雷雨(四幕剧)
署名曹禺。载《文学季刊》1934 年第 1 卷第 3 期。

1935 年

我们对于文艺运动的意见(言论)(曹禺等)
载上海《芒种》1935 年 6 月 5 日第 7 期。
《雷雨》的写作(创作谈)

署名曹禺，载《杂文（月刊）》1935年第2号。

财狂（改编剧作）

张彭春、曹禺1935年共同改编，曹禺执笔。改编本散佚未见。

在韩伯康家里（杂谈）

署名万家宝。载《南开校友》1935年第1卷第3期。另见《益世报（天津）》1935年12月7日。

1936年

我如何写《雷雨》（创作谈）

载天津《大公报》1936年1月19日"文艺"副刊。收入《雷雨》（单行本）文化生活出版社1936年1月初版时改为《雷雨·序》。

雷雨（单行本）

文化生活出版社1936年1月初版。

《雷雨》日译本序

载1936年2月（日本）汽笛出版社版《雷雨》（影山三郎译）。

日出（四幕剧）

载《文季月刊》1936年第1至4期。

日出（单行本）

文化生活出版社1936年11月初版。

1937年

我怎样写《日出》（创作谈）

载于《大公报（天津）》1937年2月28日"文艺"副刊。收入文化生活出版社《日出》（单行本）时题为《跋》。

原野（三幕剧）

载《文丛》1937年第1卷第2至5期（4月15日至7月15日）。

中国话剧应走的路线（演讲）

载《学校新闻》1937年6月5日第63号。

曹禺先生来信 关于他在中大的讲演（消息）

载《学校新闻》，1937年6月12日第64号。

原野（单行本）

文化生活出版社1937年8月版。

1938年

抗战剧下乡(杂论)

载《新蜀报》1938年3月6日第3版。

《前夜》与当前的汉奸活动(杂论)

载《新民报》1938年3月19日2版。

关于《血海怒潮》原作者及原剧本(剧评)

载《国民公报》1938年5月22日增刊第1版。

省察自己(杂论)(曹禺、老舍等)

载《文艺月刊》"九一八特辑"1938年9月16日第2卷第3期。

关于话剧的写作问题(杂论)(曹禺先生讲,杜干民记)

载《怒潮季刊》1938年10月创刊号"论著"栏。

1939年

眼前的工作(杂论)

载《国民公报》1939年1月15日"星期增刊"。

莫斯科天空下(书评)

载重庆《新经济(半月刊)》1939年1月16日第1卷第5期。

1940年

编剧术(演讲)

载《战时戏剧讲座》,(重庆)正中书局1940年1月版。

黑字二十八(四幕剧)(战时戏剧丛书)

(重庆)正中书局1940年3月初版。原名《全民总动员》,1938年与宋之的合作完成。

蜕变(四幕剧)

载重庆《国民公报》1940年4月16日—6月3日。

正在想(独幕剧)

载《剧场艺术》,1940年7月10日第2卷第6、7期合刊。

正在想(单行本)(文学小丛刊)

文化生活出版社1940年10月初版。

蜕变(单行本)

商务印书馆1940年10月初版。

1941年

争强(剧评)

载1941年1月《剧艺》。该文是1930年南开新剧团《争强》单行本“序”的主体部分。

我们底表演基本训练的方针和方法(讲义)

署名万家宝、金韵之,载国立戏剧学校编《表演艺术论文集》(正中书局1941年4月版)。

高氏写作的态度(杂论)

载上海《正言报》1941年4月25日第8版“高尔斯华绥研究专辑”。

关于“蜕变”二字(创作谈)

载《小剧场(半月丛刊)》,1941年第6期。此文原为《蜕变》商务印书馆1940年10月版《后记》。收入文化生活出版社版《蜕变》时,亦沿用《关于“蜕变”二字》题目,作为后记。

赠友人(旧体诗)

作于1941年(田本相《曹禺全集(第六卷)》)。一说作于1943年(刘厚生《几点粗浅的想法》)。

北京人(三幕剧)

载香港《大公报》1941年5月22日—8月9日。

北京人(单行本)

重庆文化生活出版社1941年12月初版。

1942年

家(四幕剧)(单行本)

重庆文化生活出版社1942年12月初版。

1943年

悲剧的精神(演讲)(曹禺讲,李家安笔记)

载《储汇服务》1943年4月15日第25期。另《悲剧的精神——在重庆储汇局同人进修社服务社讲》,转载《半月文萃》1943年8月第2卷第2期。

镀金(独幕剧)(改译剧作)

载《戏剧时代》1943年11月第1卷第1期创刊号。写于1936年。

史剧与悲剧(演讲)

载《东南日报》1943年12月9日第4版。

1944 年

柔蜜欧与幽丽叶(翻译剧作)

载《文学修养》1944 年第 2 卷第 3、4 期。

柔蜜欧与幽丽叶(单行本)(译文丛书)

文化生活出版社 1944 年 3 月第 1 版。

戏剧与青年教育(演讲)

载《文化新闻》1944 年 11 月 4 日第 2 版。后收入“三民主义青年团中央干事会文化建设运动委员会”编《文化建设论丛(第一辑)》(青年出版社 1946 年 6 月版)。

1946 年

桥(多幕剧,仅发表两幕)

载《文艺复兴》1946 年第 1 卷第 3、4、5 期。

张伯苓先生七十大庆(诗)(与老舍合作)

载《伉俪月刊》1946 年第 1 卷第 3 期。

我国第一部五彩片将在美国拍制(消息)

载《时代电影》1946 年 8 月 15 日新第 1 卷第 19 期。

写作材料的囤积(言论)

载《大光明》1946 年第 6 期。

THE MODERN CHINESE THEATRE(《现代中国戏剧》)(演讲)

署名 Wan, Chia-pao(万家宝),载于美国纽约出版的 *National Reconstruction Journal*(《学术建国丛刊》)1946 年第 7 卷第 1 期。

1947 年

美国的戏剧——曹禺归来一夕谈(消息)(作者陈霞飞)

载《大公晚报》1947 年 2 月 23 日。

美国现代剧坛——记万家宝的讲演(消息)(作者乐梅岑)

载《申报(上海)》1947 年 3 月 18 日第 9 版。

今日美国的影剧(杂论)

载《中央周刊》1947 年第 9 卷第 23 期的“美国艺文志”专栏。

美国观感(演讲)(曹禺先生讲,欧阳文彬记)

载《明社消息》1947 年第 24 期。

《万家灯火》座谈(发言)

载《大公报(上海)》1947年7月21日。

1948年

艳阳天(电影文学剧本)(单行本)

上海文化生活出版社1948年5月版。

1949年

短歌(诗)

载香港《华商报》1949年3月6日。

代表团畅谈观感(曹禺等)

载《人民日报》1949年5月26日第1版。

我对于大会的一点意见(大会发言)

载《人民日报》1949年7月2日。

致作霖、培林(书信)

载上海文华公司1949年8月《文华影讯》。

予友人书:小市民观众问题(书信)

载《影剧新地》1949年第3期。

人民在召唤我们

载《大公报》(重庆)1949年12月31日。

1950年

漫谈下厂

作于1950年,载1950年8月《人民戏剧》第1卷第5期。

我对今后创作的初步认识

载《文艺报》1950年第3卷第1期。

向苏联艺术学习 为保卫和平奋斗

载《人民日报》1950年11月7日第6版。

前进,英雄的中国人民(诗歌)

载《人民日报》1950年11月19日第5版。

1951年

工人田小富(电影剧本)

载《北京文艺》1951 年 1 月 10 日第 1 卷第 5 期。

1952 年

参加果戈理纪念会归来

载《文艺报》1952 年 4 月 25 日第 8 号。

永远向前——一个在改造中的文艺工作者的话

载《人民日报》1952 年 5 月 24 日第 3 版。

1953 年

要深入生活

载《人民文学》,1953 年 11 期。

1954 年

明朗的天(剧本)

载《人民文学》,1954 年 9、10 期。转载《剧本》,1954 年 9、10 期。

北京——昨日和今天

载《人民中国》,1954 年 19、20 期。

用文艺宣传的实际行动,来拥护宪法草案的公布

载《人民文学》1954 年第 7 期。

柔蜜欧与幽丽叶

人民文学出版社 1954 年 8 月版。

坚决实现人民的意志

载《戏剧报》1954 年第 9 期。

1955 年

胡风先生在说谎(言论)

载《人民日报》1955 年 2 月 21 日第 3 版。

我签了名(坚决反对使用原子武器)(言论)

载《人民日报》1955 年 2 月 22 日。

谁是胡风的“敌、友、我”(言论)

载《人民日报》1955 年 5 月 18 日第 2 版。

胡风,你的主子是谁?(言论)

载《人民日报》1955年5月28日第3版。

凡是敌人最害怕的，我们就要做！（言论）

载《文艺报》1955年6月15日第11号。

朽木生出了绿芽——我所看见的清河农场

载《人民日报》1955年7月3日第3版。

和平和快乐的散播者——关于蒙古人民革命军歌舞团的演出

载《人民日报》1955年7月10日第3版。

在第一届全国人民代表大会第二次会议上的发言

1955年7月28日新华社新闻稿第1882期。

社会主义建设者的摇篮——我所见的中国人民大学

载《文艺报》1955年总第135期。

胡风是走的哪一条路？（言论）

载《文艺报》1955年第9、10期总第132期。

大家的好朋友，好先生

载《广播爱好者》1955年第4期。

极其巨大的胜利

载《戏剧报》1955年总第20期。

必须认真考虑创作问题

载《北京文艺》1955年第10期。

《明朗的天》在日本演出的祝词

载《戏剧报》1955年第12期。

1956年

独幕剧选（1954—1955）（曹禺编选）

人民文学出版社1956年2月版。

不断努力，写更好的作品

载《文艺学习》1956年3月8日第3期。

明朗的天（单行本）

人民文学出版社1956年11月版。

全人类的节日

载《人民日报》1956年11月7日第4版。

埃及，我们定要支援你！

载《人民日报》1956年11月18日。

征服不了的——记日本之行

载《人民日报》1956 年 11 月 20 日第 6 版。

半日的“旅行”——记龙须沟、北京体育馆和百货大楼

载《旅行家》1956 年总第 14 期。

致一个日本姑娘的信

载《文汇报》1956 年 12 月 5 日第 1 版。

难忘的印象

载《大公报》(北京)1956 年 12 月 7 日第 4 版。

陋规——关于剧作者的上演报酬问题

载《人民日报》1956 年 12 月 8 日第 7 版。

汗和眼泪——原子弹给日本人民的灾难

载《人民文学》1956 年 12 月 8 日第 12 期。

埃及，你一定胜利！

载《剧本》1956 年第 12 期。

1957 年

原子弹下的日本妇女

载《北京日报》1957 年 8 月 8 日第 3 版。

“夜叉”和“人”——斥右派分子吴祖光

载《北京日报》1957 年 8 月 13 日第 3 版。

灵魂的蛀虫——揭发丁玲的反党阴谋

载《人民日报》1957 年 8 月 15 日第 3 版。

我们愤怒

载《文艺报》1957 年 8 月 18 日第 20 期。

斥洋奴政客萧乾

载《人民日报》1957 年 8 月 23 日第 3 版。

人与人——昨日和今天

载《中国青年报》1957 年 9 月 9 日第 3 版。

难忘的印度

载《人民日报》1957 年 9 月 20 日第 6 版。

巴豆、砒霜、鹤顶红——斥民盟右派分子孙家琇

载《人民日报》1957 年 10 月 8 日第 7 版。

从一件小事情谈起——驳斥右派分子污蔑今天戏剧事业的谬论

载《人民文学》1957 年 10 月号。

和平的力量是不可抗拒的

载《文艺报》1957 年第 35 期。

十月革命与《带枪的人》

载《文艺报》1957 年 11 月第 31 期。

你为什么这样？——质问吴祖光

载《剧本》1957 年第 8 期。

吴祖光向我们摸出刀来了

载《戏剧报》1957 年总第 51 期。

从一只凶恶的“苍蝇”谈起

载《北京文艺》1957 年第 9 期。

1958 年

我们的春天

载《人民日报》1958 年 2 月 5 日第 8 版。

推荐“时事”戏

载《人民日报》1958 年 2 月 27 日第 7 版。

如鱼得水，飞跃在“大跃进”的海洋里

载《人民日报》1958 年 3 月 19 日第 5 版。

让我们的事业飞跃前进

载《剧本》1958 年第 4 期。

大跃进！为实现文学 32 条而斗争！

载《人民文学》1958 年 4 月 8 日第 4 期。

斥叛徒法斯特

载《文艺报》1958 年 4 月 26 日第 8 期。

关于《雷雨》在苏联上演的通信（阿·柯索夫，曹禺）

载《戏剧报》1958 年 5 月 15 日第 9 期。

六亿人民警告你

载《人民日报》1958 年 7 月 24 日第 8 版。

不退出，就消灭他！

载《中国青年报》1958 年 7 月 30 日第 4 版。

侵略者，小心你的脑袋！

载《人民日报》1958 年 9 月 8 日第 8 版。

迎春集（散文集）

北京出版社 1958 年 9 月版。

祖国在飞奔

载《北京日报》1958 年 10 月 1 日。

把侵略者埋葬在我们的领海里

载《剧本》1958 年第 10 期。

美国强盗从台湾滚出去！（田汉，老舍，曹禺）

载《剧本》1958 年第 10 期。

必须减低稿酬和上演报酬

载《文艺报》1958 年 10 月 11 日第 19 期。

我们热烈拥护降低稿酬（田汉，夏衍，老舍，阳翰笙，曹禺，陈白尘）

载《剧本》1958 年第 11 期。

伟大的文献——阅读《毛泽东同志论帝国主义和一切反动派都是纸老虎》

载《人民文学》1958 年第 12 期。

创造更完美的现代题材的戏曲剧目——看陕西省戏曲赴京演出团的演出

载《人民日报》1958 年 12 月 23 日第 7 版。

1959 年

提高戏剧艺术的质量——曹禺代表的发言

载《人民日报》1959 年 5 月 3 日第 10 版。

1961 年

谁活在我们心当中——"六一"儿童节，小学生方子、元元、乃华朗诵的一首诗

载《人民日报》1961 年 6 月 1 日第 8 版。

胆剑篇（五幕剧）（附：越人战歌）（曹禺，梅阡，于是之）

载《人民文学》1961 年第 7—8 期。

"雪浪花"

载《文艺报》1961 年第 12 期。

谈读书

载《戏剧报》1961 年第 Z6 期。

对种族歧视的控诉——中国剧协艺委会座谈《黑奴恨》（田汉，曹禺，阳翰笙，陈默，金山，凤子）

载《戏剧报》1961 年第 Z4 期。

1962 年

漫谈创作

载《戏剧报》1962年第6期。

胆剑篇(单行本)

中国戏剧出版社1962年10月版。

我国戏剧家致函古巴戏剧家支持古巴人民反对美国侵略的正义斗争(田汉,周信芳,曹禺)

载《戏剧报》1962年第11期。

语言学习杂感

载《红旗》1962年14期。

1963年

革命的脊梁骨

载《人民日报》1963年6月30日第5版。

1964年

拉紧绞索(诗歌)

载《人民日报》1964年1月21日第6版。

赞《激流勇进》

载《戏剧报》1964年2期。

迎接百花怒放的季节

载《北京日报》1964年4月1日第3版。

两出好话剧——推荐《龙江颂》和《激流勇进》

载《剧本》1964年第3期。

话剧的新收获——《千万不要忘记》观后感

载《文学评论》1964年3期。

一场文化大革命

载《人民日报》1964年7月15日第6版。

更高地举起文化革命的红旗

载《北京日报》1964年10月1日第7版。

革命风雷

载《红旗》1964年10月1日第19期。

文化大革命万岁

载《人民日报》1964年10月17日第6版。

1965 年

文化革命的新风气

载《戏剧报》1965 年第 3 期。

欢迎日本话剧界战友

载《人民日报》1965 年 4 月 22 日第 6 版。

伟大时代的颂歌——学习华北区话剧歌剧观摩演出的体会

载《北京日报》1965 年 4 月 30 日第 6 版。

越南人民必胜

载《人民文学》1965 年第 5 期。

文艺战线上的尖刀——看兰州部队某部业余九人话剧组演出的小话剧有感

载《人民日报》1965 年 10 月 12 日第 6 版。

一心一意为革命——读王杰同志日记

载《戏剧报》1965 年第 11 期。

1976 年

认真学习毛主席词二首:我们要歌唱

载《北京文艺》1976 年第 2 期。

永远铭记毛主席的教导

载《人民戏剧》1976 年第 5 期。

1977 年

亲切的关怀　巨大的鞭策

载《人民戏剧》1977 年第 1 期。

难忘的一九七六

载《北京文艺》1977 年第 2 期。

胜利的奠基

载《人民文学》1977 年第 2 期。

奋起金棒驱迷雾　好锄大地种新花——戏剧工作者座谈纪念“百花齐放、百家争鸣”方针发表二十周年

载《人民戏剧》1977 年第 3 期。

寄给远方的同志

载《北京日报》1977 年 9 月 17 日第 3 版。

“从此旧剧开了新生面”——赞京剧《逼上梁山》

载《人民日报》1977年10月12日第3版。

攻关的人们

载《人民日报》1977年11月15日第3版。

“黑线专政”论抹煞不了毛主席、周总理的丰功伟绩

载《人民戏剧》1977年第12期。

不容抹煞的十七年

载《光明日报》1977年12月7日。

迎接霞光灿烂的文艺春天

载《北京日报》1977年12月17日第2版。

1978年

献给周总理的八十诞辰

载《北京文艺》1978年3月10日第3期。

纪念易卜生诞辰一百五十周年

载《人民日报》1978年3月21日第5版。

重看《龙须沟》

载《人民电影》1978年3月22日第2、3期合刊。

一位教师的家信

载《人民教育》1978年第3期。

看《最后一幕》

载《人民戏剧》1978年第4期。

在新的长征的道路上（曹禺等，戏剧界参加全国五届人大和五届政协会议的部分代表发言）

载《人民戏剧》1978年第4期。

红杏枝头春意闹

载《人民日报》1978年4月13日第4版。

看话剧《丹心谱》

载《人民日报》1978年4月24日第3版。

郭老活在我们的心里

载《光明日报》1978年6月20日。

沉痛的追悼

载《人民文学》1978年7月20日第7期。

郭老给予我们的教育

载《人民戏剧》1978年第7期。

团结全国戏剧工作者，高歌猛进！（祝贺中国文联和中国剧协恢复活动）

载《人民戏剧》1978 年第 7 期。

为了不能忘却的纪念

载《文汇报》1978 年 8 月 6 日。

怀念老舍先生

载《北京日报》1978 年 10 月 8 日。

新疆札记

载《文汇报》1978 年 10 月 8 日。

北京市文联第三届理事会第二次扩大会议开幕词

载《北京文艺》1978 年第 10 期。

一声惊雷——赞话剧《于无声处》

载《人民日报》1978 年 11 月 16 日第 3 版。

王昭君(五幕历史剧)

载《人民文学》1978 年第 11 期。

话剧《杨开慧》座谈撷英

载《人民戏剧》1978 年第 10 期。

关于话剧《王昭君》的创作

载《人民戏剧》1978 年第 12 期。

为了那一天

载《光明日报》1978 年 12 月 27 日。

1979 年

今日送来长相欢——热烈欢迎日本歌舞伎访华使节团

载《北京日报》1979 年 1 月 8 日。

《于无声处》三人谈(曹禺,赵寻,宗福先)

载《人民戏剧》1979 年第 1 期。

让中美友谊之花盛开

载《人民戏剧》1979 年第 1 期。

向台湾同胞拜年

载《人民日报》1979 年 1 月 28 日第 3 版。

从《望乡》谈起

载《大众电影》1979 年第 1 期。

王昭君(单行本)

四川人民出版社 1979 年 2 月版。

我们尊敬的老舍先生——纪念老舍先生八十诞辰

载《人民日报》1979 年 2 月 9 日第 3 版。
简谈《雷雨》
载《收获》1979 年第 2 期。
几点随想(学习周总理关于文艺工作的讲话)
载《剧本》1979 年第 2 期。
闪闪发光的一出好戏——看《陈毅出山》
载《南方日报》1979 年 3 月 6 日。
曹禺谈《雷雨》
载《人民戏剧》1979 年第 3 期。
昭君自有千秋在——我为什么写《王昭君》
载《民族团结》1979 年 3 月 2 日第 2 期。
怀念我们戏剧界前辈——田汉先生
载香港《大公报》1979 年 4 月 8—9 日。
勇于实践的首创精神——看秦腔《西安事变》有感
载《陕西日报》1979 年 4 月 11 日。
刻苦学习,加强实践
载《戏剧学习》1979 年第 3 期。
多写、多写、再多写——与青年电影剧作者的谈话
载《电影艺术》1979 年第 4 期。
戏剧工作者的良师益友——怀念田汉同志
载《人民戏剧》1979 年第 4 期。
纪念莎士比亚四百五十周年诞辰
载香港《大公报》1979 年 4 月 22 日。
《求凰集》序
载香港《文汇报》1979 年 6 月 17 日。
道路宽广 大有作为
载《人民戏剧》1979 年第 6 期。
思想要解放,创作得繁荣
载《文艺报》1979 年第 6 期。
情意深深忆菊隐——《焦菊隐戏剧论文集》序
载《艺术世界》第 1 辑,上海文艺出版社 1979 年 7 月版。
"有朋自远方来"——欢迎英国老维克剧团来华演出
载《人民日报》1979 年 11 月 3 日第 6 版。
《北京短篇小说选(1949—1979)》序
载《北京短篇小说选(1949—1979)》,北京出版社 1979 年 11 月版。
迎接社会主义戏剧繁荣的新时代——中国戏剧家协会第三次会员代表大会开幕词

载《上海戏剧》1979 年第 6 期、《剧本》1979 年第 12 期。

1980 年

贺词(中央戏剧学院建院三十周年纪念)

载《戏剧学习》1980 年第 4 期。

戏剧创作漫谈

载《剧本》1980 年第 7 期。

北京市文学艺术工作者第四次代表大会开幕词

载《北京文艺》1980 年第 7 期。

《〈茶馆〉的舞台艺术》序言

载《人民日报》1980 年 8 月 9 日第 8 版。

《荀慧生演剧散论》序

载《荀慧生演剧散论》,上海文艺出版社 1980 年 8 月版。

写在《威尼斯商人》上演之前

载《北京晚报》1980 年 9 月 4 日。

怀念赵丹同志

载《文汇报》1980 年 10 月 15 日。

我们一同歌唱

载《新疆文学》1980 年第 11 期。

《老舍的话剧艺术》序

载《人民日报》1980 年 12 月 20 日。

1981 年

赞维吾尔族歌剧《艾里甫·赛乃姆》

载《新疆日报》1981 年 1 月 25 日。

想想孩子们吧!

载《人民日报》1981 年 1 月 26 日第 8 版。

漫谈小剧本创作——贺《小剧本》复刊

载《小剧本》1981 第 1 期。

强有力的竞争者——祝贺《北京艺术》创刊

载《北京艺术》1981 年创刊号。

《徐九经升官记》在北京——首都戏剧家关于《徐》剧的评论

载《长江戏剧》1981 年第 1 期。

一代名家,不同凡响——在侯喜瑞先生舞台生活八十年纪念会上的祝词载《戏曲艺术》1981 年第 2 期。

"黄泉前后人,少壮须努力!"——在中央戏剧学院导演进修班毕业典礼上的讲话

载《戏剧学习》1981 年第 3 期。

我的生活和创作道路——同田本相的谈话

载《戏剧论丛》1981 年第 2 期。

致巴金——响应建立"中国现代文学馆"

载《人民日报》1981 年 4 月 2 日第 8 版。

致巴金

载《档案工作》1981 年第 3 期。

向茅盾先生学习

载《文汇报》1981 年 4 月 12 日。

"我的心向着你们"——悼念茅盾同志

载《中国青年报》1981 年 4 月 16 日。

今日复何日,共此好时光——贺日本话剧访华演出团

载《人民日报》1981 年 4 月 21 日第 8 版。

天地共存

载《解放日报》1981 年 4 月 26 日。

《李苦禅画集》序

载《李苦禅画集》,山东人民出版社 1981 年 4 月版。

我对戏剧创作的希望

载《剧本》1981 年第 4 期。

自己费力找到真理——1981 年 2 月 17 日在北京人艺《日出》剧组的谈话

载《人民戏剧》1981 年第 6 期。

给苏予同志的一封信

载《新港》1981 年第 7 期。

我的一生始终接受着党的教育

载《人民戏剧》1981 年 7 月 18 日第 7 期。

满怀信心——以《决议》为指导,繁荣戏剧事业

载《人民戏剧》1981 年第 8 期。

舞蹈大家——崔美善

载《人民日报》1981 年 9 月 14 日第 8 版。

学习鲁迅

载《剧本》1981 年第 10 期。

镀金(独幕剧)(附作者:《镀金》后记)

载《小剧本》1981 年第 11 期。

我爱北京人民艺术剧院

载《文汇月刊》1981年第12期。

工人阶级真是了不起——同天津市第二电子仪器厂《分忧》剧组座谈时的发言

载《工人日报》1981年12月17日。

《中国戏剧年鉴(1981)》序言

载《中国戏剧年鉴(1981)》,中国戏剧出版社1981年12月版。

出色的贡献——在上海首届戏剧节上的祝辞

载《文学报》1981年第35期。

1982年

为评弹说几句话

载《新民晚报》1982年1月15日。

探索人生,追求真理——曹禺同志九月十三日接见安庆市文艺工作者时的讲话

载《黄梅戏艺术》第1期,1982年1月版。

《攻坚集》序

载《人民戏剧》1982年第1期。

要生活,也要胆识

载《剧本》1982年第1期。

为中国文化争光——看芭蕾舞剧《雷雨》有感

载《上海画报》1982年第1期。

回忆在天津开始的戏剧生活

载《天津日报》1982年3月14日。

谈侯喜瑞对人物形象的创造——在京剧表演艺术家侯喜瑞艺术生活八十周年庆祝会上的讲话

载《贵州戏剧》1982年2期。

新的一年,新的期望

载《戏剧研究》(剪报资料)1982年第2期。

纪念北京人艺建院三十周年

载《戏剧论丛》1982年第2期。

原野(曹禺,凌子)

载《南国戏剧》1982年第2期。

重视舞台美术在戏剧艺术中的地位——在中国舞台美术学会成立大会上的讲话

载《舞台美术与技术》1982年第2期。

评论需要学识与胆识

载《人民戏剧》1982年第4期。

《京剧漫话》序

载《京剧漫话》，北京出版社1982年6月版。

在全国中青年话剧作者读书会上的开幕词

载《戏剧界》1982年第6期。

广播剧是大有前途的

载《人民日报》1982年7月18日第5版。

特殊的魅力——《广播剧选》序言

载《广播节目报》1982年7月26日。

和剧作家们谈读书和写作——在中青年话剧作者读书会上的讲话

载《剧本》1982年第10期。

我所喜爱的舞剧

载《花仙——卓瓦桑姆》，四川人民出版社1982年10月版。

三访日本

载《光明日报》1982年11月3日。

神妙的舞台——祝贺全国舞台美术展览会

载《人民日报》1982年12月28日第8版。

1983年

新年的祝愿

载《剧本》1983年第1期。

关于《绝对信号》的通信(曹禺，高行健，林兆华)

载《十月》1983年第3期。

向莎士比亚学习——《莎士比亚研究》发刊词

载《人民日报》1983年4月5日第5版。

热烈的祝贺，真诚的希望

载《大众电视》1983年第5期。

美好的感情

载《绿·万叶散文丛刊(第1辑)》，文化艺术出版社1983年6月版。

不要辜负人民的期望

载《戏剧报》1983年第7期。

“威利，你为什么要这样?”——看了北京人艺《推销员之死》的演出

载《文艺报》1983年第7期。

《舞台美术选集》序

载《舞台美术选集》，中国戏剧出版社1983年8月版。

《李宏林电视剧本集》序

载《辽宁日报》1983年9月13日，另见《电视文艺》1983年第12期。

谈电视连续剧《红楼梦》的改编

载《光明日报》1983 年 9 月 15 日。

为振兴川剧欢呼

载《人民日报》1983 年 10 月 8 日第 8 版。

坚持和发展毛泽东文艺思想，抵制和清除精神污染

载《戏剧报》1983 年第 12 期。

1984 年

一面镜子——《劳资科长》观后

载《人民日报》1984 年 1 月 14 日。

让《火热的心》更多一些吧！

载《解放军报》1984 年 1 月 19 日。

潜江新花——推荐《家庭公案》

载《光明日报》1984 年 1 月 26 日。

后记（电影剧本《日出》）

载《收获》1984 年第 3 期。

我很想念老舍先生

载《人民文学》1984 年第 4 期。

学而优则“美”——在北京市戏曲表演艺术讲习班结业式上的讲话

载《戏剧电影报》1984 年 6 月 17 日。

《蜕变》写作的前后

载《华东师范大学学报（哲社版）》1984 年第 4 期。

看了《青丝恨》的排练

载《文汇月刊》1984 年第 10 期。

祖国正在全面改革

载《剧本》1984 年第 10 期。

一部值得一读的好书——《南开话剧运动史料》

载《人民日报》1984 年 10 月 17 日。

回忆蒲州梆子

载《戏剧报》1984 年第 12 期。

马彦祥、曹禺、葛一虹谈洪深

载《戏剧报》1984 年第 12 期。

希望大批优秀人才茁壮成长

载《剧本》1984 年第 12 期。

1985 年

祝贺《新剧本》的诞生

载《新剧本》1985 年 1 月 2 日第 1 期。

重印《日出》后记

载《日出》(四幕话剧),四川文艺出版社 1985 年 2 月版。

我所知道的奥尼尔——为《奥尼尔剧作选》写的序

载《外国戏剧》1985 年第 1 期。

伯钊同志,你永远在我们中间

载《人民日报》1985 年 4 月 28 日。

肩负起时代交给我们的重托(中国剧协四大开幕词)

载《人民日报》1985 年 4 月 29 日。

论戏剧(曹禺戏剧集之一种)

四川文艺出版社 1985 年 5 月版。

中国戏剧家协会第四次会员代表大会开幕词

载《剧本》1985 年第 5 期。

一部极其出色的电视剧(《四世同堂》)

载《瞭望(新闻周刊)》1985 年 8 月 5 日第 31 期。

永远珍美的玫瑰——看电视连续剧《四世同堂》

载《红旗》1985 年第 16 期。

创造我们民族的舞台美术

载《人民日报》1985 年 9 月 23 日。

天然生出的花枝

载《收获》1985 年 9 月 25 日第 5 期。

从夏衍那里学到了什么——在纪念夏衍同志从事文学创作六十五周年暨戏剧与电影创作五十五周年座谈会上的发言

载《剧本》1985 年第 9 期。

台湾,我心往神追的地方

载《人民政协报》1985 年 11 月 8 日。

话剧的新时代就要到来了——在中国话剧文学学术讨论会开幕式上的发言

载《戏剧报》1985 年第 11 期。

怀念焦菊隐

载《解放日报》1985 年 12 月 19 日。

1986 年

能开天地春——在重庆雾季艺术节开幕式上的讲话

载《戏剧与电影》1986 年第 1 期。

在夏衍的目光里

载《戏剧报》1986 年第 1 期。

危机里蕴育着生机

载《剧本》1986 年第 1 期。

应该重新认识《赛金花》

载《戏剧界》1986 年第 1 期。

人的悲剧——看《上帝的宠儿》

载《文艺报》1986 年 3 月 8 日第 4 版。

曹禺同志的讲话

载《中国评剧》第 1 卷，1986 年 3 月版。

振奋精神　繁荣戏剧

载《人民日报》1986 年 5 月 5 日第 7 版。

《一个演员的自白》序

载《一个演员的自白》，漓江出版社 1986 年 5 月版。

中国需要这样的普及(《世界文学名著》连环画丛书序)

载《文学报》1986 年 6 月 5 日。

我对歌剧的几点意见

载《人民日报》1986 年 6 月 21 日第 8 版、《中国音乐》1986 年第 3 期。

劲可鼓不可泄

载《戏剧报》1986 年第 4 期。

莎士比亚属于我们——首届中国莎士比亚戏剧节闭幕词

载《戏剧报》1986 年第 6 期。

《中国十大古典悲剧连环画集》《中国十大古典喜剧连环画集》序

载《连环画报》1986 年第 10 期。

美玉——看话剧《和氏璧》

载《人民日报》1986 年 11 月 11 日第 8 版。

欢迎日本的戏剧使者——写在“日本布莱希特研究者访华团”演出之前

载《人民日报》1986 年 11 月 22 日第 8 版。

美育应该伴随人的一生

载《光明日报》1986 年 11 月 28 日。

日出(电影文学剧本，单行本)(改编:曹禺 万方)

中国电影出版社 1986 年版。

1987 年

祝愿

载《戏剧报》1987年第1期。

贺佐临

载《戏剧报》1987年第1期。

喜听广播剧《陈妙常》

载《北京广播学院学报》1987年第1期。

祝你们幸福

载《中外妇女》1987年第1期。

妇女颂——祝贺三八妇女节

载《中外妇女》1987年第3期。

了解文化传统的一个捷径——读两种中国古典戏剧连环画集

载《人民日报》1987年3月26日第5版。

《中国评剧》纪念小白玉题词

载《中国评剧》第2卷,1987年4月。

赞"大学生电视剧"

载《人民日报》1987年5月16日第8版。

煎饼果子

载《中国美食与营养(第1辑)》,轻工业出版社1987年版。

秦腔不得了呀!

载《当代戏剧》1987年9月15日第5期。

我的喜悦和祝贺

载《人民画报》1987年第8期。

关于中国歌剧的通信(曹禺,乔羽)

载《人民音乐》1987年第9期。

阳光下的孩子

载《剧本》1987年第11期。

六十年来——巴金文学创作生涯60年展览感言

载《人民日报》1987年11月18日第8版。

三十年前的稿纸

载《人民日报》(海外版)1987年11月25日第7版。

一部电激雷鸣的史剧——看话剧《决战淮海》随想

载《人民日报》1987年12月5日第8版。

骏马 雄鹰

载《剧本》1987年第12期。

1988年

张庚的道德文章

载《戏剧报》1988 年第 2 期。

我的感受——话剧《黑色的石头》观后

载《剧作家》1988 年第 2 期。

曹禺同志的讲话

载《话剧艺术研究·〈黑色的石头〉专辑》第 2 辑,1988 年版。

曹禺同志在"首都话剧信息交流会"上的讲话

载《1987 首都话剧信息交流会发言汇编》,1988 年 4 月版。

我看《火神与秋女》

载《人民日报》1988 年 5 月 17 日第 8 版。

为心爱的事业奋斗——在"第四届全国优秀剧本奖"发奖大会上的讲话

载《剧本》1988 年第 7 期。

美在流动中

载《人民日报》1988 年 9 月 10 日。

首届中国戏剧节献辞

载《人民日报》1988 年 11 月 23 日第 8 版。

曹禺文集(1—4 卷)

中国戏剧出版社 1988—1990 年版。

1989 年

提出一些好的建议

载《人民日报》1989 年 3 月 19 日第 1 版。

演课本剧好

载《天津日报》1989 年 4 月 3 日第 7 版。

《中国抗日战争时期大后方文学书系·第七编·戏剧·第一集》序

载《中国抗日战争时期大后方文学书系·第七编·戏剧·第一集》,重庆出版社 1989 年 6 月版。

孩子要会玩

载《语文学习》1989 年第 9 期。

祝辞

载《民族艺术》1989 年第 4 期。

我是潜江人

载《光明日报》1989 年 11 月 19 日。

曹禺同志给"振兴话剧奖"发奖大会的贺信

载《话语艺术研究》第 3 辑,1989 年 12 月编印。

1990年

顾先生的戏(《顾毓琇戏剧选》序)

载《顾毓琇戏剧选》,商务印书馆1990年3月版。

不朽的事业　伟大的人生——贺《金乃千的艺术生活》出版

载《天津日报》1990年8月4日。

萧老的一生是光辉灿烂的——在纪念萧长华先生诞辰100周年座谈会上的讲话

载《萧长华艺术评论集》,中国戏剧出版社1990年10月版。

我的祝贺(中央戏剧学院建院40周年)

载《人民日报》1990年10月23日第8版。

1991年

我的希望——在全国青年业余文艺创作者会议开幕式上的书面发言

载《光明日报》1991年3月8日第3版、《中国青年报》1991年3月8日第2版。

祝贺母校建校八十周年题词

载《清华校友通讯·庆祝清华大学建校八十周年》(复23册),清华大学出版社1991年4月版。

雪松

载《收获》1991年第6期。

他是一个真正的戏剧家

载《洪深——回忆洪深专辑》,中国文史出版社1991年7月版。

《导演艺术民族化求索集》序

载《导演艺术民族化求索集》,中国戏剧出版社1991年9月版。

玻璃翠(新诗)

10月23日作于北京医院,收入《曹禺全集》第6卷。

书赠王永光同志

载《珠光集——庆祝陈爱珠从事戏剧三十六周年王永光荣获中国戏剧梅花奖专辑》,湖南岳麓诗社1991年10月编印。

曹禺题词

载《剧本》1991年第12期。

1992年

《国立剧专十四年》序

载《戏剧与电影》1992年第3期。

期待有一个更美好的未来

载《人民日报》1992年7月23日第5版。

我的老师

载《人民日报》1992年11月30日第8版。

1993年

读书　学习　丰富自己

载《剧本》1993年4月28日第4期。

祝贺信(张君秋艺术生活60周年)

载《戏曲艺术》1993年5月15日第2期。

曹禺等戏剧家为振兴昆剧联名呼吁

载《中国戏剧》1993年第8期。

文学语言应该规范化(曹禺,李润新)

载《语文建设》1993年第11期。

翰老寿终人未去,永在征途最高峰

载《光明日报》1993年7月5日第5版。

翰老寿终人未去,永在征途最高峰——在缅怀阳翰笙同志座谈会上的书面发言

载《剧本》1993年7月28日第7期。

提倡小剧场戏剧

载《人民日报》1993年11月30日第8版。

曹禺、周光召为当代名家文库建立题词

载《北京图书馆馆刊》1993年第7—8期。

1994年

兵马俑词

载《咏秦诗》,陕西人民教育出版社1994年7月版。

我向读者推荐这本书——《带血的忠诚·靳树增传》序

载《带血的忠诚——靳树增传》,改革出版社1994年9月版。

窗口里的风景

载《新民晚报》1994年10月31日。

1995年

一部可读的传记佳作(注:《孙越崎传》)

载《人民日报》1995 年 3 月 2 日第 10 版。

诗十首

载《诗刊》1995 年第 5 期。

贺唐代梨园遗址剪彩揭碑

载《碑林集刊》1995 辑。

参观兵马俑

载《碑林集刊》1995 辑。

京剧如何走向青年

载《人民日报》1995 年 12 月 15 日第 10 版。

1996 年

这样的戏剧艺术家——纪念焦菊隐诞辰九十周年

载《中国戏剧》1996 年第 1 期。

诗四首

载《诗刊》1996 年第 2 期。

《梨园考论》序

载《当代戏剧》1996 年第 3 期。

讲求艺德 加强修养

载《人民日报》1996 年 4 月 5 日第 10 版。

贺词

载《中国戏剧》1996 年 4 月 18 日第 4 期。

曹禺全集(田本相、刘一军主编)

花山文艺出版社 1996 年 7 月版。

往事沧桑话梨园

载《大舞台》1996 年第 4 期。

为中国田汉基金会成立贺词

载《中国戏剧》1996 年第 4 期。

美丽的种子(写老伴李玉茹)

载《大舞台》1996 年第 6 期。

《雷雨》在这里诞生(文:郑秀)

载《光明日报》1996 年 8 月 12 日。

加强中华剧人的团结(在“’96 中国戏剧交流暨学术研讨会”上的祝词)

载《人民日报》1996 年 8 月 31 日第 7 版。

锤炼梅花品格　发扬梅花精神

载《中国戏剧》1996 年第 10 期。

曹禺先生在 1995 年曹禺戏剧文学奖颁奖大会上的书面发言

载《剧本》1996 年 11 月 28 日第 11 期。

《和天使一起飞翔》序

载《文汇报》1996 年 12 月 24 日第 8 版。

1997 年及以后

唱《原野》(曹禺、萧赛)

载《戏剧家》1997 年第 1 期。

已经忘却的日子

载《收获》1997 年 5 月 25 日第 3 期。

唐槐秋和中国旅行剧团

载《戏剧之家》1998 年 5 期。

没有说完的话

山东友谊出版社 1998 年 12 月版。

曹禺给田本相的信

载《新文学史料》2002 年 11 月 22 日第 4 期。

原野(四幕歌剧)(曹禺原著,万方编剧,金湘作曲)

上海音乐出版社 2004 年版。

天津南开,我戏曲生活的开端

载《中学生》2006 年第 31 期。

曹禺同志的谈话

载《曹禺研究》第 3 辑,中国文史出版社 2006 年 10 月版。

写给女儿的信

载《中学生阅读(高考版)》2007 年第 12 期。

“向阳情结”牵动我的故乡情(李城外,曹禺)

载《湖北档案》2007 年第 12 期。

曹禺致吴组缃的三封信

载《新文学史料》2008 年第 1 期。

致李致书信

载《四川戏剧》2008 年第 3 期。

曹禺致李致书信(李致编)

四川出版集团、四川教育出版社 2010 年 9 月版。

曹禺巴金书简

载《收获》2010 年 11 月 15 日第 6 期。

曹禺晚年书简——致巴金、祝鸿生、李小林

载《现代中文学刊》2010 年第 6 期。

曹禺手迹

载《剧本》2010 年第 9 期。

黄永玉与曹禺先生的通信

载《杂文选刊(中旬版)》2011 年第 6 期。

曹禺:为写《日出》接触黑暗社会

载《纪实》2011 年第 1 期。

曹禺研究相关著作目录

一、重要曹禺作品集

《曹禺戏剧集》(共8种,《雷雨》《日出》《原野》《北京人》《蜕变》《家》《桥》(未出)《独幕剧集》),文化生活出版社,1940年代多个版本。

《曹禺选集》(《雷雨》《日出》《北京人》),开明出版社,1951。

《曹禺剧本选》(《雷雨》《日出》《北京人》),人民文学出版社,1954。

《曹禺选集》(《雷雨》《日出》《北京人》),人民文学出版社,1961、1978。

《曹禺戏剧集》(共12种,《雷雨》《日出》《原野》《蜕变》《北京人》《家》《桥》《明朗的天》《胆剑篇》《王昭君》《独幕剧集》《论戏剧》),四川文艺出版社,1982—1985。

《曹禺文集》(全4卷),田本相编,中国戏剧出版社,1988—1990。

《曹禺全集》(全7卷),田本相、刘一军主编,花山文艺出版社,1996。

《曹禺戏剧全集》,人民文学出版社,2014。

《曹禺剧本选》(《雷雨》《日出》《原野》《北京人》),北京十月文艺出版社,2018。

《曹禺文集》(全4册),长江出版社,2020。

二、曹禺剧作主要外译本

《雷雨》(日译本),(日)影山三郎、邢振铎译,汽笛出版社,1936。

《雷雨》(越南文),(越)邓台梅译,1940年代两次。

《雷雨》(英文),姚克(姚莘农)译,中英出版社,1941。

《雷雨》(朝鲜文),(朝鲜)金光洲译,1944。

《北京人》(英文),(美)李吉纳尔·劳伦斯,1946。

《雷雨》(日译本),(日)影山三郎译,未来社,1953。

《雷雨》(朝鲜文),民族出版社,1958。

《雷雨》(英文),王佐良、(英)巴恩斯译,外文出版社,1958、1978、1990。

《雷雨》(法文),外文出版社法文部译,外文出版社,1958。

《雷雨》(苏),1957—1958。

《雷雨》(罗马尼亚),1959。

《明朗的天》(朝鲜文),民族出版社,1958。

《日出》(英文),(英)巴恩斯译,外文出版社,1960、1978、2015。

《明朗的天》(德文),外文出版社,1961。

《日出》(德文),中国国际书店发行,1981。

《家》(汉英对照),英若诚译,中国对外翻译出版公司,1999、2012。

《日出》(汉英对照),(英)巴恩斯译,外文出版社,2001、2003。

《雷雨》(汉英对照),王佐良,(英)巴恩斯译,外文出版社,2001、2004、2009。

《雷雨》(汉法对照),外文出版社,2004。

《雷雨》(西班牙文),外文出版社,2011。

三、曹禺传记、年谱类研究著作

田本相、张婧编著《曹禺年谱》，南开大学出版社，1985。

田本相：《曹禺传》，北京十月文艺出版社，1988。

曹树钧、俞健萌：《摄魂：戏剧大师曹禺》，中国青年出版社，1990。

田本相、刘一军：《曹禺评传》，重庆出版社，1993。

胡叔和：《曹禺评传》，中国戏剧出版社，1994。

朱栋霖编《曹禺自传》，江苏文艺出版社，1996。

田本相、刘一军：《名家简传书系：曹禺》，中国华侨出版社，1996。

曹树钧：《"神童"曹禺——曹禺成才之路》，上海教育出版社，1998。

梁秉坤：《在曹禺身边》，中国戏剧出版社，1999。

彭耀春：《中外名人传记丛书：曹禺(1910—1996)》，江苏文艺出版社，1999。

陈迎宪：《大师青春剪影：海上惊雷——曹禺》，华艺出版社，2002/安徽教育出版社，2012。

朱栋霖：《戏剧与人生：曹禺》，文史哲出版社，2001。

刘艳：《曹禺》，四川人民出版社，2003。

张耀杰：《戏剧大师曹禺：呕心沥血的悲喜人生》，山西教育出版社，2003。

万方：《我和我的父亲曹禺》，广东人民出版社，2004。

刘清祥、董尚华编著《中国戏剧大师——曹禺》，武汉出版社，2004。

曹禺：《曹禺自述》，京华出版社，2005。

朱栋霖、陈龙编著《情感的憧憬与发酵(谭艺书系 曹禺卷)》，海天出版社，2006。

朱君、潘晓曦等：《阳光天堂：曹禺戏剧的黄金梦想》，广西师范大学出版社，2006。

梁秉堃：《老师曹禺的后半生》，作家出版社，2010。

李致编《曹禺致李致书信》，四川教育出版社，2010。

田本相：《曹禺的青少年时代》，河北人民出版社，2010。

田本相、阿鹰编著《曹禺年谱》，北京出版社，2010。

田本相、刘一军：《苦闷的灵魂——曹禺访谈录》，百花文艺出版社，2010。

田本相主编《伟大的人文主义戏剧家——曹禺》，中国传媒大学出版社，2012。

毛道海：《曹禺家世》，长江出版社，2012。

汤野浓编《走近曹禺》，北京时代弄潮文化发展公司，2012。

张耀杰：《曹禺：戏里戏外》，东方出版中心，2012。

刘家思：《曹禺的戏剧人生与艺术》，安徽师范大学出版社，2012。

《曹禺故居》编写组编《曹禺故居》，天津大学出版社，2013。

纪开芹：《忧伤而坚韧的曹禺》，北京工业大学出版社，2016。

曹树钧编著《曹禺晚年年谱》，安徽大学出版社，2016。

田本相、阿鹰编著《曹禺年谱长编(上下)》，上海交通大学出版社，2017。

万方:《你和我》,北京十月文艺出版社,2020。

四、曹禺研究学术类专著

萧赛:《曹禺论》,燕风出版社,1943。

叶夫等:《评〈艳阳天〉兼论作家的委屈》,文艺论丛社,1948。

刘绍铭:*Ts'ao Yu, the Reluctant Disciple of Chekhov and O'Neill*, Hong Kong University Press,1970。

刘绍铭:《曹禺论》,文艺书屋,1970。

刘绍铭:《小说与戏剧》,洪范书店,1977。

陈瘦竹:《曹禺的剧作》,江苏人民出版社,1979。

钱谷融:《〈雷雨〉人物谈》,上海文艺出版社,1980。

良友图书公司编委会编《曹禺王昭君及其他》,良友图书公司,1980。

田本相:《曹禺剧作论》,中国戏剧出版社,1981/广西师范大学出版社,2010。

欧阳山尊:《〈日出〉导演计划》,中国戏剧出版社,1983。

辛宪锡:《曹禺的戏剧艺术》,上海文艺出版社,1984。

朱栋霖:《论曹禺的戏剧创作》,人民文学出版社,1986。

孙庆升:《曹禺论》,北京大学出版社,1986、2004。

杨海根:《曹禺的剧作道路》,上海文艺出版社,1988。

华忱之:《曹禺剧作艺术探索》,四川文艺出版社,1988。

吴家珍:《曹禺戏剧语言艺术》,大连出版社,1989。

赵惠平:《曹禺戏剧欣赏》,广西教育出版社,1989。

柯可:《曹禺戏剧人物的美学意义》,花城出版社,1989。

李丛中:《曹禺创作启示录》,云南大学出版社,1990。

焦尚志:《金钱和衣裳——曹禺与外国戏剧》,中国戏剧出版社,1990。

马俊山:《曹禺:历史的突进与回旋》,中国工人出版社,1992。

崔国良编《曹禺早期改译剧本及创作》,辽宁大学出版社,1993。

张慧珠编著《曹禺剧评》,北京十月文艺出版社,1995。

宋剑华:《困惑与求索——论曹禺早期的话剧创作》,文津出版社,1996。

曹树钧:《走向世界的曹禺》,天地出版社,1995。

田本相、刘绍本、曹桂方主编《曹禺研究论集》,花山文艺出版社,1998。

贡献、陈留生:《对"狭之笼"的徒然挣脱——曹禺早期剧作的发生学探寻》,南京大学出版社,1998。

陆葆泰:《曹禺剧作魅力探缘》,华东师范大学出版社,2000。

宋剑华:《基督精神与曹禺戏剧》,湖南师范大学出版社,2000。

王晓华:《压抑与憧憬——曹禺戏剧的深层结构》,中国社会科学出版社,2001。

刘家思:《苦闷者的理想与期待——曹禺戏剧形态学研究》,中国戏剧出版社,2003。

向宝云:《曹禺悲剧美学思想研究》,电子科技大学出版社,2004。
李扬:《现代性视野中的曹禺》,人民文学出版社,2004。
蔡骧编著《〈北京人〉导演计划》,中国戏剧出版社,2004。
曹树钧:《曹禺剧作演出史》,中国戏剧出版社,2006。
钱理群:《大小舞台之间——曹禺剧作新论》,北京大学出版社,2007。
刘章春主编《〈雷雨〉的舞台艺术》,中国戏剧出版社,2007。
陈素云:《曹禺戏剧与政治》,文史哲出版社,2007。
刘章春主编《〈日出〉的舞台艺术》,中国戏剧出版社,2011。
刘章春主编《〈北京人〉的舞台艺术》,中国戏剧出版社,2012。
王俊虎:《老舍与曹禺比较研究》,中国社会科学出版社,2009。
邹红:《曹禺剧作散论》,吉林文史出版社,2010。
朱栋霖:《曹禺:心灵的艺术》,北京大学出版社,2010。
刘家思:《曹禺戏剧的剧场性研究》,中国社会科学出版社,2010。
晏学:《曹禺和他的戏剧人物》,四川人民出版社,2011。
郭怀玉:《游走在曹禺研究的边缘》,新华出版社,2011。
张耀杰:《天谴@天堂——曹禺影剧的密码模式》,秀威资讯科技股份有限公司,2011。
李扬:《徘徊于幽暗与澄明之境》,上海交通大学出版社,2013。
曹树钧:《曹禺经典的新解读与多样化演绎》,上海远东出版社,2013。
王延松:《戏剧的限度与张力:新解读"曹禺三部曲"导演文稿》,中国社会科学出版社,2014。
司建国:《认知隐喻、转喻视角下的曹禺戏剧研究》,中山大学出版社,2014。
田本相:《曹禺探知录》,北京时代华文书局,2016。
王嘉嘉编著《"古陶俑"〈原野〉的世界表情——英文版〈原野〉创作排演纪实》,中国社会科学出版社,2016。

五、曹禺研究资料汇编类著作

山东师范学院中文系编《曹禺研究资料汇编》(内部资料),1960。
四川大学中文系编《中国当代文学研究资料:曹禺专集(上下)》,1979。
苏民等编《〈雷雨〉的舞台艺术》,上海文艺出版社,1982。
王兴平、刘思久、陆文璧编《曹禺研究专集(上下)》,海峡文艺出版社,1985。
潘克明编著《曹禺研究五十年》,天津教育出版社,1987。
南开学报编辑部编《曹禺戏剧研究集刊》,南开大学出版社,1987。
田本相、胡叔和编《曹禺研究资料(上下)》,中国戏剧出版社,1991。
田本相、刘家鸣主编《中外学者论曹禺》,南开大学出版社,1992。
童伟民:《曹禺与〈雷雨〉》,西南师范大学出版社,1997。
中国话剧艺术研究会编《曹禺戏剧研究论文集》,中国戏剧出版社,1997。

田本相、刘绍本、曹桂方主编《曹禺研究论集——纪念曹禺逝世周年学术研讨会论文集》，花山文艺出版社，1998。

田本相、黄爱华主编《简明曹禺词典》，甘肃教育出版社，2000。

李玉茹、钱亦蕉编《倾听雷雨——曹禺纪念集》，上海文艺出版社，2000。

曹树钧、刘清祥主编《神州雷雨——曹禺诞辰 90 周年纪念文集》，湖北人民出版社，2002。

蔡骧编著《〈北京人〉导演计划》，中国戏剧出版社，2004。

曹树钧、郑学国主编《世纪雷雨——2004 年潜江曹禺学术研讨会论文集》，中国文史出版社，2005。

贾长华主编《曹禺与天津》，天津社会科学院出版社，2006。

刘勇、李春雨编《曹禺评说七十年》，文化艺术出版社，2007。

邹红主编《曹禺研究 1979—2009》，吉林文史出版社，2010。

田本相、曹树钧、郑学国主编《永生雷雨》，长江出版社，2011。

尹本武主编《风雅潜江　百年曹禺》，中国和平出版社，2011。

中国戏剧家协会主编《曹禺诞辰 100 周年纪念文集》，中国戏剧出版社，2011。

北京人艺戏剧博物馆编《纪念曹禺诞辰一百周年国际学术研讨会论文集》，中国戏剧出版社，2013。

鲍国之主编《〈雷雨〉与曹禺》，天津古籍出版社，2014。

田本相、邹红主编《海外学者论曹禺》，广西师范大学出版社，2014。

耿发起、田本相，宋宝珍编《〈雷雨〉八十年》，天津古籍出版社，2015。

潜江市曹禺研究会主编《传世雷雨——第三届中国（潜江）曹禺文化周曹禺国际学术研讨会论文集》，中国和平出版社，2015。

邱霞编《曹禺戏剧研究资料索引》，文汇出版社，2016。

潜江市曹禺研究会、湖北大学文学院编《曹禺研究》（第 1 辑—第 16 辑），中国文史出版社/长江出版社，2004—2020。

六、中国现代戏剧研究类著作

刘念渠：《抗战剧本批评集》，华中图书公司，1940。

陈瘦竹：《现代剧作家散论》，江苏人民出版社，1979。

李健吾：《李健吾戏剧评论选》，中国戏剧出版社，1982。

新凤霞：《新凤霞的回忆》，北京出版社，1982。

丁是娥：《展开艺术想象的翅膀》，上海文艺出版社，1984。

廖全京：《大后方戏剧论稿》，四川教育出版社，1988。

刘海平、朱栋霖：《中美文化在戏剧中交流——奥尼尔与中国》，南京大学出版社，1988。

孙庆升：《中国现代戏剧思潮史》，北京大学出版社，1994。

黄殿祺编《话剧在北方的奠基人之一——张彭春》，中国戏剧出版社，1995。
孙晶：《文化生活出版社与现代文学》，广西教育出版社，1999。
陈樾山主编《唐槐秋与中国旅行剧团》，中国戏剧出版社，2000。
李江：《抗战时期大后方戏剧主潮论》，中国文史出版社，2005。
田本相、石曼、张志强编著《抗战戏剧》，河南大学出版社，2005。
舒晓鸣编著《石挥的艺术世界》，中国电影出版社，2005。
杨新宇：《复旦剧社与中国现代话剧运动》，广西师范大学出版社，2006。
马森：《中国现代戏剧的两度西潮》，联合文学出版社有限公司，2006。
田本相、宋宝珍、刘方正：《中国戏剧论辩（上、下）》，百花洲文艺出版社，2007。
张殷编著《中国话剧艺术舞台演出史纲》，武汉大学出版社，2008。
石曼：《周恩来与抗战戏剧》，重庆大学出版社，2008。
邹红：《作家·导演·评论：多维视野中的北京人艺研究》，文化艺术出版社，2008。
胡星亮：《当代中外比较戏剧史论（1949—2000）》，人民出版社，2009。
杨爱芹：《益世报与中国现代文学》，中国文史出版社，2009。
于嘉茵：《西风春柳总关情：民国剧人剧社》，团结出版社，2009。
胡叠：《上海孤岛话剧研究》，文化艺术出版社，2009。
董健：《启蒙与戏剧》，山东友谊出版社，2009。
陈洁编《民国戏曲史年谱 1912—1949》，文化艺术出版社，2010。
解玺璋、解宏乾编著《北京人艺戏剧博物馆》，同心出版社，2012。
刘平：《中日现代演剧交流图史》，生活·读书·新知三联书店，2012。
傅学敏：《抗战建国与国统区戏剧运动》，花木兰文化出版社，2012。
邵迎建：《上海抗战时期的话剧》，北京大学出版社，2012。
宋宝珍：《心镜情境：中国话剧的人文景观》，北京时代华文书局，2014。
中共上海市委党史研究室、上海鲁迅纪念馆编《“剧联”与左翼戏剧运动》，上海人民出版社，2014。
路云亭、乔冉编著《浮世梦影：上海剧场往事》，文汇出版社，2015。
刘子凌：《话剧行动与话语实践：二十世纪三十年代中国话剧史片论》，人民出版社，2016。
贤骥清：《民国时期上海舞台研究》，上海人民出版社，2016。
宋宝珍：《迈入现代的门槛：五四新剧》，中国文联出版社，2016。
于黛琴：《中日现当代戏剧交流史》，北京联合出版公司，2017。
崔国良：《南开话剧史话》，南开大学出版社，2017。
胡传敏、张凌南编著《中国抗战话剧图史（1931—1945）》，文化艺术出版社，2017。
尹诗：《海派话剧研究（1928—1951）》，中国社会科学出版社，2018。
张晓欧：《中国话剧演员文化研究（1907—1949）》，文化艺术出版社，2018。
陈军：《“郭、老、曹”与北京人艺：戏剧文学与剧场的关系研究》，中国戏剧出版社，2019。
崔国良主编《南开话剧图志：1909—2019》，中国戏剧出版社，2020。

七、中国现代戏剧史料类丛书

《中国话剧运动五十年史料集》编辑委员会编《中国话剧运动五十年史料集》(第一、二、三辑),中国戏剧出版社,1958、1959、1963。

中国戏剧年鉴社编《中国戏剧年鉴》,中国戏剧年鉴社,1981—2018。

《中国新文学大系 1927—1937/1937—1949 戏剧卷》,上海文艺出版社,1985、1990。

曹禺主编《中国抗日战争时期大后方文学书系(第 7 编)戏剧(全 3 集)》,重庆出版社,1989。

崔国良、夏家善、李丽中编《南开话剧运动史料 1923—1949》,南开大学出版社,1993。

施怀仁、张余编《话剧研究资料要目索引》,上海交通大学出版社,1993。

北京文化局党史资料征集办公室编《北京剧社社史资料专辑》,北京出版社,1995。

中国人民政治协商会议四川省江安县委员会、文史资料研究委员会编《国立剧专·江安》(江安文史资料总第七辑),1994 年印刷。

《剧专十四年》编辑小组编《剧专十四年》,中国戏剧出版社,1995。

刘孝文、梁思睿编纂《中国上演话剧剧目综览(1949—1984)》,巴蜀书社,2001。

刘厚生、胡可、徐晓钟主编,中国话剧艺术研究会编《中国话剧百年剧作选(全 20 卷)》,中国对外翻译出版公司,2007。

崔国良主编《南开话剧史料丛编》,南开大学出版社,2009。

申列荣、石曼主编《戏剧的力量——重庆抗战戏剧评论选集》,西南师范大学出版社,2009。

李乃忱编著《国立剧专史料集成(上中下)》,中国戏剧出版社,2013。

田本相、丁罗男、焦尚志主编《中国现代戏剧理论批评书系(全 38 册)》,凤凰出版社,2014。

刘子凌编《话剧与社会——20 世纪 30 年代中国话剧文献史料辑》,人民出版社,2014。

刘忠心、张冠岚、孔瑛编著《戏剧工作文献汇编(戏剧评论卷 1984—2012)》,文化艺术出版社,2015。

田本相主编《中国话剧艺术史(9 卷)》,江苏凤凰教育出版社,2016。

傅瑾主编《中国话剧百年典藏(15 卷)》,人民文学出版社,2017。

田本相等主编《民国时期话剧杂志汇编(全 100 册)》,国家图书馆出版社,2017。

赵骥编著《民国话剧史料汇编(1—7 辑)》,学苑出版社,2018。

曹禺研究报刊论文目录索引

一、《雷雨》研究

曹禺:《〈雷雨〉的写作》,《杂文》1935 年第 2 号。

余一(巴金):《〈雷雨〉在东京》,《漫画生活》1935 年第 9 期。

余一(巴金):《再说〈雷雨〉》,《漫画生活》1935 年第 10 期。

罗亭:《〈雷雨〉的批评》,《杂文》1935 年第 2 号。

吴天:《〈雷雨〉的演出》,《杂文》1935 年第 2 号。

冯俶:《〈雷雨〉的预演》(上),《大公报(天津)》1935 年 8 月 17 日。

冯俶:《〈雷雨〉的预演》(下),《大公报(天津)》1935 年 8 月 18 日。

伯克:《〈雷雨〉——孤松演出的批评》,《益世报(天津)》1935 年 8 月 19 日。

白梅:《〈雷雨〉——孤松演出批评》,《大公报(天津)》连载 1935 年 8 月 20—23 日。

霞漪:《〈雷雨〉的演出——效果成熟惊人,各点皆较〈母归〉进步》,《益世报(天津)》1935 年 8 月 22 日。

不凡:《〈雷雨〉的演出》,《大公报(天津)》连载 1935 年 8 月 24—29 日。

赵景深、凤子:《〈雷雨〉的尾声》,《复旦大学校刊》1935 年 12 月 25 日。

安正元:《戏剧家〈雷雨〉作者——万家宝先生访问记》,《天津益世报》连载 1936 年 1 月 30 日、2 月 1 日。

王其居:《〈雷雨〉及其作者》,《大公报(天津)》1936 年 2 月 7 日。

郭沫若:《关于〈雷雨〉》,《东流》1936 年第 2 卷第 4 期。

李一:《〈雷雨〉观后》,《申报(上海)》1936 年 4 月 30 日。

胡钟达:《谈〈雷雨〉》,《中学生文艺季刊》1936 年第 2 卷第 2 号。

段念兹:《看了〈雷雨〉之后》,《中外评论》1937 年第 5 卷第 1 期。

黄芝冈:《从〈雷雨〉到〈日出〉》,《光明》1937 年第 2 卷第 5 号。

鉴清:《看了〈雷雨〉之后》,《是非公论》1937 年第 31 期。

周扬:《论〈雷雨〉和〈日出〉——并对黄芝冈先生的批评的批评》,《光明》1937 年第 2 卷第 8 号。

蓟鲛:《看了〈雷雨〉又看〈日出〉》,《新民报(南京)》1937 年 3 月 15 日。

徐运元:《从〈雷雨〉说到〈日出〉》,《文艺月刊(南京)》1937 年第 10 卷第 4、5 期合刊。

欧阳予倩:《〈雷雨〉与运命悲剧》,《时代(上海)》1939 年第 5 期。

郁达夫:《〈雷雨〉的演出》,《星洲日报(新加坡)》1939 年 3 月 25 日。

郁达夫:《看了〈雷雨〉的上演之后》,《星洲日报(新加坡)》1939 年 3 月 28 日。

司徒珂:《曹禺的三部曲及其演出——〈雷雨〉〈日出〉及〈原野〉》,《中国文艺(北京)》1939 年第 1 卷第 2 号。

焦菊隐:《关于〈雷雨〉》,《扫荡报(桂林)》1941 年 2 月 2 日。

穆文:《不是剧评——看过〈雷雨〉之后》,《黄河月刊》1941 年第 2 卷第 1 期。

龙贤关:《“国防艺术社”与〈雷雨〉》,《戏剧战线》1941 年第 5、6 合期。

郑学稼:《论曹禺剧中的人物》,《中央周刊(重庆)》1942 年第 4 卷第 25 期。

桂多生:《〈曹禺戏剧集〉(《雷雨》《日出》《原野》《蜕变》《北京人》)论——从〈曹禺戏剧集〉看曹禺的思想》,《学与思》1942 年创刊号。

吕荧:《曹禺的道路》,《抗战文艺》1944 年第 9 卷 3、4 期合刊、第 5、6 期合刊。

杨晦:《曹禺论》,《青年文艺》1944 年新 1 卷第 4 期。

唐槐秋:《由回忆中谈谈〈雷雨〉》,《文编周刊》1945 年第 23、24、25 期。

唐绍华:《曹禺简论》,《联合画报》1945 年第 157、158 期合刊。

安冈:《谈“雷雨”的新演出》,《戏剧报》1954 年第 8 期。

蔚明:《从〈雷雨〉到〈明朗的天〉——访剧作家曹禺》,《文汇报》1955 年 1 月 11 日。

杜宣:《忆〈雷雨〉首次上演》,《文汇报》1957 年 12 月 15 日。

思基:《谈曹禺的〈雷雨〉和〈日出〉》,《处女地》7 月号 1957 年 7 月 1 日。

曹禺:《关于〈雷雨〉在苏联上演的通信》,《戏剧报》1958 年 5 月 16 日。

刘正强:《曹禺的世界观和创作——兼评〈也谈曹禺的《雷雨》和《日出》〉》,《处女地》1958 年 6 月号。

张伯海、郭延礼、胡晨、于维璋、袁震宇:《试论曹禺的〈雷雨〉和〈日出〉》,《山东大学学报(中国语言文学版)》1959 年第 1 期。

廖震龙:《评〈雷雨〉新的处理——看上海人民艺术剧院演出后》,《上海戏剧》1960 年第 1 期。

陈瘦竹、沈蔚德:《论〈雷雨〉和〈日出〉的结构艺术》,《文学评论》1960 年第 5 期。

钱谷融:《〈雷雨〉人物谈》,《文学评论》1962 年第 1 期。

朱琳:《回顾鲁侍萍的创造》,《戏剧报》1962 年第 1 期。

胡炳光:《读〈《雷雨》人物谈〉——和钱谷融同志商榷》,《文学评论》1962 年第 6 期。

廖立:《谈曹禺对〈雷雨〉的修改》,《郑州大学学报(哲学社会科学版)》1963 年第 1 期。

金钦俊:《〈雷雨〉的人物和思想》,《中山大学学报(社会科学版)》1963 年第 Z1 期。

王永敬:《读〈《雷雨》人物谈〉后的异议——与钱谷融同志商榷》,《文学评论》1963 年第 3 期。

王一网、张履岳:《周朴园的“深情缱绻”——评钱谷融的〈《雷雨》人物谈〉》,《上海文学》1963 年第 8 期。

甘竞存:《曹禺的创作道路》,《南京师大学报(社会科学版)》1978 年第 3 期。

章秀定:《深刻的构思　精湛的技巧——谈〈雷雨〉第一幕的艺术手法》,《开封师院学报(社会科学版)》1979 年第 3 期。

胡受昌:《就〈雷雨〉访曹禺同志》,《破与立》(《齐鲁学刊》)1978 年第 5 期。

钱谷融:《关于〈雷雨〉的命运观念问题——答胡炳光同志》,《戏剧艺术》1979 年第 1 期。

赵浩生:《曹禺从〈雷雨〉谈到〈王昭君〉》,《七十年代(香港)》1979 年第 2 期。

韩日新:《浅论〈雷雨〉的艺术特色》,《语文学习》1979 年第 2 期。

曹禺:《简谈〈雷雨〉》,《收获》1979 年第 2 期。

方谦:《论蘩漪——〈雷雨〉人物谈》,《宁波师专学报(社会科学版)》1979 年第 2 期。

王育生:《曹禺谈〈雷雨〉》,《人民戏剧》1979 年第 3 期。

胡叔和:《略论曹禺的戏剧艺术》,《剧本》1979 年第 3 期。

钱谷融:《曹禺和他的剧作》,《上海师范大学学报(哲学社会科学版)》1979 年第 3 期。

苏关鑫:《曹禺和他的〈雷雨〉选场析》,《广西师范大学(哲学社会科学版)》1979 年第 4 期。

杨雪瑞:《〈雷雨〉戏剧冲突的艺术结构》,《山西大学学报(哲学社会科学版)》1979 年第 4 期。

钱谷融:《〈雷雨〉人物谈——四凤、鲁大海、鲁贵》,《文学评论》1979 年第 6 期。

康咏秋:《论周朴园、蘩漪的形象和〈雷雨〉的主题》,《湘潭师范学院学报(社会科学版)》1980 年第 Z1 期。

李关元、孙露茜:《谕〈雷雨〉》,《齐鲁学刊》1980 年第 1 期。

佘大平:《〈雷雨〉教学杂谈》,《中学语文》1980 年第 2 期。

镇江师范专科学校七七级二班现代文学兴趣小组:《〈雷雨〉(节选)简析》,《教学与进修》1980 年第 2 期。

王平:《〈雷雨〉节选部分在全剧中的地位和作用》,《岳阳师专学报》1980 年第 2 期。

张护玺:《〈雷雨〉(选场)浅析》,《河北师范大学学报》1980 年第 3 期。

周溶泉、徐应佩:《谈〈雷雨〉选场第二幕》,《昆明师范学院学报(哲学社会科学版)》1980 年第 3 期。

陶瑞芝:《戏剧的“发现”——〈雷雨〉第二幕艺术漫谈》,《教与学》1980 年第 4 期。

钱谷融:《简论〈雷雨〉(上)》,《语文学习》1980 年第 4 期。

钱谷融:《简论〈雷雨〉(下)》,《语文学习》1980 年第 5 期。

华忱之:《论曹禺解放前的创作道路》,《江西师院学报》1981 年第 1 期。

孙凌海:《对〈雷雨〉中血缘关系的探索》,《四平师院学报(哲学社会科学版)》1981 年第 1 期。

辛宪锡:《〈雷雨〉若干分歧问题探讨》,《中国现代文学研究丛刊》1981 年第 1 期。

陆草:《谈〈雷雨〉中的蘩漪形象》,《中州学刊》1981 年第 2 期。

曹禺:《我的生活与创作道路——同田本相的谈话》,《戏剧论丛》1981 年第 2 期。

夏竹:《曹禺与语文教师谈〈雷雨〉》,《语文战线》1981 年 2 月号。

韩日新:《论〈雷雨〉的戏剧冲突》,《山东师院学报(哲学社会科学版)》1981 年第 4 期。

夏竹:《创作的回顾——曹禺谈自己的剧作》,《语文学习》1981 年第 5 期。

潘樟林:《谈〈雷雨〉中的周萍》,《戏剧创作》1981 年第 6 期。

毛时安、洪善鼎:《文艺批评漫谈——读〈《雷雨》人物谈〉有感》,《上海文学》1981 年第 6 期。

王世德:《论曹禺剧作中的“间色”》,《中国现代文学研究丛刊》1981 年第 3 期。

周音:《谈谈〈雷雨〉中的蘩漪——与钱谷融先生商榷》,《中国现代文学研究丛刊》1981 年第 3 期。

李计谋:《漫议〈雷雨〉人物——兼向曹禺同志请教》,《学习与探索》1981 年第 5 期。

朱栋霖:《论曹禺的悲剧艺术》,《中国现代文学研究丛刊》1982 年第 1 期。

朱栋霖:《〈雷雨〉研究二题》,《苏州大学学报》1982 年第 2 期。

陈衍:《〈雷雨〉拾零》,《名作欣赏》1982 年第 2 期。

孙庆升:《曹禺剧作漫评》,《中国现代文学研究丛刊》1982 年第 2 期。

黄会林:《曹禺剧作的艺术结构与人物塑造》,《北京师范大学学报》1982 年第 3 期。

张实:《“一个感情和矛盾的奴隶”——试论〈雷雨〉中的周萍》,《黄石师院学报(哲学社会科学版)》1982 年第 3 期。

潘克明:《也谈〈雷雨〉戏剧冲突的主线》,《中国现代文学研究丛刊》1982 年第 3 期。

区云鹏:《论繁漪——兼与胡叔和同志商榷》,《四平师院学报(哲学社会科学版)》1982 年第 3 期。

颜亮亨:《两个周朴园》,《语文教学与研究》1982 年第 3 期。

马中行:《〈雷雨〉中没有命运观吗?》,《中国现代文学研究丛刊》1982 年第 4 期。

马中行:《“秕谷”喂大的梦想者——谈〈雷雨〉中的周冲》,《名作欣赏》1982 年第 4 期。

高淮:《〈雷雨〉拾零(二则)》,《山东师大学报(哲学社会科学版)》1982 年第 6 期。

王玉斌:《“宿命”“血缘”及其它——〈雷雨〉散论之一》,《辽宁大学学报(哲学社会科学版)》1983 年第 1 期。

邱文治:《〈雷雨〉戏剧艺术管窥》,《昆明师范学院学报(哲学社会科学版)》1983 年第 1 期。

朱栋霖:《读〈曹禺剧作论〉》,《文学评论》1983 年第 1 期。

潘克明:《“真正的技巧”——谈〈雷雨〉巧合的运用》,《黄石师院学报(哲学社会科学版)》1983 年第 1 期。

马中行:《论周朴园——〈雷雨〉人物形象分析之一》,《南昌大学学报(人文社会科学版)》1983 年第 2 期。

陈保平:《也谈〈雷雨〉的主要矛盾——与辛宪锡同志商榷》,《延安大学学报(社会科学版)》1983 年第 2 期。

孙庆升:《评〈《雷雨》人物谈〉》,《中国现代文学研究丛刊》1983 年第 3 期。

杨雪瑞:《渗透·狙击——〈雷雨〉主题表现的特色和手法》,《名作欣赏》1983 年第 4 期。

邱文治:《谈谈〈雷雨〉的戏剧气氛》,《名作欣赏》1983 年第 4 期。

洪欣:《对准聚光镜的焦点——〈雷雨〉欣赏一得》,《陕西戏剧》1983 年第 5 期。

唐俊:《〈雷雨〉教学浅谈》,《中学语文》1983 年第 12 期。

康咏秋:《谈谈〈雷雨〉中的周朴园》,《中学语文》1983 年第 12 期。

阎来恩:《论周朴园对侍萍的冷酷无情——向曹禺同志及其他老前辈请教》,《昭乌达蒙族师专学报(哲学社会科学版)》1984 年第 1 期。

崔任夫:《双峰并峙　相映生辉——谈〈雷雨〉的主要冲突》,《求是学刊》1984 年第 1 期。

苗若素:《导游·探胜·开智——我教〈雷雨〉的尝试》,《殷都学刊》1984 年第 1 期。

宋凤英:《从周朴园对侍萍的态度看其性格的复杂性》,《曲靖师专学报》1984 年第 2 期。

陈炎:《从周朴园的形象谈人物性格二重组合原理》,《山东大学文科论文集刊》1984 年第 2 期。

吴象美:《谈谈〈雷雨〉的对话》,《河南师大学报(社会科学版)》1984 年第 2 期。

张明健:《关于鲁大海——〈雷雨〉人物小议》,《山西师院学报(社会科学版)》1984 年第 2 期。

闵阳:《〈雷雨〉语言动作初探》,《汉中师院学报(哲学社会科学版)》1984 年第 3 期。

胡润森:《论曹禺剧作的意象》,《西南师范大学学报(人文社会科学版)》1984 年第 3 期。

李嘉:《从〈雷雨〉的教学谈中国现代文学史课的德育教育》,《西南民族学院学报(哲学社会科学版)》1984 年第 4 期。

彭嘉强:《〈雷雨〉写作的前前后后——访著名剧作家曹禺》,《教学通讯》1984 年第 7 期。

司瑞昌:《应识庐山真面目——试谈〈雷雨〉的结构、主题及人物》,《承德师专学报》1985 年第 1 期。

谢会昌:《谈〈雷雨〉里“漏掉的好汉”》,《贵州民族学院学报(社会科学版)》1985 年第 1 期。

杨有业:《〈雷雨〉人物比较谈》,《鞍山师范学院学报》1985 年第 1 期。

康民:《悬念与人物的个性——谈高中语文课本节选〈雷雨〉第二幕中的一场戏》,《天水师专学报》1985 年第 1 期。

张生筠:《试论〈雷雨〉的第一幕》,《绥化师专学报》1985 年第 1 期。

李家瑞:《从对待鲁侍萍感情的真伪谈周朴园性格的复杂性》,《四川师院学报(社会科学版)》1985 年第 1 期。

朱千波:《〈雷雨〉语言艺术琐谈》,《固原师专学报(社会科学版)》1985 年第 Z1 期。

胡润森:《〈雷雨〉宿命观问题之我见》,《社会科学研究》1985 年第 2 期。

吴向北:《周朴园伪善性格探讨——兼及〈雷雨〉近版的重要删节》,《重庆师院学报(哲学社会科学版)》1985 年第 2 期。

解洪祥:《略谈〈雷雨〉的“戏”》,《齐鲁学刊》1985 年第 2 期。

易志仲:《〈雷雨〉发表经过》,《语文教学与研究》1985 年第 2 期。

张冠祥:《谈〈雷雨〉的人物形象塑造》,《广西师范大学学报(哲学社会科学版)》1985 年第 3 期。

孙庆升:《曹禺剧作的人物配置初探》,《中国现代文学研究丛刊》1985 年第 3 期。

刘安详:《错综复杂的矛盾　曲折生动的情节——试论话剧〈雷雨〉兼谈戏剧文学的分析》,《教学与管理》1985 年第 3 期。

李树凯:《曹禺剧作思想的几个问题——兼论曹禺的前期世界观》,《西北师大学报(社会科学版)》1985 年第 4 期。

赵景路:《谈〈雷雨〉的情节设计及其所受欧洲戏剧的影响》,《渤海学刊》1985 年第 4 期。

周洪年:《也谈〈雷雨〉的主要戏剧冲突》,《吉首大学学报(社会科学版)》1985 年第 4 期。

唐鸿棣:《〈雷雨〉的戏剧冲突及其思想意义》,《江汉论坛》1985 年第 11 期。

姜守滨:《一个独特的戏剧空间——曹禺〈雷雨〉的微观分析》,《东疆学刊》1986 年第 1 期。

左全安:《暴露大家庭的罪恶——浅论曹禺的〈雷雨〉》,《贵阳师专学报(社会科学版)》1986 年第 1 期。

田本相:《关于曹禺的早期创作》,《中国现代文学研究丛刊》1986 年第 1 期。

陈书正:《曹禺的〈雷雨〉与古希腊悲剧之关系》,《许昌学院学报》1986 年第 1 期。

赵景路:《谈〈雷雨〉中的人物关系与人物描写》,《渤海学刊》1986 年第 Z1 期。

陈乐山:《〈雷雨〉版本笺评(上)》,《惠阳师专学报(社会科学版)》1986 年第 2 期。

潘家兴:《〈雷雨〉精讲导读》,《语文教学通讯》1986 年第 2 期。

董建华:《试论〈雷雨〉的“第九个角色”》,《湖北师范学院学报(哲学社会科学版)》1986 年第 2 期。

焦尚志:《试论〈雷雨〉戏剧冲突的结构艺术》,《天津社会科学》1986 年第 2 期。

姚崇实:《人类悲剧的投影——论周繁漪与陈白露》,《承德师专学报》1986 年第 2 期。

邹水旺:《曹禺创作的〈雷雨〉的主观思想和作品的客观意义》,《江西师范大学学报》1986 年第 3 期。

吕洁贞:《在“监狱”里追求自由与爱情——繁漪形象的再评价》,《广西师院学报》1986 年第 3 期。

杨忻葆:《寻觅独特意蕴　开掘艺术深度——从〈《雷雨》人物谈〉看评论的目标》,《安徽大学学报》1986 年第 3 期。

马中行:《〈雷雨〉人物分析——喝肮脏水的人——鲁贵》,《名作欣赏》1986 年第 3 期。

许伟民:《形象的社会性与基本内涵——谈周朴园的性格异化》,《语文教学与研究》1986 年第 3 期。

黄健:《〈雷雨〉戏剧冲突的性质和特色》,《剧艺百家》1986 年第 4 期。

魏然:《曲折引人的相认场面——〈雷雨〉(节选)教学札记》,《语文学习》1986 年第 12 期。

新雨:《宇宙的永恒"憧憬"——作为悲剧的〈雷雨〉及其命运观之探索》,《中国现代文学研究丛刊》1987 年第 1 期。

夏健:《〈雷雨〉中一段台词的逻辑》,《内江师范学院学报》1987 年第 1 期。

胡叔和:《出色的创作心理论——〈雷雨·序〉》,《中国现代文学研究丛刊》1987 年第 1 期。

陈以芳:《漫谈〈雷雨〉对话的语言魅力》,《鄂西大学学报(社会科学版)》1987 年第 Z1 期。

杨瑞仁:《论〈雷雨〉对西方话剧的借鉴》,《吉首大学学报(社会科学版)》1987 年第 2 期。

宋剑华:《从邪恶走向忏悔——论周朴园性格的内在矛盾》,《青海民族学院学报》1987 年第 3 期。

叶德新:《〈雷雨〉学习指要》,《中学语文》1987 年第 4 期。

孙凌海:《〈雷雨〉中的"血缘关系"掩盖了阶级关系吗?》,《松辽学刊(社会科学版)》1987 年第 4 期。

陆葆泰:《论〈雷雨〉主题表现上的多元性与一元性》,《扬州师院学报(社会科学版)》1987 年第 4 期。

徐克勤:《〈雷雨〉与欧美戏剧》,《山东师大学报(社会科学版)》1987 年第 4 期。

陈瑜:《从小"雌老虎"到繁漪》,《上海戏剧》1987 年第 4 期。

高建中、王永海:《论〈雷雨〉》,《晋中师专学报》1988 年第 0 期。

朱招荆:《论曹禺戏剧结构的两种模式——关于〈雷雨〉和〈日出〉的透视》,《杭州师范学院学报(社会科学版)》1988 年第 1 期。

邓逸群:《〈雷雨〉三题议》,《上海大学学报(社会科学版)》1988 年第 1 期。

刘炎生:《〈雷雨〉的主题及若干人物形象异议》,《中国文学研究》1988 年第 1 期。

陈协志:《"第一个伪君子"——周朴园对侍萍感情真假的探讨》,《龙岩师专学报》1988 年第 1 期。

张崇文:《潜意识的外泄和深邃的自我反思——读曹禺〈《雷雨》序〉》,《渭南师专学报》1988 年第 1 期。

宋剑华:《试论〈雷雨〉的基督教色彩》,《中国现代文学研究丛刊》1988 年第 1 期。

闵阳:《周朴园形象新探》,《汉中师院学报(哲学社会科学版)》1988 年第 1 期。

高杰:《天上人间:曹禺早期创作中观照现实的不同视角》,《陕西师大学报(哲学社会科学版)》1988 年第 2 期。

孟瑞君:《蘩漪“雷雨”性格浅识》,《河北学刊》1988 年第 2 期。

陈瑞荣:《是“蘩漪”不是“繁漪”》,《中学语文》1988 年第 2 期。

吴旭:《试论繁漪的“雷雨”性格》,《阜阳师范学院学报(社会科学版)》1988 年第 3 期。

曹瑾:《〈雷雨〉(节选)分析——兼谈中学戏剧文学作品的教学》,《运城师专学报》1988 年第 3 期。

饶舞林:《戏剧冲突与结构方式——兼评〈雷雨〉评论中的几种主要观点》,《贵州教育学院学报(社会科学版)》1988 年第 3 期。

吴建波:《周朴园形象辩说——兼论文学史上的“负心汉”形象》,《华中师范大学学报(哲学社会科学版)》1988 年第 3 期。

任桦林:《夏淳在新加坡排〈雷雨〉》,《戏剧报》1988 年第 5 期。

何青志:《略谈繁漪悲剧形象的美感效应》,《求是学刊》1988 年第 5 期。

宋剑华:《曹禺早期话剧中的基督教伦理意识》,《江汉论坛》1988 年第 11 期。

吴建波:《论“痴情女子负心汉”叙事模式的历史演变——从周朴园形象的塑造说开去》,《文学评论》1989 年第 1 期。

王长军:《周朴园与侍萍关系问题的新思维》,《驻马店师专学报(社会科学版)》1989 年第 1 期。

蓝焱:《周朴园人物形象之我见》,《重庆工商大学学报(社会科学版)》1989 年第 Z1 期。

张书恒:《一个悲剧人物的沉沦——利用精神分析学的观点评价蘩漪》,《南都学坛》1989 年第 2 期。

陈瑞昌:《情感·道德·现实——例谈〈雷雨〉人物的悲剧意义》,《青岛教育学院学报》1989 年第 2 期。

吴亮:《哀感顽艳　凄入肝脾——〈雷雨〉的悲剧人物蘩漪和周萍》,《东吴教学》1989 年第 2 期。

张人权:《周朴园形象新探——论他对侍萍的爱情》,《社会科学战线》1989 年第 4 期。

易新鼎:《〈雷雨〉四题》,《北京师范学院学报(社会科学版)》1989 年第 6 期。

小泉、尹鸿:《命运与人——曹禺〈雷雨〉悲剧性新解》,《语文学习》1989 年第 8 期。

海林:《关于周朴园对侍萍感情态度的研究观点札记》,《语文学习》1989 年第 8 期。

郭致赟:《关于〈雷雨〉评论的评论与补充》,《张掖师专学报(综合版)》1990 年第 1 期。

欧秀岚:《〈雷雨〉戏剧冲突主线系统论》,《内蒙古民族师院学报(哲学社会科学·汉文版)》1990 年第 1 期。

张治中:《试论周朴园的婚恋性格》,《广西师院学报》1990 年第 1 期。

王丽霞:《聂赫留朵夫与周朴园形象塑造之比较》,《鞍山师范学院学报》1990 年第 2 期。

徜徉:《言犹尽而意未尽——〈雷雨〉中人物对话的潜台词探胜》,《戏剧文学》1990 年第

2 期。

郭继春、王久利:《浅谈〈雷雨〉强烈的感情渗透》,《承德师专学报(社会科学版)》1990年第 2 期。

张生筠:《漫谈〈雷雨〉的语言艺术》,《绥化师专学报》1990 年第 3 期。

陆穆:《曹禺创造鲁大海形象时运用想象的经验》,《上海师范大学学报(哲学社会科学版)》1990 年第 3 期。

王均裕:《角色语言若干特点的辩证关系——兼谈〈雷雨〉的称呼语》,《当代修辞学》1990 年第 4 期。

王均裕:《从〈雷雨〉称呼语的运用看角色语言运用的特点》,《四川师范大学学报(社会科学版)》1990 年第 5 期。

鲁原:《〈雷雨〉中的"替罪羔羊"》,《文学评论》1990 年第 5 期。

商景云:《谈〈雷雨〉的人物关系》,《语文学刊》1990 年第 6 期。

陶映荃:《夏淳:三排〈雷雨〉》,《瞭望周刊》1990 年第 45 期。

黄炳:《略谈〈雷雨〉中的巧合》,《淮阴师专学报(哲学社会科学版)》1991 年第 1 期。

姜维利:《悬念构成了〈雷雨〉的主线》,《大连大学学报》1991 年第 2 期。

赵炎秋:《理智与感情——对〈雷雨〉人物的再认识》,《中国文学研究》1991 年第 4 期。

周若金、吴启兴:《曹禺早期剧作魅力论纲》,《唐都学刊》1991 年第 4 期。

陈改玲:《蘩漪:"阁楼里的疯女人"》,《解放军外语学院学报》1992 年第 2 期。

李海林:《情与理的搏斗——论〈雷雨〉中周萍的文化心理结构》,《南京社会科学》1992年第 2 期。

宋剑华:《苦闷与自责——对于曹禺及其作品的精神分析》,《中国现代文学研究丛刊》1992 年第 2 期。

郑闽江:《〈雷雨〉悲剧观思辨》,《西北大学学报(哲学社会科学版)》,1992 年第 2 期。

汪诚一:《从"最雷雨"说起》,《语文学习》1992 年第 8 期。

吴戈、山风:《突破·深化·综合——近年来曹禺研究的新动向》,《江汉论坛》1992 年第 11 期。

曹祥忠:《浅析〈雷雨〉中周萍的性格特征》,《中学语文》1992 年第 11 期。

钱理群:《〈雷雨〉是"社会问题剧"吗》,《语文学习》1993 年第 1 期。

冯国晨:《周朴园形象简说》,《学习与探索》1993 年第 1 期。

董炳月:《原始崇拜与曹禺的戏剧创作》,《文学评论》1993 年第 2 期。

廖安厚:《〈雷雨〉冲突结构模式论辩》,《中国现代文学研究丛刊》1993 年第 2 期。

孙晓明:《浅谈图解法在〈雷雨〉教学中的运用》,《语文教学通讯》1993 年第 2 期。

吴建波:《情感的憧憬　恐惧的表征——论〈雷雨〉的命运观》,《华中师范大学学报(哲学社会科学版)》1993 年第 2 期。

罗宗义:《周萍:曹禺感觉到的形象——〈雷雨〉人物研究之一》,《语文学刊》1993 年第

3 期。

瞿刚:《周朴园形象新探》,《南通师专学报(社会科学版)》1993 年第 3 期。

鲁原:《道德的困惑与人性的窘迫——〈雷雨〉的原型批评》,《社会科学战线》1993 年第 3 期。

王晓鹰:《鲁大海被删去以后……》,《剧本》1993 年第 3 期。

桑迪:《巧问——〈雷雨〉教例评析》,《中学语文》1993 年第 4 期。

王晓鹰:《让〈雷雨〉进入一个新的世界》,《中国戏剧》1993 年第 5 期。

周经纶:《〈雷雨〉是社会剧》,《语文学习》1993 年第 5 期。

陆耀东:《〈雷雨〉不朽艺术生命力的奥秘》,《武汉大学学报(社会科学版)》1993 年第 5 期。

朱德发:《一个"女性绕着男性转"的原型模式——从〈雷雨〉婚恋关系谈起》,《齐鲁学刊》1993 年第 5 期。

冉建国:《谈周朴园性格的另一面》,《语文教学通讯》1993 年第 5 期。

刘克蔚:《〈雷雨〉国内首演钩沉》,载《中国话剧研究》第 7 期,文化艺术出版社,1993。

王卫平:《接受与变形——曹禺剧作的主观追求与观众的客观接受》,《社会科学战线》1994 年第 1 期。

海风:《删繁辟蹊径标新探底蕴——"没有鲁大海的〈雷雨〉"观后》,《戏剧文学》1994 年第 1 期。

黄梅生:《〈雷雨〉的主人公究竟是谁》,《娄底师专学报》1994 年第 1 期。

戚广振:《〈雷雨〉的抛物线结构》,《临沂师专学报》1994 年第 1 期。

刘挺生:《人的状态和困境——〈雷雨〉人物性格辨析》,《宁波师院学报(社会科学版)》1994 年第 1 期。

杨延存:《〈雷雨〉教学偶得》,《延安教育学院学报》1994 年第 1 期。

张易:《徘徊于恐惧与诱惑之间——〈雷雨〉生命悲剧哲学初探》,《枣庄师专学报》1994 年第 2 期。

周海燕:《"自然的法则"的自然之源——〈雷雨〉中周朴园命运悲剧探索》,《湖北教育学院学报》1994 年第 2 期。

韩南宗:《社会悲剧,还是命运悲剧——论曹禺〈雷雨〉的悲剧性质与主题》,《广东民族学院学报》1994 年第 3 期。

张万仪:《论〈雷雨〉中的那条好汉——兼谈关于〈雷雨〉主角的争论》,《重庆电大学刊》1994 年第 3 期。

顾立闻:《打开人物心灵大门的一把钥匙——〈雷雨〉第二幕破折号作用试析》,《铁道师院学报》1994 年第 3 期。

张宁:《反抗封建礼教的前驱与后继者——安娜与繁漪的人物形象比较》,《大同高等专科学校学报》1994 年第 3 期。

童伟民:《回到起点——谈曹禺对〈雷雨〉主题的解说》,《重庆教育学院学报》1994 年第 4 期。

冯乃康:《曹禺的早期思想和〈雷雨〉创作》,《北京第二外国语学院学报》1994 年第 4 期。

谢树堂:《对比是刻画卓越个性的好方法——析〈雷雨〉中周朴园、鲁侍萍见子场面》,《阅读与写作》1994 年第 4 期。

吕效平:《论"新版"〈雷雨〉》,《戏剧艺术》1994 年第 4 期。

周晓宁:《恢复〈雷雨〉的历史面目——〈雷雨〉序幕、尾声审美价值谈》,《职大学刊》1994 年第 4 期。

李有端:《谈〈雷雨〉人物性格的多元化》,《宜昌师专学报》1994 年第 4 期。

孔国庆:《设置矛盾情境　培养辨析能力——周朴园形象分析课堂教学尝试》,《驻马店师专学报(社会科学版)》1994 年第 4 期。

郑志红:《爱,是不能忘记的——谈周朴园对鲁侍萍的感情》,《宜昌师专学报》1994 年第 4 期。

韩日新:《曹禺研究的新开拓——评〈曹禺:历史的突进与回旋〉》,《辽宁师范大学学报》1994 年第 4 期。

华义平:《未泯的人性——对周朴园的再认识》,《语文教学与研究》1994 年第 6 期。

冯立:《〈雷雨〉到底告诉我们什么?》,《语文学习》1994 年第 8 期。

王永红:《〈雷雨〉人物关系的板书设计》,《中学语文教学》1994 年第 11 期。

王泽龙:《戏剧艺术的"生命气息"——论曹禺早期剧作的艺术氛围》,《江汉论坛》1994 年第 12 期。

胡景颐:《〈雷雨〉的潜台词艺术及其剖白》,《中学语文》1995 年第 1 期。

柯玉静:《〈雷雨〉教学简案》,《小学语文教学》1995 年第 1 期。

叶和生:《揣摩潜台词 学会细分析——〈雷雨〉(第二幕)中潜台词分析方法初探》,《镇江师专学报(社会科学版)》1995 年第 1 期。

白红霞:《〈雷雨〉悬念手法面面观》,《戏文》1995 年第 1 期。

冯乃康:《谈〈雷雨〉人物性格的复杂性》,《北京第二外国语学院学报》1995 年第 1 期。

孙悦华:《九年义务教材小学语文第四册〈雷雨〉教案》,《辽宁教育》1995 年第 Z1 期。

吴品云:《论蘩漪性格中的酒神文化气质》,《福建师范大学学报(哲学社会科学版)》1995 年第 2 期。

黄蓓芬:《京津沪浙语文第十册〈雷雨〉教学设计》,《上海教育》1995 年第 2 期。

陈丽冰:《〈雷雨〉称呼语的特点及原因》,《宁德师专学报(哲学社会科学版)》1995 年第 2 期。

谭瑞生:《创意　艺术创造的奥秘——〈雷雨〉结构意蕴新探》,《东方艺术》1995 年第 3 期。

税海模:《〈雷雨〉:可读性、文学性、真实性完美统一的典范》,《乐山师专学报(社会科学版)》1995 年第 3 期。

王长军:《现代文学史中对周朴园的传统定论需要改写——兼论改进文学评论问题》,《浙江师大学报》1995 年第 3 期。

张翎:《周朴园心灵冲突管窥》,《沈阳师范学院学报(社会科学版)》1995 年第 3 期。

朱伟华:《周萍——来自作家心灵深处的人物》,《贵州教育学院学报(社会科学版)》1995 年第 4 期。

李志连:《论〈雷雨〉的基本情节和主线》,《雁北师院学报》1995 年第 4 期。

李春华:《〈雷雨〉教学中的"四三两一"》,《语文教学通讯》1995 年第 4 期。

张爱芬:《繁漪新析》,《上海师范大学学报(哲学社会科学版)》1995 年第 4 期。

康瑛:《周朴园对鲁侍萍的怀念全是假的吗——〈雷雨〉人物浅析》,《青海教育》1995 年第 5 期。

张万详、王玉环:《牵一"问"而动全文——〈雷雨〉长文短教实验》,《天津教育》1995 年第 5 期。

刘国杰:《"繁漪"的"繁"怎么读?》,《中学语文》1995 年第 5 期。

梁韬:《周朴园对鲁侍萍的怀念真假论》,《广西大学学报(哲学社会科学版)》1995 年第 6 期。

周本刚:《真情与幻想——我讲〈雷雨〉第二幕》,《石油教育》1995 年第 6 期。

郑素琴:《复杂的周朴园》,《语文教学与研究》1995 年第 6 期。

谢红:《怎样理解周朴园对侍萍的"怀念"》,《中学语文教学》1995 年第 12 期。

高红卫:《道是有情却无情——周朴园情感世界剖析》,《安徽教育学院学报(哲学社会科学版)》1996 年第 1 期。

李乐平:《一个卑鄙自私的女人——论蘩漪》,《殷都学刊》1996 年第 1 期。

周雪琴:《永葆魅力的艺术珍品——〈雷雨〉》,《晋中师专学报》1996 年第 1 期。

刘慧青:《浅论〈雷雨〉的戏剧对话》,《温州师范学院学报(哲学社会科学版)》1996 年第 1 期。

陈红:《〈雷雨〉女性悲剧的特色》,《渤海学刊》1996 年第 Z1 期。

周健:《〈雷雨〉第三幕中环境描写的艺术魅力》,《艺圃(吉林艺术学院学报)》1996 年第 Z1 期。

高红卫:《第九个是"雷雨"——浅议〈雷雨〉中的象征形象》,《淮北煤师院学报(社会科学版)》1996 年第 2 期。

马丽珠:《人性的魅力——论繁漪》,《西北第二民族学院学报(哲学社会科学版)》1996 年第 2 期。

童伟民:《"用一种悲悯的心情来写剧中人物的争执"——论曹禺对周朴园形象的塑造和解说》,《重庆教育学院学报》1996 年第 2 期。

宋剑华:《论曹禺的情感生活与其作品的对映关系》,《河北学刊》1996年第3期。

童伟民:《论〈雷雨〉的序幕和尾声》,《重庆师院学报(哲学社会科学版)》1996年第3期。

贺建成:《论〈雷雨〉的悲剧场》,《湘潭大学学报(哲学社会科学版)》1996年第3期。

吴如敏:《周朴园亦鬼亦人》,《安顺师专学报(社会科学版)》1996年第3期。

叶林:《〈雷雨〉中人物年龄及其它的质疑》,《电大教学》1996年第4期。

郭凤军:《谈〈雷雨〉中的四种矛盾冲突》,《丝路学刊》1996年第4期。

高如云:《阶级性与人性的体现——试论周朴园感情的"伪"与"真"》,《语文学刊》1996年第4期。

陈留生、贡献:《鲁大海悲剧地位论》,《盐城师专学报(哲学社会科学版)》1996年第4期。

曹民光:《精细入微　曲尽其妙——谈谈〈雷雨〉中的破折号》,《中学语文》1996年第5期。

康健:《浅析〈雷雨〉中的"空白话"》,《四川师范学院学报(哲学社会科学版)》1996年第5期。

杨有业:《曹禺剧作潜台词的艺术魅力》,《辽宁师范大学学报》1996年第5期。

杨俪:《命运操纵的悲剧——对曹禺〈雷雨〉的再释读》,《戏剧之家》1996年第6期。

黎俊:《〈雷雨〉"改头换面"》,《人民日报》1996年7月7日。

曹禺:《〈雷雨〉在这里诞生》,《光明日报》1996年8月12日。

黄后平:《也说繁漪——"旧式女人"说质疑》,《湖北电大学刊》1996年第10期。

周而复:《曹禺创作思想的轨迹》,《文艺报》1996年11月19日。

韩尚义:《曹禺:〈雷雨〉是块石头》,《上影画报》1996年第12期。

老方:《叶公好龙式的情与爱——兼说周朴园其人》,《中学语文教学参考》1997年第0Z期。

童伟民:《〈雷雨〉研究60年》,《武汉教育学院学报》1997年第1期。

王晓鹰:《回忆与曹禺先生关于〈雷雨〉的对话》,《光明日报》1997年1月22日。

胡海舟:《我这样教〈雷雨〉》,《中学语文教学》1997年第1期。

罗玉成:《〈雷雨〉主要戏剧冲突试探》,《职大学刊》1997年第1期。

贡献、陈留生:《"狭之笼"里的鸟儿——周朴园悲剧意蕴的新开掘》,《徐州师范大学学报》1997年第1期。

王晓华:《曹禺戏剧的深层结构》,《艺术百家》1997年第1期。

刘红明:《试论曹禺的女性崇拜情结及其成因——为悼念曹禺先生逝世而作》,《梧州师专学报(综合版)》1997年第1期。

唐玉玲、李铁秀:《〈雷雨〉的命运观念》,《哈尔滨师专学报(社会科学版)》1997年第2期。

王丹莉:《曹禺〈雷雨〉的基本叙述方式和叙述手段》,《河南教育学院学报(哲学社会科学版)》1997 年第 2 期。

郭丽莎:《从一个字看〈雷雨〉人物性格》,《语文教学通讯》1997 年第 2 期。

于秀颖:《从贾政、高老太爷、周朴园看中国封建家长的性格特征》,《辽宁广播电视大学学报》1997 年第 2 期。

贡献、陈留生:《论曹禺对宗教的矛盾心态》,《南京师大学报(社会科学版)》1997 年第 2 期。

郝翠芬:《繁漪形象小论》,《雁北师院学报》1997 年第 3 期。

段瑾瑜:《谈〈雷雨〉的艺术魅力》,《中州大学学报》1997 年第 3 期。

蒋德珍:《〈雷雨〉中的岔说》,《中学语文教学》1997 年第 3 期。

黄宝奇:《名剧〈雷雨〉重读》,《中学语文教学》1997 年第 3 期

吴桂梅:《〈雷雨〉中蘩漪叛逆性格成因新探》,《长春师院学报(社会科学版)》1997 年第 3 期。

夏小芸:《曹禺前期戏剧的背景艺术》,《南京师大学报(社会科学版)》1997 年第 3 期。

朱黎辉:《谈〈雷雨〉锁闭式结构与形象塑造》,《黑龙江教育学院学报》1997 年第 4 期。

张哲俊:《〈雷雨〉不是现实主义》,《艺术广角》1997 年第 4 期。

刘勇:《在命运的探幽与把握之间——试论曹禺剧作"对宇宙间神秘事物不可言喻的憧憬"》,北京师范大学学报(社会科学版)》1997 年第 5 期。

干开华:《还是课文注音好——〈雷雨〉人物繁漪中"繁"的读音商讨》,《语文知识》1997 年第 5 期。

陈占彪:《曹禺前期戏剧的结构特征及其文化内涵》,《西北师大学报(社会科学版)》1997 年第 6 期。

赵晋全、周秀贞:《繁漪姓 fán 吗》,《语文学习》1997 年第 6 期。

郑秀:《〈雷雨〉是怎样诞生的》,《希望月报》1997 年 7 月 3 日。

李俊:《〈雷雨〉:悲剧冲突及其主题》,《戏剧》1998 年第 1 期。

李致:《巴金与〈雷雨〉》,《巴金研究》1998 年第 1 期。

周志强、邴波:《〈雷雨〉的叙事策略》,《西部学坛》1998 年第 1 期。

王玉屏:《论周朴园形象的深层寓意》,《韩山师范学院学报》1998 年第 1 期。

杨剑龙:《论曹禺〈雷雨〉的基督教色彩》,《戏剧艺术》1998 年第 1 期。

和彦确:《深邃神秘的命运悲剧——论〈雷雨〉、〈原野〉中的命运观念》,《邢台职业技术学院军需工业学院学报》1998 年第 1 期。

张小萍:《童年体验与〈雷雨〉》,《景德镇高专学报》1998 年第 1 期。

王阑:《繁漪的"繁"并非姓氏》,《咬文嚼字》1998 年第 1 期。

孙绍振:《关于真善美之间的错位——从繁漪是否是坏女人谈起》,《名作欣赏》1998 年第 1 期。

王树元:《周朴园的“旧”》,《中学语文》1998 年第 1 期。

杨力伟:《真、奇、美——试论〈雷雨〉戏剧语言的修辞手法》,《龙岩师专学报》1998 年第 2 期。

魏继洲:《语言也是力量——重读〈雷雨〉》,《语文教学与研究》1998 年第 2 期。

刘纪新:《从戏剧冲突的角度分析周朴园形象的复杂性》,《渤海学刊》1998 年第 2 期。

邹红:《“诗样的情怀”——试论曹禺剧作内涵的多解性》,《文学评论》1998 年第 3 期。

刘艳:《曹禺的思维方式及其对形象塑造的影响》,《中国人民大学学报》1998 年第 3 期。

王文英:《重读曹禺》,《中国文学研究》1998 年第 3 期。

鲍存根:《〈雷雨〉蕴含的深层民族悲哀》,《中学语文教学》1998 年第 3 期。

陈珊珊、李荣合:《爱欲与文明的冲突——〈雷雨〉主题新探》,《吉林师范学院学报》1998 年第 3 期。

郑尧:《曹禺为什么 23 岁能写出〈雷雨〉? ——读〈“神童”曹禺——曹禺成才之路〉》,《戏文》1998 年第 4 期。

林琇珠:《一波三折　起伏跌宕——谈〈雷雨〉的戏剧冲突》,《语文教学通讯》1998 年第 4 期。

赵海彦:《恢复〈雷雨〉“悲天悯人”的主题意义》,《西北师大学报(社会科学版)》1998 年第 4 期。

杨晓云:《美丽的心灵,“雷雨”的性格——评〈雷雨〉中的繁漪形象》,《贵州民族学院学报(社会科学版)》1998 年第 4 期。

王蒙:《永远的雷雨》,《读书》1998 年第 5 期。

马玲君:《〈雷雨〉阅读教学改革初探》,《语文教学与研究》1998 年第 5 期。

马临漪:《繁漪的“雷雨”性格及其悲剧意义》,《天中学刊》1998 年第 6 期。

李柏生:《〈雷雨〉中的“跳脱”艺术》,《语文月刊》1998 年第 8 期。

张新民:《对〈雷雨〉悲剧艺术的几点阐释》,《新乡师范高等专科学校学报》1999 年第 1 期。

蓝棣之:《两个阶级之间的爱情故事——曹禺〈雷雨〉症候分析》,《清华大学学报(哲学社会科学版)》1999 年第 1 期。

王玉屏:《〈雷雨〉人物塑造得失探源》,《社会科学家》1999 年第 S1 期。

傅学敏:《试论〈雷雨〉的诗化特征》,《四川师范学院学报(哲学社会科学版)》1999 年第 2 期。

周建芳:《〈雷雨〉学法指导》,《小学语文教学》1999 年第 2 期。

杨茂义:《戏剧文本的召唤结构——以〈雷雨〉的接受美学分析》,《北京青年政治学院学报》,1999 年第 2 期。

王金辉:《阁楼上的疯女人——从七巧和繁漪看男权文化下女性的生存困境》,《常州教育学院学报(综合版)》1999 年第 2 期。

沈远川:《曹禺早期剧作与戏剧氛围》,《重庆师专学报》1999 年第 2 期。

张健:《曹禺的悲剧三部曲》,《北京青年政治学院学报》1999 年第 2 期。

黄佳岩、王玉瑛:《周朴园真的爱鲁侍萍吗?——谈谈如何看待周朴园对鲁侍萍的"怀念"》,《牡丹江师范学院学报(哲学社会科学版)》1999 年第 2 期。

胡孝斌:《从〈雷雨〉看反问句潜在的戏剧功能》,《首都师范大学学报(社会科学版)》1999 年第 2 期。

张国英:《性格化·动作化·口语化——试论〈雷雨〉的人物语言》,《华北矿业高等专科学校学报》1999 年第 3 期。

惠转宁:《论〈雷雨〉的两种结尾》,《青海师专学报》1999 年第 3 期。

温越:《现实反映论透视——〈雷雨〉主题评说解析之一》,《甘肃广播电视大学学报》1999 年第 3 期。

刘向宏:《从对侍萍感情的真伪论周朴园性格的复杂性》,《辽宁教育学院学报》1999 年第 3 期。

史瑛:《寻找名叫"雷雨"的好汉》,《平原大学学报》1999 年第 3 期。

郝雨:《生存的悲剧——谈话剧〈雷雨〉》,《大舞台》1999 年第 4 期。

韦升国:《"原始情绪"与〈雷雨〉创作》,《咸阳师范专科学校学报》1999 年第 4 期。

胡叔和:《从鲁贵的喜剧形象看〈雷雨〉的悲剧特色》,《安徽师范大学学报(人文社会科学版)》1999 年第 4 期。

刘增人:《论曹禺剧作的人物配置艺术》,《山东矿业学院学报(社会科学版)》1999 年第 4 期。

曾宝祥:《〈雷雨〉中的"跳脱"修辞格浅析》,《中学语文教学》1999 年第 4 期。

周茜:《〈雷雨〉的文体特征在其英译本中的再现》,《渝州大学学报(社会科学版)》1999 年第 4 期。

张新强:《走出"雷雨"——听洪镇涛先生执教〈雷雨〉》,《中学语文》1999 年第 5 期。

顾育豹:《走过〈雷雨〉的青年"董竹君"》,《戏剧之家》1999 年第 5 期。

周志强、李娜:《自我焦虑的修辞术——〈雷雨〉的叙事策略》,《大舞台》1999 年第 6 期。

冯乃康:《〈雷雨〉主题的整体性及其他》,《北京第二外国语学院学报》1999 年第 6 期。

戴盛江:《为周朴园说句公道话》,《语文教学与研究》1999 年第 6 期。

邹红:《"不可相信的参差"——接受视野中的曹禺剧作》,《首都师范大学学报(社会科学版)》1999 年第 6 期。

孙时彬:《课文〈雷雨〉主要人物浅析》,《语文天地》1999 年第 7 期。

魏建宽:《〈雷雨〉主题认识上的盲点》,《语文教学与研究》1999 年第 11 期。

艾云:《细读繁漪》,《青年文学》1999 年第 12 期。

阎会才:《说说〈雷雨〉中的潜台词》,《语文天地》1999 年第 15 期。

胡广海:《〈雷雨〉:误读及其后果》,《克山师专学报》2000 年第 1 期。

魏启华:《浅析曹禺对〈雷雨〉的创作》,《胜利油田党校学报》2000 年第 2 期。

张红:《从〈雷雨〉到〈北京人〉评曹禺前期剧作风格的转变》,《乌鲁木齐职业大学学报》2000 年第 2 期。

刘家思:《〈雷雨〉与神话原型——曹禺戏剧新论之一》,《解放军艺术学院学报》2000 年第 2 期。

宋剑华:《基督精神与曹禺戏剧的原罪意识》,《文学评论》2000 年第 3 期。

傅学敏:《曹禺剧作诗化特征的流变》,《四川师范学院学报(哲学社会科学版)》2000 年第 2 期。

李曙豪:《〈雷雨〉中人物形象的塑造与心理分析》,《韶关大学学报(社会科学版)》2000 年第 3 期。

郭青、刘均余:《蘩漪:悲剧人生》,《枣庄师专学报》2000 年第 3 期。

魏少华、李国银:《知识女性的去与留——重读繁漪、白露和愫芳》,《菏泽师专学报》2000 年第 3 期。

施岩:《失衡的人性——曹禺早期剧作浅析》,《山西教育学院学报》2000 年第 3 期。

王建维:《试论〈雷雨〉创作的感性直觉和理性把握》,《南通师范学院学报(哲学社会科学版)》2000 年第 4 期。

赵万峰:《曹禺戏剧中的"第九个角色"》,《陕西广播电视大学学报》2000 年第 4 期。

李书生:《从〈雷雨〉谈对中学生悲剧意识的培养》,《济南教育学院学报》2000 年第 4 期。

张浩:《戏剧世界的"围城"——试论曹禺剧作的出走者人物系列》,《中国文化研究》2000 年第 4 期。

程祖进、蔡凌云:《"繁漪"应为"蘩漪"》,《中学语文教学》2000 年第 4 期。

赵章超:《俄狄浦斯情结与〈雷雨〉主要人物的命运历程》,《哈尔滨师专学报》2000 年第 5 期。

黄昌龙:《"给你一个完整的感情":〈雷雨〉主题试解》,《安庆师范学院学报(社会科学版)》2000 年第 5 期。

任燕:《曹禺戏剧创作的两座丰碑——〈雷雨〉和〈北京人〉之比较》,《陕西经贸学院学报》2000 年第 5 期。

陈明学:《俄狄浦斯神话与〈雷雨〉的解读——兼说中师语文教材〈雷雨〉节选的得失》,《名作欣赏》2000 年第 6 期。

张松新:《称呼语与人际关系——试谈称呼语在〈雷雨〉中的精巧运用》,《广东教育学院学报》2000 年第 6 期。

印文权、吉传琴:《〈雷雨〉中的几处语言修改简析》,《语文天地》2000 年第 15 期。

黎琳:《曹禺和他的〈雷雨〉》,《语文天地》2000 年第 24 期。

刘艳:《曹禺:中国现代话剧的突破与超越》,《戏剧》2001 年第 1 期。

周志强、邴波:《〈雷雨〉叙事策略的修辞论阐释》,《新疆师范大学学报(哲学社会科学版)》2001 年第 1 期。

李美皆:《命运的困顿与人性的挣扎——〈雷雨〉原著主题暨悲剧内涵论》,《名作欣赏》2001 年第 1 期。

郝宇民:《生存的悲剧——〈雷雨〉》,《名作欣赏》2001 年第 1 期。

李晓东:《〈雷雨〉人物姓名研究》,《甘肃教育学院学报(社会科学版)》2001 年第 1 期。

马光亭:《试论早期曹禺的准宗教心态》,《青岛大学师范学院学报》2001 年第 1 期。

赵新顺:《命运拷问与性格悲剧——试析曹禺〈雷雨〉的创作意图》,《殷都学刊》2001 年第 1 期。

钟军红:《批评家的灼识与偏见——读司马长风的〈曹禺的《雷雨》〉》,《泰安教育学院学报岱宗学刊》2001 年第 1 期。

张晓东:《关于曹禺〈雷雨〉的断章》,《阜阳师范学院学报(社会科学版)》2001 年第 2 期。

张万仪:《试论〈雷雨〉第九个角色的意蕴》,《重庆广播电视大学学报》2001 年第 2 期。

何祖健:《论〈雷雨〉第二文本的艺术追求》,《求索》2001 年第 2 期。

王本朝:《曹禺与基督教文化》,《常州工学院学报》2001 年第 3 期。

王玉屏:《曲高和众　雅俗共赏——论曹禺前期戏剧的艺术魅力》,《惠州大学学报》2001 年第 3 期。

冀崇萍:《对曹禺名剧〈雷雨〉的再认识》,《山西教育学院学报》2001 年第 3 期。

刘勇、李雨春:《曹禺研究述评》,《中国现代文学研究丛刊》2001 年第 3 期。

孔晓菲:《谈〈雷雨〉中的"宿命论"思想》,《黑龙江教育学院学报》2001 年第 3 期。

刘红英:《浅谈〈雷雨〉的"诗化"现象》,《濮阳教育学院学报》2001 年第 4 期。

王兆胜:《建筑·哭笑·骂词·声响——〈雷雨〉中的细节解读》,《荆州师范学院学报》2001 年第 4 期。

刘慧珍:《基督精神对曹禺早期剧作的影响》,《内蒙古民族大学学报(社会科学版)》2001 年第 4 期。

商拓:《"语用学"即"人文网络言语学"的典型案例——曹禺〈雷雨〉中"哦"字用法探析》,《西南民族学院学报(哲学社会科学版)》2001 年第 4 期。

黄伟峰:《析曹禺〈雷雨〉中周鲁两家的破亡》,《琼州大学学报》2001 年第 4 期。

朱月平:《从周朴园到曾文清——曹禺精神突围再探》,《广西师院学报》2001 年第 4 期。

张向东、张哲:《曹禺早期剧作现实主义的独特性》,《兰州铁道学院学报》2001 年第 5 期。

钱谷融、殷国明:《令人憧憬和痴迷的艺术境界——关于〈雷雨〉欣赏答问录》,《文艺理论研究》2001年第5期。

李铁秀:《魅惑——〈雷雨〉的命运现象》,《黑龙江教育学院学报》2001年第6期。

张庆胜:《论〈雷雨〉〈日出〉〈原野〉中的幕后人物形象》,《江西社会科学》2001年第6期。

高浦棠:《曹禺与巴赫——关于〈雷雨〉中的宗教音乐提示解读》,《延安大学学报(社会科学版)》2002年第1期。

刘勇、朱阿兰:《〈雷雨〉早期接受史中的错位现象》,《韩山师范学院学报(社会科学版)》2002年第1期。

韩美娜:《女性眼中的繁漪——也说繁漪的悲剧》,《丹东师专学报》2002年第1期。

潘锋:《死人抓住活人中的间色——评〈雷雨〉中周萍形象及其意义》,《零陵学院学报》2002年第S2期。

安汶华:《谈〈雷雨〉中周朴园的内心世界》,《贵州教育学院学报(社会科学)》2002年第3期。

刘桂萍:《蘩漪"原始""野性"的形象意义》,《宁波职业技术学院学报》2002年第3期。

杨立民:《叛逆女性的性格悲剧——〈雷雨〉中繁漪形象的深度阐解》,《江汉大学学报(人文社会科学版)》2002年第3期。

戴前柏:《断裂的〈雷雨〉》,《当代文坛》2002年第3期。

孙亚明:《〈雷雨〉初版与通行版之差异及其对主题的影响》,《无锡商业职业技术学院学报》2002年第3期。

陈国华:《试论〈雷雨〉的神秘色彩》,《河南社会科学》2002年第4期。

一道:《巴金读〈雷雨〉手稿》,《出版史料》2002年第4期。

马清莲:《对周蘩漪和陈白露的悲剧命运的再思考》,《川北教育学院学报》2002年第4期。

王玉屏:《蘩漪、白露、金子形象的女性主义解读》,《惠州学院学报(社会科学版)》2002年第4期。

冯异:《〈雷雨〉:命运与人》,《重庆教育学院学报》2002年第5期。

林婷:《〈雷雨〉的结构》,《语文建设》2002年第6期。

任玲:《〈雷雨〉扩展阅读课例设计与教学反思》,《中小学信息技术教育》2002年第Z2期。

刘庆瑞:《〈雷雨〉二题》,《中学语文教学》2002年第12期。

万国庆:《〈雷雨〉主题辨析》,《咸宁学院学报》2003年第1期。

李小平:《叩问"经典":〈雷雨〉主题、人物及其它》,《漳州师范学院学报(哲学社会科学版)》2003年第1期。

胡斌:《〈雷雨〉的母题原型研究》,《山西高等学校社会科学学报》2003年第1期。

费新岸:《〈雷雨〉新探》,《湖北师范学院学报(哲学社会科学版)》2003年第2期。

陈明彬、曹奎:《〈雷雨〉的深层内涵与曹禺对人类命运的恐惧情结》,《内江师范学院学报》2003 年第 3 期。

高浦棠:《命运·天意·上帝——〈雷雨〉的神秘主义思想本体破译》,《延安大学学报(社会科学版)》2003 年第 3 期。

王俊虎、史小爱:《曹禺〈雷雨〉创作心理简论》,《延安大学学报(社会科学版)》2003 年第 3 期。

黄艳丽:《生存的悲剧——〈雷雨〉创作心理分析》,《丹东师专学报》2003 年第 3 期。

薛双芬:《试论〈雷雨〉中四凤形象》,《南昌教育学院学报》,2003 年第 3 期。

张新民:《非主流意识形态话语中的周朴园形象解读》,《河南师范大学学报(哲学社会科学版)》2003 年第 3 期。

阎庆生、王小平:《曹禺创作的深层心理动因分析——从〈雷雨〉中的"乱伦"谈起》,《宝鸡文理学院学报(社会科学版)》2003 年第 4 期。

宋向红:《论〈雷雨〉的"恋母仇父"情结——兼谈曹禺创作〈雷雨〉的个人无意识和集体无意识》,《南宁师范大学学报(哲学社会科学版)》2003 年第 4 期。

张金仲:《周朴园婚恋性格辩说——论周朴园与鲁侍萍的爱情》,《淮南师范学院学报》2003 年第 4 期。

陈思和:《细读〈雷雨〉——现代文学名作细读之三》,《南方文坛》2003 年第 5 期。

李峰峰:《〈雷雨〉对人类恶运的思考》,《云梦学刊》2003 年第 5 期。

高浦棠:《"升到上帝的座"上重新审读曹禺的〈雷雨〉——〈雷雨〉本源真诠》,《陕西师范大学学报(哲学社会科学版)》2003 年第 5 期。

佘爱春:《孤寂、虚空、悲切的魂灵——对〈雷雨〉中周朴园形象的悲剧性解读》,《中学语文》2003 年第 5 期。

高浦棠:《曹禺早期戏剧创作的潜宗教结构》,《文学评论》2003 年第 6 期。

王艳荣:《爱恨情仇　玉石俱焚——繁漪形象之再解》,《吉林师范大学学报(人文社会科学版)》2003 年第 6 期。

王勇:《蘩漪形象新探——试从比较文学的角度来看蘩漪形象》,《佳木斯大学社会科学学报》2003 年第 6 期。

徐晓钟:《实现老师夙愿　再读〈雷雨〉诗情——〈雷雨〉导演阐述》,《中国戏剧》2003 年第 7 期。

陈锐峰:《曹禺与〈雷雨〉》,《初中生辅导》2003 年第 8 期。

蒋婉霞:《周朴园形象分析方法浅析》,《语文教学通讯》2003 年第 12 期。

谭轶斌、王云峰:《换个角度学〈雷雨〉——〈雷雨〉教学实录及评点》,《语文建设》2003 年第 12 期。

周月曦:《一场超越时空的暴风雨——曹禺的〈雷雨〉》,《现代语文》2003 年第 18 期。

陈传芝:《〈雷雨〉的"热"分析》,《河池师专学报(社会科学版)》2004 年第 1 期。

宋建军:《〈雷雨〉人物塑造特性略谈》,《新疆石油教育学院学报》2004 年第 1 期。

曹树钧:《缘于〈雷雨〉的戏剧情结》,《上海戏剧》2004 年第 Z1 期。

林玲华、钱荷娣:《原罪三重奏之蘩漪篇:乱伦禁忌下无望的生命突围》,《宁波广播电视大学学报》2004 年第 1 期。

廖奔、田本相、童道明、叶廷芳、黄维钧、王育生、顾威、王敏、王蕴明、邹红、刘平、林克欢、徐晓钟、宋国锋、郭媛媛、李鸣春:《永远的〈雷雨〉——全本〈雷雨〉研讨会纪要》,载《中国戏剧梅花奖 20 周年文集》,2004。

千玲玲:《生存的悲剧——浅谈〈雷雨〉的悲剧性》,《黔东南民族师范高等专科学校学报》2004 年第 2 期。

潘伟华:《论戏剧〈雷雨〉艺术构思的独创性》,《卫生职业教育》2004 年第 2 期。

章池:《从〈雷雨〉看中国现代悲剧观念的生成》,《安徽师范大学学报(人文社会科学版)》2004 年第 3 期。

孔海蓉:《〈雷雨〉中蘩漪的形象分析》,《贵州民族学院学报(哲学社会科学版)》2004 年第 3 期。

郭剑敏:《从"家"的视角看〈雷雨〉的悲剧内涵》,《中国矿业大学学报(社会科学版)》2004 年第 3 期。

张小萍:《论周朴园形象的双重寓意》,《南方冶金学院学报》2004 年第 3 期。

李婷:《论繁漪、陈白露、愫方的觉醒和反抗》,《邵阳学院学报》2004 年第 3 期。

温儒敏:《〈雷雨〉的主人公是谁? ——北大中文系学生试卷的观点举要》,《名作欣赏》2004 年第 4 期。

张先飞:《形而上的困惑与追问——论曹禺〈雷雨〉创作时期思想的几个主题》,《文艺理论与批评》2004 年第 4 期。

陈瑶:《"夏天里的一个春梦"——〈雷雨〉中周冲形象再探》,《黄冈师范学院学报》2004 年第 4 期。

徐伟、张志连:《论曹禺〈雷雨〉与古希腊悲剧之因缘》,《连云港师范高等专科学校学报》2004 年第 4 期。

马跃:《从曹禺的人生情怀看〈雷雨〉中的俄狄浦斯情结》,《学术交流》2004 年第 5 期。

杨春风:《被情欲之火灼烧的女人——蘩漪形象新论》,《河南教育学院学报(哲学社会科学版)》2004 年第 5 期。

童献纲:《杀父娶母原型在现代中国的激活——对〈雷雨〉的一种阐释》,《哈尔滨学院学报》2004 年第 6 期。

解德枫:《通俗与先锋孪生　批判与冥想交织——〈雷雨〉戏剧形态的丰富性》,《南都学坛》2004 年第 6 期。

刘杨柳:《〈雷雨〉的情境冲突》,《艺海》2004 年第 6 期。

彭新琪:《我听巴金谈〈雷雨〉》,《档案与史学》2004 年第 6 期。

陶永朝:《人性的悲剧——解读蘩漪》,《山东省农业管理干部学院学报》2004 年第 6 期。

吕恩:《〈雷雨〉诞生在清华热恋中》,《人民日报》2004 年 8 月 10 日。

田本相:《全本〈雷雨〉的意义和价值》,载《中国戏剧梅花奖 20 周年文集》2004 年第 9 期。

傅学敏:《〈雷雨〉中的父子冲突》,《西华师范大学学报(哲学社会科学版)》2005 年第 1 期。

杨敏、赖翅萍:《〈雷雨〉与祈雨仪式——曹禺剧作〈雷雨〉的文化学阐释》,《玉林师范学院学报》2005 年第 1 期。

石明圆:《"雷雨"意象的文化阐释》,《北华大学学报(社会科学版)》2005 年第 1 期。

陆汉军:《蘩漪形象研究七十年综述》,《南宁师范高等专科学校学报》2005 年第 1 期。

蔡海霞:《论〈雷雨〉的主题意蕴》,《陕西师范大学继续教育学报》2005 年 S1 期。

高崇信:《从〈雷雨〉到〈日出〉——论曹禺戏剧的艺术成就》,《吉林广播电视大学学报》2005 年第 1 期。

赵敬立:《论鲁迅、曹禺对易卜生的接受差异及其文学史意义》,《上海鲁迅研究》2005 年第 S1 期。

陈兴焱:《〈雷雨〉的造"悲"艺术》,《信阳农业高等专科学校学报》2005 年第 2 期。

李震川:《生存境遇中人的困惑与挣扎——〈雷雨〉主题之我见》,《廊坊师范学院学报》2005 年第 2 期。

夏俊华:《论〈雷雨〉在刻画人物方面的多重视角》,《漯河职业技术学院学报(综合版)》2005 年第 2 期。

李树棣、马如季:《复杂的性格,鲜活的形象——蘩漪形象浅析》,《齐齐哈尔师范高等专科学校学报》2005 年第 2 期。

张云霞:《周朴园形象的人文意蕴》,《郑州轻工业学院学报(社会科学版)》2005 年第 2 期。

孙凯:《〈雷雨〉人名小考》,《语文知识》2005 年第 2 期。

姜小凌:《论〈诗学〉对〈雷雨〉的影响》,《当代作家评论》2005 年第 3 期。

杨敏、万春:《〈雷雨〉中的"雷雨"意象及其原型分析》,《安徽大学学报》2005 年第 3 期。

邢梅萍:《〈雷雨〉语言的诗意美》,《北京市计划劳动管理干部学院学报》2005 年第 3 期。

谢国冰:《〈雷雨〉初版是曹禺"一生不改的版本"吗?》,《湖北师范学院学报(哲学社会科学版)》2005 年第 3 期。

单昕:《从〈雷雨〉1951 年修改本看知识分子的文化生存状态》,《沈阳教育学院学报》2005 年第 3 期。

童志斌:《由语言走进文本,由语言深入内心——〈雷雨〉教学实录》,《中学语文教学》

2005 年第 3 期。

杨春风:《历史环境与原欲力量的雷雨——〈雷雨〉中蘩漪形象再评价》,《戏剧文学》2005 年第 4 期。

邓齐平:《〈雷雨〉艺术结构新探》,《首都师范大学学报(社会科学版)》2005 年第 4 期。

庄园:《被逼疯的知识女性——对〈雷雨〉的繁漪进行女性主义个案分析》,《中文自学指导》2005 年第 4 期。

黄振林、刘毅:《契诃夫启示和曹禺戏剧的散文诗体》,《戏剧之家》2005 年第 4 期。

黄悠纯:《形似而神非的两部悲剧——〈打出幽灵塔〉与〈雷雨〉比较》,《湘南学院学报》2005 年第 4 期。

刘秉浩:《析〈雷雨〉人物性格矛盾的社会文化根源》,《厦门教育学院学报》2005 年第 4 期。

杨剑龙:《论〈雷雨〉舞台指示词的效用与艺术》,《陕西师范大学学报(哲学社会科学版)》2005 年第 5 期。

史绍典:《说〈哀江南〉〈雷雨〉》,《中学语文》2005 年第 5 期。

杨春:《自私冷酷真性情——试析〈雷雨〉"周鲁相认"一场戏中周朴园的性格冲突》,《佳木斯大学社会科学学报》2005 年第 6 期。

陈茜:《"情感憧憬"与"无名恐惧"——〈雷雨〉再读之思》,《创作评谭》2005 年第 10 期。

丰虹:《中国现代戏剧史上的那场雷雨——曹禺和他的传世之作〈雷雨〉》,《新作文(初中版)》2005 年第 10 期。

吴霞:《〈雷雨〉及其中的基督教思想》,《九江学院学报》2006 年第 1 期。

刘芑:《阁楼上的"疯"女人:繁漪——曹禺剧作人物论》,《中南民族大学学报(人文社会科学版)》2006 年第 S1 期。

邹细华:《一个复杂的多侧面的典型形象——周朴园》,《南京广播电视大学学报》2006 年第 1 期。

许鸿起:《对〈雷雨〉〈日出〉中知识青年命运及创作思想的探析》,《天津职业院校联合学报》2006 年第 1 期。

刘明厚:《人性之恶:卑鄙的偷窥——论〈雷雨〉中的鲁贵》,《四川戏剧》2006 年第 1 期。

魏小燕:《试论周朴园的双重性格》,《商丘职业技术学院学报》2006 年第 1 期。

高丽梅:《缺憾的〈雷雨〉呼唤完整——谈〈雷雨〉的序幕、尾声》,《齐鲁艺苑》2006 年第 2 期。

梅丽兰:《论童年经验对曹禺〈雷雨〉创作的影响》,《世界文学评论》2006 年第 2 期。

谢国冰:《〈雷雨〉的版本与曹禺的文学思想》,《海南师范学院学报(社会科学版)》2006 第 2 期。

叶相国:《"假意""真情"说朴园——话剧〈雷雨〉教学中关于周朴园形象的立体研读》,《四川教育学院学报》2006 年第 S2 期。

叶军彪:《从"〈雷雨〉的主人公是谁"说起》,《语文学习》2006 年第 2 期。

金在胜:《〈雷雨〉:多层面主题辨析》,《湘潭师范学院学报(社会科学版)》2006 年第 3 期。

解玉洁:《"目标只有一个,道路却无一条"——试论曹禺作品〈雷雨〉中的"反出走"结局》,《时代文学(双月版)》2006 年第 3 期。

吴彦谋:《从潜台词看〈雷雨〉的艺术魅力》,《琼州大学学报》2006 年第 3 期。

洛边木果、朱秀英:《一朵迸飞异彩的心灵火花——繁漪"雷雨"性格分析》,《西昌学院学报(社会科学版)》2006 年第 3 期。

张小萍、姜源傅:《母爱缺失与恋母情结——周萍心理解读》,《唐山学院学报》2006 年第 3 期。

农迎春:《蘩漪性格的深度阐释》,《河北学刊》2006 年第 4 期。

刘海波:《蘩漪略论》,《时代文学(双月版)》2006 年第 4 期。

王永运:《当年海上惊雷雨》,《上海戏剧》2006 年第 4 期。

彭胜华:《痛苦的体验,存在的荒谬——曹禺〈雷雨〉中周萍形象新论》,《咸宁学院学报》2006 年第 4 期。

何云贵:《〈雷雨〉戏剧冲突的意义诠释》,《戏剧文学》2006 年第 4 期。

王燕:《从人性的压抑、扭曲、沦丧到复归——周朴园灵魂冲突管窥》,《无锡商业职业技术学院学报》2006 年第 4 期。

李燕:《〈雷雨〉中的"三一律"》,《中学生阅读(高中版)》2006 年第 4 期。

顾广梅:《对〈雷雨·序〉的一次接受学细读》,《齐鲁学刊》2006 年第 5 期。

曹亚梅:《曹禺笔下的"火"与"水"——从繁漪到愫方》,《社科纵横》2006 年第 5 期。

黄振林:《人类命运的永恒之迷——话剧〈雷雨〉的现代阐释》,《戏剧文学》2006 年第 5 期。

陈留生:《周萍形象新论》,《艺术百家》2006 年第 5 期。

霍慧玲:《〈雷雨〉主人公面面观》,《山西广播电视大学学报》2006 年第 6 期。

蒋传红:《论〈雷雨〉的俄狄浦斯情结》,《玉林师范学院学报》2006 年第 6 期。

吕恩:《曹禺在和郑秀的热恋中写就了〈雷雨〉》,《兰台内外》2006 年第 6 期。

徐震:《命运的"残忍和冷酷"——周朴园形象再解读》,《齐鲁艺苑》2006 第 6 期。

宋立民:《绵长、沉重而并不嘹亮的寂静——值得注意的〈雷雨〉的序幕和尾声》,《戏剧文学》2006 年第 6 期。

殷杰、刘培利:《〈雷雨〉神秘色彩解读》,《名作欣赏》2006 年第 8 期。

彭公瑾、曹瑛、茹清平:《人的舞台　活的课堂——〈雷雨〉两人教》,《语文教学通讯》2006 年第 9 期。

蓝嫦:《生存的悲剧才是〈雷雨〉的真正主题》,《南方论刊》2006 年第 10 期。

徐秋霞:《浅谈蘩漪形象》,《安徽文学(下半月)》2006 年第 11 期。

仲伟明:《试析〈雷雨〉的成功艺术展现》,《语文学刊》2006 年第 16 期。

魏建宽:《一个透明的生命——曹禺及其〈雷雨〉》,《高中生之友(青春版)》2006 年第 18 期。

殷杰:《〈雷雨〉中"雷雨"意象的崇高美感》,《语文学刊》2006 年第 24 期。

高秉祥:《曹禺〈雷雨〉的戏剧艺术》,《社科纵横》2007 年第 1 期。

张玲:《论〈雷雨〉的基督教色彩》,《科教文汇(中旬刊)》2007 年第 1 期。

江善敏:《〈雷雨〉中的"第九个角色"》,《齐齐哈尔师范高等专科学校学报》2007 年第 1 期。

李继凯:《命运与文化的叩询——析曹禺名剧〈雷雨〉》,《语文知识》2007 年第 1 期。

陈志鹏:《〈雷雨〉中繁漪形象的女权主义解读》,《湖北经济学院学报(人文社会科学版)》2007 年第 1 期。

陈国华:《〈雷雨〉的神秘命运色彩探微》,《中州学刊》2007 年第 2 期。

陈熙:《革命新生力量的史诗性观照——从〈雷雨〉到〈北京人〉》,《陕西师范大学学报(哲学社会科学版)》2007 年第 S2 期。

郭勇:《〈雷雨〉戏剧冲突的美学价值》,《文学教育(下)》2007 年第 2 期。

黄健:《论〈雷雨〉中鲁妈形象的嬗变》,《临沂师范学院学报》2007 年第 2 期。

毕垒:《人性在雷雨下迸发——〈雷雨〉中四人物的色彩分析》,《时代文学(双月版)》2007 年第 3 期。

黄海林:《揭示人生残忍　悲悯生命冷酷——也谈曹禺〈雷雨〉的主题》,《安徽职业技术学院学报》2007 年第 3 期。

张秀莲:《抚慰生命的脆弱与悲哀——再读〈雷雨〉》,《和田师范专科学校学报》2007 年第 3 期。

张新民:《论曹禺〈雷雨〉中的"恶魔性"因素》,《时代文学(双月版)》2007 年第 3 期。

胡胜华:《〈雷雨〉版本变迁下的人物形象塑造——以"文化版"与"开明版"比照下周冲形象变化为例》,《南方论刊》2007 年第 3 期。

王延松:《关于全新解读版〈雷雨〉演出文本的阐述》,《戏剧艺术》2007 年第 3 期。

陈小英:《命运的悲剧和社会的悲剧——〈雷雨〉的悲剧性分析》,《福建教育学院学报》2007 年第 4 期。

郭运恒:《非理性世界中的人类生存困境——对〈雷雨〉主题的再认识》,《河南社会科学》2007 年第 4 期。

徐瑶:《新旧社会交替时期中国女性追求解放的历程——浅析繁漪、陈白露、愫芳》,《吉林工程技术师范学院学报》2007 年第 4 期。

谷海慧:《曹禺剧作的家族叙事——以〈雷雨〉、〈北京人〉为例》,《艺术广角》2007 年第 4 期。

李传璋:《期待甜蜜爱情的天真女仆——我看四凤的悲剧》,《安徽师范大学学报(人文社会科学版)》2007 年第 4 期。

尹丽英:《永远的蘩漪》,《大舞台》2007 年第 4 期。

任为民:《略谈〈雷雨〉中繁漪的思想性格特征及其发展》,《武汉工程职业技术学院学报》2007 年第 4 期。

刘辉:《男权语境与〈雷雨〉的女性悲剧》,《内蒙古民族大学学报》2007 年第 4 期。

王丽娟:《本能与意志的徒然挣扎——谈〈雷雨〉中蘩漪的悲剧命运》,《漯河职业技术学院学报》2007 年第 4 期。

于强:《戏剧〈雷雨〉中蘩漪形象的再理解》,《文学教育(下)》2007 年第 5 期。

杨敏:《爱·受苦·悲悯与人格——曹禺〈雷雨〉悲悯情怀的文化阐释》,《江苏教育学院学报(社会科学版)》2007 年第 5 期。

杨敏、万春:《试论〈雷雨〉的悲剧意识及其成因》,《宿州学院学报》2007 年第 5 期。

张宝红、李建平:《蘩漪:〈雷雨〉中最具雷雨性格的人》,《山西广播电视大学学报》2007 年第 5 期。

殷杰:《〈雷雨〉中"雷雨"意象的意蕴》,《沈阳师范大学学报(社会科学版)》2007 年第 5 期。

陈国华:《蘩漪性格中的西方女性精神特质探究》,《四川戏剧》2007 年第 5 期。

谢其章:《〈雷雨〉与〈日出〉的初刊本》,《中华读书报》2007 年 6 月 6 日。

刘广涛、楚静:《青春情怀"雷雨"性格——论曹禺笔下的青春世界》,《聊城大学学报(社会科学版)》2007 年第 6 期。

千玲玲:《从〈雷雨〉的时空设置看其悲剧因素中的民族风格》,《贵州社会科学》2007 年第 6 期。

黄振林:《〈雷雨〉的戏剧技巧与教学空间的拓展》,《齐鲁艺苑》2007 年第 6 期。

张凯、杨悦:《中西文化濡育的悲剧性格——周朴园人物性格的文化视角》,《宿州学院学报》2007 年第 6 期。

焦彩萍:《方寸泛惊涛,咫尺藏波澜——〈雷雨〉"相认"片断浅析》,《安徽文学(下半月)》2007 年第 7 期。

陈军:《再谈〈雷雨〉的主题》,载《中华艺术论丛》第 7 辑,同济大学出版社,2007。

温伟:《试论蘩漪的反抗》,《湖北经济学院学报(人文社会科学版)》2007 年第 7 期。

唐红秀:《〈雷雨〉中蘩漪悲剧形象分析》,《成都大学学报(教育科学版)》2007 年第 8 期。

李霞、刘元英:《〈雷雨〉中鲁贵生存方式浅析》,《文学教育(上)》2007 年第 8 期。

华爱芳:《析繁漪形象体现的民族悲剧内涵》,《怀化学院学报》2007 年第 11 期。

樊志伟:《中国话剧的里程碑——谈〈雷雨〉在中国话剧史上的地位》,《科教文汇》2007 年第 11 期。

林夏:《〈雷雨〉的版本差异》,《河南教育(高校版)》2007 年第 11 期。

李艳芳:《论〈雷雨〉舞台说明中的场景描写》,《文学教育(上)》2007 年第 12 期。

李旭:《论曹禺话剧〈雷雨〉的悲剧构成》,《黄山学院学报》2008 年第 1 期。

唐明明:《情感的郁积　心灵的宣泄——论曹禺父子生活经历对〈雷雨〉中周氏父子形象塑造的影响》,《开封教育学院学报》2008 年第 1 期。

金生翠:《〈雷雨〉中周萍形象的美学内涵再探》,《甘肃联合大学学报(社会科学版)》2008 年第 2 期。

张再元:《浅论曹禺〈雷雨〉的基督教意识》,《镇江高专学报》2008 年第 2 期。

唐宝洪:《蘩漪:不合时宜的"雷雨"——评〈雷雨〉中的蘩漪》,《福建艺术》2008 年第 2 期。

柯贵文:《〈雷雨〉的内互文性解读》,《五邑大学学报(社会科学版)》2008 年第 2 期。

柳青:《从〈雷雨〉到〈日出〉——试论曹禺早期创作的都市题材戏剧》,《安徽文学(下半月)》2008 年第 2 期。

徐铁猊:《〈雷雨〉诞生之地》,《出版史料》2008 年第 2 期

汪菁:《曹禺剧作中的人文关怀——从〈雷雨〉的人物塑造中探究》,《辽宁师范大学学报(社会科学版)》2008 年第 3 期。

陈志毅:《〈雷雨〉的标本意义》,《时代文学(双月上半月)》2008 年第 3 期。

史晓霞:《试论曹禺早期作品中对革命新生力量的观照——从〈雷雨〉到〈日出〉》,《延安大学学报(社会科学版)》2008 年第 3 期。

时新华:《周朴园对侍萍的感情研究综述》,《科教文汇(上旬刊)》2008 年第 3 期。

冒键:《一个永远"神秘的诱惑"——论〈雷雨〉的神话意识与现代性焦虑》,《江苏社会科学》2008 年第 4 期。

王晓蕾:《试谈〈雷雨〉中蘩漪的形象特征》,《和田师范专科学校学报》2008 年第 4 期。

陈彦文:《一个空形的美丽——解析〈雷雨〉中周萍的内心冲突》,《时代文学(下半月)》2008 年第 4 期。

杨现钦:《"春梦"的"残忍"破灭——周冲形象意蕴探析》,《四川戏剧》2008 年第 4 期。

许彬彬、郑大伟:《话剧〈雷雨〉的会话含义分析》,《漳州职业技术学院学报》2008 年第 4 期。

谭淑红:《一位敢爱敢恨的悲剧者——〈雷雨〉中蘩漪的性格分析》,《科技信息(科学教研)》2008 年第 5 期。

杨永红:《从鲁大海的形象看曹禺早期的思想》,《韶关学院学报》2008 年第 5 期。

傅红英:《挣扎在现实生存困境中的现代灵魂——曹禺〈雷雨〉深层语码解读》,《戏剧文学》2008 年第 8 期。

杨石乔:《试析〈雷雨〉台词中"人家"的使用艺术》,《戏剧文学》2008 年第 9 期。

陈晓娴:《蛮性的遗留,神性的主宰——试论〈雷雨〉创作的原始情绪》,《绵阳师范学院学报》2008 年第 9 期。

左怀建:《生态美学视阈中的〈雷雨〉》,《商丘师范学院学报》2008年第10期。

任庆玲:《从〈雷雨〉看曹禺剧作的语言特色》,《文学教育》(下)2008年第12期。

曹国辉:《走进〈雷雨〉感受戏剧的艺术魅力》,《黑龙江教育学院学报》2008年第12期。

佟玉敏、李彦武、樊亚东:《通俗与艺术的宁馨——谈〈雷雨〉的文本内外》,《电影文学》2008年第13期。

薛丽敏:《中国现代话剧走向成熟的里程碑——从〈雷雨〉中鲁贵的形象看曹禺对中国现代话剧的贡献》,《电影文学》2008年第14期。

王宏根、秦祖辉:《从"秩序"看〈雷雨〉中周朴园的意义》,《名作欣赏》2008年第24期。

全朝阳:《试论蘩漪的艺术形象》,《中国西部科技》2008年第33期。

崔颖:《对人性的追求和雷雨式的性格——〈雷雨〉中蘩漪形象再评价》,《职业》2008年第35期。

夏伟:《钱谷融"学术回应模式"解码——对〈《雷雨》人物谈〉的发生学解读》,《南方文坛》2009年第1期。

刘婉瑶:《〈雷雨〉的救赎主题》,《社科纵横(新理论版)》2009年第1期。

王艳春:《从"左翼"视角看曹禺的〈雷雨〉与〈日出〉》,《艺苑》2009年第1期。

李小和:《最残酷的爱和最不忍的恨——论〈雷雨〉中的蘩漪》,《科教文汇(上旬刊)》2009年第1期。

陈军:《论〈雷雨〉的超现实性》,《文学评论》2009年第2期。

袁联波:《"逃"与"围":〈雷雨〉的文化隐喻结构》,《名作欣赏》2009年第2期。

刘军民:《〈雷雨〉的戏剧艺术探胜》,《文学教育》(下)2009年第2期。

肖肖:《无意识笼罩下的俄狄浦斯情结——〈雷雨〉中男性人物的心理分析》,《南昌高专学报》2009年第2期。

杨敏:《人类生存焦虑的观照与探究——曹禺〈雷雨〉的美感精神分析》,《厦门广播电视大学学报》2009年第2期。

周骥良:《〈雷雨〉〈日出〉与津门周家》,《天津市社会主义学院学报》2009年第2期。

陈军:《论〈雷雨〉"序幕"与"尾声"的作用》,《文艺争鸣》2009年第3期。

陈国华,《论曹禺〈雷雨〉中的基督教文化色彩》,《时代文学(下半月)》2009年第3期。

李佩仑:《生之残酷:权力意志下的欲与罪——对〈雷雨〉救赎母题的再思考》,《中国石油大学学报(社会科学版)》2009年第3期。

离乃岭:《〈雷雨〉作为通俗剧的表层感知》,《沧桑》2009年第3期。

李乃岭:《对将〈雷雨〉作为"社会问题剧"误读误解现象的反思》,《济源职业技术学院学报》2009年第3期。

杨石乔:《读不尽的〈雷雨〉(上)——试论〈雷雨〉中的"人家"》,《四川戏剧》2009年第3期。

吴彦、咸立强:《一个被误读的女性:侍萍形象新解》,《贵州大学学报(社会科学版)》

2009年第3期。

钱荷娣:《周朴园形象解读中的几个热点问题》,《宁波广播电视大学学报》2009年第3期。

程致中:《〈雷雨〉的戏剧冲突和结构艺术》,《安徽师范大学学报(人文社会科学版)》2009年第4期。

杨石乔:《读不尽的〈雷雨〉(下)——试论〈雷雨〉中的"他者"》,《四川戏剧》2009年第4期

温伟:《也论蘩漪的反抗》,《高等函授学报(哲学社会科学版)》2009年第4期。

李晓慧:《最震撼的　最永远的——浅谈〈雷雨〉的悲剧节奏》,《黑龙江史志》2009年第6期。

孙环东:《论〈雷雨〉中的繁漪形象》,《林区教学》2009年第7期。

刘洁:《我国新文学独特艺术样式探讨——简析西方戏剧人物三大悲剧在〈雷雨〉中的体现》,《现代商贸工业》2009年第8期。

朱巽华:《论〈雷雨〉的戏剧艺术》,《科教文汇(中旬刊)》2009年第8期。

杨伟勇:《〈雷雨〉的美学与史学解读》,《安徽文学(下半月)》2009年第9期。

蔡长青:《谈〈雷雨〉教学中的"两个顾及"》,《语文建设》2009年第9期。

丁淑玲:《原始的野性与欲望的冲动——蘩漪悲剧成因的心理探析》,《大众文艺(理论)》2009年第9期。

何孟霞、傅学敏:《析周萍的问题事件与他的问题性格》,《商业文化(学术版)》2009年第9期。

王渊、刘莹:《话剧〈雷雨〉的语用学分析——违背合作原则的体现》,《安徽文学(下半月)》2009年第9期。

纪莎莎:《曹禺戏剧中女性的性情美——以〈雷雨〉中的蘩漪为例》,《安徽文学(下半月)》2009年第10期。

周国瑞:《周朴园人物形象的再认识》,《文学教育(下)》2009年第10期。

陈冲、李忍:《试探〈雷雨〉的悲剧性》,《文学教育(上)》2009年第11期。

张乐亭:《从蘩漪的形象看曹禺的创作心理》,《今日南国(理论创新版)》2009年第11期。

张二菊:《〈雷雨〉中周蘩漪形象多面观》,《安徽文学(下半月)》2009年第11期。

马积廉:《原欲的困惑——由周萍的人生悲剧浅谈对性道德的认识》,《时代文学(下半月)》2009年第11期。

陈国华:《基督教文化和古希腊悲剧对〈雷雨〉的神秘命运色彩影响探微》,《名作欣赏》2009年第12期。

任霄:《周朴园的第二个女人——〈雷雨〉再挖掘》,《名作欣赏》2009年第14期。

王琳琳:《难以躲避的命运悲剧——曹禺〈雷雨〉的文本分析》,《名作欣赏》2009年第

14 期。

岳莹:《论〈雷雨〉的悲剧特点及根源》,《今日科苑》2009 年第 14 期。

刘瑶:《原型视角下的〈雷雨〉》,《大众文艺(理论)》2009 年第 17 期。

强天政:《谈〈雷雨〉周朴园性格中的人性回归》,《电影评介》2009 年第 23 期。

秦艳华:《文学出版·舞台演出·评论译介——从传播学意义看〈雷雨〉的经典化》,《名作欣赏》2009 年第 25 期。

赵建新:《存在论视野中的曹禺剧作——以〈雷雨〉〈日出〉为例》,《名作欣赏》2009 年第 25 期。

赵明华、姜宁:《〈雷雨〉的原型分析》,《科技信息》2009 年第 26 期。

陈霞、沈祖良:《浅谈〈雷雨〉中"雷雨"式的生存悲剧》,《才智》2009 年第 26 期。

陶芸:《社会环境和自身性格造就的悲剧——解读〈雷雨〉中的繁漪的悲剧成因》,《科技信息》2010 年第 1 期。

曹树钧:《三次推荐〈雷雨〉 靳以功不可没》,《戏剧之家》2010 年第 1 期。

陈露:《重新审视〈雷雨〉中周朴园的双重性格》,《北方文学(下半月)》2010 年第 1 期。

王晓枫:《〈雷雨〉最初文本的结构、叙事和主题》,《中国现代文学研究丛刊》2010 年第 1 期。

韩亚歌:《〈雷雨〉中几处语言对人物性格的揭示》,《文学教育(下)》2010 年第 1 期。

方忠:《在欲海浮沉中迷失自我的四位现代女性——〈阿毛姑娘〉〈雷雨〉〈寒夜〉〈魔女〉合论》,《暨南学报(哲学社会科学版)》2010 年第 1 期。

高卫红:《从〈雷雨〉到〈满城尽带黄金甲〉——兼析话剧与电影的文体特质》,《内江师范学院学报》2010 年第 1 期。

何家银:《谈谈电影雷雨的欣赏问题》,《重庆城市管理职业学院学报》2010 年第 1 期。

陈康:《〈雷雨〉里繁漪的形象及其命运分析》,《文学教育(下)》2010 年第 1 期。

李扬:《试论〈雷雨〉的音乐语言》,《徐州师范大学学报(哲学社会科学版)》2010 年第 1 期。

朱海迪:《对〈雷雨〉主人公周萍的精神分析法评析》,《四川民族学院学报》2010 年第 1 期。

刘旭:《〈雷雨〉的戏剧意象及其象征性》,《安阳工学院学报》2010 年第 1 期。

何定昌:《周繁漪"雷雨"性格刍议》,《飞天》2010 年第 2 期。

许松慧:《对〈雷雨〉片段的语用分析》,《大家》2010 年第 2 期。

刘艳:《〈雷雨〉公案与作家人品》,《中国现代文学论丛》2010 年第 2 期。

樊东平:《身份的错位,人性的扭曲——观〈雷雨〉周朴园形象有感》,《现代语文(文学研究版)》2010 年第 2 期。

田兆耀:《从互文性的角度观照乱伦弑父的文化原型——以〈伏羲伏羲〉〈雷雨〉〈费德尔〉为例》,《东南大学学报(哲学社会科学版)》2010 年第 2 期。

郭怀玉:《重字叠词流异彩　双声叠韵出华章——〈雷雨〉语言的音乐性论略》,《名作欣赏》2010 年第 2 期。

郭敏:《浅析歌剧舞剧〈雷雨〉对原著的解读》,《戏剧丛刊》2010 年第 2 期。

万平:《试论〈雷雨〉的悲剧意蕴》,《理论界》2010 年第 3 期。

何恩鸿:《我悲愤,从一堂〈雷雨〉示范课谈起》,《师道》2010 年第 3 期。

王震亚:《〈雷雨〉中的“压”和“挂”》,《教学月刊(小学版)》2010 年第 3 期。

林贞洁:《浅析〈雷雨〉中鲁贵对周朴园使用的称谓语》,《文学界(理论版)》2010 年第 3 期。

杨朴:《爱情情结和阶级意识的纠葛与冲突——〈雷雨〉周朴园与侍萍重逢一场戏的精神分析》,《文学评论》2010 年第 3 期。

汤吉红:《从艺术上的修改与完善看〈雷雨〉的版本变异——以 1978 年“人文版”与 1936 年“文化版”的比较为例》,《牡丹江教育学院学报》2010 年第 3 期。

张晓瑜:《怎一个“傻”字了得——〈雷雨〉教学镜头》,《语文学习》2010 年第 3 期。

张红燕:《弦外之音　意味深长——从“合作原则”的违反解读〈雷雨〉中的会话含义》,《山西师大学报(社会科学版)》2010 年第 S3 期。

高涵博:《浅谈〈雷雨〉中繁漪的命运及性格悲剧》,《北方作家》2010 年第 4 期。

邹春明:《〈雷雨〉课堂教学必讲清的几个问题》,《教育教学论坛》2010 年第 4 期。

李传友:《无法逃避的命运之魔——试论从〈俄狄浦斯王〉到〈雷雨〉中人与命运的冲突》,《时代文学(下半月)》2010 年第 4 期。

高虹:《灵魂的忏悔与救赎——从周朴园的形象看曹禺作品的原罪意识》,《现代语文(文学研究)》2010 年第 4 期。

富春峰:《曹禺写作的原动力探析——以〈雷雨〉〈日出〉〈原野〉为例》,《中国商界(上)》2010 年第 4 期。

张蕾梅:《充满矛盾与困惑的抗争——试析〈雷雨〉中蘩漪悲剧性格的两面性》,《现代语文(文学研究)》2010 年第 4 期。

白芳:《小切口　大图景——〈雷雨〉教学设计》,《中学语文教学》2010 年第 4 期。

李海科:《〈雷雨〉说鲁贵》,《成功(教育)》2010 年第 4 期。

侯涛、俞东明:《戏剧话语:语用建构和文体认知——基于〈雷雨〉的研究之一》,《哈尔滨工业大学学报(社会科学版)》2010 年第 4 期。

张景超:《话剧〈雷雨〉新解》,《剧作家》2010 年第 4 期。

熊美:《人物塑造与时代重构——论北京人艺舞台上〈雷雨〉中的主角》,《云南艺术学院学报》2010 年第 4 期。

李雪梅:《是个性解放,还是生命的诉求?——对〈雷雨〉中蘩漪形象的再认识》,《现代语文(文学研究)》2010 年第 5 期。

姚欣苑:《王佐良翻译观在〈雷雨〉反问句翻译中的体现》,《延安职业技术学院学报》

2010年第5期。

江惺俊:《〈雷雨〉中的"原罪与救赎"——谈圣经文化对〈雷雨〉影响》,《萍乡高等专科学校学报》2010年第5期。

冯秀红:《从语用模糊角度析〈雷雨〉的对话艺术与效用》,《时代文学(上)》2010年第5期。

刘学明、刘依:《论〈雷雨〉现代性主题的多重内涵》,《戏剧文学》2010年第5期。

郑块金:《人物的欲望决定了悲剧的发生——论〈雷雨〉的主人公》,《安徽文学(下半月)》2010年第5期。

尹青峰:《诗意的栖居——存在主义视野下的〈雷雨〉创作》,《襄樊职业技术学院学报》2010年第5期。

尹青峰:《论"存在"视野下的〈雷雨〉创作》,《常州工学院学报(社科版)》2010年第5期。

晏学:《他是什么人——解读话剧〈雷雨〉中的周朴园》,《剧作家》2010年第6期。

谢建武:《从〈麦克白斯〉和〈雷雨〉的教学看中外戏剧教学的差异》,《文学教育(上)》2010年第6期。

戴思思:《生无所依——浅析〈雷雨〉中周朴园自我救赎的困境》,《现代语文(文学研究)》2010年第6期。

陈黄英:《创设情境　走进文本——〈雷雨〉教学设计》,《学生之友(小学版)》2010年第6期

张红梅:《〈雷雨(片段)〉一课时教学设计》,《现代语文(教学研究版)》2010年第6期。

万聪:《黑暗中坚持自我的女人——〈雷雨〉中蘩漪形象分析》,《安徽文学(下半月)》2010年第6期。

华静:《浅析繁漪"雷雨"性格及悲剧根源》,《文学教育(中)》2010年第6期。

张玫:《漫谈"雷雨"下的周冲》,《文学界(理论版)》2010年第6期。

晏亮:《以亚里士多德"净化说"解读〈雷雨〉中周朴园形象》,《吉林工程技术师范学院学报》2010年第6期。

索洁:《演绎江南评弹雅韵　锻铸曹禺名著精魂——苏州市评弹团晋京上演中篇评弹〈雷雨〉及传统经典曲目》,《曲艺》2010年第6期。

过传忠:《〈雷雨〉让我们了解了什么是戏剧——谈中学语文课中曹禺作品的教学》,《语文学习》2010年第6期。

王爱军:《命运悲剧:〈雷雨〉悲剧主题的还原阐释》,《江苏广播电视大学学报》2010年第6期。

任爱增:《论〈雷雨〉中的蘩漪》,《语文天地》2010年第6期。

卢军良、张玉新:《〈雷雨(节选)〉教学简案及评点》,《语文教学通讯》2010年第7期。

臧铭勋:《论〈雷雨〉巧合的必然性》,《语文教学通讯》2010年第7期。

石在中:《〈雷雨〉主题研究述评》,《语文教学与研究》2010 年第 7 期。

刘雪梅:《感悟“雷雨”之美 享受学习之乐——义务教育课程标准实验教科书小学语文(人教版)二年级下册〈雷雨〉教学建议》,《山东教育》2010 年第 7 期。

张玫:《漫谈“雷雨”下的大海》,《电影评介》2010 年第 7 期。

邓久求:《〈雷雨〉中周朴园的形象解读》,《文学教育(上)》2010 年第 7 期。

马振:《会话中的合作原则与礼貌原则——解读〈雷雨〉文本的言外之意》,《当代小说(下)》2010 年第 7 期。

刘军民:《精神的弱者——浅谈〈雷雨〉主人公周朴园的精神世界》,《新课程学习(综合)》2010 年第 8 期。

王延松:《透过“死亡”看“重生”——关于“全新解读〈雷雨〉,创新演出文本”的阐述》,《上海戏剧》2010 年第 8 期。

张鹏飞:《曹禺〈雷雨〉叙事模式中“俄狄浦斯情结”的生命观照》,《楚雄师范学院学报》2010 年第 8 期。

刘晓燕、马桓:《从场景片段剖析〈雷雨〉的人物性格》,《长城》2010 年第 8 期。

谢月:《浅析〈雷雨〉中的现实主义》,《才智》2010 年第 9 期。

王志敬:《〈雷雨〉教案》,《中学语文》2010 年第 9 期。

潘讯:《评弹美学的新超越——评新编中篇弹词〈雷雨〉》,《曲艺》2010 年第 9 期。

禾佳、谭丁、高斌:《〈雷雨〉——中国话剧舞台永恒的经典》,《前线》2010 年第 9 期。

孙惕:《中篇弹词〈雷雨〉的改编演出》,《剧本》2010 年第 9 期。

戴思思:《〈雷雨〉中四凤人物形象分析》,《文学教育(下)》2010 年第 9 期。

青文婷:《〈雷雨〉命运悲剧的深层意蕴解读》,《文学教育(中)》2010 年第 10 期。

戴菊杰:《从精神分析角度解析〈雷雨〉》,《安徽文学(下半月)》2010 年第 10 期。

蓝颜:《曹禺　雷雨过后是日出》,《国学》2010 年第 10 期。

王晓鹰:《与曹禺大师倾谈　没有鲁大海的〈雷雨〉》,《中国戏剧》2010 年第 10 期。

《歌剧〈雷雨〉是对曹禺百年诞辰最好的纪念》,《歌剧》2010 年第 10 期。

肖颖:《从但丁的“四义说”角度分析〈雷雨〉中的经典台词》,《才智》2010 年第 10 期。

魏中莉:《〈明暗〉与〈雷雨〉中的女性观》,《科技信息》2010 年第 10 期。

汪悦:《我看〈雷雨〉戏剧冲突的主线》,《魅力中国》2010 年第 10 期。

严盈:《复杂的人性,矛盾的化身——〈雷雨〉周朴园形象再认识》,《文教资料》2010 年第 10 期。

於敏:《〈雷雨〉中不可忽视的两处细节——周朴园个性化语言剖析》,《中学教学参考》2010 年第 10 期。

秦雯:《〈雷雨〉和〈北京人〉的多角度审视与比较》,《青春岁月》2010 年第 10 期。

何霞:《浅谈〈雷雨〉中内心复杂的周朴园》,《青春岁月》2010 年第 10 期。

王苏、李伟:《“全新解读”版〈雷雨〉之得失》,《上海戏剧》2010 年第 10 期。

王育生:《话剧和曲艺结缘 贺苏州评弹团〈雷雨〉晋京演出》,《剧本》2010 年第 10 期。

张洪生:《浅谈〈雷雨〉中的女性形象》,《基础教育论坛》2010 年第 10 期。

李宝侠:《〈雷雨〉一文的教学尝试》,《语文月刊(学术综合版)》2010 年第 10 期。

高旭国:《〈雷雨〉课堂讨论纪实》,《文学教育(下)》2010 年第 10 期。

石亚坤:《现实语境对于言语交际过程中意义表达和理解的终极阐释——试以〈雷雨〉中一段经典对话为实验材料》,《文学界(理论版)》2010 年第 10 期。

张婷:《城市上空的乌云——浅谈〈雷雨〉诸生相》,《文学界(理论版)》2010 年第 10 期。

胡磊蕾:《从话剧到评弹——谈中篇评弹〈雷雨〉(第二回)的创作体会》,《曲艺》2010 年第 11 期。

褚伯承:《精彩改编为经典加分——谈赴京演出的新版沪剧〈雷雨〉》,《上海戏剧》2010 年第 11 期。

吴戈:《命运纠结的"情殇"咏叹——论上海歌剧院创作的歌剧〈雷雨〉》,《中国戏剧》2010 年第 11 期。

万丹丹:《话剧〈雷雨〉当中的刻意曲解现象探析》,《安徽文学(下半月)》2010 年第 11 期。

孙伊婷:《命运苦雨　爱的惊雷——试评中篇弹词〈雷雨〉并以此献给曹禺诞辰 100 周年》,《艺术百家》2010 年第 S1 期。

杨朴、杨旸:《"完形"方法与命运原型模式的呈现——〈雷雨〉艺术方法及其悲剧主题的重新探讨》,《社会科学战线》2010 年第 11 期。

阿庚:《三演〈雷雨〉缅怀曹禺》,《文史精华》2010 年第 11 期。

龙飞:《关于〈雷雨〉的"序幕"和"尾声"》,《文学教育(下)》2010 年第 11 期。

贡贵训、张玉兰:《〈雷雨〉会话对合作原则的违反》,《名作欣赏》2010 年第 11 期。

马雯雯:《浅论〈雷雨〉中的主要人物形象》,《文教资料》2010 年第 11 期。

郭春凤:《〈雷雨〉中最具"雷雨"式性格的人物——蘩漪的性格特点探析》,《大家》2010 年第 11 期。

胡英姿:《爱,让她重生情感的幻想——也析〈雷雨〉中的鲁侍萍》,《语文教学之友》2010 年第 12 期。

向冠桦:《〈雷雨〉中的那些女子》,《青年作家(中外文艺版)》2010 年第 12 期。

侯代双:《〈雷雨〉中的繁漪人物形象分析》,《民营科技》2010 年第 12 期。

高圣华:《审美现代性与曹禺及其剧作——以〈雷雨〉为例》,《重庆科技学院学报(社会科学版)》2010 年第 13 期。

胥润芳:《浅谈〈雷雨〉的悲剧艺术》,《丝绸之路》2010 年第 14 期。

丁晓洁:《〈雷雨〉的人艺范儿》,《西江月》2010 年第 14 期。

吕金娥:《解析〈雷雨〉的讽喻手法》,《电影评介》2010 年第 15 期。

杨一波:《〈雷雨〉(苏教版)周朴园形象教学设计》,《中学语文》2010 年第 15 期。

孙苹:《〈雷雨〉句中语气词研究》,《知识经济》2010 年第 16 期。

李侦:《中国话剧作品中的会话含义推导——以〈雷雨〉中的人物对话为例》,《作家》2010 年第 16 期。

林瑜洁:《〈雷雨〉主人公周朴园新解》,《文教资料》2010 年第 17 期。

陈思思:《浅析〈雷雨〉的主人公繁漪》,《文教资料》2010 年第 17 期。

王永建:《绝对权威的统治者与守理守情的文化人——解读〈雷雨〉中周朴园的形象》,《语文天地》2010 年第 17 期。

曾珍:《曹禺〈雷雨〉中人物性格形象浅析》,《网络财富》2010 年第 20 期。

钱亦焦:《百年曹禺,77 岁的〈雷雨〉》,《西江月》2010 年第 20 期。

张静媛:《感性、理性、诗意的互补与整合——〈雷雨〉中的周萍形象解读》,《中学语文》2010 年第 18 期。

王华林:《论〈雷雨〉中的周朴园形象》,《青春岁月》2010 年第 20 期。

邓清容:《〈雷雨〉潜台词艺术探微》,《青春岁月》2010 年第 20 期。

成筑:《优化问题 激发思维——浅谈〈雷雨〉问题的模式教学》,《教育教学论坛》2010 年第 24 期。

郭怀玉:《重评〈雷雨〉中的周朴园》,《文艺争鸣》2010 年第 24 期。

何平滚、林虹:《虚伪与真诚交织　兽性与人性杂糅——重新认识话剧〈雷雨〉中的主角周朴园》,《语文学刊》2010 年第 24 期。

贾登娉:《雨中漫步——重读〈雷雨〉》,《学理论》2010 年第 26 期。

杨思范:《〈雷雨〉中繁漪的悲剧根源和现实意义》,《名作欣赏》2010 年第 27 期。

孙瑜:《"雷雨"性格的蘩漪》,《科技致富向导》2010 年第 29 期。

祁利军:《简析〈雷雨〉的戏剧冲突中心》,《文教资料》2010 年第 33 期。

郑莉萍:《探究〈雷雨〉(节选)的解读视角》,《中学语文》2010 年第 34 期。

周靖波:《论鲁侍萍角色的功能性》,《云南艺术学院学报》2011 年第 1 期。

张丽萍:《〈雷雨〉——充盈着生命焦虑的诗意之作》,《淄博师专学报》2011 年第 1 期。

孙宁宁:《论语用模糊在〈雷雨〉英译中的映现》,《湖北广播电视大学学报》2011 年第 1 期。

张蕻:《评说〈雷雨〉中周朴园对侍萍的"怀念"》,《渭南师范学院学报》2011 年第 11 期。

杨晓笛:《试析〈大雷雨〉与〈雷雨〉的主题寓意》,《俄语学习》2011 年第 1 期。

朱全红:《曹禺〈雷雨〉言外之意的语用学分析》,《绍兴文理学院学报(哲学社会科学)》2011 年第 1 期。

张宇:《由〈雷雨〉的三次教学说开去》,《新课程(上)》2011 年第 1 期。

吴蒙、田竹:《论〈雷雨〉的悲剧性》,《青年文学家》2011 年第 1 期。

李蕴哲:《以〈雷雨〉为例谈戏剧文学特点及其教学的基本要求》,《现代语文(教学研究版)》2011 年第 1 期。

高培芳、高培存:《周朴园真爱鲁侍萍吗——〈雷雨〉教学拾趣》,《现代语文(教学研究版)》2011 年第 1 期。

徐玉利:《〈雷雨〉中的话语交际原则与相关问题探析》,《潍坊学院学报》2011 年第 1 期。

朱栋霖:《经典〈雷雨〉:从话剧到苏州评弹》,《文学评论》2011 年第 2 期。

葛福安:《那朵梅花——〈雷雨〉中“梅花”细读》,《语文学习》2011 年第 2 期。

卢金德:《弹词〈雷雨〉,读心之作》,《上海戏剧》2011 年第 2 期。

胡雅玲、夏弦:《从文学地理学角度解读〈雷雨〉与〈蝴蝶君〉中的男女性爱》,《世界文学评论》2011 年第 2 期。

郝瑶:《复杂而真实的人性——〈雷雨〉中周氏父子形象论析》,《重庆电子工程职业学院学报》2011 年第 2 期。

张鹏飞:《救赎人性:曹禺〈雷雨〉悲剧叙事中“俄狄浦斯情结”的生命印证》,《浙江旅游职业学院学报》2011 年第 2 期。

肖玉蓉:《爱若罂粟——浅析〈雷雨〉的女性悲剧形象》,《教育艺术》2011 年第 2 期。

廖爱林:《〈雷雨〉在中学语文教育中的新解》,《新课程(教育学术)》2011 年第 2 期。

高杰:《〈雷雨〉经得起读 更经得起演》,《新世纪剧坛》2011 年第 2 期。

胡子希、胡珍珍:《教堂里的罂粟花——浅析王延松版〈雷雨〉的中国式“残酷”》,《吉林艺术学院学报》2011 年第 2 期。

陈华:《再论〈雷雨〉中周萍的形象》,《太原城市职业技术学院学报》2011 年第 3 期。

李健行:《“雷雨”过后》,《中学生阅读(高中版)(上半月)》2011 年第 3 期。

黄蓉、田林:《联系生活入情境 图文结合悟表达——〈雷雨〉教学片段及反思》,《云南教育(小学教师)》2011 年第 3 期。

王小欣:《〈雷雨〉中繁漪悲剧性格的深层心理因素》,《新语文学习(教师版)》2011 年第 3 期。

初莲:《平地惊雷 春风化雨——大连话剧团重排〈雷雨〉引发的思考》,《新世纪剧坛》2011 年第 3 期。

陈维:《俄狄浦斯在〈雷雨〉中》,《安徽文学(下半月)》2011 年第 3 期。

朱云:《〈雷雨〉主题解读的两种经典范式》,《四川戏剧》2011 年第 3 期。

蔡福军:《让“空间”衍伸出更多意义——评福建人艺实验版〈雷雨〉》,《艺苑》2011 年第 3 期。

张凤燕:《细微之处见精神——浅析〈雷雨〉〈日出〉中的细节描写》,《沧州师范专科学校学报》2011 年第 3 期。

邹梅芳、张遥环:《雷雨般性格的悲情女人——评〈雷雨〉中的繁漪》,《景德镇高专学报》2011 年第 3 期。

陈丹妮:《从润物有声到大雪无痕——以〈雷雨〉〈北京人〉为例论曹禺话剧民族化过

程》,《宝鸡文理学院学报(社会科学版)》2011 年第 3 期。

张秀春:《阴暗角落的一处亮光——浅谈〈雷雨〉中周朴园对鲁侍萍的感情》,《青年文学家》2011 年第 3 期。

冯俨:《漫谈〈雷雨〉中周萍的俄狄浦斯情结》,《大众文艺》2011 年第 3 期。

刘忠诚:《雷声的解读与解读的雷声——评〈曹禺戏剧的剧场性研究〉》,《绍兴文理学院学报(哲学社会科学)》2011 年第 3 期。

肖婵婵:《会话含义与戏剧对白翻译——以王佐良与巴恩斯合译的〈雷雨〉为例》,《郑州航空工业管理学院学报(社会科学版)》2011 年第 3 期。

李海燕:《〈雷雨〉中鲁侍萍与周朴园的言语分析》,《枣庄学院学报》2011 年第 4 期。

夏禹:《园萍相认:"哦"字有深意——〈雷雨〉语言个例探究》,《高中生学习(高二版)》2011 年第 Z1 期。

闵长春:《〈雷雨〉的矛盾冲突》,《高中生学习(高二版)》2011 年第 Z1 期。

崔晋钢:《试论〈立秋〉对〈雷雨〉的创作借鉴》,《青年作家(中外文艺版)》2011 年第 4 期。

李海科:《〈雷雨〉教学札记——周朴园、鲁贵比较》,《科学大众(科学教育》)2011 年第 4 期。

胡伟丽:《关于〈雷雨〉中爱情类别的探讨与界定》,《黑河学刊》2011 年第 4 期。

苗丽:《运用言语行为理论分析〈雷雨〉》,《文学界(理论版)》2011 年第 4 期。

赵春红:《以〈雷雨〉为例浅谈戏剧文学的教学》,《新课程(下)》2011 年第 4 期。

盖颖:《隐秘重负下的疯狂与毁灭——〈雷雨〉悲剧根源新探》,《嘉兴学院学报》2011 年第 4 期。

余馥凝:《浅论〈雷雨〉的伦理冲突及其悲剧意义》,《文学教育(上)》2011 年第 4 期。

罗玉成、李灿:《从美学和历史的观点解析对〈雷雨〉的误读——兼谈文学上的"阶级论"与"人性论"》,《南华大学学报(社会科学版》2011 年第 4 期。

卢彬:《理智和情感双重绞杀下的牺牲品——〈雷雨〉侍萍形象分析》,《科学大众(科学教育)》2011 年第 5 期。

刘凤芹:《〈雷雨〉的召唤结构》,《文艺理论与批评》2011 年第 5 期。

庄颖异:《〈雷雨〉中言谈的直接反对与对立性回应的语用分析》,《齐齐哈尔师范高等专科学校学报》2011 年第 5 期。

陈柯妮:《语气隐喻的文体功能——以〈雷雨〉为例的认知文体分析》,《沈阳教育学院学报》2011 年第 5 期。

钱理群:《学习对名作进行多样化解读〈雷雨〉的多种阐释》,《中华活页文选(高一年级)》2011 年第 5 期。

彭倩:《文本解读体现语文学科文化——以高中课文〈雷雨〉(节选)为例》,《商业文化(上半月)》2011 年第 5 期。

陈达明:《她是鲁妈　也是侍萍　由新版〈雷雨〉浅谈宋忆宁的表演特色》,《中国戏剧》2011年第5期。

林雅琴:《曹禺〈雷雨〉中的莎士比亚戏剧元素》,《沈阳农业大学学报(社会科学版)》2011年第5期。

陈希:《人性局限性之拷问——从周朴园形象的演出看〈雷雨〉创作的超现实本意》,《文艺争鸣》2011年第5期。

曹波:《〈雷雨〉中"雷"语符意义的探析》,《南昌教育学院学报》2011年第5期。

郑萱:《中篇苏州评弹〈雷雨〉在宁举行专场演出》,《江苏政协》2011年第5期。

高扬:《夏君　让繁漪雷雨般爆发》,《中国戏剧》2011年第6期。

申颖:《语境制约与〈雷雨〉英译本中的一词多译》,《现代交际》2011年第6期。

万元洪、胡彬:《活用〈雷雨〉,进行"命意作文"训练》,《中学语文》2011年第6期。

杨智:《话剧〈雷雨〉〈日出〉中女性形象再解读》,《广西社会科学》2011年第6期。

罗红、刘川江:《从戏剧教学的现状中浅析中学语文教师的审美素养——以〈雷雨〉(节选)的教学目标为例》,《现代语文(教学研究版)》2011年第7期。

迟梦筠:《论列文森会话含义理论视角下的〈雷雨〉英译本》,《作家》2011年第8期。

王敏:《以王佐良和巴恩斯的〈雷雨〉英译本为例看戏剧翻译的归化策略》,《湖北广播电视大学学报》2011年第8期。

吴彦:《〈雷雨〉里的声音:于细微处见蘩漪真性情》,《学理论》2011年第8期。

王永剑:《论〈雷雨〉的基督教结构模式》,《安庆师范学院学报(社会科学版)》2011年第8期。

张宏章:《光辉异彩的女性——浅谈〈雷雨〉中蘩漪的形象特征》,《科教导刊(中旬刊)》2011年第8期。

杨俊玲:《曹禺戏剧〈雷雨〉命运观解读》,《安徽文学(下半月)》2011年第9期。

王亚昕:《〈雷雨〉中繁漪形象的多重分析》,《陕西教育(教学版)》2011年第9期。

施家涵:《浅谈〈雷雨〉人物形象塑造特性》,《新课程学习(中)》2011年第9期。

简中清:《试论〈雷雨〉中蘩漪与周萍的戏剧冲突》,《剑南文学(经典教苑)》2011年第9期。

戴飞菲:《从多模态话语分析解读〈雷雨〉——以一张海报为例》,《剑南文学(经典教苑)》2011年第9期。

廖智勇、黄丽华:《〈雷雨〉的悲剧命运审美冲突与民族独创》,《作家》2011年第10期。

徐晓颖:《浅析曹禺戏剧人物之蘩漪》,《时代文学(上半月)》2011年第10期。

蔡福军:《让"空间"衍生出更多意义　评福建人艺实验版〈雷雨〉》,《中国戏剧》2011年第10期。

张振:《语用模糊在体现〈雷雨〉中两位女主人公不同"夫弃"观念的作用》,《长春理工大学学报(社会科学版)2011年第11期。

康宁:《从〈雷雨〉英译本看补偿手段在戏剧翻译中的应用》,《湖北第二师范学院学报》2011 年第 11 期。

赵丽娜:《论〈雷雨〉中蘩漪形象的悲剧色彩》,《北方文学(下半月)》2011 年第 11 期。

杭佳:《别样的舞台,别样的〈雷雨〉》,《科学大众(科学教育)》2011 年第 12 期。

莫瑞芬:《浅析〈雷雨〉的人道主义》,《剑南文学(经典教苑)》2011 年第 12 期。

王昌凤:《小议〈雷雨〉中的"雷雨"人物》,《文学界(理论版)》2011 年第 12 期。

周源源:《浅谈〈雷雨〉的艺术特色》,《长春教育学院学报》2011 年第 12 期。

张殷:《这样一个群体——记曹禺、唐槐秋、欧阳予倩等与〈雷雨〉〈日出〉》,《艺术教育》2011 年第 12 期。

杨荣珍:《"疯女人"的抗争——以〈打出幽灵塔〉、〈雷雨〉和〈阿珍〉为例》,《群文天地》2011 年第 12 期。

陈柯妮:《言语行为转喻源始域选择与会话者权势关系——〈雷雨〉的认知文体分析》,《北京第二外国语学院学报》2011 年第 12 期。

陈明学:《俄狄浦斯神话与〈雷雨〉的解读——兼说中师语文教材〈雷雨〉节选之失》,《语文教学通讯·D 刊(学术刊)》2011 年第 12 期。

郭晶:《母亲形象的消解与女性权利的建构——从〈雷雨〉中繁漪形象谈起》,《作家》2011 年第 14 期。

梁秉堃:《曹禺删改〈雷雨〉》,《语文教学与研究》2011 年第 15 期。

贺倩:《曹禺剧作中人物语言得体性探微——以〈雷雨〉中鲁侍萍及〈日出〉中陈白露为例》,《语文学刊》2011 年第 16 期。

宋贺利:《〈雷雨〉中蘩漪的悲剧新解》,《青春岁月》2011 年第 18 期。

郭爱云:《〈雷雨〉人物形象及悲剧命运分析》,《作家》2011 年第 18 期。

沈玉皎:《聆听悲剧,感受震彻心扉的灵魂涤荡——浅析〈雷雨〉中古希腊悲剧的主题意味及审美意蕴》,《群文天地》2011 年第 20 期。

刘昱:《论繁漪成为悲剧人物的性格因素》,《大众文艺》2011 年第 23 期。

刘宇佳:《浅谈〈雷雨〉的人性的悲剧》,《神州》2011 年第 23 期。

蒙绍伦:《曹禺〈雷雨〉的结构艺术》,《中学教学参考》2011 年第 24 期。

沈晓蓉:《从〈雷雨〉看曹禺戏剧创作的人性深度》,《中学语文》2011 年第 24 期。

易军:《论〈雷雨〉的命运观》,《青年文学家》2011 年第 24 期。

董亚:《千"呼"万"唤"曲尽其妙——简析〈雷雨(节选)〉中的人称代词》,《语文教学通讯》2011 年第 25 期。

李喜仁:《对曹禺剧作〈雷雨〉的新批评解读》,《名作欣赏》2011 年第 29 期。

张缨:《基于任务分析的高中现代文阅读教学目标设定的尝试——以苏教版〈雷雨〉的教学目标设定为例》,《中学语文》2011 年第 30 期。

章浙中:《让鱼儿回归大海——〈雷雨〉课堂实录及反思》,《语文教学通讯》2011 年第

31期。

谢尚发、高霞:《药、热与鬼:作为身体的存在——蘩漪及其雷雨性格》,《法制与社会》2011年第33期。

北乔:《〈雷雨〉的人性诗意》,《文艺报》2011年12月16日。

惠瑜、郭平:《解读〈雷雨〉中蘩漪的心理》,《商品与质量》2011年第S3期。

高艳芝:《原始崇拜:文学人类学视野中的曹禺——以〈原野〉〈北京人〉为中心》,《燕赵学术》2012年第1期。

程翔:《说〈雷雨〉》,《中学语文教学》2012年第1期。

傅湘莉:《戏剧〈雷雨〉中女性形象的再分析》,《湖南行政学院学报》2012年第1期。

李谧孜:《人性悲剧:回望〈雷雨〉的现实主义内涵》,《戏剧之家(上半月)》2012年第1期。

杨晓笛:《悲剧框架中的〈大雷雨〉与〈雷雨〉》,《洛阳师范学院学报》2012年第1期。

周永俊:《话剧〈雷雨〉的实践性教学初探》,《大家》2012年第2期。

周永俊、黄莉:《略谈〈雷雨〉的悲剧艺术》,《芒种》2012年第2期。

石明圆:《〈雷雨〉中女性命运的原型解析》,《短篇小说(原创版)》2012年第2期。

李玉坤、王加林:《从语用学的角度探讨叙述——以〈雷雨〉片段为例》,《广东技术师范学院学报》2012年第2期。

赵雯雯:《谈〈雷雨〉中周朴园对侍萍的感情》,《现代语文(教学研究版)》2012年第2期。

朱玉红:《悲剧的人生　悲剧的人物——浅析〈雷雨〉中的周朴园》,《时代文学(下半月)》2012年第2期。

陈柯妮:《情态隐喻的文体功能——〈雷雨〉的认知文体分析》,《清远职业技术学院学报》2012年第2期。

牛丹英:《由〈雷雨〉谈剧本的鉴赏》,载《中华教育理论与实践科研论文成果选编(第三卷)》2012年2月。

苑蕾:《20世纪90年代以来的〈雷雨〉主题研究综述》,《华中人文论丛》2012年第2期。

康宁:《从〈雷雨〉英译本看格式塔理论对戏剧翻译的诠释》,《江西电力职业技术学院学报》2012年第3期。

黄紫红:《也谈〈雷雨〉中蘩漪的性格》,《语文天地》2012年第3期。

马振:《会话中的合作与礼貌——以〈雷雨〉为例解读文本的言外之意》,《时代文学(下半月)》2012年第3期。

何彦伟:《从合作原则看王佐良英译版〈雷雨〉》,《商业文化(下半月)》2012年第3期。

丁永秀:《浅析〈雷雨〉中周朴园形象的复杂性》,《青海教育》2012年第3期。

李巧莲:《从人际功能的视角研究戏剧〈雷雨〉的称呼语英译》,《盐城师范学院学报(人文社会科学版)》2012年第3期。

简艳:《人性的闪光与幻灭——〈雷雨〉人物解读的一种视角》,《重庆交通大学学报(社会科学版)》2012 年第 3 期。

叶毓、雷育萍:《从戏剧情境看〈雷雨〉中人物的悲剧性》,《现代语文(学术综合版)》2013 年第 3 期。

宋艳双:《论〈雷雨〉的悲剧意味》,《参花(文化视界)》2013 年第 3 期。

庄申:《本是菡萏最天真——浅谈〈雷雨〉中的"纯真"人物》,《新课程(中旬)》2013 年第 3 期。

沈后庆:《"当年海上惊雷雨"——中国现代文学史上的〈雷雨〉批评研究》,《齐鲁艺苑》2012 年第 3 期。

白波:《〈雷雨〉中的"雷雨"意象解析及其原型探讨》,《芒种》2012 年第 4 期。

赵兵:《论戏剧〈雷雨〉"序幕"与"尾声"的文化意蕴》,《现代语文(学术综合版)》2012 年第 4 期。

王祯:《还原人物真实面目——浅谈〈雷雨〉中周朴园形象》,《新课程学习(下)》2012 年第 4 期。

王雅静:《论〈雷雨〉的人物悲剧命运》,《群文天地》2012 年第 4 期。

蔡军:《〈雷雨〉的姓名艺术》,《云南社会主义学院学报》2012 年第 4 期。

王佳文:《浅析指令类言语行为中的认知转喻——以话剧〈雷雨〉为例》,《成都理工大学学报(社会科学版)》2012 年第 4 期。

赵建晖、徐江:《在叙事性联系中品读〈雷雨〉》,《中学语文教学》2012 年第 5 期。

王琴:《破折号:解读〈雷雨〉人物形象的又一把钥匙》,《现代语文(教学研究版)》2012 年第 5 期。

井怡琼:《〈雷雨〉中"跳脱"的语用修辞分析》,《太原城市职业技术学院学报》2012 年第 5 期。

芮小华:《曾经沧海难为水,重逢哪堪情更伤——〈雷雨〉(第二幕)鲁侍萍的"一动作、两称呼"》,《新语文学习(教师版)》2012 年第 5 期。

李强平:《对〈雷雨〉中两处标点的质疑》,《语文月刊》2012 年第 6 期。

谈胜轶:《〈雷雨〉巧用"返射"例说》,《语文月刊》2012 年第 6 期。

高晓玲:《柔情似水　气势如虹——感悟蘩漪的雷雨性格》,《语文学刊》2012 年第 6 期。

胡洁、章淑华:《重评周朴园——兼及对〈雷雨〉的解读》,《作家》2012 年第 6 期。

季科平:《把语文课上出童趣——〈雷雨〉(第一课时)教学》,《小学语文教学》2012 年第 6 期。

姜鑫磊:《"逃不掉"的俄狄浦斯——论〈雷雨〉中周萍命运的悲剧性》,《佳木斯大学社会科学学报》2012 年第 6 期。

王玉宝、王瑶:《周朴园:背负十字架受难的囚徒——〈雷雨〉阅读中的一个盲点》,《四川戏剧》2012 年第 6 期。

叶小红:《从〈雷雨〉到〈日出〉看曹禺创作倾向的变化》,《吉林广播电视大学学报》2012 年第 6 期。

李娟、马臣:《从鲁贵形象看曹禺创作的反庸俗倾向》,《长江大学学报(社会科学版)》2012 年第 6 期。

胡芝风:《赞眉户大型现代戏〈雷雨〉》,《中国演员》2012 年第 6 期。

云传瑶:《悲惨的重逢——读〈雷雨(节选)〉》,《语文教学通讯》2012 年第 7 期。

张扬:《语文"审美课堂"的构建——再次执教〈雷雨〉有感》,《语文世界(教师之窗)》2012 年第 7 期。

林茜:《从剧作学角度谈电视剧〈雷雨〉中的繁漪形象》,《艺海》2012 年第 7 期。

王超:《雷雨中的一道闪电——谈〈雷雨〉与周冲》,《时代文学(下半月)》2012 年第 7 期。

谭文慧:《关联理论视角下〈雷雨〉英译本的对比研究》,《现代交际》2012 年第 7 期。

宋飞:《〈雷雨〉教学实录与反思》,《语文世界(教师之窗)》2012 年第 8 期。

陈长伟、张大勇:《从阅读可变性角度解读〈雷雨〉中的周朴园形象》,《名作欣赏》2012 年第 8 期。

刘海燕:《〈雷雨〉中的蘩漪形象浅析》,《青年文学家》2012 年第 8 期。

杨秀芳:《〈雷雨〉作品中主题与艺术特色分析》,《群文天地》2012 年第 8 期。

谢燕妮:《戏剧视野下"重生"的经典文学作品——以王延松版〈雷雨〉为例》,《大舞台》2012 年第 8 期。

严丽霞:《话轮中的人物形象——〈雷雨〉选段中的话轮分析》,《兰州教育学院学报》2012 年第 8 期。

王国颖:《试析〈雷雨〉中"蘩漪"的形象分析》,《文学界(理论版)》2012 年第 8 期。

郭黎阳:《功能对等理论对戏剧翻译可表演性原则的阐释——以〈雷雨〉翻译为例》,《英语知识》2012 年第 9 期。

许娟:《浅析〈雷雨〉教学中的人物引领解读》,《教师》2012 年第 9 期。

孙东方:《道是无情却有情——再看〈雷雨〉中的周朴园》,《语文教学之友》2012 年第 10 期。

薛慧姝:《无法走出的心塔——论〈雷雨〉中繁漪的双重性格》,《吉林省教育学院学报(中旬)》2012 年第 10 期。

张峰:《中职语文兴趣教学——〈雷雨〉一文课堂教学的尝试》,《读与写(教育教学刊)》2012 年第 10 期。

黄文娟:《从繁漪性格看〈雷雨〉主题的深刻》,《广西教育》2012 年第 10 期。

康长安:《咏叹的魅力——歌剧〈雷雨〉漫议》,《作家》2012 年第 10 期。

孙彤、刘洁:《希腊悲剧对曹禺创作〈雷雨〉的影响》,《文学教育(下)》2012 年第 11 期。

曹丽:《蛮性遗留的创作——〈雷雨〉原型及其激活特征》,《剑南文学(经典教苑)》2012年第11期。

王建明:《在善与恶中徘徊的悲情人物——分析〈雷雨〉中的周朴园》,《语文教学之友》2012年第11期。

李彩梅:《浅析〈雷雨〉周朴园性格的复杂性》,《青少年日记(教育教学研究)》2012年第11期。

王春:《命运的枯井——曹禺〈雷雨〉中周蘩漪悲剧性格的当代解析》,《科教文汇(上旬刊)》2012年第11期。

马为华:《说不尽的〈雷雨〉》,《名作欣赏》2012年第11期。

顾佳舒:《从三个角度"新"看评弹〈雷雨〉》,《大众文艺》2012年第12期。

吴延生:《〈雷雨〉中周朴园性格形成的原因》,《文学教育(上)》2012年第12期。

林宗良:《浅论话剧〈雷雨〉人物语言的双重性》,《大众文艺》2012年第14期。

张然:《〈雷雨〉前的爱恨交织》,《芒种》2012年第16期。

朱秀英:《对〈雷雨〉中周朴园形象的再认识》,《青年文学家》2012年第16期。

陈怡泉:《浅析〈雷雨〉中周朴园的第一主角意义》,《作家》2012年第16期。

涂晓莉:《密不透风,疏能跑马——以〈雷雨〉为例探讨新型师生关系在教学中的确立》,《学园(教育科研)》2012年第17期。

周晓峰:《一堂溢满语文味的素课——〈雷雨〉教学记录》,《语文教学通讯》2012年第18期。

范铮:《文学批评理论关照下的多元解读——以〈雷雨〉为例谈中学语文阅读教学》,《教学与管理》2012年第18期。

秦岭:《试析〈雷雨〉中周朴园的形象》,《神州》2012年第18期。

宋雪梅:《论〈雷雨〉中女性人物的不幸命运》,《文教资料》2012年第18期。

朱晓荣:《曹禺创作历程漫谈——从〈雷雨〉、〈日出〉、〈北京人〉的人物说起》,《作家》2012年第18期。

殷杰:《再析〈雷雨〉的序幕与尾声》,《名作欣赏》2012年第20期。

朱以光:《偶像的黄昏——也谈〈雷雨〉中周朴园和鲁侍萍的感情》,《中学语文》2012年第21期。

蒋卓颖:《语境顺应论视角下〈雷雨〉译本的翻译研究》,《青年文学家》2012年第21期。

冯建江:《由〈雷雨〉的三次教学说开去》,《现代企业教育》2012年第23期。

宋学娟:《一朵艳丽的生命火花——论〈雷雨〉中的蘩漪形象》,《飞天》2012年第24期。

严金国:《以技巧点睛,以情感塑形——浅议曹禺先生〈雷雨〉的戏剧艺术》,《中国校外教育》2012年第25期。

杨惠琴:《且看〈雷雨〉中的周朴园——情场中两个女人的观照》,《文教资料》2012年第28期。

梁春霞:《让高中戏剧课从平面迈向立体化——由〈雷雨(节选)〉公开课引发的思考》,《语文教学通讯》2012 年第 31 期。

周扬:《掌控〈雷雨〉又被"雷雨"奴役的人——浅析蘩漪作为〈雷雨〉主人公的合理性》,《文教资料》2012 年第 33 期。

王芳:《郁热,残酷的爱——结构主义原理分析〈雷雨〉中主要人物的情爱》,《名作欣赏》2012 年第 35 期。

石淑芳:《〈雷雨〉教学设计》,《考试周刊》2012 年第 42 期。

谢建文:《浅谈曹禺的人生经验对〈雷雨〉的影响》,《河南机电高等专科学校学报》2013 年第 1 期。

孙文软:《简评〈雷雨〉》,《青年文学家》2013 年第 1 期。

陈奇佳:《因革命之名:重释〈雷雨〉的乱伦悲剧主题》,《中国现代文学研究丛刊》2013 年第 1 期。

袁书春:《以苏教版中〈雷雨〉(节选)为例谈戏剧文本的阅读》,《现代语文(教学研究版)》2013 年第 1 期。

孙静:《一个"雷雨式"女人的宿命——浅析〈雷雨〉中蘩漪的悲剧命运》,《新课程学习(中)》2013 年第 1 期。

曹树钧:《经典〈雷雨〉的世界影响》,《上海艺术家》2013 年第 5 期。

余晓娟、乔桦:《优化语用课堂 注重语用能力——〈雷雨〉教学实录与评析》,《小学语文教学》2013 年第 1 期。

陈舜:《冲破封建礼教束缚的悲剧——浅析〈雷雨〉中的爱情伦理及法律自由》,《语文教学通讯·D 刊(学术刊)》2013 年第 2 期。

陈钰:《高乃依悲剧美学思想视阈下的〈雷雨〉之美》,《中山大学研究生学刊(社会科学)》2013 年第 2 期。

奚影:《〈雷雨〉中繁漪的形象简析》,《神州》2013 年第 2 期。

王彩君:《什么才是最重要的,身世还是语境?——对话剧〈雷雨〉部分台词的戏剧符号学分析》,《剧作家》2013 年第 2 期。

刘芳文:《论〈雷雨〉与基督教文化的复杂关系——兼评中国现代文学与基督教文化之关系》,《现代中国文化与文学》2013 年第 2 期。

王俊虎、张鹏升:《〈雷雨〉文本若干问题的质疑与讨论》,《南昌大学学报(人文社会科学版)》2013 年第 2 期。

刘奕麟:《赏〈雷雨〉——一出小中见大的剧》,《大众文艺》2013 年第 3 期。

沈云杰:《兴趣,让学生绽放精彩——〈雷雨〉教后记》,《现代语文(学术综合版)》2013 年第 3 期。

戴汭含:《探讨对〈雷雨〉最全面的诠释——"序幕"与"尾声"》,《大众文艺》2013 年第 3 期。

周梅宁、张霞:《模里藏真,糊言妙语——论鲁贵的语用模糊在〈雷雨〉中的作用》,《长春理工大学(社会科学版)》2013 年第 4 期。

王雪芹:《内囿的隐秘:〈雷雨〉的戏剧表达策略兼及序幕尾声问题》,《文化艺术研究》2013 年第 4 期。

肖进:《试论〈雷雨〉中蘩漪的形象》,《语文天地》2013 年第 4 期。

程佳琳、吴晓军:《颠倒的课堂演绎戏剧人生——〈颠倒的课堂——〈雷雨〉〉教学案例分析》,《教育信息技术》2013 年第 4 期。

沈月明、李跃庭:《〈雷雨〉研究与教学现状述评》,《中学语文教学》2013 年第 4 期。

辛晓明:《〈雷雨〉教学建议》,《云南教育(小学教师)》2013 年第 4 期。

邓清华、王泽斌:《用"读境"引领学生主动阅读——〈雷雨〉教学片断与反思》,《湖北教育(教育教学)》2013 年第 4 期。

李欣荣:《确认、理解和生长:对语文教学内容的思考——以〈雷雨〉一课为例》,《教育研究与评论(中学教育教学)》2013 年第 4 期。

苑青松:《有效对话型模:"深度汇谈"模式的教学实录——以〈雷雨〉为例》,《中学语文》2013 年第 4 期。

田本相:《〈雷雨〉的典范性》,《文艺报》2013 年第 4 期。

刘弼城:《〈雷雨〉的启迪》,《创作》2013 年第 5 期。

张海:《从现代话剧〈雷雨〉教学实施探讨"自主、合作、探究"的教学形态》,《新课程(中学)》2013 年第 5 期。

朱华阳、丁友芳:《"命运"主题的折光——论〈雷雨〉的"封建意识"》,《三峡论坛(三峡文学·理论版)》2013 年第 5 期。

吴丹妮、唐心韵:《雷雨声中忆〈雷雨〉——"纪念曹禺《雷雨》完成创作八十周年"研讨会纪要》,《上海艺术家》2013 年第 5 期。

蒋卫华:《让语文课成为学生的享受——"体验式"在〈雷雨〉教学中的运用》,《语文天地(高教·理论)》2013 年第 5 期。

陈希:《〈雷雨〉:未完成的演出》,《中山大学学报(社会科学版)》2013 年第 6 期。

朱亚芬:《欲望决定命运——论对〈雷雨〉命运悲剧的深层次解读》,《青年文学家》2013 年第 6 期。

徐敏:《〈中国现代文学〉课程教学改革实践——以〈雷雨〉一课为例》,《教育理论与实践》2013 年第 6 期。

朱熠:《谈曹禺〈雷雨〉人物性格的复杂性》,《文教资料》2013 年第 6 期。

阳月:《以〈雷雨〉、〈北京人〉为例分析曹禺剧作中的家族文化》,《剑南文学(经典教苑)》2013 年第 6 期。

赵凤玲:《生存还是灭亡——解读〈雷雨〉中侍萍与繁漪的悲剧命运》,《学周刊》2013 年第 7 期。

姚百惠:《〈雷雨〉中繁漪形象再认识》,《金田》2013年第7期。

刘冬梅:《阅读创新源自对文本的细读——以〈雷雨〉为例》,《读与写(教育教学刊)》2013年第7期。

梁秉堃:《忆曹禺:雷雨的撞击(上)》,《中国经营报》2013年3月25日。

梁秉堃:《忆曹禺:雷雨的撞击(下)》,《中国经营报》2013年4月8日。

徐向明:《欲望挣扎与毁灭——话剧〈雷雨〉人物生存状态浅析》,《戏剧之家(上半月)》2013年第7期。

恩克苏格尔:《解析〈雷雨〉的冲突中心》,《剑南文学(经典教苑)》2013年第7期。

赵丽:《话剧〈雷雨〉的喝药情节与礼貌原则》,《四川戏剧》2013年第7期。

贺萍、任长明:《浅析古希腊悲剧对〈雷雨〉的影响》,《戏剧文学》2013年第8期。

于金辉:《从〈雷雨〉、〈日出〉到〈北京人〉看曹禺话剧对"人的戏剧"的追求》,《安徽文学(下半月)》2013年第8期。

李喜仁:《〈雷雨〉中周朴园形象解读》,《青年文学家》2013年第8期。

庄兰兰:《从代际关系看家族政治——〈雷雨〉悲剧新解》,《戏剧文学》2013年第9期。

李影:《语气类句子对话剧〈雷雨〉的作用分析》,《安徽文学(下半月)》2013年第9期。

卢强:《〈雷雨〉教后反思》,《文学教育(下)》2013年第9期。

赵文惠:《曹禺戏剧〈雷雨〉的"雷雨"意象探析》,《现代阅读(教育版)》2013年第9期。

朱莉:《雷雨般的激情——试评析〈雷雨〉中的繁漪》,《现代语文(学术综合版)》2013年第9期。

赵凌志:《繁漪的"雷雨式"悲剧人生解读》,《戏剧文学》2013年第9期。

王鑫、王崯:《从〈雷雨〉的序幕和尾声重解其主题内涵》,《文学教育(上)》2013年第10期。

曹树钧:《"每个人都是一个世界"——话剧〈雷雨〉鉴赏》,《秘书》2013年第10期。

童道明:《〈雷雨〉的精彩重读》,《中国戏剧》2013年第10期。

王敏:《对〈雷雨〉诗意的挖掘与探索》,《中国戏剧》2013年第10期。

张怡春:《说说〈雷雨〉的讽刺艺术》,《语文教学之友》2013年第10期。

王云雨:《谈〈雷雨〉中周朴园的性格悲剧及其价值取向》,《语文教学之友》2013年第10期。

徐晓钟:《一次有学术价值的实验 叙述体版的实验戏剧〈雷雨〉观后感言》,《中国戏剧》2013年第10期。

温大勇:《不一般的〈雷雨〉不一般的陈大联》,《中国戏剧》2013年第10期。

高霞,邬智冬:《默读、发声与唱音之间的〈雷雨〉,《美与时代(下旬)》2013年第10期。

张丽萍:《戏剧教学的几个步骤——以〈雷雨〉为例》,《赤子(中旬)》2013年第10期。

周芬芬:《指令类言语行为的转喻分析研究——以〈雷雨〉为例》,《湖南科技学院学报》2013年第11期。

冯文娟:《〈雷雨〉中的话语交际原则探析》,《现代语文(学术综合版)》2013 年第 11 期。

张无忧:《浅谈〈雷雨〉的艺术魅力》,《赤子(中旬)》2013 年第 11 期。

王晓鹰:《禺曹与一出没有鲁大海的〈雷雨〉》,《艺术评论》2013 年第 12 期。

王延松:《新面目〈雷雨〉的煅烧》,《艺术评论》2013 年第 12 期。

胡芳:以《意义建构为中心的引导方法初探——以课文〈雷雨〉教学为例》,《现代语文(学术综合版)》2013 年第 12 期。

田本相:《原创性的秘密在于发现 谈〈雷雨〉的创作》,《剧本》2013 年第 12 期。

赖守忠:《〈雷雨〉中间接言语行为转喻的认知赏析——以繁漪为例》,《青年与社会》2013 年第 12 期。

杨珩:《原罪的诱惑——浅析原罪思想对〈雷雨〉的影响》,《名作欣赏》2013 年第 12 期。

李兆民:《谈中职语文〈雷雨〉(节选)的教学》,《考试周刊》2013 年第 12 期。

杨哲芬:《非现实手法编排名著〈雷雨〉中的感悟》,《知识经济》2013 年第 12 期。

李运河:《〈雷雨〉对白的心理空间冲突机制》,《作家》2013 年第 12 期。

魏巍:《〈雷雨〉中周萍的形象分析——超我与本我主导下的自我毁灭》,《芒种》2013 年第 13 期。

徐航:《〈雷雨〉中繁漪形象的再认识》,《芒种》2013 年第 13 期。

张熙莹:《〈雷雨〉中周朴园的形象解读》,《芒种》2013 年第 13 期。

柏章发:《从〈雷雨〉的人名看蘩漪性格》,《语文教学与研究》2013 年第 13 期。

吴亚平:《〈雷雨〉结构艺术浅析》,《语文天地》2013 年第 13 期。

耿冉:《〈雷雨〉中艺术美的本质体现》,《电影评介》2013 年第 13 期。

尹行:《浅析曹禺〈雷雨〉的戏剧艺术》,《才智》2013 年第 14 期。

王思丹:《论〈雷雨〉的非现实性》,《大众文艺》2013 年第 14 期。

韦文娟:《试论汉英呼语的位置转换与翻译方法——以王佐良、巴恩斯英译〈雷雨〉为例》,《大学教育》2013 年第 17 期。

李斩棘:《语文教学应处理好内容感悟与语言训练的关系——听安徽王晓红老师执教〈雷雨〉一课有感》,《小学语文教学》2013 年第 18 期。

王静丰:《悲哀的叹美者——对〈雷雨〉中周繁漪的女性悲剧精神解读》,《作家》2013 年第 18 期。

周凤英:《论〈雷雨〉中繁漪形象的美学价值》,《名作欣赏》2013 年第 21 期。

涂玉麟:《叛逆与悲剧交织美——〈雷雨〉赏析》,《旅游纵览(下半月)》2013 年第 22 期。

王春:《基于当代语境浅析曹禺话剧〈雷雨〉的艺术魅力》,《美术教育研究》2013 年第 24 期。

孙静:《品味〈雷雨〉中的细节艺术》,《现代阅读(教育版)》2013 年第 4 期。

张连义:《〈雷雨〉的爱情悲剧浅析》,《名作欣赏》2013 年第 27 期。

胡奎、喻善平:《冷酷与虚伪 人性与温情 经典与当下——对〈雷雨〉中周朴园形象的再解读》,《名作欣赏》2013 年第 27 期。

高帆:《〈雷雨〉专题学习的教学设计》,《中学语文》2013 年第 28 期。

《曹禺手稿亮相披露〈雷雨〉创作过程》,《语文教学与研究》2013 年第 29 期。

卢彬:《最"雷雨"式的人物——〈雷雨〉蘩漪形象分析》,《学园》2013 年第 30 期。

李东旭:《刍议〈雷雨〉中的个性化语言》,《青年文学家》2013 年第 31 期。

徐兴苗:《从周朴园的命运看曹禺的悲悯情怀》,《中学语文》2013 年第 36 期。

汪健:《歌剧〈雷雨〉的文化艺术学研究》,《短篇小说(原创版)》2013 年第 36 期。

傅小丽:《〈雷雨〉读写结合教学设计(第二课时)》,《江苏教育》2013 年第 45 期。

尹莉丽:《浅析〈雷雨〉中周朴园的人物形象》,《考试周刊》2013 年第 90 期。

郭尚民、万福成:《〈雷雨〉课例赏鉴》,《语文教学通讯》2013 年第 Z1 期。

范瑞刚:《一个没有精神生活的存在——〈雷雨〉中鲁大海形象简析》,《现代语文(学术综合版)》2014 年第 1 期。

杨帆:《浅谈戏剧〈雷雨〉中的"雷雨性格"》,《黑龙江教育学院学报》2014 年第 1 期。

代娜:《〈雷雨〉的艺术特色浅析》,《文学教育(下)》2014 年第 1 期。

周桂诗洋:《一个复杂而矛盾的女人——蘩漪》,《艺术科技》2014 年第 1 期。

李扬:《论〈雷雨〉的形式意味》,《戏剧艺术》2014 年第 1 期。

杨莉丽:《〈雷雨〉中周朴园形象的再认识》,《芒种》2014 年第 1 期。

焦锐男:《〈雷雨〉教学:必须直面的缺席》,《文学教育(上)》2014 年第 1 期。

王文静:《北海三座门:诞生〈雷雨〉的那个院子》,《炎黄纵横》2014 年第 1 期。

李金明:《正确设定〈雷雨〉的教学目标》,《语文教学与研究》2014 年第 1 期。

张勤:《错综复杂的离奇情感跌宕起伏的故事情节——论〈雷雨〉中的人物关系》,《漯河职业技术学院学报》2014 年第 1 期。

饭塚容:《〈雷雨〉在日本》,《戏剧艺术》2014 年第 1 期。

宫宝荣:《从戏剧行动素模式看女性角色在〈雷雨〉中的主体性》,《戏剧艺术》2014 年第 1 期。

艾英:《论〈雷雨〉中女性人物悲剧性格与悲剧命运的成因》,《长城》2014 年第 2 期。

李铃川:《对〈雷雨〉教学中两个有争议问题的界定及相关认识》,《新课程(中学)》2014 年第 2 期。

雷诗卉:《夹缝中的自我价值——论〈雷雨〉中繁漪的心理特征》,《大众文艺》2014 年第 2 期。

杨馥宁:《字理识字 诵读悟意——〈雷雨〉第一课时课堂教学》,《小学语文教学》2014 年第 2 期。

张玫:《漫谈〈雷雨〉中"最雷雨"的蘩漪》,《青年文学家》2014 年第 2 期。

潘晶晶、陈军:《论〈雷雨〉对易卜生戏剧的多元接受》,《四川戏剧》2014 年第 2 期。

李素华:《谈〈雷雨〉中的人物艺术形象》,《读与写(教育教学刊)》2014 年第 2 期。

牟熙春:《解读〈雷雨〉中“周朴园”这一人物形象》,《戏剧丛刊》2014 年第 2 期。

郭戚姗:《重构经典的探索》,《北京日报》2014 年 5 月 29 日。

和紫娟:《论〈雷雨〉中周萍的矛盾性格》,《剑南文学(上半月)》2014 年第 3 期。

林珣如:《一首曲终未了的情殇咏叹——有感于莫凡歌剧〈雷雨〉》,《艺苑》2014 年第 3 期。

张跃、何平:《寻觅〈雷雨〉中的悲剧符号》,《现代语文(学术综合版)》2014 年第 3 期。

杨经建:《存在主义的“诗”之“思”——论作为象征剧的〈雷雨〉》,《厦门大学学报(哲学社会科学版)》2014 年第 3 期。

谷海慧:《剧作家·导演·演员——论〈雷雨〉创作中曹禺的三重身份意识》,《戏剧文学》2014 年第 3 期。

李婷:《〈雷雨〉接受中误读现象的成因浅析》,《山西师大学报(社会科学版)》2014 年第 S3 期。

吴福辉:《谈〈雷雨〉的一处修改》,《汉语言文学研究》2014 年第 3 期。

何威:《20 世纪 60 年代以来的〈雷雨〉版本研究综述》,《闽西职业技术学院学报》2014 年第 3 期。

李蓓:《〈雷雨〉中蘩漪形象的多维解读》,《芒种》2014 年第 3 期。

水源:《谭兰燕〈雷雨〉中经受考验》,《南国红豆》2014 年第 3 期。

陶婧、李桔元:《〈雷雨〉中的礼貌策略分析与人物塑造》,《牡丹江师范学院学报(哲学社会科学版)》2014 年第 3 期。

目沙:《看瑞典导演解构〈雷雨〉》,《中国文化报》2014 年 7 月 29 日。

乔宗玉:《〈雷雨〉“笑场”的启示》,《中国艺术报》2014 年 8 月 1 日。

何勇海:《〈雷雨〉成“雷剧”?》,《团结报》2014 年 8 月 2 日。

李壮:《我感受的〈雷雨〉笑场》,《文艺报》2014 年 8 月 4 日。

牛春梅:《〈雷雨〉:被“误读”的八十年》,《北京日报》2014 年 8 月 7 日。

邱唐:《看〈雷雨〉,不准笑?》,《解放日报》2014 年 8 月 30 日。

司建国:《论认知转喻在反讽理解推理过程中的作用——〈雷雨〉的认知文体分析》,《深圳职业技术学院学报》2014 年第 4 期。

吴汉成:《谈〈雷雨〉第二幕》,《学语文》2014 年第 4 期。

王明科:《爱恨之绝唱——论〈雷雨〉情感冲突的现代性体验》,《喀什师范学院学报》2014 年第 4 期。

王振芳:《〈雷雨〉过后是彩虹——〈雷雨〉为临汾市眉户剧团带来的三个突破》,《中国演员》2014 年第 4 期。

蔡燕雁:《试析〈雷雨〉中繁漪及曹禺戏剧中其他“雷雨性格”女性形象》,《赤峰学院学报(汉文哲学社会科学版)》2014 年第 4 期。

张璇:《浅谈〈雷雨〉与基督教文化》,《漯河职业技术学院学报》2014 年第 4 期。

高素华:《论〈雷雨〉中的女性形象——繁漪》,《学周刊》2014 年第 4 期。

匡柳兴:《从语用角度分析〈雷雨〉的戏剧语言》,《文史博览(理论)》2014 年第 4 期。

丁凯:《〈雷雨〉中周萍的形象刍议》,《芒种》2014 年第 5 期。

姜婉婷:《浅谈〈雷雨〉和〈北京人〉的话剧民族化启示》,《北方音乐》2014 年第 5 期。

邱霞、赵骥:《白玉微瑕话〈雷雨〉纪念〈雷雨〉在沪上演 80 周年》,《上海戏剧》2014 年第 5 期。

张怡敏:《教学〈雷雨〉(节选)一课偶得》,《文学教育(中)》2014 年第 5 期。

廖智睿:《因梦而生,因梦而死——浅析〈雷雨〉中的蘩漪》,《鸭绿江(下半月版)》2014 年第 5 期。

谭兰燕:《蘩漪形象的"雷雨"性格》,《南国红豆》2014 年第 5 期.

靳书刚:《〈雷雨〉研究的回顾与展望》,《文艺理论与批评》2014 年第 6 期。

张璇:《从〈雷雨〉看生活经历对曹禺戏剧创作的影响》,《吉林省教育学院学报(上旬)》2014 年第 6 期。

丁雪萍:《〈雷雨〉人物对话研究》,《牡丹江师范学院学报(哲学社会科学版)》2014 年第 6 期。

刘银威:《〈雷雨〉的教学与反思》,《新教育》2014 年第 6 期。

储建明:《"明辨"和"分析":戏剧教学的入门艺术——以〈雷雨(节选)〉教学为例》,《中学语文教学》2014 年第 6 期。

邓茜:《〈雷雨〉情景教学课例》,《散文百家(新语文活页)》2014 年第 6 期。

曹丹:《汉语呼语英译的策略研究——以〈雷雨〉及其英译本为例》,《英语广场(学术研究)》2014 年第 7 期。

颜雪飞:《〈雷雨〉对话选段的语用分析》,《新闻世界》2014 年第 7 期。

刘培培、岳好平:《指令类言语行为转喻的语用功能研究——以〈雷雨〉为例》,《长春理工大学学报(社会科学版)》2014 年第 7 期。

杨莉芳:《经典的瑕疵:评话剧〈雷雨〉第一幕》,《赤峰学院学报(汉文哲学社会科学版)》2014 年第 7 期。

王艳丽:《亚里士多德悲剧理论对〈雷雨〉的影响》,《黑龙江教育学院学报》2014 年第 7 期。

刘菁:《以马克思主义悲剧理论浅评〈雷雨〉之悲剧》,《文学教育(中)》2014 年第 7 期。

王征:《〈雷雨〉中的死与生　曹禺戏剧中的基督宗教元素》,《中国宗教》2014 年第 8 期。

蔡泽瑄:《〈雷雨〉戏剧艺术新探》,《现代交际》2014 年第 8 期。

张铎:《"最雷雨性格"下的蘩漪——追溯〈雷雨〉中蘩漪的悲惨命运》,《神州》2014 年第 8 期。

黄婧:《关于〈雷雨〉之中主题和艺术特色的探究》,《青年文学家》2014 年第 8 期。

邓方仪:《从现实角度析〈雷雨〉中“蘩漪”的人物特点》,《参花(上)》2014年第8期。

沈阳:《人类情爱如何救赎?——以戏剧〈雷雨〉的精神分析为例》,《社会科学论坛》2014年第9期。

郭琪:《青春的力量——经典新读:〈雷雨〉1933—2014》,《艺术评论》2014年第9期。

魏汝冰:《以〈雷雨〉为例浅析“留白”在戏剧语言中的美》,《戏剧之家》2014年第9期。

曹禺:《〈雷雨〉的写作过程》,《语文教学与研究》2014年第9期。

王谦:《〈雷雨〉没有杯具》,《三月风》2014年第9期。

谷海慧:“《后”文化时代的笑声——也谈〈雷雨〉“公益场”的笑场事件》,《艺术评论》2014年第9期。

李佳琦:《〈雷雨〉中四凤的人物形象简析》,《无线互联科技》2014年第9期。

曹树钧:《〈雷雨〉与郑秀、巴金的情缘》,《上海采风》2014年第9期。

刘薇薇:《时代的缩影 人性的挣扎——读〈雷雨〉有感》,《作文成功之路(下)》2014年第9期。

刘珏:《雷雨般的命运抗争,悲剧意味的宿命结局——试论〈雷雨〉中的三位女性人物形象》,《现代交际》2014年第9期。

刘平:《经典作品是一面镜子——从〈雷雨〉演出遭遇“笑场”事件谈起》,《四川戏剧》2014年第9期。

张建红:《繁漪:〈雷雨〉中一道艳丽的火花》,《文教资料》2014年第10期。

杨淑珍:《浅谈蘩漪的“雷雨性格”》,《芒种》2014年第10期。

赵静:《浅谈〈雷雨〉的艺术特色》,《课外语文》2014年第10期。

王伯男:《曹禺及〈雷雨〉的跨文化传播》,《上海戏剧》2014年第10期。

方敏:《用礼貌策略原则分析〈雷雨〉人物独白》,《考试周刊》2014年第10期。

张冬梅:《〈雷雨〉中周鲁重逢是鲁侍萍精心筹划的吗?——与曾金昌先生商榷》,《现代语文(学术综合版)》2014年第10期。

干敏:《精神分析视野下的〈雷雨〉主要人物命运分析》,《现代语文(学术综合版)》2014年第10期。

王美玲:《拯救式的爱情——谈〈雷雨〉中周家父子三人的爱情》,《现代语文(学术综合版)》2014年第11期。

哈米:《铭记〈雷雨〉》,《书屋》2014年第11期。

曹树钧:《话剧〈雷雨〉与钱谷融的曹禺研究》,《上海戏剧》2014年第11期。

邹晓天:《繁漪“雷雨”性格及悲剧根源分析》,《企业导报》2014年第11期。

刘军:《〈雷雨〉中繁漪形象再解读》,《语文教学与研究》2014年第11期。

赵献军:《〈雷雨〉中四凤的人物形象简析》,《芒种》2014年第11期。

刘晏如:《花开漪未起,花谢蘩未尽——话剧〈雷雨〉》,《神州》2014年第12期。

宋小玉:《“雷雨”式的人物——周蘩漪》,《甘肃教育》2014年第12期。

王志顺:《爱是很难说的一个字——〈雷雨·节选〉中周朴园和鲁侍萍的爱恨情仇》,《作文成功之路(中)》2014 年第 12 期。

张广州、陈鑫:《〈雷雨〉台词感叹句中语气词使用的性别差异》,《现代语文(语言研究版)》2014 年第 12 期。

李彬:《相见不如怀念——〈雷雨〉教学札记》,《语文知识》2014 年第 12 期。

董永辉:《论〈雷雨〉序幕和尾声的悲剧审美意义》,《文学教育(上)》2014 年第 12 期。

白旭辉:《"雷雨"的化身——繁漪》,《新西部(理论版)》2014 年第 13 期。

吴春峰:《怎一个"撕"字了得——关于〈雷雨〉一处细节的解读》,《语文天地》2014 年第 13 期。

吕薇薇:《"三不"男人的畸恋人生——谈谈〈雷雨〉中的周萍》,《语文天地》2014 年第 13 期。

张芸:《封建制度绞杀下的牺牲品——〈雷雨〉侍萍形象分析》,《新西部(理论版)》2014 年第 14 期。

贾多芬:《关于曹禺〈雷雨〉中繁漪的悲剧形象分析》,《现代企业教育》2014 年第 16 期。

杨媛媛:《论〈雷雨〉中的戏剧冲突》,《芒种》2014 年第 17 期。

高晓东,李雪松:《人性、人性——换个角度看〈雷雨〉中"周、鲁"二人的爱恨情仇》,《中学语文》2014 年第 18 期。

于丽华:《透视"门窗"说〈雷雨〉——〈雷雨〉课堂设计指要》,《中国教师》2014 年第 20 期。

王海波:《中职语文教学中学生的人文素养培养探究——以〈雷雨〉教学为例》,《时代教育》2014 年第 20 期。

王春:《曹禺话剧〈雷雨〉悲剧意义的当代解析》,《美术教育研究》2014 年第 24 期。

王丽凤:《曹禺〈雷雨〉的悲剧特征》,《考试周刊》2014 年第 25 期。

徐瑞敏、童鹏:《〈雷雨〉中各主要人物所包含的俄底浦斯情结》,《校园英语》2014 年第 25 期。

靳雯:《〈雷雨〉80 年》,《齐鲁周刊》2014 年第 28 期。

奚素文:《〈雷雨〉台词品读举隅》,《语文建设》2014 年第 28 期。

韩冬梅:《多媒体在〈雷雨〉一课中的巧妙运用》,《科技致富向导》2014 年第 30 期。

张玉堂:《评曹禺〈雷雨〉浓郁的宿命论与悲剧性色彩》,《语文建设》2014 年第 33 期。

马妍:《话剧〈雷雨〉中的现代性意象解读》,《短篇小说(原创版)》2014 年第 35 期。

曹禺:《〈〈陈毅市长〉选场〉拓展阅读——雷雨(第二幕节选)》,《初中生世界》2014 年第 43 期。

曹树钧:《杜宣对于〈雷雨〉在国外传播的贡献——纪念杜宣先生诞辰 100 周年》,上海鲁迅纪念馆,2014。

魏松根:《窥视和觊觎:〈雷雨〉中鲁贵"狼"性分析》,《山西师大学报(社会科学版)》

2014 年第 S4 期。

劳茄茄:《“哀甚裂帛痛彻魂”——听罢〈雷雨〉说繁漪的人性、美学及其他》,《曲艺》2015 年第 1 期。

邢双双、陈科芳:《王佐良翻译观小议兼〈雷雨〉译文赏析》,《语言与文化研究》2015 年第 1 期。

鲍静旗:《夜空中的一颗流星——浅析〈雷雨〉中周冲的悲剧性》,《戏剧之家》2015 年第 1 期。

杨经建:《重读〈雷雨〉:“存在”的“象征”》,《求索》2015 年第 1 期。

刘平:《在曹禺故居看〈雷雨〉》,《中国戏剧》2015 年第 1 期。

靳书刚:《政治场域与女性命运——以曹禺对蘩漪的三次修改为中心》,《平顶山学院学报》2015 年第 1 期。

王欢:《80 年〈雷雨〉的“议程设置”及效果分析》,《戏剧文学》2015 年第 1 期。

刘岚:《〈雷雨〉中繁漪形象的解读》,《剑南文学(上半月)》2015 年第 1 期。

宫宝荣:《从〈雷雨〉的笑场谈经典剧作的传承》,《剧作家》2015 年第 1 期。

洪超:《一问贯穿,凸显教学智慧——品析张克中老师的〈雷雨(节选)〉》,《教育研究与评论(课堂观察)》2015 年第 1 期。

张克中:《寻求文学文本的合理性解读——〈雷雨〉(节选)教学思考》,《教育研究与评论(中学教育教学)》2015 年第 1 期。

付立松:《不再打开的窗——〈雷雨〉“窗”的意象解读》,《南阳理工学院学报》2015 年第 1 期。

王月花:《称谓语在〈雷雨〉中的规约性及非规约性的体现》,《太原城市职业技术学院学报》2015 年第 1 期。

王延松:《新解读〈雷雨〉:新面目,经过一番怎样的煅烧(一)》,《新世纪剧坛》2015 年第 1 期。

石健:《靳以与〈雷雨〉渊源考辨》,《佳木斯大学社会科学学报》2015 年第 1 期。

郑为:《论〈雷雨〉悲剧的成因》,《濮阳职业技术学院学报》2015 年第 3 期。

子央:《划过心弦的诱惑——从〈雷雨〉看曹禺剧作的语言艺术》.《山东商业职业技术学院学报》,2015 年第 2 期

曹学琴:《曹禺悲剧创作中的人文关怀——以〈雷雨〉〈日出〉〈北京人〉中女性形象为例》,《濮阳职业技术学院学报》2015 年第 2 期。

肖培东:《郁凝〈雷雨〉惊课堂》,《语文学习》2015 年第 2 期。

任风雷:《称呼语变异的社会语用原则——以话剧〈雷雨〉为例》,《陇东学院学报》2015 年第 2 期。

景晓君:《从〈雷雨〉对〈俄狄浦斯王〉的继承与发展看〈雷雨〉的艺术魅力》,《齐齐哈尔师范高等专科学校学报》2015 年第 2 期。

王新新:《从〈诗学〉看〈雷雨〉》,《浙江艺术职业学院学报》2015 年第 2 期。

子央:《划过心弦的诱惑——从〈雷雨〉看曹禺剧作的语言艺术》,《山东职业技术学院学报》2015 年第 2 期。

王延松:《新解读〈雷雨〉:新面目,经过一番怎样的煅烧(二)》,《新世纪剧坛》2015 年第 2 期。

刘艳:《为什么是巴金发现〈雷雨〉》,《南大戏剧论丛》2015 年第 2 期。

付立松:《〈雷雨〉文本结构及其现代派艺术特征新论》,《郑州航空工业管理学院学报(社会科学版)》2015 年第 3 期。

王延松:《新解读〈雷雨〉:新面貌经过一番怎样的煅烧(三)》,《新世纪剧坛》2015 年第 3 期。

刘绪源:《〈雷雨〉笑场的积极启示》,《编辑学刊》2015 年第 3 期。

王月花:《人际关系管理理论下〈雷雨〉中的戏剧冲突及身份建构》,《湖北函授大学学报》2015 年第 3 期。

秦颖:《品读、探究——感受人物复杂的内心世界——〈雷雨〉教学案例》,《大众文艺》2015 年第 3 期。

罗文筠:《停连在有声语言中的艺术表达与探索——以〈雷雨〉为例》,《四川戏剧》2015 年第 3 期。

唐伟:《那一代人的“怕”与“爱”——论〈雷雨〉的情感伦理》,《中国文学研究》2015 年第 3 期。

李奕源:《雷雨后的一片清凉——〈平静的生活〉的故事结构与人物形象探析》,《河南工程学院学报(社会科学版)》2015 年第 3 期。

赵大民:《〈雷雨〉为什么是不朽的》,《中华读书报》2015 年 6 月 17 日。

林海霞、徐春霞:《框架语义学在王佐良〈雷雨〉英译中的指导性语用研究》,《翻译论坛》2015 年第 4 期。

王延松:《新解读〈雷雨〉:新面目,经过一番怎样的煅烧(之四)》,《新世纪剧坛》2015 年第 4 期。

刁晓丹:《浅谈〈雷雨〉中复杂多面的周朴园》,《中小企业管理与科技(下旬刊)》2015 年第 4 期。

彭蕾:《〈雷雨〉的文学价值解读》,《名家名作》2015 年第 4 期。

吕小平:《谈高中语文阅读教学中的思维训练——以〈雷雨〉表演活动课为例》,《延边教育学院学报》2015 年第 4 期。

张大程:《关于曹禺〈雷雨〉中冲突的描写研究》,《大众文艺》2015 年第 4 期。

孙宝新:《曹禺〈雷雨〉中的模糊语言》,《濮阳职业技术学院学报》2015 年第 5 期。

郭丽雅:《对〈雷雨〉中三个女子的分析》,《语文教学与研究》2015 年第 5 期。

赵勇锋:《略论〈雷雨〉的戏剧冲突》,《芒种》2015 年第 5 期。

金文燕:《浅谈〈雷雨〉的思想艺术成就》,《甘肃教育》2015 年第 5 期。

徐志强:《〈雷雨〉的悲剧探析》,《戏剧之家》2015 年第 3 期(上)。

周鑫玉:《三十年的恩怨　八十年的阐释——〈雷雨〉的再解读》,《戏剧文学》2015 年第 5 期。

林海霞:《框架语义学对〈雷雨〉英译的指导性语用研究》,《南通大学学报(社会科学版)》2015 年第 5 期。

王延松:《新解读〈雷雨〉:新面目,经过一番怎样的煅烧(之五)》,《新世纪剧坛》2015 年第 5 期。

房存:《时代语境与文学史叙述——以曹禺的〈雷雨〉为例》,《陕西学前师范学院学报》2015 年第 6 期。

王延松:《新解读〈雷雨〉:新面目,经过一番怎样的煅烧(六)》,《新世纪剧坛》2015 年第 6 期。

陈功:《话剧台词教与学的思考——从北京人艺〈雷雨〉公益场遭遇"笑场"事件谈起》,《戏剧艺术》2015 年第 6 期。

岳启业、孙广治:《从合作原则看〈雷雨〉台词的会话含义——以周蘩漪与周萍的对话为例》,《佳木斯大学社会科学学报》2015 年第 6 期。

尹诗:《〈雷雨〉的市民接受真相——兼及 20 世纪 40 年代上海话剧通俗化的趋势》,《文艺争鸣》2015 年第 7 期。

张春华:《看似随意却奇崛——〈雷雨〉易被忽略的几处语言细节品读》,《语文月刊》2015 年第 7 期。

朱芬:《〈雷雨〉语言潜台词的二重性赏析》,《语文教学与研究》2015 年第 7 期。

张莹:《人性在情感与伦理中的挣扎——评〈雷雨:四幕悲剧〉》,《中国教育学刊》2015 年第 7 期。

梁秉堃:《悼朱琳　忆〈雷雨〉》,《海内与海外》2015 年第 8 期。

王萧雪:《浅析歌剧〈雷雨〉中"四凤"形象塑造及演唱特点》,《通俗歌曲》2015 年第 8 期。

陈斌:《论〈雷雨〉的古希腊悲剧血统》,《湖南科技学院学报》2015 年第 8 期。

崔玉松:《浅说〈雷雨〉人物繁漪之我见》,《青年文学家》2015 年第 9 期。

冯艳:《论〈雷雨〉的主要戏剧冲突》,《芒种》2015 年第 9 期。

段蕴恒:《"心灵的魔"与挣扎的激越之情——读〈雷雨〉》,《鸭绿江(下半月版)》2015 年第 9 期。

陆建荣:《论〈雷雨〉的典型人物形象》,《新课程(中)》2015 年第 9 期。

韩军:《〈雷雨〉课堂实录》,《语文教学通讯》2015 年第 10 期。

林海霞:《从关联理论视阈看〈雷雨〉英译本 Thunderstorm》,《文教资料》2015 年第 10 期。

王宁擎:《封建文化孕育的生命空壳——论〈雷雨〉中的周萍》,《考试周刊》2015年第11期。

陈丹晨:《章靳以与〈雷雨〉》,《上海文学》2015年第11期。

宋向阳:《〈雷雨〉"繁漪小传"研究》,《中国现代文学研究丛刊》2015年第11期。

吴晓颖:《信息技术让〈雷雨〉教学更具魅力》,《新课程(中)》2015年第11期。

陈灵:《关注学生体验 创设问题情境——以〈雷雨〉(节选)的教学思路与设计为例》,《福建教育学院学报》2015年第12期。

金立群:《一场残酷的致青春——我如何讲〈雷雨〉》,《语文教学与研究》2015年第12期。

李继红:《复杂的人性之歌——我如何讲〈雷雨〉》,《语文教学与研究》2015年第12期。

武晓宁、王丹:《从〈雷雨〉人物冲突透视人物性格》,《青年文学家》2015年第12期。

顾玲菁、叶继奋:《悲剧作品教学中的"同情式认同"——以曹禺剧作〈雷雨(节选)〉为例》,《现代语文(教学研究版)》2015年第12期。

顾小敏:《回归戏剧阅读教学的本真——对〈雷雨〉教学的再思考》,《中学语文教学参考》2015年第13期。

袁琦:《〈雷雨〉的句末语气词研究》,《课外语文》2015年第14期。

魏麒:《破茧成蝶——〈雷雨〉中走出的〈雷和雨〉》,《音乐时空》2015年第15期。

王子嘉:《试论〈雷雨〉中周繁漪的悲剧命运》,《新西部(理论版)》2015年第15期。

肖玉静:《论话剧〈雷雨〉的艺术成就》,《赤子(上中旬)》2015年第15期。

陈琦:《曹禺剧作中雷雨原型意象分析》,《长春教育学院学报》2015年第15期。

夏颖颖:《浅析〈雷雨〉中繁漪悲剧人生的原因》,《青年文学家》2015年第15期。

盛芬:《试述课文节选文与原文对照教学——以〈雷雨〉为例》,《中学语文》2015年第16期。

刘晨光:《灵魂对白中的"谛听"——以〈雷雨〉解读为例》,《语文天地》2015年第19期。

邱春生:《评析〈雷雨〉中的人物对话》,《中学课程辅导(教师通讯)》2015年第19期。

田俊杰:《〈雷雨〉文本若干问题的质疑与讨论》,《青年文学家》2015年第20期。

廖灵琳:《从戏剧角度赏〈雷雨〉》,《中学语文》2015年第21期。

刘兵:《山雨欲来风满楼——浅谈〈雷雨〉新版的创新探索》,《戏剧之家》2015年第22期。

姚平:《基于WIKI网络平台的〈雷雨〉语言动作性欣赏》,《新教育》2015年第23期。

周文娟:《〈雷雨〉中周朴园形象分析》,《语文教学与研究》2015年第23期。

刘薇薇:《周朴园到底爱不爱鲁侍萍? ——〈雷雨〉教学案例》,《中学语文》2015年第24期。

蒋雅云:《一句台词解人性——〈雷雨(节选)〉教学节录》,《语文教学通讯》2015年第25期。

卢世国:《上基于《课程标准》的语文课——以〈雷雨〉为例》,《中学语文》2015 年第 28 期。

柏章发:《从人格结构角度看〈雷雨〉中周萍的自我毁灭》,《语文教学与研究》2015 年第 28 期。

王卉:《变形的爱情 廉价的亲情——〈雷雨〉教学思考》,《中学语文教学参考》2015 年第 28 期。

李娜:《浅析戏剧〈雷雨〉中周朴园与梅侍萍的感情纠葛》,《青年文学家》2015 年第 29 期。

宛心:《论曹禺话剧〈雷雨〉的归化翻译策略》,《短篇小说(原创版)》2015 年第 29 期。

《曹禺大学期间创作出话剧〈雷雨〉》,《工会信息》2015 年第 32 期。

朱芬:《〈雷雨〉的爱情悲剧》,《语文教学与研究》2015 年第 34 期。

高晶:《"郁热"——〈雷雨〉人物的生存方式》,《考试》2015 年第 35 期。

程翔:《〈雷雨〉教学实录》,《山东教育》2015 年第 Z3 期。

魏松根:《〈雷雨〉中的"四凤"与"鲁大海"的身份之谜》,《山西师大学报(社会科学版)》2015 年第 S1 期。

郭丽丽:《〈雷雨〉的人性美》,《高中生学习(学法指导)》2015 年第 Z1 期。

牧野:《加强和弱化:甬剧〈雷雨〉繁漪形象探讨》,《宁波日报》2015 年 12 月 20 日。

韩军、李建权、孙颖:《〈雷雨〉课堂实录》,《云南教育(中学教师)》2016 年第 Z1 期。

郭志权:《语文教师如何进行文本解读——以韩军老师的〈雷雨〉和〈赤壁怀古〉示范课为例》,《云南教育(中学教师)》2016 年第 Z1 期。

刘来法:《韩军的〈雷雨〉教学启示》,《云南教育(中学教师)》2016 年第 Z1 期。

李欣:《爱欲与恩仇:试述〈雷雨〉人物关系》,载《第四届世纪之星创新教育论坛论文集》,北京中外软信息技术研究院,2016。

孙宝新:《〈雷雨〉中潜台词的关联研究》,《湖北职业技术学院学报》2016 年第 1 期。

陆炜:《鲁大海、周冲的再欣赏——从〈雷雨〉演出删除鲁大海说起》,《南大戏剧论丛》2016 年第 1 期。

曹树钧:《〈雷雨〉:从生活原型到艺术典型的创造》,《中国语言文学研究》2016 年第 1 期。

陈剑泉:《揭开韩军〈雷雨〉课的"神秘"面纱》,《语文教学通讯》2016 年第 1 期。

卓立子:《好一场酣畅淋漓的"雷雨"——试论韩军〈雷雨〉课"观戏与解文"统一的教学形态》,《语文教学通讯》2016 年第 1 期。

竺荷萍:《从两次"忽然"品味〈雷雨〉戏剧语言的动作性》,《现代语文(教学研究版)》2016 年第 1 期。

王小佳:《语言元功能视角下的冲突性话语分析——以〈雷雨〉剧本中冲突性话语为例》,《齐齐哈尔师范高等专科学校学报》2016 年第 1 期。

李玉婷:《〈雷雨〉的命运意蕴》,《散文百家(新语文活页)》2016 年第 1 期。

段华明:《以尝试教育理论为指导,把戏剧还给学生——以〈雷雨〉教学过程中三组关系的处理为例》,《现代语文(教学研究版)》2016 年第 2 期。

张楷:《对“开明版”〈雷雨〉的一种全新考察》,《北京社会科学》2016 年第 2 期。

王金莲:《紧扣戏剧冲突,搭建观赏看台——例谈曹禺〈雷雨〉教学切入点》,《学语文》2016 年第 2 期。

钟一婧:《浅析〈雷雨〉中的人物形象塑造》,《学习月刊》2016 年第 2 期。

王莹莹:《论〈雷雨〉中的代际冲突》,《艺苑》2016 年第 2 期。

韩舒畅:《批评〈〈雷雨〉中的弗洛伊德主义因素〉的精神分析实践》,《散文百家(新语文活页)》2016 年第 2 期。

倪倩:《从〈雷雨〉看戏剧教学》,《文学教育(下)》2016 年第 2 期。

成晓琴:《可恨之人的可怜之处——〈雷雨〉中周朴园人物解析》,《吕梁教育学院学报》2016 年第 2 期。

徐静:《试论〈雷雨〉中繁漪形象的积极意义》,《辽宁广播电视大学学报》2016 年第 2 期。

胡德才:《论〈雷雨〉故事与结构的经典性》,《兰州大学学报(社会科学版)》2016 年第 3 期。

陈国峰:《天才的直觉　残酷的寓言——对话剧〈雷雨〉的新解读》,《大舞台》2016 年第 3 期。

张春华、赵宪宇:《〈雷雨〉课堂教学》,《教学月刊·中学版(语文教学)》2016 年第 3 期。

李蓓蓓:《浅析〈雷雨〉中繁漪的复杂性格及悲剧形象》,《安徽文学(下半月)》2016 年第 3 期。

陈忠猛:《比较视野中〈雷雨〉的跨媒介叙事分析》,《浙江艺术职业学院学报》2016 年第 3 期。

沈洁:《汉语句末语气助词“呢”的译法研究——以〈雷雨〉为例》,《南京理工大学学报(社会科学版)》2016 年第 3 期。

王帆:《〈雷雨〉中的洋面孔》,《友声》2016 年第 3 期。

韩建飞:《以〈〈雷雨〉(节选)〉教学为例谈戏剧教学的着力点》,《中学语文》2016 年第 3 期。

甘雨:《霹雳之殇——观〈雷雨〉有感》,《作文通讯》2016 年第 4 期。

金玲娇:《文本细读法在〈雷雨〉中的运用》,《课程教育研究》2016 年第 4 期。

谢思:《浅析〈雷雨〉台词的双关艺术》,《戏剧之家》2016 年第 3 期。

余培:《疑问句在原型理论视角下的探究——以〈雷雨〉第一幕为例》,《焦作大学学报》2016 年第 4 期。

朱亚梅:《细读原本与拓展视野——与学生共读〈雷雨〉》,《七彩语文(中学语文论坛)》

2016年第4期。

乔琛、余英华:《课堂经典话剧演出实践的教学价值——以〈雷雨〉为例》,《淮北师范大学学报(哲学社会科学版)》2016年第4期。

李蓉:《被藏起来的生母:曹禺〈雷雨〉的秘密》,《戏剧之家》2016年第4期。

张艳辉:《论〈雷雨〉中的人类悲剧性处境及生存性焦虑》,《四川文理学院学报》2016年第4期。

侯鹏:《试论话剧〈雷雨〉剧情的中西风格》,《西北成人教育学院学报》2016年第4期。

张殷:《再谈〈雷雨〉》,《艺术评论》2016年第5期。

邵建新:《曹禺删改〈雷雨〉的逸事》,《学语文》2016年第5期。

曹树钧:《从曹禺三部曲的"改本"论经典的艺术生命力——对张福海〈中国现时期戏剧剧目结构体系建设及评价标准的确立〉一文提出的"改本"意见的回应》,《新世纪剧坛》2016年第6期。

杨智:《拓宽还是挖深?——戏剧影视文学专业选修课〈曹禺研究〉启示》,《文化与传播》2016年第6期。

王莹莹、李晓琳:《〈雷雨〉中的父子冲突浅论》,《文学教育(上)》2016年第6期。

刘靖之:《试分析曹禺〈雷雨〉的艺术特色》,《才智》2016年第6期。

李红艳:《用弗洛伊德的精神分析解读〈雷雨〉中的蘩漪》,《现代交际》2016年第6期。

许铃昕:《试析〈雷雨〉悲剧性构建中的亚里士多德理论应用》,《文教资料》2016年第6期。

王甦:《繁漪,自我在哪里?——再读经典剧作〈雷雨〉谈繁漪的人物形象》,《人文天下》2016年第6期。

张守志:《基于90后诠释社群的〈雷雨〉接受研究》,《戏剧文学》2016年第6期。

朱晓燕:《试论黄梅戏〈雷雨〉的艺术追求》,《艺术科技》2016年第6期。

刘承宇、伍小琴:《现代汉语语气词意义主观性的主体差异——以〈雷雨〉为例》,《北京科技大学学报(社会科学版)》2016年第6期。

宋汝佳:《文化视角下〈雷雨〉中文化词汇的英译》,《佳木斯职业学院学报》2016年第7期。

胡楠:《往事钩沉——话剧〈雷雨〉的创作启示》,《艺术教育》2016年第7期。

吕华赢:《趣果有间,孤独无解——〈雷雨〉繁漪人物形象分析》,《戏剧之家》2016年第8期。

张可沁:《浅谈〈雷雨〉的主题及艺术特色》,《参花(上)》2016年第8期。

黄显洋:《存在主义式的伦理悲剧——用存在主义分析造成〈雷雨〉悲剧的原因》,《安徽文学(下半月)》2016年第8期。

杨少波、陈荣泉:《解读〈雷雨〉人物会话的"不合作"——格莱斯的合作原则视角》,《牡丹江大学学报》2016年第8期。

黄利婷:《浅析〈雷雨〉中蘩漪的性格》,《现代语文(教学研究版)》2016年第9期。

游暐之:《〈雷雨〉伦敦掀起中国歌剧热潮》,《歌剧》2016年第9期。

张爱明:《〈雷雨〉中周朴园的人物形象分析》,《散文百家(新语文活页)》2016年第9期。

张晓燕:《言语行为理论对〈雷雨〉的分析》,《剑南文学(下半月)》2016年第9期。

杨芳:《曹禺〈雷雨〉第四幕中人物对话的会话含义分析》,《湖北科技学院学报》2016年第9期。

杨晓河、张旭:《浸润在中西文化冲突里的现代感——以〈雷雨〉为例的文学现代意识审视》,《四川戏剧》2016年第9期。

毕静枝:《酿成悲剧错在谁——曹禺〈雷雨〉人物分析》,《语文学刊》2016年第9期。

陈颖仪:《话剧〈雷雨〉背后的旧社会背景》,《留学生》2016年第9期。

董健:《语文课的灵魂:教学内容与教学目标——对韩军老师〈雷雨〉公开课的一点献疑》,《语文教学通讯》2016年第10期。

韩君燕:《圆圈里的命运——说不尽的〈雷雨〉》,《戏剧之家》2016年第10期。

武群:《浅析戏剧情境与戏剧创作——以〈雷雨〉为例》,《人文天下》2016年第10期。

张世东:《让学生领略戏剧魅力——以〈雷雨(节选)〉为例》,《甘肃教育》2016年第10期。

高旭东、苑东香:《从影响结构对〈雷雨〉的再审视》,《人文杂志》2016年第10期。

尹超:《浅析曹禺对戏曲叙事结构的接受——以话剧〈雷雨〉为例》,《新乡学院学报》2016年第10期。

张晓东:《谈谈〈雷雨〉中的周朴园形象》,《文学教育(上)》2016年第11期。

张广辉:《对高中课文〈雷雨〉的教学研究》,《现代语文(教学研究版)》2016年第11期。

沈洁:《"吗"问句英译探索——以〈雷雨〉为例》,《黑龙江教育学院学报》2016年第11期。

童静:《〈雷雨〉的悲剧性元素解读》,《吉林广播电视大学学报》2016年第12期。

王家伦、张长霖:《语文教学岂能似是而非——有感于韩军老师的〈雷雨〉教学》,《语文教学通讯》2016年第13期。

张晓斌:《教,还是不教,这是个问题——〈雷雨〉教学内容的确定》,《语文教学通讯》2016年第13期。

徐诗婕:《根据戏剧行动素模式分析女性角色在〈雷雨〉中的主体性》,《读天下》2016年第14期。

季超勤:《从〈雷雨〉看周朴园人性的扭曲》,《青年文学家》2016年第14期。

庄照岗:《瞄准戏剧教学的核心:对话——〈雷雨〉教学设计》,《读写月报》2016年第15期。

顾小敏:《戏剧教学中体式知识的渗透举隅——以〈雷雨〉教学为例》,《中学语文教学参考》2016年第16期。

周玲丽:《论曹禺剧作中的“出走”叙事安排——以〈雷雨〉为例》,《戏剧之家》2016年第17期。

张修文、何晓:《认识变化之美　激发学习之力——〈雷雨〉第一课时教学设计》,《语文知识》2016年第22期。

季科平:《巧妙链接,趣解“雷雨”现象——〈雷雨〉第一课时教学设计》,《语文知识》2016年第22期。

吴风正:《话剧〈雷雨〉的语气研究》,《北方文学》2016年第23期。

周荣硕:《基于“词语理解”的戏剧阅读——以苏教版高中〈雷雨〉(节选)为例》,《课外语文》2016年第23期。

吴丽彬:《从〈雷雨〉探析侍萍的悲剧性形象》,《青春岁月》2016年第23期。

沈晓霞:《现代信息技术的运用使中职语文教学更出彩——以信息化教学设计〈雷雨〉为例》,《考试周刊》2016年第23期。

冯思远:《〈雷雨〉中人物命运悲剧的解析》,《祖国》2016年第24期。

幽兰:《再读〈雷雨〉》,《雪莲》2016年第24期。

贠龙军:《关于〈雷雨〉中周朴园人物形象塑造的分析》,《戏剧之家》2016年第24期。

潘易:《戏剧独特之美的微探究教学——以〈雷雨〉教学为例》,《中学语文教学参考》2016年第28期。

李远丽、罗敏鸿、覃晓东:《在困境中挣扎死亡从而得到精神的回归——浅析〈雷雨〉中繁漪形象》,《长江丛刊》2016年第29期。

任若瑶:《浅析〈雷雨〉人物形象的塑造》,《青年文学家》2016年第29期。

赵晓芳:《〈雷雨〉中的“替罪羊”——以周朴园为例》,《青年文学家》2016年第30期。

邹曼:《翻转课堂在高中语文教学中的尝试——以〈雷雨〉为例》,《语文天地》2016年第31期。

解泽国:《“弃爱”与“问梅”——〈雷雨〉第二幕解读》,《中学语文》2016年第34期。

莫梦华:《分析戏剧冲突多样性对培养学生审美情趣的意义——以〈雷雨〉的戏剧冲突分析为例》,《中学语文》2016年第36期。

陈海敏:《读、练、演一体化戏剧教学模式实践——以〈雷雨〉为例》,《教育教学论坛》2016年第45期。

顾小敏:《戏剧教学中体式知识的渗透——以〈雷雨〉教学为例》,《中学语文教学参考》2017年第16期。

熊芳芳:《撕开现象的黑云——〈雷雨〉备教手记》,《语文教学与研究》2017年第1期。

刘畅:《〈雷雨〉第二幕中矛盾冲突之我见》,《文学教育(上)》2017年第1期。

谢力:《揭开“伪装”,直抵真实——论〈雷雨〉中的繁漪人物形象》,《青春岁月》2017年第1期。

王梅、杨思凝:《〈雷雨〉中称呼语非常规用法的功能研究》,《长春理工大学学报(社会科学版)》2017 年第 1 期。

孟红、欧阳俊林:《基于话轮转换的话语衔接与情境的分析——以〈雷雨〉第四幕为例》,《安阳工学院学报》2017 年第 1 期。

杜丹:《〈雷雨〉中繁漪的形象分析》,《科学大众(科学教育)》2017 年第 1 期。

安正元:《〈雷雨〉的作者　年轻的戏剧家——万家宝先生访问记》,《新文学史料》2017 年第 1 期。

靳书刚:《从〈雷雨〉的传播和接受者看其经典地位的确立》,《民族艺林》2017 年第 2 期。

贺文汇:《一场雷雨埋葬三十年的哀怨情仇——曹禺〈雷雨〉剧本分析》,《中国民族博览》2017 年第 2 期。

刘畅:《从戏剧冲突看〈雷雨〉中人物的个性》,《科教文汇(下旬刊)》2017 年第 2 期。

郭列锋:《关于〈雷雨〉教学的几点构想》,《文学教育(上)》2017 年第 2 期。

李一白:《浅谈〈雷雨〉的语言艺术》,《山西青年》2017 年第 2 期。

薛攀:《隐藏在〈雷雨〉中的空白人物及其悲剧》,《湖南大众传媒职业技术学院学报》2017 年第 3 期。

胡海艳:《〈雷雨〉中的女性悲剧命运及其成因》,《长江丛刊》2017 年第 3 期。

陈芳芳:《〈雷雨〉(第四幕)英汉语的对话风格差异》,《牡丹江大学学报》2017 年第 3 期。

张一玮:《陈设、差异与住宅经验:〈雷雨〉的空间诗学解读》,《文化研究》2017 年第 3 期。

张树光:《从语用学角度解读〈雷雨〉中的情感冲突》,《赤峰学院学报(汉文哲学社会科学版)》2017 年第 3 期。

尹丽:《自私的爱情　悲剧的恶果——浅谈〈雷雨〉中周氏父子的爱情悲剧》,《现代语文(学术综合版)》2017 年第 4 期。

赵婧先:《由〈雷雨〉节选中的舞台说明浅析周朴园对侍萍的感情》,《现代语文(教学研究版)》2017 年第 4 期。

游国俪:《〈雷雨〉中周萍与周冲人物形象分析》,《明日风尚》2017 年第 4 期。

陈国恩:《悲悯天地间的“残忍”——论〈雷雨〉的逆向构思》,《文学评论》2017 年第 4 期。

高翔:《浅论话剧〈雷雨〉的故事主线和人物塑造——周朴园形象塑造元素》,《安徽文学(下半月)》2017 年第 4 期。

谭志湘:《华丽眉户的华丽跨越——眉户剧〈雷雨〉观后》,《戏友》2017 年第 4 期。

徐颖:《论俄狄浦斯情结下的命运悲剧——以〈雷雨〉为例》,《智库时代》2017 年第 5 期。

谢劲秋:《社会—历史批评视角下的〈雷雨〉悲剧本质论》,《江淮论坛》2017 年第 5 期。

闻霞:《读者反应批评视阈下的〈雷雨〉》,《名作欣赏》2017 年第 5 期。

叶盛:《观演关系的"僵硬"——从〈雷雨〉笑场事件谈起》,《大众文艺》2017 年第 5 期。

解泽国:《弗洛姆爱情心理学观照下的〈雷雨〉第二幕"周鲁会"》,《语文教学与研究》2017 年第 5 期。

李钻华:《运用语用学教学〈雷雨〉更精彩》,《语文教学与研究》2017 年第 5 期。

陈铭霞:《〈雷雨〉自主性阅读教学实践探索与反思》,《知识文库》2017 年第 5 期。

胡远征:《浅析〈雷雨〉中蘩漪和侍萍的女性形象》,《河北广播电视大学学报》2017 年第 5 期。

刘鹏、黄梦冉:《从王佐良英译〈雷雨〉管窥译者主体性》,《三峡大学学报(人文社会科学版)》2017 年第 6 期。

孙彬:《〈雷雨〉的主要戏剧冲突分析》,《现代语文(教学研究版)》2017 年第 6 期。

赵翔宇:《从周萍到周朴园——〈雷雨〉观后感》,《课堂内外创新作文(高中版)》2017 年第 6 期。

倪毛琴,谢竞贤:《基于人际功能视角下的〈雷雨〉对白研究》,《牡丹江大学学报》2017 年第 6 期。

孙娜娜:《试论〈雷雨〉中繁漪形象及戏剧内涵》,《唐山文学》2017 年第 7 期。

宫秀丽:《〈雷雨〉悲剧艺术:中西文化的完美合璧》,《边疆经济与文化》2017 年第 7 期。

秦瑞英:《犯而能避方法下的〈雷雨〉人物和结构分析》,《知与行》2017 年第 7 期。

赵文婷:《话剧〈雷雨〉中鲁妈人物形象与其表演特色分析》,《黄河之声》2017 年第 8 期。

段俊彦:《周朴园对侍萍究竟有没有爱? ——细读〈雷雨〉》,《中华少年》2017 年第 8 期。

唐中浩:《"怕":解读〈雷雨〉人物的关键词——兼议周朴园在教材中的形象》,《中小学课堂教学研究》2017 年第 9 期。

曲凤:《从语用模糊看戏剧冲突——以〈雷雨〉为例》,《林区教学》2017 年第 9 期。

孙芳:《〈雷雨〉中繁漪形象赏析》,《中华少年》2017 年第 10 期。

张喜妹:《大道至简,返璞归真——以〈雷雨〉为例谈简化小学语文课堂教学的策略》,《语文知识》2017 年第 10 期。

陈庆玲:《论〈雷雨〉的人物命运悲剧》,《知音励志》2017 年第 10 期。

陈静:《话剧〈雷雨〉——"人人都能是导演"》,《湖北教育(政务宣传)》2017 年第 10 期。

柴弘威:《人性的挣扎与毁灭——论〈雷雨〉的思想主题》,《现代交际》2017 年第 10 期。

龚林骄:《雷雨人物形象的塑造探讨》,《佳木斯职业学院学报》2017 年第 11 期。

梁国祥:《两个版本〈雷雨(节选)〉引发的几个问题》,《中学语文教学》2017 年第 11 期。

于小川:《〈雷雨〉人物形象及悲剧命运分析》,《参花(上)》2017 年第 11 期。

朱晓芳:《课堂表演有效性分析——以〈雷雨〉为例》,《青少年日记(教育教学研究)》2017 年第 11 期。

邹碧艳:《关于语文教学艺术化的再实践和再思考——以〈雷雨〉课本剧活动为例》,《教学月刊·中学版(语文教学)》2017 年第 11 期。

刘萍、邬德平:《叹词"哦"语用功能应用与分析——以话剧〈雷雨〉为例》,《牡丹江大学学报》2017 年第 11 期。

郑玉娣:《例析〈雷雨〉中人性的复杂美》,《文学教育(下)》2017 年第 11 期。

杨扬:《〈雷雨〉人物谈与中国现当代文学研究》,《文艺争鸣》2017 年第 11 期。

吴泓:《"当年海上惊雷雨"——〈雷雨〉主题研讨课教学案例分析》,《语文学习》2017 年第 12 期。

葛垚:《〈雷雨〉中繁漪的人物形象分析》,《中国文艺家》2017 年第 12 期。

张小洁:《论〈雷雨〉中的终极关怀意识》,《开封教育学院学报》2017 年第 12 期。

王松宇:《品味〈雷雨〉的细节艺术》,《知识窗(教师版)》2017 年第 12 期。

盛卿珊:《浅析〈雷雨〉中蘩漪的反抗》,《戏剧之家》2017 年第 12 期。

雁声:《人性的沉沦、挣扎与毁灭——评曹禺话剧〈雷雨〉》,《南腔北调》2017 年第 12 期。

巩志强:《以〈雷雨〉一课为例谈人物形象分析》,《甘肃教育》2017 年第 13 期。

屈珅:《〈雷雨〉中的弦外之音》,《戏剧之家》2017 年第 14 期。

邓运芳:《浅析〈雷雨〉中周萍对繁漪称谓语的使用变化》,《语文教学与研究》2017 年第 16 期。

曲凤:《语言的博弈——〈雷雨〉中的语用模糊与会话策略》,《才智》2017 年第 17 期。

王科威:《于无声处听惊雷——〈雷雨〉语言品味教学活动设计》,《语文知识》2017 年第 17 期。

薛小华:《深入戏剧分析,培养阅读能力——以〈雷雨〉为例》,《中学课程辅导(教师通讯)》2017 年第 18 期。

张萍:《〈雷雨〉数字化学习工具制作综述》,《中国信息技术教育》2017 年第 18 期。

张瑞军:《禁锢与反抗——〈雷雨〉意象分析》,《电视指南》2017 年第 18 期。

宋为为:《论〈雷雨〉中的四凤形象》,《青年文学家》2017 年第 18 期。

陈良飞:《准确的把握人物关系对塑造人物的重要性——浅谈〈雷雨〉中鲁贵的人物形象塑造》,《艺术评鉴》2017 年第 20 期。

章乃天:《浅谈〈雷雨〉的艺术特色》,《北方文学》2017 年第 20 期。

范潇阳:《"多余人"周冲的存在价值——〈雷雨〉人物形象分析探究》,《文化创新比较研究》2017 年第 20 期。

王诗涵:《〈雷雨〉中周朴园形象分析》,《长江丛刊》2017 年第 21 期。

吴礼玲:《"情"与"礼"之间的徘徊与抉择——〈雷雨〉乱伦原型研究》,《北方文学》2017

年第21期。

裴慧:《新旧女性的命运与归宿——〈雷雨〉中的繁漪与鲁侍萍》,《河南农业》2017年第21期。

王珍:《利用影视资源构建高效课堂——以〈雷雨〉和〈项链〉教学为例》,《语文天地》2017年第22期。

张耀杰:《曹禺戏剧的本能人欲与罚罪天理——关于"原始的情绪"和"蛮性的遗留"的重新解析》,《名作欣赏》2017年第22期。

韩秀清:《〈雷雨(节选)〉中"知情者"视角的运用》,《语文知识》2017年第23期。

薛璐、王志强:《基于文本解读理念的〈雷雨〉教学设计研究》,《内蒙古教育》2017年第24期。

王腾宇:《浅析曹禺剧作〈雷雨〉中繁漪的性格及形象》,《中学课程辅导(教师教育)》2017年第24期。

史超:《巧用会话原则教〈雷雨〉》,《中学语文教学参考》2017年第25期。

莫韦维:《〈雷雨〉第二课时教学设计》,《广西教育》2017年第25期。

饶树金:《朴园——不圆满的现世——〈雷雨〉人名寓意探微》,《名作欣赏》2017年第27期。

刘筱蓬:《蘩漪:挣扎在尊严与情爱间——谈〈雷雨〉中的蘩漪》,《中学语文教学参考》2017年第28期。

宋佳雨:《语境理论对戏剧翻译"可表演性"原则的阐释——以王佐良与巴恩斯的〈雷雨〉英译本为例》,《校园英语》2017年第28期。

吴与伦:《〈雷雨〉的思想主题探究》,《青年文学家》2017年第29期。

王啊满、陶磊:《〈雷雨〉:雷雨中的悲剧性人生》,《青年文学家》2017年第29期。

董哲成:《试论〈雷雨〉的戏剧性特征》,《北方文学》2017年第29期。

程华早:《〈雷雨〉中人物的命名艺术》,《语文教学与研究》2017年第29期。

殷玉茹:《谈〈雷雨〉创作的原始情结》,《中学教学参考》2017年第30期。

樊天星:《此情可待成追忆,只是当时已惘然——也谈〈雷雨〉中周朴园的真爱》,《现代职业教育》2017年第30期。

李新敏:《〈雷雨〉教学设计》,《新课程导学》2017年第32期。

叶秋谷:《〈雷雨〉中的角色两面性》,《青年文学家》2017年第33期。

秦卓凡:《解读曹禺话剧〈雷雨〉中的命运观》,《青年文学家》2017年第35期。

陈程:《论曹禺话剧〈雷雨〉的悲剧性》,《青年文学家》2017年第36期。

魏微:《评繁漪——对曹禺〈雷雨〉中人物形象的个案分析》,《教育》2017年第48期。

王庭宏:《那一场惊天动地的"雷雨"——〈雷雨〉导读》,《初中生必读》2017年第Z1期。

张栾祎:《"管中窥豹"——从课文〈雷雨〉窥探大文本〈雷雨〉》,《考试周刊》2017年第55期。

纪斌:《由〈雷雨〉〈茶馆〉看话剧在现当代文学中的发展》,《考试周刊》2017 年第 87 期。

尹汉宁:《〈雷雨〉发表过程及启示》,《学习时报》2018 年 1 月 31 日。

许嘉芝:《浅析〈雷雨〉中女性人物的悲剧》,《中国文艺家》2018 年第 1 期。

房书帆、徐梅:《接受美学理论在语文阅读教学中的运用——〈雷雨〉的多元解读》,《喀什大学学报》2018 年第 1 期。

庄园:《论人际意义在〈雷雨〉中的体现》,《散文百家》2018 年第 2 期。

张开焱:《一群替罪羊——〈雷雨〉表层故事结构与深层原型分析》,《中国文学研究》2018 年第 2 期。

乔煜茗:《爱与虚伪——〈雷雨〉中周朴园人物形象分析》,《北方文学》2018 年第 2 期。

解梦周:《从人物视角浅析〈雷雨〉的悲剧性》,《牡丹》2018 年第 2 期。

任宇辉:《〈雷雨〉中包含的人性》,《戏剧之家》2018 年第 2 期。

丁晨:《戏剧〈雷雨〉之无巧不成书刍探》,《成才之路》2018 年第 2 期。

宋柏宇:《〈雷雨〉与曹禺文学思想的解读》,《北方文学》2018 年第 2 期。

王丽华、李爱华:《试析台词对人物塑造的重要性——以〈雷雨〉中人物为例》,《辽宁师专学报(社会科学版)》2018 年第 2 期。

孔丽云、杨玉婷:《论话剧〈雷雨〉中周萍悲剧命运的偶然性与必然性》,《邢台学院学报》2018 年第 2 期。

徐安琪:《中国现代文学史书写中的〈雷雨〉和曹禺》,《名作欣赏》2018 年第 3 期。

吴琼:《戏剧"圆形人物"论——以曹禺〈雷雨〉中周萍形象为例》,《名家名作》2018 年第 3 期。

袁炜、刘燕婷:《谈曹禺戏剧的宿命意识——以〈雷雨〉为例》,《文教资料》2018 年第 3 期。

刘成勇:《中国现代文学教学中的"经典重读"问题以〈雷雨〉为例》,《宁波广播电视大学学报》2018 年第 3 期。

赵佳慧:《戏剧艺术的再创造——浅谈曹禺〈雷雨〉》,《戏剧之家》2018 年第 3 期。

王一平:《浅谈〈雷雨〉中的人性与门当户对》,《名作欣赏》2018 年第 3 期。

蔡兴水:《从〈雷雨〉第一幕看曹禺的编剧神功》,《艺海》2018 年第 4 期。

郭伟波:《〈雷雨〉中的窗户意义探究》,《语文月刊》2018 年第 4 期。

成龙:《戏剧课的教学逻辑——以程翔老师〈雷雨〉教学为例》,《语文学习》2018 年第 4 期。

陈红:《瞄准戏剧教学的核心:对话——〈雷雨〉教学设计》,《新校园(上旬)》2018 年第 4 期。

黄尚宁:《趣果有间,孤独无解——〈雷雨〉繁漪人物形象分析》,《时代青年(视点)》2018 年第 4 期。

朱斌、何柳、霍雅欣:《〈雷雨〉会话的宾语省略类型和特点》,《现代语文》2018 年第

4期。

唐春燕:《基于学习风格理论的高中语文教学实践研究——以〈雷雨〉(节选)教学为例》,《文教资料》2018年第5期。

傅雪晖:《论戏剧翻译的异化与归化——以〈雷雨〉西语译本为例》,《重庆科技学院学报(社会科学版)》2018年第5期。

葛帆:《试论〈雷雨〉中的人物性格与悲剧冲突》,《语数外学习(高中版中旬)》2018年第5期。

文少雄、赵娟:《〈雷雨〉中的重复现象》,《湖北广播电视大学学报》2018年第5期。

王莉莉、曹永斌:《它山之石　可以攻玉——〈雷雨〉剧本对记叙文写作的启示》,《中学语文》2018年第6期。

李蓉蓉:《曹禺话剧中存现句的语用考察——以〈雷雨〉〈日出〉为例》,《现代语文》2018年第6期。

杜家怡:《〈雷雨〉的第一部英译本:〈天下〉月刊中姚莘农的连载翻译》,《吉首大学学报(社会科学版)》2018年第S2期。

牛佳:《〈雷雨〉的思想主旨》,《青年文学家》2018年第6期。

李晓已:《论〈雷雨〉悲剧的三种特征》,《延边教育学院学报》2018年第6期。

乐梦菲:《读〈雷雨〉说周冲》,《语文教学与研究》2018年第6期。

牛春梅:《〈雷雨〉变成《雷管》,拒绝严肃的认真》,《北京日报》2018年7月26日。

吴秀艺:《探析〈雷雨〉个性化语言艺术》,《报刊荟萃》2018年第8期。

劳鸿燕:《任务型动态合作课堂在中职语文课堂的探索——以〈雷雨〉为例》,《散文百家》2018年第8期。

吴安然:《品析〈雷雨〉中周朴园性格的两面性》,《唐山文学》2018年第8期。

朱斌、东润枝、张爽、余超:《〈雷雨〉会话主语省略类型和特点》,《语文教学与研究》2018年第9期。

张海萍:《统编语文教材,应基于认知、思维、知识结构而教学——观〈树和喜鹊〉〈神州谣〉〈雷雨〉课堂教学有感》,《云南教育(小学教师)》2018年第9期。

王安琪:《触摸戏剧的个性,抓住"动作"教〈雷雨〉》,《中学语文教学》2018年第9期。

奚畔:《〈雷雨〉(第二课时)教学设计》,《中学语文教学》2018年第9期。

匡林刚:《浅谈人教版高中语文教材的戏剧教学——以〈雷雨(节选)〉的教学为例》,《科学咨询(教育科研)》2018年第9期。

李泳萱:《〈雷雨〉的人物形象赏析》,《中华辞赋》2018年第9期。

焦洁、冯帆:《"旧时代"的守墓人与掘墓人——话剧〈雷雨〉中周朴园的人物形象分析》,《河南科技学院学报》2018年第9期。

姜海英:《浅谈〈雷雨〉中鲁侍萍的形象特点》,《语数外学习(高中版上旬)》2018年第10期。

赵冰梅:《中西合璧　炉火纯青——话剧〈雷雨〉创作受外来影响之我见》,《教育界》2018 年第 10 期。

焦黎黎:《〈雷雨〉中的“雷雨”意象及其原型探析》,《唐山文学》2018 年第 10 期。

陈垚:《浅谈〈雷雨〉人物形象中的人格教育意义——以周朴园、周萍为中心》,《名作欣赏》2018 年第 11 期。

李春亚:《〈雷雨〉的悲剧性》,《山海经》2018 年第 11 期。

张梅:《浅析话剧〈雷雨〉中人物关系冲突与背景音乐的关系——以 2004 年版本为例》,《北方音乐》2018 年第 11 期。

房书帆:《“学习共同体”在〈雷雨〉教学中的运用》,《林区教学》2018 年第 11 期。

向润颖:《〈雷雨〉蘩漪的悲剧形象解读》,《散文百家》2018 年第 12 期。

黄洪瑞:《浅析〈雷雨〉中周朴园人物形象及悲剧命运》,《文科爱好者(教育教学)》2018 年第 12 期。

莫珊珊:《〈雷雨〉中的寂寞者形象探析》,《名作欣赏》2018 年第 13 期。

杜康:《试谈〈雷雨〉中“繁漪”的“女鬼”特性》,《文教资料》2018 年第 13 期。

汪飞:《〈雷雨〉原型分析举隅》,《中学语文教学参考》2018 年第 13 期。

王禹洋:《试析〈雷雨〉中鲁侍萍的人物性格》,《中学语文》2018 年第 15 期。

钱晓棠:《“问题探讨”式教学的策略探究与实施——以〈雷雨〉(节选)为例》,《语文教学与研究》2018 年第 15 期。

熊显利、刘小红:《聚焦课后题变化　精准解读教学价值——〈雷雨〉说课及点评》,《小学教学设计》2018 年第 16 期。

季科平:《多方链接　让深度学习有效展开——〈雷雨〉(第一课时)教学谈》,《小学教学设计》2018 年第 16 期。

麻建明:《〈雷雨〉式生命困境的表达与呈现》,《中学语文教学参考》2018 年第 16 期。

蒋雅云:《巧借一片段,引读整本书——〈雷雨〉整本书阅读引领教学例谈》,《语文教学通讯》2018 年第 16 期。

王杰、曹小云:《〈雷雨〉中人物悲剧命运的不可控性与必然性》,《北方文学》2018 年第 18 期。

高承新:《对〈雷雨〉剧中人物“过失”的精神分析》,《戏剧之家》2018 年第 18 期。

陈姝璇:《论话剧〈雷雨〉中四凤悲剧形象的角色塑造》,《戏剧之家》2018 年第 19 期。

杨琦晖:《感知文本对话之间的张力——〈雷雨〉教学杂感》,《语文教学与研究》2018 年第 19 期。

杨加维:《浅析〈雷雨〉中周萍的悲剧命运》,《长江丛刊》2018 年第 20 期。

柴琳、王斌:《以〈雷雨〉为例看中西文化冲突下的中国悲剧》,《名作欣赏》2018 年第 20 期。

廖梦云:《如何看待〈雷雨〉周朴园其人——周朴园对侍萍的情感分析》,《长江丛刊》

2018年第21期。

贾思默:《论人生体验在曹禺〈雷雨〉创作中的体现》,《文化产业》2018年第22期。

赵文婷:《对话剧〈雷雨〉第三幕中四凤的台词分析》,《戏剧之家》2018年第22期。

王梦可:《话剧〈雷雨〉悲剧意义的研究》,《商业故事》2018年第23期。

钱晓棠:《关于整本书阅读教学的思考与实践——以〈雷雨〉阅读教学为例》,《语文教学与研究》2018年第23期。

李婷婷《〈雷雨〉中的人物形象分析》,《长江丛刊》2018年第24期。

钱晓棠:《问题探讨式教学策略探究——以〈雷雨〉(节选)为例》,《中学教学参考》2018年第25期。

赵芳晨:《〈雷雨〉中繁漪与鲁侍萍人物形象分析》,《语文天地》2018年第25期。

张嘉怡:《〈雷雨〉的思想主题探究》,《长江丛刊》2018年第26期。

程柏冰:《论〈雷雨〉中"窗"的意象及内涵》,《青年文学家》2018年第26期。

王卉:《话剧〈雷雨〉中人物的悲剧命运浅析》,《戏剧之家》2018年第28期。

徐伟:《洗尽铅华呈素姿——由〈雷雨〉谈阅读教学简约的艺术》,《课外语文》2018年第30期。

韩潇潇:《戏剧动作的魅力——浅析话剧〈雷雨〉的戏剧动作性》,《戏剧之家》2018年第31期。

王惠:《"最雷雨"的蘩漪》,《语文建设》2018年第31期。

刘丹妮:《玄妙的"错位"与"衔接"——从指称问题看〈雷雨〉的阅读策略》,《语文教学通讯》2018年第31期。

倪晶:《〈雷雨〉主要戏剧冲突分析》,《北方文学》2018年第32期。

卢彬:《无可奈何花落去——〈雷雨〉四凤形象分析》,《课程教育研究》2018年第32期。

姚丽:《〈雷雨〉课堂教学生态的诊断及改进》,《长江丛刊》2018年第32期。

钟晓英:《赏读〈雷雨〉的代词运用》,《课外语文》2018年第34期。

冯延燕:《人性的复杂——论〈雷雨〉中的周朴园形象》,《青年文学家》2018年第36期。

于京:《浅析曹禺〈雷雨〉在中国话剧史上的地位》,《课程教育研究》2018年第41期。

郝丽洁:《〈雷雨〉中繁漪人物形象分析》,《智库时代》2018年第50期。

邱成嘉:《小小叹词作用大——谈〈雷雨〉中叹词的巧用》,《中学语文教学参考》2018年第Z1期。

二、《日出》研究

梁雷:《〈日出〉(曹禺作)》,《群鸥》1936年12月9日第1卷第1期。

张振亚:《评〈日出〉》,《国闻周报》1936年第13卷第36期。

谢迪克、李广田、杨刚、陈蓝、王朔、李影心:《评〈日出〉》,《大公报(天津)》1936年12月27日第13版。

茅盾、孟实、叶圣陶、沈从文、巴金、靳以、黎烈文、荒煤、李蕤:《评〈日出〉》,《大公报(天津)》1937 年 1 月 1 日第 16 版。

曹禺:《我怎样写〈日出〉》,《大公报》1937 年 1 月 28 日。

盛开:《〈日出〉的评价》,《时代文艺(上海 1937)》1937 年第 1 卷第 1 期。

周木斋:《〈日出〉和集体批评》,《读书半月刊》1937 年第 1 卷第 1 期。

张庚:《读〈日出〉》,《戏剧时代》1937 年第 1 卷第 1 期。

叶露:《读了〈读〈日出〉〉》,《现代话剧》1937 年第 1 卷第 1 期。

曼:《〈日出〉——暴露社会罪恶淋漓尽致,预料本年将在各地上演》,《大公报》1937 年 1 月 24 日。

黄芝冈:《从〈雷雨〉到〈日出〉》,《光明(上海 1936)》1937 年第 2 卷第 5 期。

周扬:《论〈雷雨〉和〈日出〉——并对黄芝冈先生的批评的批评》,《光明(上海 1936)》1937 年第 2 卷第 8 期。

雷紫英:《日出》,《中学生文艺季刊》1937 年第 3 卷第 2 期。

亚峰:《介绍〈日出〉》,《关声》1937 年第 5 卷第 6—7 期。

苏茹:《从〈雷雨〉到〈日出〉》,《宇宙风》1937 年第 40 期。

李得贤:《杂谈〈日出〉》,《蒙藏学校校刊》1937 年第 18 期。

华苑贞:《读〈日出〉》,《国光》1937 年第 6 期。

胡可:《〈日出〉读后感》,《关声》1937 年第 5 卷第 11 期。

赵性源:《评"汉口怒潮社"的〈日出〉》,《关声》1937 年第 5 卷第 12 期。

欧阳凡海:《论〈日出〉》,《文学(上海 1933)》1937 年第 9 卷第 1 期。

姚溱:《介绍您一本可读的戏剧——关于〈日出〉》,《濠上》1937 年第 4 期。

徐运元:《从〈雷雨〉说到〈日出〉》,《文艺月刊》1937 年第 10 卷第 4—5 期。

石江:《评曹禺的〈日出〉》,《文艺月刊》1937 年第 10 卷第 4—5 期。

西味:《〈日出〉观感》,《国立浙江大学日刊》1937 年第 222 期。

姜贤弼:《评曹禺的〈雷雨〉与〈日出〉》,《公教学生》1940 年第 1 卷第 1 期。

小沫:《曹禺及其〈日出〉》,《海沫》1941 年第 1 卷第 6 期。

落生:《论〈日出〉》,《广西日报》1941 年 5 月 30 日。

王道:《〈日出〉里的两个死》,《扫荡报·星期版》1941 年 6 月 10 日。

翘:《谈谈〈日出〉的陈白露》,《华南学院校刊》1942 年第 9 期。

武陵:《〈日出〉中王福升其人》,《民声》1948 年第 4 卷第 1 期。

振甫:《曹禺先生怎样修改〈日出〉》,《中学生》1951 年第 241 期。

夏华:《阳光照耀着〈日出〉诞生的地方》,《新晚报》1957 年 1 月 23 日。

陈恭敏:《什么是陈白露悲剧的实质》,《戏剧报》1957 年第 5 期。

思基:《谈曹禺〈雷雨〉和〈日出〉》,《处女地》1957 年 7 月。

甘竞、徐刚:《也谈〈雷雨〉和〈日出〉——兼论作家的世界观和创作方法》,《处女地》

1958 年第 2 期。

刘正强:《曹禺的世界观和创作方法——兼评〈也谈曹禺的〈雷雨〉和〈日出〉〉》,《处女地》1958 年 6 月。

张伯海、郭延礼等:《试论曹禺的〈雷雨〉和〈日出〉》,《山东大学学报(中国语文文学版)》1959 年第 1 期。

徐闻莺:《是鹰还是金丝鸟——与陈恭敏同志商榷关于陈白露的悲剧实质问题》,《上海戏剧》1960 年第 2 期。

甘竞:《也谈陈白露的悲剧实质问题》,《上海戏剧》1960 年第 5 期。

陈瘦竹、沈蔚德:《论〈雷雨〉和〈日出〉的结构艺术》,《文学评论》1960 年第 5 期。

沈扬:《话剧台词的浅见》,《上海话剧》1962 年第 1 期。

刘斐章:《从读〈日出〉到看〈日出〉》,《新湖南报》1962 年 10 月 30 日。

孙露茜、李关元:《论〈日出〉的戏剧冲突和陈白露的悲剧》,《扬州师院学报》1963 年第 17 期。

田本相:《〈雷雨〉和〈日出〉的艺术风格》,《南开大学学报》1978 年第 4—5 期。

柏舟:《简论曹禺的〈日出〉》,《语文学习》1978 年第 7 期。

程中原:《〈日出〉的艺术独创性》,《淮阴师专学报》1984 年第 3 期。

巩富:《旧殖民地都市生活的一面镜子——试论戏剧〈日出〉》,《内蒙古师范大学学报(哲学社会科学版)》1979 年第 1 期。

韩日新:《〈日出〉的艺术特色》,《语文教学通讯》1979 年第 1 期。

卢湘:《论〈日出〉——曹禺戏剧艺术探讨》,《吉林大学学报(社会科学版)》1979 年第 2 期。

晏学:《论陈白露的悲剧》,《戏剧学习》1979 年第 3 期。

钱谷融:《简谈陈白露》,《语文教学通讯》1979 年第 5 期。

田本相:《〈日出〉论》,《文学评论》1980 年第 1 期。

辛宪锡:《关于〈日出〉的几个问题》,《天津师院学报》1980 年第 1 期。

彦耕:《而今已是阳光灿烂——重观话剧〈日出〉》,《辽宁戏剧》1980 年第 1 期。

刘乃崇:《记〈日出〉首次演出特刊》,《新文学史料》1980 年第 1 期。

朱栋霖:《论〈日出〉与陈白露的悲剧形象》,《南京大学学报》1981 年第 2 期。

钱谷融:《谈谈〈日出〉中的陈白露》,《剧本》1980 年第 5 期。

田本相:《曹禺和他的〈日出〉》,《接班人》1981 年第 3 期。

田本相:《黑暗中的一线光明——漫话曹禺的名剧〈日出〉》,《北京艺术》1981 年第 5 期。

宋家惠:《一颗金子似的心——谈〈日出〉中翠喜的形象》,《南充师院学报(哲学社会科学版)》1982 年第 2 期。

朱栋霖:《谈〈日出〉的艺术特色》,《江苏戏剧》1982 年第 3 期。

曹藻:《忆欧阳老导演〈日出〉》,《人民戏剧》1982 年第 12 期。

袁进、毛时安:《“谁敢笑话我们?”——谈〈日出〉第二幕中的李石清》,《名作欣赏》1982 年第 6 期。

根新:《话说陈白露之死》,《赣南师范学院学报》1983 年第 Z1 期。

观忠:看甬剧《日出》,《宁波日报》1983 年 7 月 24 日。

马俊山:《“新女性”个性解放道路的终结——论陈白露的悲剧》,《中国现代文学研究丛刊》1984 年第 4 期。

晏学:《我对现实主义是怎样理解的》,《戏剧学习》1984 年第 4 期。

史实:《角・圆・多面体及其他——论曹禺的话剧〈日出〉》,《东疆学刊》1985 年第 1 期。

武璀:《曹禺再谈陈白露》,《新民晚报》1985 年 2 月 14 日。

张念亲:《曹禺谈陈白露》,《今晚报(天津)》1985 年 2 月 21 日。

顾鼎竞:《试论陈白露之死》,《镇江师专学报(社会科学版)》1985 年第 4 期。

潘慧南:《曹禺谈〈日出〉》,《人民日报》(海外版)1985 年 12 月 18 日。

姜耕玉:《试论陈白露一类人物的审美价值》,《北方论丛》1986 年第 1 期。

赵稀方:《试论〈日出〉和〈茶馆〉的结构创新》,《烟台师院学报(哲学社会科学版)》1986 年第 1 期。

郭新民:《从不准看〈日出〉想到的》,《湖南教育》1986 年第 Z1 期。

陈坚:《〈日出〉的结构艺术》,《中国现代文学研究丛刊》1986 年第 2 期。

陆葆泰:《论曹禺创作个性在〈日出〉结构方法中的体现》,《徐州师范学院学报》1986 年第 2 期。

司瑞昌:《论〈日出〉的人物、主题和场面处理》,《河北民族师范学院学报》1986 年第 3 期。

赵开泉:《略论〈日出〉的思想与艺术》,《西北师大学报(社会科学版)》1986 年第 3 期。

秦佳林:《〈日出〉中人物的性格系统对照》,《盐城师范学院学报(人文社会科学版)》1986 年第 3 期。

李文巧:《〈日出〉没有了“日出”》,《电影评介》1986 年第 3 期。

王界明:《曹禺谈〈日出〉》,《电影评介》1986 年第 4 期。

耿天丽:《我看〈日出〉》,《电影评介》1986 年第 5 期。

王嫣、一木:《访曹禺 谈〈日出〉》,《瞭望》1986 年第 6 期。

张成川:《试论〈日出〉的结构艺术》,《汉中师院学报(哲学社会科学版)》1987 年第 1 期。

陆葆泰:《曹禺在〈日出〉上的主观矛盾》,《上海师范大学学报(哲学社会科学版)》1987 年第 2 期。

郑如芹、秦佳林:《浅谈〈日出〉中夯歌》,《盐城师专学报(社会科学版)》1987 年第 3 期。

潘克明:《关于〈日出〉初版本出版时间的质疑》,《中国现代文学研究丛刊》1988 年第 1 期。

刘伯奎:《试论〈日出〉的立体二重结构》,《绥化师专学报》1988 年第 1 期。

朱招荆:《论曹禺戏剧结构的两种模式——关于〈雷雨〉和〈日出〉的透视》,《杭州师范学院学报(社会科学报)》1988 年第 1 期。

袁泉:《〈日出〉与〈这不过是春天〉比较谈》,《北方论丛》1988 年第 4 期。

焦一明:《结束“雷雨”年代“日出”越过海峡 曹禺著作在台湾出版》,《人民日报》1989 年 4 月 20 日。

王富仁:《〈日出〉的结构和人物》,《北京师范大学学报(增刊)(学术之声 6)》1989 年。

刘诗嵘:《音乐剧〈日出〉漫谈》,《人民日报》1991 年 1 月 5 日。

高杰:《〈日出〉题辞考析》,《中国现代文学研究丛刊》1990 年第 3 期。

李铁秀:《“陈白露矛盾”及其现代悲剧意味》,《绥化师专学报》1991 年第 2 期。

宋剑华:《灵魂的毁灭与再生——〈日出〉新论》,《中国文学研究》1991 年第 3 期。

荫文:《从焦大星到方达生》,《中国戏剧》1991 年第 4 期。

张崇文:《试论〈日出〉创作的心理定势——读〈日出·跋〉》,《延安大学学报(社会科学版)》1992 年第 1 期。

冯异:《论〈日出〉》,《河北学刊》1992 年第 2 期。

黄善明:《论〈日出〉的悲剧思想》,《扬州师院学报》1992 年第 3 期。

胡叔和:《〈日出〉喜剧中的悲剧》,《江淮论坛》1993 年第 2 期。

许焜云:《〈日出〉穿插艺术琐谈》,《安庆师范学院学报(社会科学版)》1993 年第 3 期。

王希杰:《〈日出〉戏剧语言的语用分析》,《上饶师专学报》1993 年第 3 期。

周芳芸、宋光成:《毁灭中的新生——试论陈白露悲剧的美学意义》,《成都大学学报(社会科学版)》1994 年第 1 期。

王福和:《〈娜娜〉和〈日出〉》,《沈阳师范学院学报(社会科学版)》1995 年第 4 期。

许子东:《重读〈日出〉、〈啼笑因缘〉、〈第一炉香〉》,《文艺理论研究》1995 年第 6 期。

洪维:《试论〈日出〉舞台指示的特色》,《宁波大学学报》1996 年第 1 期。

周而复:《曹禺创作思想的轨迹》,《文艺报》1996 年 11 月 19 日。

陈留生、贡献:《陈白露:由生活原型到艺术典型》,《南通师专学报(社会科学版)》1997 年 3 月第 1 期。

高杰:《〈日出〉结构艺术新探》,《延安大学学报(社会科学版)》1997 年第 4 期。

黄绮冰:《论〈日出〉和〈上海屋檐下〉创作方法的异同》,《福建广播电视大学学报》1999 年第 2 期。

梁云:《女性解放道路上的求生情结——从子君、陈白露现象看女性解放价值观》,《社会科学辑刊》1999 年第 3 期。

杜谖:《陈白露形象创新吗?——大剧院版〈日出〉观后》,《上海戏剧》1999 年第 10 期。

龚宏:《为〈日出〉曹禺险些瞎了一只眼》,《中华读书报》1999 年 9 月 22 日。

段海蓉:《白露之诗情——曹禺〈日出〉陈白露之美学分析》,《新疆职业大学学报》2000 年第 1 期。

蔡娟:《〈日出〉:人的异化的真实写照》,《广州农工商管理干部学院学报》2000 年第 2 期。

刘家思:《〈日出〉与英雄原型》,《宜春师专学报》2000 年第 4 期。

姜贞爱:《〈日出〉与基督教精神》,《苏州大学学报》2002 年第 1 期。

张耀杰:《〈日出〉文本的重新解读》,《民族艺术》2002 年第 3 期。

贾薇:《〈日出〉:一个舞台两个世界》,《北京日报》2000 年 8 月 7 日。

宋伟:《曹禺经典话剧加入当代元素》,《北京经济报》2000 年 8 月 7 日。

张海君:《既是压力又是机会》,《中国艺术报》2000 年 8 月 18 日。

桂杰:《任鸣:高僧只说家常话》,《中国青年报》2000 年 8 月 30 日。

张耀杰:《〈日出〉中陈白露的生活原型》,《世纪》2002 年第 5 期。

马俊山:《欧阳予倩三导〈日出〉》,《文艺报》2002 年 4 月 18 日。

晓川:《〈日出〉新亮点》,《中国包装报》2002 年 4 月 19 日。

杨格:《诠释经典的意义》,《人民日报》2002 年 6 月 12 日。

苗春:《经典话剧〈日出〉走上荧屏》,《人民日报》(海外版)2002 年 6 月 17 日。

晋瑜:《万方:人总会受到诱惑》,《中国文化报》2002 年 9 月 18 日。

赵爽:《原创音乐剧〈日出〉可能很奇特》,《中国文化报》2002 年 11 月 27 日。

杜森:《音乐剧〈日出〉制造悬念》,《浙江日报》2003 年 1 月 3 日。

柳芽:《并不是名人就出名剧》,《光明日报》2003 年 1 月 22 日。

紫茵:《〈日出〉缺少"一个主要的角色"》,《音乐周报》2003 年 2 月 21 日。

郝爱芝:《一首恨与憾交织的歌——简析〈日出〉诗在话剧〈日出〉中的作用》,《青海师范大学民族师范学院学报》2003 年第 1 期。

林希:《〈日出〉中出现的是上海吗?》,《文学报》2003 年 5 月 1 日。

余倩:《看〈日出〉上荧屏》,《北京日报》2003 年 5 月 11 日。

明江:《〈日出〉忠于原著也有错?》,《中国商报》2003 年 5 月 27 日。

王希杰:《解读〈日出〉人物表》,《语文月刊》2003 年第 3 期。

陈留生:《〈日出〉:两个自我的交战》,《戏剧之家》2003 年第 3 期。

石国庆:《城市欲望中的人性本质与人格变迁——〈日出〉与现代城市文明困惑》,《广东技术师范学院学报》2004 年第 1 期。

林玲华、钱荷娣:《原罪三重奏之陈白露篇:女色交易背景下苍凉的自由手势》,《宁波广播电视大学学报》2004 年第 2 期。

刘芭:《陈白露是"堕落"的"娜拉"吗?》,《成都大学学报》2004 年第 3 期。

周蕾:《中国现代男作家关于"娜拉出走"的想象——重读《终身大事》、《泼妇》和〈日出〉》,《求索》2004 年第 4 期。

何祖健:《现实主义的回归　经典改编的范例——评电视剧〈日出〉》,《理论与创作》2004 年第 5 期。

张士霞:《曹禺先生的剧本被改了?——〈日出〉课本剧引起的争论》,《语文建设》2004 年第 11 期。

金宏宇、吕丽娜:《〈日出〉的版本与修改》,《湛江师范学院学报》2005 年第 2 期。

骆正军:《人物性格本原与社会本原的二重构——试析曹禺话剧〈日出〉中黄省三人物形象的塑造》,《湖南医科大学学报(社会科学版)》2005 年第 3 期。

周丽华:《〈雷雨〉过后看〈日出〉》,《大庆师范学院学报》2005 年第 3 期。

陈文安、贺爱军:《〈日出〉人物对话的话语角色转换分析》,《浙江万里学院学报》2005 年第 5 期。

江倩:《论〈日出〉对都市文学的贡献》,《福建论坛(人文社会科学版)》2005 年 10 期。

崔勇、贺爱军:《话语角色转换与戏剧人物形象》,《宁波工程学院学报》2006 年第 1 期。

王淼:《试析陈白露悲剧命运的必然性》,《吉林广播电视大学学报》2006 年第 2 期。

秦朝晖:《出走堕落的娜拉——〈沉香屑.第一炉香〉与〈日出〉比较》,《太原师范学院学报》2006 年第 4 期。

张玉成:《问渠那得清如许,为有源头活水来——简论〈日出〉对〈三姊妹〉戏剧艺术的借鉴》,《安阳工学院学报》2006 年第 4 期。

谢国冰:《〈日出〉两种版本的比较》,《湖北师范学院学报(哲学社会科学版)》2006 年第 5 期。

郭伏良、高娜:《〈日出〉人物性格及相互关系的语用学审视》,《河北大学学报(哲学社会科学版)》2006 年第 5 期。

秦丽敏:《言外之力在话语中的表现和作用——〈日出〉的认知文体研究》,《北京航天航空大学学报(社会科学版)》2006 年 6 月。

褚伯承:《曹禺先生观〈日出〉》,《上海戏剧》2006 年第 11 期。

王桂妹:《从陈白露到尹雪艳:对交际花的不同审美书写》,《名作欣赏》2007 年第 1 期。

孟凌云:《学生版话剧〈日出〉亮相大戏节——吉林大学紫焰戏剧社为话剧百年献礼》,《吉林日报》2007 年 5 月 25 日。

谢其章:《〈雷雨〉与〈日出〉的初刊本》,《中华读书报》2007 年 6 月 6 日。

张杨:《〈日出〉女主人公人物形象分析》,《文学教育(下)》2007 年第 10 期。

刘平,张浩:《曹禺名剧〈日出〉亮相》,《天津日报》2007 年 11 月 13 日。

刘俊杰:《试析〈日出〉中陈白露的自杀》,外国文学研究编辑部编《"湖北 作家与外国文学"全国学术研讨会论文集》,长江文艺出版社,2007。

沈钊亮、王晓初:《论曹禺〈日出〉的开局与第三幕——〈日出〉的戏剧结构新探》,《绍兴文理学院学报(哲学社会科学版)》2008 年第 2 期。

司建国:《“手”的转喻、隐喻投射和文体功效——〈日出〉的认知文体研究》,《西安外国语大学学报》2008年第2期。

王延松:《心灵救赎,永恒的人性主题——〈日出〉导演手记》,《大舞台》2008年第3期。

王静萍:《从〈日出〉看中国旧式女性的生存境遇》,《戏剧文学》2008年第4期。

葛红、李福莉:《谎言与目的原则、合作原则及礼貌原则——以〈日出〉为分析对象》,《齐齐哈尔大学学报(哲学社会科学版)》2008年第4期。

苏蕾:《郭达谈〈日出〉——话剧才是我的本行》,《广州日报》2008年6月9日。

陈煜堃:《〈日出〉广州——独家对话“交际花”陈数》,《新快报》2008年6月16日。

张冀震、李晓丽:《漫谈剧作家曹禺的名作〈日出〉》,《内蒙古民族大学学报(社会科学版)》2008年第6期。

田本相、宋宝珍:《曹禺剧作审美现代性的舞台展示——观总政话剧团演出的〈日出〉》,《中国戏剧》2008年第7期。

冯异:《时日曷丧 予及汝皆亡——关于〈日出〉主题、人物与结构》,《名作欣赏》2008年第7期。

曹树钧:《一次崭新的审美享受——明星版话剧〈日出〉观后》,《上海戏剧》2008年第8期。

章池:《个体对社会的皈依——论〈日出〉的悲剧疏离》,《安庆师范学院学报(社会科学版)》2008年第10期。

张双昊:《不在黑暗里走,必要得着生命之光——试论〈日出〉中虚化人物形象》,《戏剧文学》2008年第10期。

王晓鹰等:《新解读·新样式·新叙述 总政话剧团新版〈日出〉座谈会》,《中国戏剧》2009年第1期。

王艳春:《从“左翼”角度看曹禺的〈雷雨〉与〈日出〉》,《艺苑》2009年第1期。

行超:《08明星版〈日出〉艺术初探》,《中北大学学报(社会科学版)》2009年第3期。

胡水清、何致文:《时代烙印下的人性救赎——探究明星版〈日出〉与曹禺原作主题上差异》,《科教文汇》2009年第3期。

陈建国:《〈日出〉中李石清的角色分析》,《四川戏剧》2009年第6期。

景虹梅:《〈日出〉中的“层叠映照法”》,《名作欣赏》2009年第25期。

沈玉慧:《简析曹禺〈日出〉中的象征》,《西江月》2010年第2期。

冯兴艳:《新世纪以来〈日出〉研究综述》,《南昌高专学报》2010年第2期。

李群:《〈大公报·文艺〉对〈日出〉主题思想的集体评论》,《天津大学学报(社会科学版)》2010年第5期。

张耀杰:《曹禺〈日出〉中的“有余”与“不足”》,《艺术百家》2010年第6期。

张耀杰:《曹禺在〈日出〉的“天之道”》,《粤海风》2010年第6期。

严军、路直达:《一样的曹禺,不一样的潜江“日出”》,《戏剧之家(上半月)》2010年第

6期。

王永运:《当年海上“日出”时 写于曹禺百年诞辰之际》,《上海戏剧》2010年第8期。

郭怀玉:《成功的改编:〈日出〉从话剧到电影》,《文艺争鸣》2010年第22期。

张耀杰:《百年曹禺:中国社会的“有余”与“不足”》,《名作欣赏》2010年第31期。

何西来:《从新排〈日出〉看曹禺剧作的恒久魅力》,《文艺报》2010年10月11日。

刘丹:《从细节关注人物——浅谈对〈日出〉陈白露的人物分析》,《新世纪剧坛》2011年第2期。

缪军荣:《〈日出〉的空间政治与身体叙事》,《艺术百家》2011年第4期。

郭超一:《欧阳山尊对〈日出〉的删改》,《剧影月报》2011年第4期。

田齐:《〈日出〉手稿“回家”——纪念曹禺诞辰》,《合肥晚报》2011年9月26日。

郝兴霞:《论曹禺话剧《日出》中的“诗意的灵魂”》,《安徽文学(下半月)》2011年第5期。

吴戈:《“凋零”或“复活”:陈白露的生死徘徊——兼论〈日出〉结构和立意的当代舞台解读》,《云南艺术学院学报》2011年第2期。

姚怡蕾:《浅谈〈日出〉蕴含的三个阶段》,《东京文学》2012年3期。

孙喦:《为了〈日出〉的创作》,《今晚报》2012年2月19日。

张晓东:《“台前”故事还需“幕后”解——曹禺及其〈日出〉的文化心理分析》,《戏剧文学》2012年第6期。

赵姗姗:《试解读曹禺剧作〈北京人〉》,《大家》2012年第16期。

管红梅:《曹禺的感伤情结与〈日出〉的悲剧性》,《语文教学与研究》2012年第35期。

徐慧琴、张慧敏:《日常生活的文学体验——对〈日出〉的现代性解读》,《文艺争鸣》2012年第9期。

沈后庆:《和而不同——“集体批评”视野下的〈日出〉》,《剧作家》2013年第1期。

曹菲琳:《浅析曹禺〈日出〉台词的会话含义》,《语文天地(高教·理论)》2013年第3期。

董天倩、朱敏:《对白的张力——看曹禺〈日出〉第一幕中陈白露与方达生之对白》,《劳动保障世界(理论版)》2013年第7期。

毕静枝:《黑暗世界里被扭曲的人性——曹禺〈日出〉剧情及人物分析》,《语文学刊》2013年第8期。

刘晓涵:《曹禺〈日出〉意象再解读》,《青春岁月》2013年第17期。

牟熙春:《灵与肉之间的永恒挣扎——浅析曹禺〈日出〉中陈白露之人物形象》,《戏剧丛刊》2014年第3期。

万亚红:《浅谈曹禺〈日出〉的结构艺术》,《新疆广播电视大学学报》2014年第4期。

吴可:《黑暗中重生 浴火中永恒——〈日出〉悲剧性的重新探讨》,《名作欣赏》2014年第5期。

林希:《物欲洪流下的疯狂、沉沦与毁灭——评天津人民艺术剧院新版〈日出〉》,《天津日报》2014 年 6 月 24 日。

朱洪:《朱光潜与曹禺讨论〈日出〉》,《人民政协报》2014 年 7 月 10 日。

侯淑慧:《我看曹禺〈日出〉中的陈白露与竹均——以陈白露“凋零”与“复活”的生死徘徊为主》,《鸭绿江(下半月版)》2014 年第 7 期。

谢其章:《〈雷雨〉〈日出〉首发刊》,《今晚报》2014 年 10 月 18 日。

罗祥玉:《浅议曹禺的〈日出〉及其价值意义》,《青年文学家》2014 年第 11 期。

黎思彤:《灵魂的审判——浅析曹禺话剧〈日出〉中陈白露之死》,《神州》2014 年第 12 期。

文雨:《80 岁〈日出〉首度改成歌剧》,《每日新报》2015 年 5 月 15 日。

伦兵:《主创倾心打造歌剧〈日出〉》,《北京青年报》2015 年 6 月 3 日。

钱业:《戴玉强“日出”中寻找》,《法制晚报》2015 年 6 月 18 日。

于相坤:《曹禺笔下的女性角色——谈陈白露和愫方的人物塑造》,《戏剧之家》2015 年第 5 期。

张海鹏:《曹禺剧作〈日出〉人物谈》,《赤峰学院学报(汉文哲学社会科学版)》2015 年第 3 期。

李福员:《曹禺话剧〈日出〉的艺术探讨》,《鸭绿江(下半月版)》2015 年第 6 期。

卜之:《责任与信仰——金湘谈歌剧〈日出〉》,《歌剧》2015 年第 8 期。

张刚:《金湘歌剧〈日出〉的风格特点透视》,《四川戏剧》2015 年第 9 期。

周军:《实验性与可听性并存——金湘新歌剧〈日出〉创作解析》,《音乐创作》2015 年第 10 期。

程元靖:《曹禺〈日出〉中的陈白露悲剧成因》,《文学教育(下)》2015 年第 11 期。

万方:《对〈日出〉的认识再认识 写在歌剧〈日出〉之后》,《剧本》2015 年第 12 期。

白瑛琪:《曹禺话剧〈日出〉中胡四的人物塑造》,硕士学位论文,吉林艺术学院,2016。

刘依:《〈日出〉演出研究——以欧阳予倩执导〈日出〉为中心》,《戏剧艺术》2016 年第 6 期。

孙桂龙:《冯远征执导话剧〈日出〉》,《中老年时报》2016 年 3 月 23 日。

李宁:《〈日出〉背景地——惠中饭店》,《文史精华》2016 年第 12 期。

寿鹏寰:《又见〈日出〉》,《法制晚报》2017 年 1 月 23 日。

徐晨:《曹禺剧作“日出”意象新探》,《新世纪剧坛》2017 年第 1 期。

王祎凡:《浅析曹禺〈日出〉中陈白露悲剧命运的成因》,《大众文艺》2017 年第 10 期。

王珈琦:《曹禺〈日出〉中人物的莎士比亚血统及其中国化》,《青春岁月》2017 年第 19 期。

曹瀛:《曹禺〈日出〉的美学特征》,《曹禺研究》第 14 辑,长江出版社,2017。

武佳伟:《浅析歌剧〈日出〉中诗人角色的性格特点》,《戏剧之家》2017 年第 10 期。

胡德才:《论〈日出〉的结构》,《江汉论坛》2018 年第 1 期。

张烨颖、康建兵:《欧阳予倩导演〈日出〉补证》,《戏剧文学》2018 年第 1 期。

毕静枝:《再谈曹禺〈日出〉中的陈白露之死》,《品位经典》2018 年第 3 期。

王梓馨:《曹禺〈日出〉中陈白露的人物塑造与悲剧成因》,《牡丹》2018 年第 5 期。

康杰:《曹禺戏剧〈日出〉中陈白露的人物形象分析》,《青春岁月》2018 年第 5 期。

靳书刚:《曹禺在新中国成立之初修改〈日出〉深层动因考》,《许昌学院学报》2018 年第 7 期。

张衡:《从都市之困到自然之归——论曹禺〈日出〉潜藏的自然情结》,《名作欣赏》2018 年第 33 期。

三、《原野》研究

南卓:《评曹禺的〈原野〉》,《文艺阵地》1938 年第 1 卷第 5 期。

司徒珂:《曹禺的三部曲及其演出:〈雷雨〉〈日出〉及〈原野〉》,《中国文艺(北京)》1939 年第 1 卷第 2 期。

司徒珂:《评〈原野〉》,《中国文艺(北京)》1939 年第 1 卷第 3 期。

佩弦:《〈原野〉与〈黑字二十八〉的演出》,《今日评论》1939 年第 2 卷第 12 期。

阿茨:《〈原野〉的故事和人物》,《辅仁文苑》1940 年第 3 期。

吴楼:《看罢〈原野〉以后》,《国民杂志(北京)》1941 年第 10 期。

大星友:《〈原野〉观后感》,《美商青年》1941 年第 3 卷第 3 期。

顾八:《〈原野〉观后》,《三六九画报》1941 年第 10 卷第 18 期。

曹禺、回春:《银幕与舞台上的〈原野〉》,《工商生活》1942 年第 1 卷第 7 期。

王违:《短评:〈原野〉》,《话剧界》1942 年第 9 期。

张汉:《〈原野〉及其他》,《国民杂志(北京)》1942 年第 2 卷第 9 期。

天芜:《〈原野〉的公演与〈日出〉》,《大风(济南)》1942 年第 11 期。

黄华沛:《曹禺引行:〈雷雨〉和〈原野〉的注疏》,《新艺》1945 年第 1 卷第 5 期。

袁福洪:《读书笔记:〈原野〉》,《新学生》1945 年第 5 卷第 2 期。

朋其:《人类的民主:〈原野〉》,《海滨杂志副刊》1948 年第 1 期。

李广田:《欢迎新的〈原野〉》,《清华旬刊》1948 年第 7 期。

梅阡:《〈原野〉观后》,《北京日报》1957 年 5 月 5 日。

刘绍铭:《〈原野〉》所倡导的原始精神——兼论其舞台技巧》,《纯文学》1969 年第 5 卷第 6 期。

刘正荣:《〈原野〉复苏上银幕》,《瞭望》1981 年第 4 期。

田本相:《〈原野〉论》,《中国现代文学研究丛刊》1981 年第 4 期。

胡润森:《〈原野〉简论》,《四川大学学报(哲学社会科学版)》1982 年第 2 期。

秦川:《谈曹禺对〈原野〉的修改》,《四川大学学报(哲学社会科学版)》1983 年第 2 期。

华忱之:《重评曹禺的〈原野〉》,《江西师院学报》1983 年第 2 期。

《〈原野〉"是曹禺最失败的一部作品"吗?》,《文艺理论研究》1983 年第 3 期。

潘克明:《〈原野〉和表现主义》,《中国现代文学研究丛刊》1983 年第 3 期。

吴建华:《〈原野〉中的仇虎并非农民形象》,《湖南师院学报(哲学社会科学版)》1983 年第 4 期。

路鸣:《曹禺和〈原野〉》,《文谭》1983 年第 9 期。

赵言碧:《金子——原野上的一朵野花》,《文谭》1983 年第 9 期。

文豹:《仇虎式的农民和仇虎式的复仇》,《文谭》1983 年第 9 期。

杨槐:《刘晓庆·〈原野〉·金子》,《文谭》1983 年第 10 期。

尹骐:《〈原野〉简论》,《江汉论坛》1984 年第 1 期。

黄宗江:《看〈原野〉寄奇虹》,《戏剧报》1984 年第 6 期。

晏学:《〈原野〉删改得失谈》,《戏剧报》1984 年第 7 期。

陈惠芬:《魅人的花金子——〈原野〉人物赏析》,《名作欣赏》1984 年第 5 期。

索荣昌:《也论〈原野〉——兼评关于〈原野〉的一些评论》,《吉林师范学院学报(哲学社会科学版)》1985 年 Z1 期。

王子硕:《也谈〈原野〉第三幕的得失》,《晋阳学刊》1985 年第 5 期。

韩静如:《我对〈原野〉焦氏台词的处理》,《戏剧报》1985 年第 10 期。

胡授昌:《〈原野〉的思考》,《九江师专学报》1986 年第 1 期。

洪忠煌:《应该重新评价〈原野〉》,《剧艺百家》1986 年第 1 期。

昝龙:《〈原野〉新探》,《喀什师范学院学报》1986 年第 2 期。

吴戈:《论〈原野〉的人物性格及其关系构成》,《云南师范大学学报(哲学社会科学版)》1987 年第 1 期。

尹鸿:《野性的呼唤——重读〈原野〉》,《名作欣赏》1987 第 3 期。

施万春:《〈原野〉的启示》,《人民音乐》1987 年第 9 期。

郑月蓉:《〈原野〉的语言艺术》,《昆明师专学报》1988 年第 2 期。

吴建波:《重评仇虎的复仇悲剧》,《中国现代文学研究丛刊》1988 年第 2 期。

黄健:《基督教、象征主义、表现主义的三位一体——〈原野〉创作论》,《徐州师范学院学报》1988 年第 3 期。

张东林、邹士方:《〈原野〉主题辨析》,《固原师专学报(社会科学版)》1988 年第 3 期。

何光荣:《谈〈原野〉解禁的价值》,《电影评介》1988 年第 5 期。

史存进:《究竟为什么——关于〈原野〉的一次家庭讨论》,《电影评介》1988 年第 9 期。

洪波:《"银幕铁汉"说实话——沉默多年的杨在葆谈〈原野〉》,《电影评介》1988 年第 11 期。

张东林、邹士方:《〈原野〉创作方法论》,《西北大学学报(哲学社会科学版)》1989 年第 2 期。

周若金、吴启兴:《〈原野〉评价管见》,《聊城师范学院学报(哲学社会科学版)》1989 年第 4 期。

孙德喜:《简论〈原野〉对〈琼斯皇〉的借鉴》,《贵阳师专学报(社会科学版)》1990 年第 3 期。

董炳月:《论〈原野〉的精神内涵——兼评〈原野〉研究中的某些观点》,《中国现代文学研究丛刊》1990 年第 4 期。

欧阳弥生:《一部充满现代"神话"美学理想的剧作——〈原野〉》,《西南民族学院学报(哲学社会科学版)》1990 年第 5 期。

吴培义:《面向大众的开掘——荆州花鼓戏〈原野〉审美特色谈》,《戏曲艺术》1991 年第 1 期。

冯异:《论〈原野〉》,《河北学刊》1991 年第 2 期。

宋剑华:《〈原野〉:一个并非童话的童话——〈原野〉主题试析》,《艺术百家》1991 年第 3 期。

宋剑华:《失去理智的疯狂:〈原野〉新论》,《社会科学战线》1991 年第 4 期。

姚玳玫:《铁镣下扭曲的生命——论仇虎命运的两难悲剧》,《中国文学研究》1991 年第 4 期。

向宝云:《〈原野〉解读》,《社会科学研究》1992 年第 1 期。

廖安厚:《一个重重压迫下的"真人"——对仇虎形象的心理透视,兼谈〈原野〉的主题结构》,《川北教育学院学报》1992 年第 1 期。

吴戈:《〈原野〉象征意味品》,《大理师专学报(哲学社会科学版)》1992 年 Z1 期。

刘艳:《〈原野〉与作家的精神领地》,《湖北民族学院学报(哲学社会科学版)》1992 年第 4 期。

谭丽娟:《评〈原野〉中的神话、象征及审美理想》,《华南师范大学学报(社会科学版)》1993 年第 1 期。

苏关鑫、郑纳新:《超越的艰难——对〈原野〉失误的文本审视》,《广西师范大学学报(哲学社会科学版)》1993 年第 2 期。

李树凯:《〈原野〉是一部佳构剧》,《西北师大学报(社会科学版)》1993 年第 2 期。

黄欣:《〈原野〉争议三题》,《阅读与写作》1994 年第 2 期。

虞飞:《〈原野〉主题因素浅探》,《淮北煤师院学报(社会科学版)》1994 年第 2 期。

曾蘅林:《〈原野〉和表现主义》,《中文自学指导》1994 年第 3 期。

何锡章:《"雷雨原野中的北京人"——论曹禺心中的中国理想人格精神》,《华中理工大学学报(社会科学版)》1994 年第 3 期。

金华:《〈原野〉悲剧的秘密》,《辽宁大学学报(哲学社会科学版)》1994 年第 3 期。

于:《〈原野〉悲剧的秘密》,《戏剧艺术》1994 年第 3 期。

何春耕、韦永恒:《试论仇虎悲剧性格的变态美》,《南宁师专学报》1995 年第 1 期。

李铁秀、肖凤桥:《〈原野〉:复杂多变的艺术建构—曹禺之谜之三》,《哈尔滨师专学报》1995 年第 2 期。

李莉:《从传统文化审视〈原野〉的主题》,《广西师范大学学报(哲学社会科学版)》1995 年第 S2 期。

李树凯:《曹禺与斯格里勃和奥尼尔——再论〈原野〉是一部佳构剧》,《甘肃社会科学》1995 年第 4 期。

范萍:《〈原野〉与〈麦克白〉——兼论曹禺对中国传统悲剧的突破》,《贵阳师专学报(社会科学版)》1996 年第 2 期。

孙德喜:《试论仇虎的复仇意识》,《绥化师专学报》1996 年第 3 期。

李莉:《〈原野〉的文化解读》,《荆州师专学报》1997 年第 1 期。

张耀杰:《〈原野〉中的宗教观念》,《民族艺术》1997 年第 3 期。

王丹莉:《略论〈原野〉的叙述方式与叙述手段》,《河南教育学院学报(哲学社会科学版)》1997 年第 4 期。

陈留生:《可怕、可叹、可怜的焦母形象——曹禺戏剧系列人物论之七》,《南京社会科学》1997 年第 4 期。

邹红:《〈原野〉的象征意义》,《北京师范大学学报(社会科学版)》1997 年第 5 期。

张耀杰:《〈原野〉:野性的复仇和宗教的反叛》,《戏剧》1998 年第 1 期。

和彦确:《深邃神秘的命运悲剧——论〈雷雨〉、〈原野〉中的命运观念》,《邢台职业技术学院军需工业学院学报》1998 年第 1 期。

徐冰:《撩开〈原野〉的神秘面纱——从象征手法看曹禺的创作理念》,《辽宁教育学院学报》1998 年第 2 期。

王爱学:《〈原野〉的象征意义辨》,《国外文学》1998 年第 2 期。

杨泽新:《一位梨园宿将的风范——有感于著名川剧导演熊正排〈原野〉》,《戏曲艺术》1998 年第 2 期。

张天佑、甘庆祖:《从"观众的趣味"谈〈原野〉》,《甘肃广播电视大学学报》1998 年第 3 期

索晓海:《〈原野〉,一部现代命运悲剧》,《江汉大学学报》1998 年第 4 期。

罗明洲:《拨开重雾方见真——〈大雷雨〉与〈原野〉比较谈》,《玉林师专学报》1998 年第 4 期。

韩梅:《〈原野〉的布景设置与精神分析学的关系》,《甘肃广播电视大学学报》1999 年第 1 期。

罗雪松:《〈原野〉新论》,《玉林师专学报》1999 年第 2 期。

韦明:《中国歌剧正在创造辉煌——再看〈原野〉有感》,《中国戏剧》1999 年第 11 期。

张丽珍:《试论〈原野〉的表现主义特征》,《牡丹江师范学院学报(哲学社会科学版)》2000 年第 1 期。

毛瑞江:《“一个冲动的消逝”——试析〈原野〉中仇虎形象》,《临沂师范学院学报》2000年第2期。

郦子柏:《从话剧〈原野〉到川剧〈金子〉——在排演中的探求与创新》,《戏曲艺术》2000年第2期。

杨晓莉:《疯狂中掺杂着理智清醒中附带着变态——浅析曹禺〈原野〉中的焦氏形象》,《韶关大学学报(社会科学版)》2000年第3期。

张福贵:《展示灵魂深处的冲突:生命的悲剧与文化的悲剧——重读〈原野〉》,《戏剧文学》2000年第4期。

苏丽萍:《〈日出〉〈原野〉复排:观众该抱多大期望》,《光明日报》2000年7月13日。

田本相、宋宝珍:《改编曹禺剧作求形求神?》,《中国艺术报》2000年8月18日。

董涛:《〈原野〉雷声大雨点也不小》,《中国艺术报》2000年8月18日。

张爱民:《复仇灵魂的颂歌——评〈原野〉与〈呼啸山庄〉》,《昌潍师专学报》2000年第4期。

朱理轩:《说一说实验演出本〈原野〉》,《文艺报》2000年8月31日。

万昭:《一个老观众的心里话》,《文艺报》2000年9月28日。

曹明:《风风雨雨话〈原野〉——纪念曹禺九十诞辰》,《文教资料》2000年第5期。

王玲芳:《试论戏剧对话的语用原则——曹禺〈原野〉语用分析》,《阅读与写作》2000年第11期。

童道明:《他们有他们的视野看〈原野〉、〈日出〉》,《中国戏剧》2000年第11期。

田本相:《也谈新版〈原野〉和〈日出〉》,《中国戏剧》2000年第11期。

孙洁:《解构主义的遮羞布　议实验戏剧〈原野〉》,《中国戏剧》2000第11期。

廖奔:《名著的阐释话语及其自由度——在人艺〈日出〉、〈原野〉座谈会上的发言》,《戏剧文学》2000年第12期。

濑户宏:《试谈实验戏剧〈原野〉》,《中国戏剧》2001年第1期。

张之薇:《经典,不应是圈套——观实验版〈原野〉有感》,《上海戏剧》2001年第2期。

何祖健:《论〈原野〉的音响艺术》,《中国文学研究》2001年第1期。

曹明:《风风雨雨话〈原野〉》,《娄底师专学报》2001年第1期。

张富贵:《行为上的“暴民”与思想上的“顺民”——关于〈原野〉复仇行为和意识的批判》,《中国现代文学研究丛刊》2001年第2期。

周春红:《试论曹禺创作艺术支点在〈原野〉中的体现》,《广州市公安管理干部学院学报》2001年第2期。

李扬:《〈原野〉的潜在世界——兼谈曹禺前期创作的整体语境》,《文艺理论研究》2001年第3期。

徐延:《小剧场〈原野〉别具特色》,《戏剧之家》2001年第4期。

彭体春:《〈原野〉中的寡母形象与文学类型》,《西南民族学院学报(哲学社会科学版)》

2002年第S4期。

张雁泉、李晓莉:《正义在哪里——谈〈原野〉与〈呼啸山庄〉的复仇主题》,《郑州工业高等专科学校学报》2002年第4期。

张庆胜:《论〈雷雨〉、〈日出〉、〈原野〉中的幕后人物形象》,《江西社会科学》2001年第6期。

黄玲:《内在悲剧与外在悲剧的完美融合——比较〈哈姆雷特〉与〈原野〉中莎士比亚与曹禺的人性探求》,《广西右江民族师专学报》2002年第2期。

胡静:《论〈原野〉中动作语言的戏剧功能》,《中南民族学院学报(人文社会科学版)》2002年第3期。

邓姿、杨海亮:《重评〈原野〉》,《娄底师专学报》2002年第3期。

张清祥:《曹禺〈原野〉的意象分析》,《信阳师范学院学报(哲学社会科学版)》2002年第6期。

周东华:《论曹禺剧作〈原野〉中的"象征主义"》,《内蒙古民族大学学报(社会科学版)》2002年第6期。

徐拯民:《命运多舛　情归何处——〈静静的顿河〉与〈原野〉中两位女主人公的悲剧美》,《俄罗斯文艺》2002年第6期。

全艳萍:《伦理选择下的人性冲突——〈原野〉主题试论》,《语文月刊》2002年第10期。

苏艳梅:《曹禺〈原野〉语言魅力赏析》,《阅读与写作》2002年第10期。

许华斌:《也谈仇虎形象——读剧本〈原野〉》,《淮南师范学院学报》2003年第1期。

何思玉:《原始的蛮力与阶级的对立——谈曹禺〈原野〉的遭际》,《四川戏剧》2003年第1期。

阿庚:《对〈原野〉的再认识》,《大舞台》2003年第1期。

徐安辉:《曹禺〈原野〉重读》,《青海民族学院学报(教育科学版)》2003年第2期。

陈敏:《受话·旁听·窃听——话剧〈原野〉中闻者角色的语用解读》,《外语学刊》2003年第2期。

张清祥:《精神家园的渴望与失落——曹禺〈原野〉森林和老屋意象解读》,《名作欣赏》2003年第6期。

戴颖:《对〈原野〉悲剧内涵的重新探索》,《昭通师范高等专科学校学报》2003年第3期。

刘娟:《从艺术手法看〈原野〉的表现主义倾向》,《白城师范学院学报》2003年第3期。

陈留生:《"真人"仇虎》,《戏剧之家》2003年第6期。

刘涛:《分析〈原野〉中仇虎形象的典型意义》,《山东教育学院学报》2003年第6期。

杨永红:《〈原野〉思想价值新论》,《广西社会科学》2003年第10期。

陆炜:《〈原野〉中的浪漫主义和自然主义——〈原野〉新释》,《首都师范大学学报(社会科学版)》2004年第2期。

魏庆培:《困境与开拓——曹禺剧作〈原野〉的思想蕴涵和艺术追求》,《广西师范大学学报(哲学社会科学版)》2004 年第 2 期。

刘同般:《多重主题与多重观照——拟用多种方法解读〈原野〉》,《四川戏剧》2004 年第 3 期。

林玲华、钱荷娣:《原罪三重奏之花金子篇:放歌于血色情仇中的野性生命》,《宁波广播电视大学学报》2004 年第 3 期。

郭芙秀、向天渊:《在原野的尽头——试述曹禺悲剧观转变之流程》,《四川戏剧》2004 年第 6 期。

杜正华:《论〈原野〉中的复仇意识》,《咸宁学院学报》2005 年第 1 期。

王会霞:《爱恨交织下人性的扭曲——〈呼啸山庄〉与〈原野〉之比较》,《绥化学院学报》2005 年第 1 期。

黄爱华、陈漪:《复仇·情爱·原野——〈原野〉与〈呼啸山庄〉比较阅读》,《中国文学研究》2005 年第 1 期。

卫岭:《〈琼斯皇〉与〈原野〉中的表现主义》,《苏州大学学报》2005 年第 3 期。

申哲辉:《"原始力"的化身——〈原野〉中花金子形象解读》,《理论与创作》2005 年第 4 期。

杨春风:《在"镜像"中深化作品所开掘的主题——〈原野〉对国民性的批判》,《四川戏剧》2005 年第 5 期。

杨丽芳:《原始的情愫——浅论〈原野〉的原始性风格》,《戏剧文学》2005 年第 11 期。

刘敬:《原始生命力量与现代文明秩序的冲决——话剧〈原野〉读解》,《福建论坛(社科教育版)》2006 年第 S1 期。

蔡丹:《存在与困境——论〈天边外〉与〈原野〉主题的现代性与悲剧性》,《广西师范学院学报》2006 年第 S1 期。

郑巧群:《〈原野〉的环境与心理描写技巧》,《福建教育学院学报》2006 年第 1 期。

应尤佳:《复仇的困境——〈原野〉的母题分析》,《世界文学评论》2006 年第 2 期。

李敏洁:《荒原里绝望的复仇者——〈呼啸山庄〉与〈原野〉之比较》,《安庆师范学院学报(社会科学版)》2006 年第 3 期。

张凤琼、贺安芳:《理性与野性的冲突——走进〈原野〉》,《宁波大学学报(人文科学版)》2006 年第 4 期。

张清祥:《文明的批判——从戏剧意象论曹禺〈原野〉的主题》,《河海大学学报(哲学社会科学版)》2006 年第 4 期。

田本相:《津版〈原野〉的价值和意义》,《中国戏剧》2006 年第 5 期。

陈挚:《女性审美的诗意呈现——从话剧〈原野〉到川剧〈金子〉审美形态的转变》,《四川戏剧》2006 年第 5 期。

蔡玉辉、顾发良:《〈原野〉和〈榆树下的欲望〉中的文化批判》,《中国戏剧》2006 年第

6期。

邹颉:《复仇者的同与异:希思克利夫和仇虎——〈呼啸山庄〉和〈原野〉中男主人公之比较》,《安徽农业大学学报(社会科学版)》2006年第6期。

刘同般:《〈原野〉象征意象与创作理念》,《戏剧文学》2006年第7期。

张聪:《〈原野〉版本变迁透视》,《安徽文学(下半月)》2006年第8期。

赵准胜:《〈原野〉中花金子形象的符号学解读》,《电影文学》2006年第13期。

周宁:《命运的泥潭　人性的深度——论〈原野〉的人物关系》,《名作欣赏》2006年第18期。

宫一栋:《死亡与毁灭——〈萨勒姆女巫〉及〈原野〉观后》,《瞭望新闻周刊》2006年第32期。

曾欢:《〈原野〉与〈呼啸山庄〉的情境模式比较》,《哈尔滨学院学报》2006年第11期。

张宗刚:《江间波浪兼天涌　塞上风云接地阴——重读〈原野〉》,《集宁师专学报》2007年第3期。

伊甸:《人与人的极爱和极恨——评曹禺的〈原野〉》,《名作欣赏》2007年第6期。

陈舒劼:《复仇的背面——〈原野〉的症候式分析》,《戏剧文学》2007年第6期。

杜雪琴:《虚幻与现实的戏中"戏"——〈原野〉中"云"与〈琼斯皇〉中"月"的意象解读与比较》,《中山大学学报论丛》2007年第6期。

朱丹:《从〈原野〉看表现主义戏剧的心理真实——兼与〈琼斯皇〉比较》,《安徽文学(下半月)》2007年第8期。

于鹏:《歌剧〈原野〉中的民俗情境》,《南阳师范学院学报》2007年第8期。

王超、曹敬辉:《在朦胧中建构的满"原"芬芳——浅析〈原野〉的现实主义诗意》,《阅读与鉴赏(教研版)》2007年第10期。

孙冬雪:《感觉新〈原野〉》,《两岸关系》2007年第11期。

李玮:《从〈原野〉到"家"——论曹禺戏剧精神意蕴的转变和深层原因》,《艺术百家》2007年第S2期。

吴建波:《重评仇虎的复仇悲剧》,《现代中国文学论丛》2007年第00期。

张锐:《从中西方文化比较视角解读〈原野〉》,《黑龙江教育学院学报》2008年第2期。

苏和丽、董小玉:《吞噬与抗争的对立——浅析〈原野〉的生命意识》,《忻州师范学院学报》2008年第4期。

周睿:《"自欺"者的毁灭——也论曹禺〈原野〉中仇虎的复仇》,《牡丹江大学学报》2008年第6期。

王丽娟、炎萍:《爱与复仇——〈呼啸山庄〉与〈原野〉之比较分析》,《南昌教育学院学报》2008年第4期。

胡非玄:《简论话剧〈原野〉之改编》,《戏剧之家》2009年第1期。

邹贤尧:《曹禺剧作的影像叙事——论〈雷雨〉、〈日出〉、〈原野〉等电影改编兼论经典的再生产》,《海南师范大学学报(社会科学版)》2009年第1期。

胡波、唐健梅:《仇虎的"爱"与"复仇"——谈〈原野〉中"仇虎"的角色塑造》,《歌剧》2009年第2期。

吴为娜:《荒原上的两种复仇——〈呼啸山庄〉和〈原野〉复仇主题的比较》,《商业文化(学术版)》2009年第2期。

吕晓明:《论〈原野〉中人物形象的塑造》,《新乡教育学院学报》2009年第3期。

贾林逸:《生命的终极追求——〈原野〉主题新论》,《吉林广播电视大学学报》2009年第4期。

胡非玄:《话剧〈原野〉改编的三阶段及折射出的问题》,《江汉大学学报(人文科学版)》2009年第4期。

刘冬梅:《恐惧与救赎:曹禺〈原野〉解读》,《名作欣赏》2009年第17期。

杨晓冬:《从仇虎的复仇看〈原野〉中的基督教意识》,《名作欣赏》2009年第20期。

乔叶青:《发展中前进的仇虎——再议〈原野〉中仇虎形象》,《才智》2009年第28期。

朱彩霞:《从意象看〈原野〉的生命意识》,《当代戏剧》2010年第1期。

富春峰:《曹禺写作的原动力探析——以〈雷雨〉〈日出〉〈原野〉为例》,《中国商界(上)》2010年第4期。

亢晋芳、刘忠:《对〈原野〉内在意蕴的阐释》,《北华大学学报(社会科学版)》2010年第1期。

方维保:《血仇困境中的人性与阶级救赎——以话剧〈原野〉为中心》,《淮北煤炭师范学院学报(哲学社会科学版)》2010年第3期。

王玲:《〈原野〉与〈哈姆雷特〉复仇主题比较》,《玉溪师范学院学报》2010年第7期。

黄明山:《雷雨日出原野阔》,《戏剧之家(上半月)》2010年第8期。

李宗辉:《〈原野〉中仇虎形象分裂对情节的破坏》,《新闻天地(下半月刊)》2010年第10期。

张芳芳:《审美价值创新的意义何在——〈金锁记〉曹七巧和〈原野〉焦母的母亲形象比较》,《美与时代(下)》2010年第11期。

李宗辉:《表现主义在〈原野〉的定位》,《长沙铁道学院学报(社会科学版)》2010年第4期。

张舒慧:《"虽不能至,心向往之"——对话剧〈原野〉主题的另一种解读》,《戏剧文学》2010年第11期。

李宗辉:《仇虎与〈原野〉的对立对悲剧效果的破坏》,《湖南医科大学学报(社会科学版)》2010年第3期。

单慧珺:《仇虎的精神挫折——谈曹禺刻画人物时的笔法》,《大众文艺》2010年第21期。

赵柯姜:《〈呼啸山庄〉与〈原野〉之比较——爱情在两位男主人公复仇心路中的地位》,

《山西煤炭管理干部学院学报》2010 年第 4 期。

熊陈俊:《论〈原野〉接受中的两极现象》,《金陵科技学院学报(社会科学版)》2010 年第 4 期。

唐继宜、陈国恩:《暗夜里的生命“交响曲”——论〈原野〉戏剧音响的多重功能》,《徐州师范大学学报(哲学社会科学版)》2010 年第 6 期。

吴戈:《何处“放虎”,哪里“归山”? ——社会演进中的〈原野〉呈像变迁》,《戏剧(中央戏剧学院学报)》2011 年第 2 期。

曹树钧:《电影〈原野〉的禁演与曹禺的愤懑》,《剧作家》2011 年第 2 期。

石志浩:《艰难的历程——论曹禺〈原野〉的经典化》,《乐山师范学院学报》2011 年第 10 期。

李博:《还原曹禺高贵的诗的气质》,《中国艺术报》2011 年 3 月 2 日。

褚自刚:《〈原野〉版本研究述评》,《开封教育学院学报》2011 年第 1 期。

韩培:《新版话剧〈原野〉三问》,《中国艺术报》2011 年 3 月 23 日。

井上和子:《用色彩解读〈原野〉》,《戏剧文学》2011 年第 4 期。

姚慧:《性别视角和时代精神辐射下的恶母形象——话剧〈孔雀东南飞〉和〈原野〉中的焦母形象比较》,《河南理工大学学报(社会科学版)》2011 年第 2 期。

姚公涛:《相通的氛围　类似的形象——〈呼啸山庄〉与〈原野〉比较研究》,《盐城师范学院学报(人文社会科学版)》2011 年第 4 期。

朱美洁:《对〈原野〉和〈美狄亚〉中复仇原型的比较分析》,《文学教育(中)》2011 年第 11 期。

宋宝珍:《明星制话剧刍议——以〈原野〉与〈四世同堂〉为例》,《戏剧文学》2011 年第 12 期。

张露晨:《曹禺〈原野〉:现代复仇者的“罪与罚”》,《淮阴师范学院学报(哲学社会科学版)》2012 年第 6 期。

王士仪:《为〈原野〉辩:新写实主义析白》,《戏剧学刊》2012 年第 15 期。

杨翻:《复仇者的精神困境——论曹禺的〈原野〉》,《青年文学家》2012 年第 16 期。

古超强:《试论中国传统“复仇”叙述的现代性消解——以〈原野〉、〈复仇〉、〈鲜血梅花〉为例》,《哈尔滨师范大学社会科学学报》2013 年第 1 期。

古超强:《〈原野〉主题意蕴研究述评》,《戏剧文学》2013 年第 3 期。

毕静枝:《性格怪异　心理变态——曹禺〈原野〉赏析》,《语文学刊》2013 年第 10 期。

田本相:《一颗诗心铸〈原野〉——王延松〈我要把〈原野〉变一个演法〉序》,《戏剧文学》2013 年第 8 期。

王延松:《我要把〈原野〉变一个演法》(上篇),《戏剧文学》2013 年第 8 期。

王延松:《我要把〈原野〉变一个演法》(下篇),《戏剧文学》2013 年第 9 期。

顾永春:《浅析“婆媳关系”的叙事模式——以〈孔雀东南飞〉〈原野〉〈寒夜〉为例》,《传奇·传记文学选刊(教学研究)》2013第8期。

童道明:《〈原野〉竟是这样的好》,《戏剧文学》2013年第9期。

何雁:《由〈原野〉的写意性导演处理说开去》,《上海艺术家》2013年第5期。

方华蓉:《生命在疯狂与困惑中奔突——话剧〈原野〉的“原始崇拜”与生命困惑探索》,《四川戏剧》2013年第7期。

陈达红:《再论〈赵阎王〉、〈绅董〉、〈原野〉的表现主义》,《中国政法大学学报》2014年第3期。

胡读书:《极端的爱与极端的恨——试论〈原野〉的人物创造》,《名作欣赏》2014年第21期。

承梦姣:《试论〈原野〉的接受》,《重庆电子工程职业学院学报》2014年第4期。

唐丞博:《浅谈〈原野〉中规定情境的搭建》,《戏剧之家》2014年第12期。

程铭:《从〈原野〉看戏剧情境的设置》,《戏剧之家》2015年第5期。

王智慧:《掘发“心狱”里的搏击——论曹禺的〈原野〉》,《广播电视大学学报(哲学社会科学版)》2015年第2期。

侯涛:《会话模式的文体认知——以〈原野〉人物对话为例》,《北京科技大学学报(社会科学版)》2015年第3期。

张莉:《“野性之花”的盛开与绽放——浅析〈原野〉中金子的反抗之路及其独特的审美价值》,《大众文艺》2015年第13期。

肖庆国:《论曹禺〈原野〉的神秘主义》,《许昌学院学报》2015年第4期。

李欣莲:《反叛与束缚——论〈原野〉与〈寒夜〉中婆媳不和的原因》,《安徽文学(下半月)》2015年第9期。

陈海燕:《浅析〈原野〉第三幕对〈琼斯皇〉的借鉴》,《海外英语》2015年第19期。

张旭:《表演性文本之翻译——以黎翠珍英译〈原野〉第二幕为例》,《亚太跨学科翻译研究》2015年第1期。

刘颖:《论二十世纪文学作品中“子报父仇”模式的“对话”与演变——以〈铸剑〉、〈复仇〉、〈原野〉、〈伍子胥〉、〈鲜血梅花〉》为例》,《太原大学学报》2015年第4期。

王甦:《“使命”为幌子,“自欺”为动力的谋杀者——再读经典剧作〈原野〉谈仇虎的人物形象》,《人文天下》2016年第2期。

周欣媛:《试论话剧〈原野〉的悲剧艺术》,《兰州教育学院学报》2016年第2期。

迟琳玉、姜凯霖:《由〈原野〉浅谈文学创作中的人性发掘》,《戏剧之家》2016年第4期。

张晓妮:《〈呼啸山庄〉中荒原与〈原野〉中原野的意象分析》,《文教资料》2016年第6期。

管玲玲:《〈原野〉与〈大雷雨〉的相似性新探》,《安庆师范学院学报(社会科学版)》2016年第2期。

赵晓坤:《黑暗社会下人性的扭曲与灵魂的挣扎——浅析曹禺经典戏剧〈原野〉》,《大众文艺》2016 年第 10 期。

李清华:《试析〈哈姆莱特〉与〈原野〉中人物的复仇原因及其心理》,《课程教育研究》2016 年第 25 期。

田丰:《话剧〈原野〉、川剧〈金子〉对比》,《戏剧之家》2017 年第 1 期。

周津菁:《话剧〈原野〉的川剧化——论现代川剧表演艺术形态中的〈金子〉剧本改编》,《四川戏剧》2017 年第 1 期。

马秀鹏:《〈哈姆雷特〉和〈原野〉的戏剧冲突分析》,《艺术百家》2017 年第 2 期。

朱孜莘:《曹禺〈原野〉意象简析》,《文学教育(下)》2017 年第 5 期。

王纪人:《恶评和曲解,终不能挡住杰作》,《解放日报》2017 年 7 月 13 日。

王雪芹:《从"非理性"戏剧叙事到民族新旧嬗变——〈原野〉的意义和裂隙》,《文化艺术研究》2017 年第 3 期。

曹树钧:《话剧〈原野〉三个阶段的误读及其顽强的艺术生命力——纪念〈原野〉诞生 80 周年》,《四川戏剧》2017 年第 10 期。

张义明、黄晓华:《八十载风雨〈原野〉路——曹禺〈原野〉研究综述》,《中文论坛》2018 年第 2 期。

赵保宇:《主体意识残缺与命运的不可逆转——评曹禺话剧〈原野〉的女性悲剧色彩》,《参花(下)》2018 年第 4 期。

四、《北京人》研究

恩丽:《谈〈北京人〉》,《扫荡报》1941 年 10 月 1 日。

金若卯:《挽歌与赞颂——略论曹禺的新作〈北京人〉》,《大公报(重庆)》1941 年 10 月 24 日。

黄英:《〈北京人〉读后》,《申报》1941 年 11 月 7 日。

干:《〈北京人〉简评》,《学习》第 5 卷第 4 期,1941 年 11 月 11 日。

《介绍〈北京人〉》,《大公报(香港)》1941 年 11 月 27 日。

胡风:《关于〈北京人〉的速写》,《大公报(香港)》1941 年 11 月 29 日。

黄舞莺:《关于〈北京人〉》,《华商报》1941 年 11 月 29 日。

易庸:《蜕变中的〈北京人〉》,《华商报》1941 年 11 月 29 日。

钢鸣:《〈北京人〉上演小感》,《华商报》1941 年 11 月 29 日。

胡风:《关于〈北京人〉的速写——为了介绍〈北京人〉底演出》,《大公报(香港)》1941 年 11 月 29 日。

茅盾:《读〈北京人〉》,《大公报(香港)》1941 年 11 月 29 日。

黄药眠:《祝〈北京人〉的上演》,《大公报(香港)》1941 年 11 月 29 日。

华嘉:《谈〈北京人〉的人物》,《华商报》1941 年 11 月 30 日。

周伟:《〈北京人〉小谈》,《华商报》1941 年 11 月 30 日。

晦晨:《题〈北京人〉》,《华商报》1941 年 11 月 30 日。

柳亚子:《〈北京人〉礼赞》,《新华日报》1941 年 12 月 3 日。

英鸣:《〈北京人〉在指示些什么》《大公报(香港)》1941 年 12 月 8 日。

孤鹏:《北京人》(新书介绍),《图书月刊》1942 年第 2 卷第 3 期。

郑学稼:《评〈北京人〉》,《中央周刊》第 4 卷第 25 期,1942 年 1 月 22 日。

李长之:《论曹禺及其新作〈北京人〉》,《大公报(重庆)》1942 年 1 月 26 日,1 月 28 日,1 月 30 日,2 月 2 日。

茜萍:《关于〈北京人〉》,《新华日报》1942 年 2 月 6 日。

星原:《北京人》(书评),《力报·半月文艺》1942 年第 7 卷第 2 期。

方序:《〈北京人〉:献给石,纪念我们二十年的友谊》,《现代文艺》1942 年第 4 卷第 6 期。

雪林:《评〈北京人〉》,《妇女》1942 年第 2 卷第 2 期。

董每戡:《〈北京人〉读后》,《东南日报》1942 年 3 月 11 日。

江布:《读曹禺的〈北京人〉》,《解放日报》1942 年 4 月 27 日。

《评〈北京人〉》,《中国公论》1942 年第 7 卷第 2 期。

夏照滨:《〈北京人〉研究》,《力行》1942 年第 5 卷第 5 期。

范青:《曹禺〈北京人〉读后记》,《新学生》1942 年第 5 期。

阿文:《〈北京人〉的演出》,《戏剧岗位》1942 年第 3 卷 5—6 期合刊。

伍辛:《〈大雷雨〉和〈北京人〉》,《学习生活》1942 年第 3 卷第 2 期。

胡风:《论曹禺底〈北京人〉》,《解放日报》1942 年 8 月 12 日。

司徒珂:《评〈北京人〉》,《新动向》1942 年 9 月。

周详:《摸挲棺材的人们》,《野草》第 4 卷 4—5 期,1942 年 9 月。

荃麟:《〈北京人〉与〈布雷曹夫〉》,《青年文艺》1942 年第 1 卷第 2 期。

S. M.:《〈北京人〉一论》,《力报·半月文艺》,1942 年第 22—23 期。

里野:《读过〈北京人〉漫谈多余》,《新动向》1942 年第 28 期。

文弓:《评〈北京人〉里的"北京人"》,《戏剧岗位》1942 年第 3 卷第 5 期。

李蕤:《我对〈北京人〉的看法》,《大公报(天津)》1942 年 12 月 5 日。

周可琛:《〈北京人〉与〈野玫瑰〉》,《新认识》第 6 卷 1 期,1942 年 12 月。

挺亚:《〈北京人〉中二三人物的去向》,《文学评论》1943 年第 1 卷第 1 期。

丹公:《评〈北京人〉》,《中国学生》1943 年第 2 卷第 2 期。

茅盾:《关于〈北京人〉》,《新华日报》1943 年 3 月 5 日。

汇南:《我所见到的〈北京人〉》,《文艺新论》1943 年 1 月。

仇铨:《谈〈北京人〉中的曾皓》,《杂志》1943 年第 12 卷第 11 期。

王迁:《漫谈〈北京人〉》,《贵州日报》1944 年 1 月 22 日。

凤子:《〈北京人〉的三次演出》,《新民晚报》1944 年 7 月 16 日、7 月 30 日、8 月 6 日。

柳涛:《读〈北京人〉》,《华西日报》1944 年 9 月 17 日。

杨丹:《论〈北京人〉》,《骆驼文丛》1946 年第 2 期。

S. T. K. :《略论〈北京人〉:人性的堕落》,《华英学生》1948 年第 2 期。

潘凝:《〈北京人〉人物六论》,《新新新闻晚报》1948 年 5 月 24 日、5 月 25 日、5 月 26 日、5 月 27 日、5 月 29 日、5 月 30 日。

苏雪林:《论〈北京人〉与中国旧文化》,《文艺》(武昌)1948 年第 6 卷第 3 期。

俞漪:《〈北京人〉里两个女性》,《妇女》1949 年第 4 卷第 2 期。

佐藤一郎:《猿人的子孙——曹禺的〈北京人〉》,《三田文学》第 1 卷第 5 期,1951 年 9 月。

冯亦代:《〈北京人〉的演出》,《人民日报》1957 年 4 月 23 日。

梁明:《看广播剧团演出的〈北京人〉》,《中国青年报》1957 年 5 月 5 日。

游振国:《北京人》,《戏剧报》1957 年第 7 期。

戴再民:《替愫方担忧》,《戏剧报》1957 年第 9 期。

凤子:《寄晓兰》,《戏剧报》1957 年第 9 期。

姚莹澄:《〈北京人〉演出漫谈录》,《文艺报》1957 年第 10 期。

方琯德:《看〈北京人〉忆旧感新》,《戏剧报》1957 年第 3 期。

石伶:《衬托·象征——小谈话剧〈北京人〉中袁家父女的作用》,《北京晚报》1962 年 3 月 10 日。

石梁:《四年前后——看李晓兰在〈北京人〉中扮演的愫芳》,《北京晚报》1962 年 3 月 17 日。

吕恩:《重看〈北京人〉寄给愫芳的扮演者李晓兰同志》,《北京晚报》1962 年 4 月 11 日。

华忱之:《一支深沉有力的旧社会的挽歌——重读曹禺的〈北京人〉》,《成都晚报》1962 年 5 月 10 日。

长风:《成功的演出　精湛的演技——话剧〈北京人〉观后》,《重庆日报》1963 年 12 月 3 日。

朱月谨:《〈北京人〉的戏剧冲突与艺术手法》,《南京大学学报》1979 年第 3 期。

冯亦代:《喜看〈北京人〉》,《人民日报》1980 年 1 月 31 日。

李树凯:《〈北京人〉人物论——曾皓、曾思懿、愫芳》,《甘肃师大学报》1980 年第 1 期。

韩云彤:《〈北京人〉艺术浅谈》,《徐州师范学院学报》1980 年第 2 期。

理查德·F·谢泼德:《一出来自中国的戏剧:〈北京人〉》,李君维译,《读书》1980 年第 3 期。

田本相:《〈北京人〉的艺术风格》,《南开学报》1980 年第 3 期。

朱栋霖:《论〈北京人〉》,《文学评论》1980 年第 3 期。

辛宪锡:《〈北京人〉探疑》,《天津师院学报》1980 第 4 期。

田本相:《论愫芳的形象》,《齐鲁学刊》1980 年第 4 期。

蔡骧:《〈北京人〉导演杂记》,《人民戏剧》1980 年第 5 期。

黄伟康:《记周总理对〈北京人〉的关怀》,《人民戏剧》1980 年第 5 期。

李绍武:《〈北京人〉浅析》,《江苏戏曲》1980 年第 6 期。

王兆荫:《略论〈北京人〉中的愫芳形象》,《广西民族学院学报》1981 年第 1 期。

家坪:《谈〈北京人〉的人物塑造》,《戏剧创作》1981 年第 2 期。

田本相:《〈北京人〉是一出喜剧》,《北京艺术》1981 年第 9 期。

欣敏:《从愫芳看人物的个性与共性》,《戏剧与电影》1981 年第 11 期。

沈敏特:《像人的人——从〈北京人〉谈曹禺戏剧艺术的辩证法》,《艺谭》1982 年第 1 期。

王育生、罗炯光:《空谷幽兰——话剧〈北京人〉中愫方的形象》,《名作欣赏》1982 年第 1 期。

杨瑞雪:《〈北京人〉的结构艺术》,《名作欣赏》1982 年第 3 期。

段婴:《回答我,“北京人”!——论曹禺剧作〈北京人〉中的“北京人”》,《南充师范学院学报(哲学社会科学版)》1982 年第 4 期。

李希有:《关于〈北京人〉的写作和首次演出的时间》,《鞍山师范学院学报》1983 年第 1 期。

綦立吾:《论〈北京人〉在曹禺剧作中的地位》,《文史哲》1983 年第 5 期。

周靖波:《喜剧性格与悲剧气氛的统一——试论〈北京人〉》,《青海师专学报》1984 年第 1 期。

韩日新:《〈北京人〉是悲剧气氛、喜剧内容》,《烟台师范学院学报(社会科学版)》1984 年第 2 期。

舒秀文:《从不热爱她到热爱她:扮演〈北京人〉愫方的表演笔记》,《陕西戏剧》1984 年第 3 期。

邓逸群:《曹禺的〈北京人〉》,《文科月刊》1985 年第 1 期。

韩日新:《向旧生活诀别的女性——愫方》,《枣庄学院学报》1985 年第 1 期。

王希杰:《〈北京人〉的语言艺术》,《镇江师专学报(社会科学版)》1986 年第 2 期。

张骏祥:《美好的回忆》,《戏剧报》1986 年第 6 期。

罗成琰:《论曹禺〈北京人〉的文化哲理意蕴》,《中国文学研究》1987 年第 4 期。

李健鸣:《〈北京人〉引起的题外话》,《戏剧报》1987 年第 8 期。

邹霆:《重看〈北京人〉随想》,《文艺报》1987 年 8 月 15 日。

焦尚志:《植根于民族生活的土壤之中——话剧〈北京人〉论析》,南开学报编辑部编,《曹禺戏剧研究集刊》,南开大学出版社,1987。

李光祚:《浅论〈北京人〉变态心理描写》,《蒙自师专学报》1988 年第 1 期。

邹海仑:《记实作品〈北京人〉引起注意》,《世界文学》1988 年第 4 期。

邵庆中:《“空壳”与“内核”——曾文清性格悲喜因素浅析》,《广西师院学报》1990 年第

2 期。

向宝云:《〈北京人〉的主题和人物》,《宜宾学院学报》1990 年第 3 期。

赵江滨:《〈北京人〉的诗意与象征集合体的意蕴》,《徐州师范学院学报》1990 年第 4 期。

宋剑华:《原始野性的呼唤:〈北京人〉新论》,《海南师范学院学报》1991 年第 1 期。

向宝云:《"愚蠢的善"与泛悲剧——〈北京人〉艺术风格解析》,《云南教育学院学报》1991 年第 2 期。

曹树钧:《评〈北京人〉的新处理》,《上海戏剧》1991 年第 4 期。

罗炯光:《一对"废物"的审美价值——〈北京人〉曾文清、江泰形象并论》,《郑州大学学报(哲学社会科学版)》1992 年第 1 期。

李学通:《〈北京人〉排演札记》,《戏剧艺术》1992 年第 2 期。

黄善明:《论〈北京人〉的悲剧精神》,《南通师专学报(社会科学版)》1992 年第 3 期。

徐华:《〈北京人〉艺术谈》,《中文自学指导》1994 年第 3 期。

赵陆平:《谈曹禺与〈北京人〉中的主要人物形象》,《长春师范学院学报》1994 年第 1 期。

刘淑欣:《表演系 94 进修班演出〈北京人〉座谈摘要》,《北京电影学院学报》1995 年第 1 期。

唐纪如:《〈北京人〉三疑》,《浙江学刊》1995 年第 5 期。

余思:《演名著是提高表演水平的必经之途电影学院表演进修班演出〈北京人〉》,《中国戏剧》1995 年第 5 期。

殷鉴:《论棺材、鸽子等在〈北京人〉中的运用》,《湛江师范学院学报》1996 年第 1 期。

陈留生:《特殊"废物"曾文清》,《连云港教育学院学报》1996 年第 4 期。

贡献、陈留生:《江泰病态心理拆析——曹禺戏剧系列人物论之三》,《江苏教育学院学报(社会科学版)》1997 年第 1 期。

贡献、陈留生:《比黛玉更高洁、更悲苦的愫方心灵——曹禺戏剧人物系列论之八》,《学海》1997 年第 1 期。

藏国书:《愫方:一个特等奴隶的觉醒》,《曲靖师专学报》1997 年第 2 期。

李晓东:《能指与所指的悖谬——从语义学的角度看〈北京人〉的喜剧性》,《甘肃教育学院学报(社会科学版)》1998 年第 1 期。

王丹莉:《情调:〈北京人〉文本叙述与舞台叙述的艺术契合点》,《河南教育学院学报(哲学社会科学版)》1998 年第 4 期。

芦珊:《曾家大院:曹禺〈北京人〉里"瑞贞"眼中的故事》,《东方艺术》1998 年第 4 期。

洪青皎:《曹禺戏剧语言的艺术魅力——简析〈北京人〉中人物台词的特色》,《宁波教育学院学报》2000 年第 2 期。

安文军:《生命的挽歌——愫方、思懿、文清三人论》,《晋东南师范专科学校学报》2000

年第4期。

孟显智:《生命的空壳、地道的废物——谈〈北京人〉中的"中国多余人"》,《乐山师范学院学报》2001年第2期。

王长璎:《从〈北京人〉看曹禺文化心理的双重性》,《汉中师范学院学报(社会科学)》2001年第4期。

费虹:《〈北京人〉象征性艺术形象分析》,《六盘水师范高等专科学校学报》2001年第3期。

荣耀祥:《思懿错进高家门》,《咬文嚼字》2001年第7期。

程绍雨:《略论曹禺〈北京人〉的悲喜剧风格》,《贵州民族学院学报(哲学社会科学版)》2002年第3期。

胡亭亭:《对生命的呼喊:批判与憧憬——析〈北京人〉》,《广西师范学院学报》2004年第2期。

赖琼玉:《性格命运与文化悲剧——再读曹禺的〈北京人〉》,《湖北广播电视大学学报》2005年第1期。

刘岳峦:《论"多余人"行列中的曾文清》,《中文自学指导》2005年第4期。

刘同般:《功能互转与隐形伴侣——对〈北京人〉深层意蕴的观照》,《四川戏剧》2005年第5期。

周引莉:《浅析〈北京人〉中的两个世界》,《戏剧文学》2005年第11期。

彭飞、林曙:《〈北京人〉——诗性的整合与建构》,《湖南农业大学学报(社会科学版)》2006年第1期。

吴毓鸣:《论王昭君命运改写的文化表述》,《集美大学学报(哲学社会科学版)》2006年第2期。

周荣:《从〈北京人〉女性形象塑造看曹禺创作理念变化》,《洛阳师范学院学报》2006年第4期。

童道明:《这个〈北京人〉真棒!》,《文艺报》2006年5月25日。

马莉莉:《带有浓厚喜剧色彩的"泛悲剧"——〈北京人〉》,《戏剧丛刊》2007年第3期。

谷海慧:《曹禺剧作的家族叙事——以《雷雨》《北京人》为例》,《艺术广角》2007年第4期。

陈熙:《革命新生力量的史诗性观照——从〈雷雨〉到〈北京人〉》,《陕西师范大学学报(哲学社会科学版)》2007年第S2期。

李扬:《悖论与整合:〈北京人〉中的"反传统"与"传统"》,《广州大学学报(社会科学版)》2007年第11期。

孙兆恒:《从〈北京人〉看曹禺对契诃夫戏剧的借鉴》,《山西大同大学学报(社会科学版)》2008年第4期。

仲雷:《论〈北京人〉的环境描写》,《长春工程学院学报(社会科学版)》2008年第3期。

谢国冰《〈北京人〉两种版本的比较研究》,《孝感学院学报》2008 年第 4 期。

褚治明:《〈北京人〉的主题意蕴阐释》,《昭通师范高等专科学校学报》2008 年第 4 期。

黄大军:《〈北京人〉主题模式解析》,《戏剧文学》年 2008 年第 4 期。

张婷婷、程小强:《〈北京人〉:发生于 1940 年代的异变与整合——对其抗战传统与悲剧主题的再认识》,《兰州交通大学学报》2008 年第 5 期。

袁晶:《熟悉而陌生的人格语义场——浅谈〈北京人〉中的愫方》,《贵州文史丛刊》2009 年第 1 期。

张伟华:《〈北京人〉中违反合作原则的性别差异研究》,《科技信息》2009 年第 5 期。

张耀杰:《〈北京人〉的男权梦想及其破灭》,《艺术百家》2009 年第 3 期。

马兵:《"世界上最远的距离"——〈北京人〉里的爱情与婚姻》,《名作欣赏》2009 年第 25 期。

张华:《〈北京人〉主题意蕴浅谈》,《学语文》2010 第 3 期。

赵宏:《曹禺〈北京人〉中封建制度牺牲品曾思懿的形象辨析》,《沈阳农业大学学报(社会科学版)》2010 年第 3 期。

张科:《戏剧语言的语用分析——以〈北京人〉片段为例》,《黑龙江教育学院学报》2010 年第 11 期。

王炳琴:《浅谈〈北京人〉的艺术成就》,《新课程学习(下)》2011 年第 6 期。

曹树钧:《曹禺百年——江安之恋与〈北京人〉的诞生》,《上海采风》2010 年第 7 期。

廖全京:《曹禺:在〈北京人〉和〈家〉中走向潜沉》,中国戏剧家协会编《曹禺诞辰 100 周年纪念文集》,中国戏剧出版社,2011。

高艳芝:《原始崇拜:文学人类学视野中的曹禺——以〈原野〉〈北京人〉为中心》,《燕赵学术》2012 年第 1 期。

孙宏博:《日语和汉语的"配虑表现"的翻译研究——以曹禺〈北京人〉为中心》,硕士学位论文,西安外国语大学,2012。

张娟:《内心的开掘　含泪的微笑——〈北京人〉喜剧因素赏析》,《剧影月报》2012 第 4 期。

王蓓蓓:《〈北京人〉:曹禺戏剧创作古典转向的考察》,《太原师范学院学报(社会科学版)》2012 年第 4 期。

陈惠:《论曹禺的男权话语——从曹禺对愫方与思懿的态度谈起》,《文学界(理论版)》2012 年第 5 期。

刘澍声:《一曲无尽的挽歌——曹禺〈北京人〉的"雅文化"思考》,《宝鸡文理学院学报(社会科学版)》2012 年第 5 期。

黄瑶:《感情是肉体的习惯:观〈北京人〉,谈人世论》,《中国研究生》2012 年第 7 期。

高丰华、陆静怡:《〈北京人〉戏剧的结构艺术》,《北方文学(下半月)》2012 年第 10 期。

陈明杰:《语文课堂教学的生命在过程中——〈曹禺与〈北京人〉〉课堂教学观感》,《中

学课程辅导(教师通讯)》2012 年第 12 期。

赵姗姗:《试解读曹禺剧作〈北京人〉》,《大家》2012 年第 16 期。

杨静:《论〈北京人〉的生命意识与自我价值的审美体现》,《文艺生活》2013 年第 3 期。

王俊虎、董蕾:《曹禺〈北京人〉中曾思懿人物形象新论》,《宝鸡文理学院学报(社会科学版)》2013 年第 3 期。

张敏:《渐行渐远的世界:从〈北京人〉看曹禺文化心理》,《剑南文学(经典教苑)》2013 年第 7 期。

郭东梅:《浅析曹禺〈北京人〉中人物的生存状态》,《剑南文学(经典阅读)》2013 年第 10 期。

蔡淑华、岳雪莉:《论曹禺剧作〈北京人〉中非逻辑话语方式的艺术表现力》,《长城》2013 年第 12 期。

于薇:《炮火中的诗意现实——以〈北京人〉为例对抗战后期曹禺话剧的再认识》,《重庆电子工程职业学院学报》2014 年第 1 期。

刘学明:《生命的悲歌与自由的礼赞:从戏剧形象看〈北京人〉人文精神的丰富意蕴》,《四川戏剧》2014 年第 11 期。

毕静枝:《这群北京人——曹禺戏剧〈北京人〉人物形象谈》,《语文学刊》2014 年第 20 期。

陈杰:《浅析曹禺戏剧〈北京人〉第三幕中破折号的修辞作用》,《科学咨询》2015 第 38 期。

管玲玲:《曹禺〈北京人〉和契诃夫〈樱桃园〉的差异性研究》,《合肥工业大学学报(社会科学版)》2015 年第 4 期。

于相坤:《曹禺笔下的女性角色——谈陈白露和愫方的人物塑造》,《戏剧之家》2015 年第 5 期。

尚新玉:《论封建大家族的"笼中鸟"——〈北京人〉曾文清、愫芳的命运分析》,《现代语文(学术综合版)》2016 年第 4 期。

朱一田、卓光平:《"鸽子"意象与话剧〈北京人〉的"契诃夫风格"》,《名作欣赏》2017 第 32 期。

曹树钧:《论〈红楼梦〉与曹禺〈北京人〉的艺术创造》,《汉语言文学研究》2018 年第 1 期。

阳燕:《在争议中沉淀与丰富——曹禺〈北京人〉研究述评》,《中文论坛》2018 年第 2 期。

陈留生:《曹禺的生命诉求与〈北京人〉的创作》,《连云港师范高等专科学校学报》2018 年第 2 期。

陆炜:《〈北京人〉中的"北京人"形象》,《文化与传播》2018 年第 6 期。

林克欢:《〈北京人〉与"北京人"》,《中国文艺评论》2018 年第 7 期。

五、《家》与其他作品研究

(一)《家》

刘念渠:《生活是要自己征服的——曹禺新剧作〈家〉书后》,《戏剧月报》1943 年 3 月第 1 卷第 3 期。

李天济:《论剧作〈家〉中的人物创作——曹禺编剧》,《天下文章》1943 年第 4 期。

袁俊:《〈家〉——巴金原著曹禺编》,《万象(1934 年)》1943 第 3 卷第 4 期。

诸葛蓉:《〈家〉——曹禺改编》,《天下》1943 第 1 卷第 4 期。

郁冰:《觉新与觉慧之间——关于〈家〉的几点感想》,《新华日报》1943 年 7 月 6 日。

王念劬:《也来谈谈〈家〉》,《新华日报》1943 年 8 月 9 日。

《论曹禺〈家〉中的人物创造》,《中原》1943 年 11 月第 8 卷第 5 期。

张履端:《读曹禺先生〈家〉并略述戏剧创作原理》,《中国青年》1944 年第 11 卷第 3 期。

林榕:《两个〈家〉的剧本》,《中国文学》(北京)1944 年第 1 卷第 5 号。

方非:《谈〈家〉的结构》,《杂志》1944 年第 13 卷第 4 期。

贾登山记录:《读曹禺的〈家〉——本行华亭办事处三月份座谈记录》,《甘行周讯》1945 年第 108 期。

萧静:《透过〈家〉看曹禺》,《太平洋》(北平)1947 年第 1 卷第 10 期。

小亚:《〈家〉的人物处理》,《新华日报》1947 年 2 月 15 日。

《曹禺同志漫谈〈家〉的改编》,《剧本》1956 年第 12 期。

邱扬:《后生谈〈家〉》,《中国电影》1957 年第 6 期。

何其芳:《关于〈家〉》,《关于现实主义》,新文艺出版社,1958。

文萍:《戏的结尾艺术(节选)》,《剧本》1961 年 5—6 期合刊。

华忱之:《论曹禺〈家〉的艺术特点》,《成都晚报》1962 年 3 月 29 日。

邱扬:《后生谈〈家〉》,《学戏札记》百花文艺出版社,1963 年。

王正:《从巴金的〈家〉到曹禺的〈家〉》,《文学评论》1963 年 3 期。

胡叔和:《杰出的现实主义艺术——谈〈家〉从小说到话剧的创作成就》,《艺谭》1980 年 6 月试刊号。

刘琇:《两种笔法　一对佳人——谈曹禺的话剧〈家〉对瑞珏和梅芬的再创造》,《名作欣赏》1980 年第 1 期。

陈美英:《匠心独运著新篇——试论曹禺剧作〈家〉的艺术创造性》,《河北学刊》1982 年第 3 期。

林芝:《曹禺剧本〈家〉的爱情哲学》,《中国现代文学研究丛刊》1984 年第 2 期。

华忱之:《结构的艺术・抒情的诗意:论曹禺〈家〉的创作成就》,《抗战文艺研究》1984 年第 2 期。

陶晓卒:《漫谈三个〈家〉——评巴金的〈家〉和曹禺、佐临的改编》,《当代文坛》1985 年第 5 期。

李计谋:《两个〈家〉的艺术格调》,《中国现代文学研究丛刊》1987 年第 4 期。

吴亮:《论曹禺〈家〉所受〈柔密欧与幽丽叶〉的影响》,《东吴教学》1988 年第 Z1 期。

韩日新:《谈曹禺改编的〈家〉》,《临沂师范学院学报》1988 年第 2 期。

张王飞:《试论曹禺〈家〉中瑞珏形象的再创造》,《扬州大学学报(社会科学版)》1989 年第 3 期。

邹红:《话剧〈家〉的改编及其他——兼论曹禺情感生活对其创作的影响》,《中国现代文学研究丛刊》1990 年第 4 期。

张秀华:《论曹禺〈家〉的艺术》,《郑州大学学报(哲学社会科学版)》1991 年第 3 期。

邹红:《〈家〉的梦魇——曹禺戏剧创作的心理分析》,《文学评论》1991 年第 3 期。

陈琳琳:《从〈家〉看曹禺的改编艺术》,《绍兴师专学报》1993 年第 4 期。

杜玲:《林曹禺在改编〈家〉中的语言艺术再创造》,《徐州教育学院学报》1999 年第 4 期。

陆星儿:《二十一世纪的〈家〉》,《上海戏剧》2001 年第 12 期。

范建华:《谈曹禺对〈家〉中冯乐山的二度创作》,《南京工业职业技术学院学报》2002 年第 4 期。

金宏宇、原小平:《忠实原著前提下的名著改编——以巴金〈家〉的改编为个案》,《黄冈师范学院学报》2003 年第 5 期。

李永强:《曹禺与巴金:〈家〉的戏剧与小说比较》,《甘肃农业》2005 年第 10 期。

曹树钧:《话剧〈家〉的生命力与〈剧本选〉的落选——话剧百年反思之二》,《大舞台》2007 年第 5 期。

王元化:《曹禺的"家"(1943)》,《王元化文集》第 1 卷早期作品,湖北教育出版社,2007。

曹树钧:《论曹禺的第五部经典——话剧百年重读话剧〈家〉》,《四川戏剧》2008 年第 3 期。

王鸣剑:《曹禺改编巴金〈家〉的心态探析——兼论吴天版〈家〉的得失》,《四川戏剧》2008 年第 3 期。

吴俊峰:《小说〈家〉与戏剧〈家〉的比较》,《安徽电子信息职业技术学院学报》2009 年第 4 期。

宁华元:《论曹禺改编剧本〈家〉的独创性》,《现代企业教育》2009 年第 8 期。

司小同:《论巴金〈家〉的话剧改编》,《电影评介》2009 年第 10 期。

杨惠:《"二度创造"的艺术典范——论曹禺话剧〈家〉》,《名作欣赏》2009 年第 29 期。

张艳春:《从小说到舞台——巴金曹禺两〈家〉,情节结构之比较》,《北方文学》(下半月)2010 年第 1 期。

孙莹:《“家”的出走——曹禺前期作品的主题》,《科技资讯》2011 年第 7 期。

董京滨:《小说〈家〉与剧本〈家〉之比较——以“冯乐山”的人物形象为例》,《山花》2013 年第 18 期。

徐江:《选择、提炼、集中——再谈从巴金〈家〉到曹禺〈家〉改编的思想及路径》,《戏剧文学》2017 年第 3 期。

吴迪:《试析曹禺对〈家〉的成功改编》,《明日风尚》2017 年第 5 期。

石佳:《“家”的梦魇——曹禺戏剧创作的心理分析》,《艺术家》2017 年第 6 期。

荆琳:《灯火阑珊暗香去——试论话剧〈家〉的戏剧民族性》,《戏剧之家》2017 年第 8 期。

顾新苗:《曹禺剧作〈家〉与巴金同名小说异同解读》,《报刊荟萃》2017 年第 11 期。

曹树钧:《话剧〈家〉的诞生与首演的轰动——纪念曹禺话剧〈家〉首演 75 周年》,《上海采风》2018 年第 3 期。

宋剑华:《旧事重提:也谈〈家〉的早期接受与传播》,《暨南学报(哲学社会科学版)》2018 年第 5 期。

孙晴:《从巴金〈激流三部曲〉到曹禺〈家〉——论觉新形象的变化与发展》,《太原城市职业技术学院学报》2018 年第 8 期。

陈默:《从巴金的〈家〉到曹禺的〈家〉改编——戏剧活动中的文学再创作》,《青春岁月》2018 年第 19 期。

(二)《蜕变》

张世骝:《介绍〈蜕变〉》,《国民公报·星期增刊》1940 年 3 月 31 日。

姜公伟:《我们的推荐》,《国民公报·星期增刊》1940 年 3 月 31 日。

张骏祥:《〈蜕变〉的导演设计》,《国民公报·星期增刊》1940 年 4 月 7 日。

《曹禺名剧〈蜕变〉明起在本报发表》,《国民公报》1940 年 4 月 9 日。

《敬告读者:〈蜕变〉缓期发表》,《国民公报》1940 年 4 月 10 日。

《〈蜕变〉今晚起在国泰上演》,《国民公报》1940 年 4 月 15 日。

《曹禺近作名剧〈蜕变〉今日起在第三版发表》,《国民公报》1940 年 4 月 16 日。

贡蕙:《看〈蜕变〉》,《国民公报》1940 年 4 月 16 日。

刘念渠:《评〈蜕变〉》,《国民公报》1940 年 4 月 21 日。

江兼霞:《评〈蜕变〉》,《国民公报》1940 年 4 月 28 日。

华固:《评〈蜕变〉》,《国民公报》1940 年 4 月 28 日。

绥曾:《对〈蜕变〉的我见》,《国民公报》1940 年 5 月 19 日。

《关于〈蜕变〉》(编者后记),《国民公报》1940 年 6 月 3 日。

叶澜:《略谈〈蜕变〉》,《新中华报》1940 年 11 月 10 日。

巴金:《〈蜕变〉后记》(1940 年 12 月 16 日),载《蜕变》,文化生活出版社,1941。

隐秋:《书评〈蜕变〉》,《现代青年》1941年7月10日第4卷第3期。

柳西:《蜕变》(剧评),《广西日报》1941年10月29日。

庄村:《谈〈蜕变〉中的孔秋萍》,《广西日报》1941年11月28日。

谷虹:《曹禺的〈蜕变〉》,《现代文艺》1941年12月25日第4卷第3期。

自励:《关〈蜕变〉》,《东南青年》1941年第1卷第5期。

尊闻:《〈蜕变〉——剧评》,《上海周报》(1940年)1941年第4卷。

应卫民:《读了曹禺的〈蜕变〉》,《学习》(1934年)1941年第5卷第3期。

巴金:《〈蜕变〉后记》,《小剧场》1941年第6期。

铁流:《〈蜕变〉读后感》,《小剧场》1941年第6期。

子平:《丁大夫——〈蜕变〉里的典型女性》,《福建妇女》1942年第1卷第2期。

王平陵:《〈蜕变〉读后感》,《文化先锋》1942年第1卷第4期。

陆一旭:《评〈蜕变〉》,《妇女月刊》1942年第2卷第6期。

徐君藩:《读〈蜕变〉》,《改进》1942年2月1日第5卷第12期。

奔清流:《读〈蜕变〉》,《中学生》1942年2月5日第53期。

阿淑:《妇女楷模——丁大夫》,《新华日报》1943年1月17日。

于菱洲:《〈蜕变〉中的丁大夫》,《现代妇女》1943年第1卷第2期。

胡风:《〈蜕变〉一解》,《文学创作》1943年第1卷第6期。

菊:《"反现实主义"的〈蜕变〉》,《文艺先锋》1943年4月20日第2卷第4期。

弦韦:《读〈蜕变〉》,《青年空军》1943年第6卷第3期。

叶凌:《曹禺的〈蜕变〉》(上),《青少年(北京)》1944年2月15日第6卷第4期。

包可华:《看了〈蜕变〉》,《月刊》(1945年)1945第1卷第1期。

列野:《曹禺的〈蜕变〉》,《人人周刊》1945年第8期。

王晨:《读〈蜕变〉》,《新民晚报》1945年12月20日。

端木蕻良:《〈蜕变〉铢求》,《大公晚报》1946年5月29—31日。

叶逸民:《略谈〈蜕变〉》,《新华日报(重庆)》1946年5月31日。

南瑟:《漫谈〈蜕变〉》,《大公晚报》1946年6月9日。

力扬:《我对〈蜕变〉的意见》,《新华日报》1946年6月9日。

上官缨:《从〈蜕变〉谈起》,《江城文艺》1980年第3期。

胡昭轩:《曹禺与"梁专员"——回忆〈蜕变〉上演前后》,《滇池》1981年第3期。

陆葆泰:《理想光芒发自客观现实生活中间——关于话剧〈蜕变〉理想因素的认识》,《华东师范大学学报(哲学社会科学版)》1984年第4期。

吕贤汶:《曹禺谈〈蜕变〉》,《重庆日报》1985年10月18日。

陶然:《大导演的气魄》,《当代戏剧》1985年第9期。

张冠祥:《〈蜕变〉主题探析》,《安庆师范学院学报(社会科学版)》1986年第1期。

胡授昌:《曹禺剧作舞台空间艺术论》,《齐鲁文苑》1986年第1期。

孙庆升:《对现实生活的直接表现——〈蜕变〉》,载《曹禺论》,北京大学出版社,1986。

石曼:《〈蜕变〉四十年代在重庆》,《戏剧报》1987 年第 4 期。

韩日新:《同一艺术渊源的不同开拓——〈蜕变〉与〈升官图〉比较》,《烟台师范学院学报(哲学社会科学版)》1993 年第 3 期。

邱小燕、刘泰隆:《论抗战著名话剧〈蜕变〉——兼论编写抗战文学史的一个原则问题》,《学术论坛》1995 年第 1 期。

刘艳坤:《〈蜕变〉之“变”》,《重庆社会科学》2005 年第 5 期。

曹树钧:《抗战名剧〈蜕变〉风波》,《红岩春秋》2006 年第 2 期。

石曼:《访曹禺谈〈蜕变〉》,《红岩》2006 年第 4 期。

段绪懿:《七十七年前张骏祥对〈蜕变〉的导演》,《四川戏剧》2008 年第 1 期。

段绪懿:《〈蜕变〉之“变”原因探究》,《西南民族大学学报(人文社科版)》2009 年第 10 期。

李扬:《〈蜕变〉创作中的几个问题》,《文艺理论研究》2010 年第 6 期。

李扬:《〈蜕变〉与〈莫斯科天空下〉——从一篇佚文看曹禺的思想与创作》,《中国现代文学研究丛刊》2011 年第 9 期。

曹树钧:《抗战名剧〈蜕变〉诞生的前前后后》,《上海采风》2015 年第 7 期。

(三)《艳阳天》

居垒:《曹禺和他的〈艳阳天〉》,《大晚报(上海)》1948 年 4 月 28 日。

叶圣陶等:《文化界推荐〈艳阳天〉》,《大公报》1948 年 5 月 26 日。

慕兰:《评〈艳阳天〉的主题》,《新民晚报》1948 年 5 月 28 日。

李健吾:《〈艳阳天〉以外》,《电影杂志(上海 1947)》1948 年第 12 期。

亦五:《我看〈艳阳天〉》,《剧影春秋》1948 第 1 卷第 1 期。

汪扬:《关于〈艳阳天〉》,1948 年《综艺》第 1 卷第 1 期。

沛雨:《艳阳天》,《展望》1948 第 2 卷第 7 期。

邬朋:《〈艳阳天〉随感》,《嘉定导报》1948 年 6 月 5 日第 6 期。

紫狄:《影剧评介:〈艳阳天〉》,《新时代》1948 年第 4 期。

熊佛西:《〈艳阳天〉观感》,《文讯》1948 年第 6 期。

青苗:《曹禺的彷徨》,《剧影春秋》1948 年第 1 卷第 1 期。

观众:《评〈艳阳天〉》,《求是月刊(上海)》1948 年第 2 期。

司马梵霖:《给〈艳阳天〉作者的一封公开信》,《剧影春秋》1948 年第 1 卷第 1 期。

阳间人:《〈艳阳天〉座谈会》,《影剧画报》1948 年第 2 期。

伏西旅:《说给曹禺先生听——略谈〈艳阳天〉》,《幸福》1948 年第 2 卷第 6 期。

曹荫堂(记录):《本社与话剧系联合主办〈艳阳天〉座谈会》,《金声》1948 年 6 月 8 日第 47 期第 2 版。

虞萤:《推荐〈艳阳天〉》,《大公报(上海)》1948 年 6 月 9 日第 85 期。

莘薤:《〈艳阳天〉中的阴律师》,《大公报(上海)》1948 年 6 月 9 日第 85 期。

丁荔:《评〈艳阳天〉》,《大公报》(上海)1948 年 6 月 9 日第 86 期。

张泓湜:《一个学习法律者的看〈艳阳天〉》,《大公报(上海)》1948 年 6 月 23 日第 87 期。

樊灵纹:《评曹禺的〈艳阳天〉》,《大公报(香港)》1948 年 6 月 30 日。

叶夫、丁果、海尼:《评〈艳阳天〉兼论作家的委屈》,《上海文艺论丛社》1948 年 7 月。

项羊:《评〈艳阳天〉》,《大公报(天津)》1948 年 7 月 29 日。

甬古:《推荐〈艳阳天〉》,《大公报(香港)》1949 年 1 月 15 日。

梓甫、潇然等:《惑与不惑——评〈艳阳天〉》,《华商报(香港)》1949 年 1 月 19 日。

辛子:《哀〈艳阳天〉》,《大公报》1949 年 1 月 20 日。

舒晓鸣:《曹禺和他自编自导的影片〈艳阳天〉》,《电影艺术》2011 年第 1 期。

(四)《明朗的天》

本:《曹禺的新作:〈明朗的天〉》,《文汇报》1954 年 9 月 17 日。

辛纯、宋垠、韩希愈、王文冲:《〈明朗的天〉布景设计图》,《剧本》1954 年第 9 期。

辛纯、韩希愈、宋垠、王文冲:《〈明朗的天〉布景平面图》,《剧本》1954 年第 10 期。

邱扬:《〈明朗的天〉中的三个人物》,《北京日报》1955 年 1 月 18 日。

吕少仪:《看〈明朗的天〉后的几点体会》,《重庆日报》1955 年 2 月 19 日。

光年:《曹禺的创作生活的新进展——评话剧〈明朗的天〉》,《剧本》1955 年第 3 期。

左莱:《谈〈明朗的天〉中几个演员的创造》,《戏剧报》1955 年第 3 期。

曹禺:《〈明朗的天〉在日本演出的祝词》,《戏剧报》1955 年第 12 期。

吕荧:《评曹禺新作〈明朗的天〉》,《人民日报》1955 年 5 月 20 日。

刘念渠:《关于〈明朗的天〉第三次修改本》,《光明日报》1956 年 3 月 31 日。

刘念渠:《走上了新的知识分子的道路——曹禺的〈明朗的天〉读后》,《北京文艺》1956 年 4 月号。

焦菊隐:《谈闭幕和台词的动作性》,《人民戏剧》1979 年第 1 期。

辛宪锡:《新的开拓与新的危机——〈明朗的天〉在曹禺道路上的地位》,《齐学刊丛书·现代文学专号》1981 年 5 月。

钱亦蕉:《〈明朗的天〉的一种解读》,《当代作家评论》1999 年第 6 期。

阮南燕:《苦闷的灵魂与消逝的知识分子——〈明朗的天〉重读》,《戏剧文学》2006 年第 6 期。

田本相:《〈明朗的天〉论》,载《曹禺剧作论》,广西师范大学出版社,2010。

高音:《〈明朗的天〉与知识分子的思想改造》,《中国戏剧》2011 年第 2 期。

刘卫东:《曹禺的〈明朗的天〉与 1950 年代初期知识分子的"改造"》,《扬子江评论》

2013年第3期。

(五)《胆剑篇》

晓林:《胆剑篇》,《中国青年报》1961年8月3日。

王业猷:《范蠡与西施》,《北京日报》1961年8月15日。

吴晗:《略谈〈胆剑篇〉》,《中国青年》1961年16期。

李希凡:《〈胆剑篇〉和历史剧——漫谈〈胆剑篇〉的艺术处理和形象创造》,《人民日报》1961年9月6日。

古岗:《读〈胆剑篇〉谈苦成》,《天津日报》1961年9月8日。

屈文泽:《〈胆剑篇〉的解结构艺术》,《光明日报》1961年9月13日。

万青:《构思、集中和提炼》,《光明日报》1961年9月13日。

王新:《谈〈胆剑篇〉中古典语言的运用》,《光明日报》1961年9月14日。

税海涛:《一场值得称道的戏中戏》,《光明日报》1961年9月14日。

颜振奋:《谈〈胆剑篇〉的艺术成就》,《剧本》1961年10月号。

邹荻帆:《读〈胆剑篇〉有感》,《剧本》1961年10月号。

《文艺界对〈胆剑篇〉的评价》,《文汇报》1961年19—20期合刊。

张伟:《勾践形象的塑造——〈胆剑篇〉读后》,《天津日报》1961年11月2日。

肖云儒:《初谈〈胆剑篇〉——观后走访记》,《陕西日报》1961年11月4日。

邱扬:《弦外音响——略论〈胆剑篇〉的两场戏》,《文汇报》1961年12月7日。

茅盾:《关于历史和历史剧(节录)》,《文学评论》1961年5、6期。

刘有宽:《漫谈〈胆剑篇〉》,《戏剧报》1961年第Z8期。

何其芳:《〈胆剑篇〉印象》,《文艺报》1962年第1期。

张光年:《〈胆剑篇〉枝谈》,《戏剧报》1962年第1期。

张光年:《〈胆剑篇〉的思想性》,《文艺报》1962年第1期。

张庚:《〈胆剑篇〉随想》,《文艺报》1962年1期。

范钧宏:《虚实照映——浅探〈胆剑篇〉第二幕》,《剧本》1962年第Z1期。

一农:《〈胆剑篇〉的人物塑造及其思想性》,《东海》1962年第2期。

李罡:《读〈胆剑篇〉想到的几个问题》,《光明日报》1962年3月5日。

沙辑:《对〈胆剑篇〉的一些议论》,《中国青年报》1962年3月31日。

刘延年:《漫谈〈胆剑篇〉艺术上的得与失》,《北京师院学报》1980年第2期。

于水:《补察时政是文学的天职——重评〈胆剑篇〉》,《佳木斯教育学院学报》1989年第1期。

葛鑫:《〈胆剑篇〉及其结尾》,《中学历史教学参考》1997年第4期。

刘广辉:《“胆”“剑”相勾连——曹禺〈胆剑篇〉的创作得失》,《戏剧文学》2005年第11期。

温潘亚:《面对“新的迷信”束缚的挣扎与反抗——〈胆剑篇〉新论》,《盐城师范学院学报(人文社会科学版)》2008 年第 4 期。

田本相:《〈胆剑篇〉论》,载《曹禺剧作论》,广西师范大学出版社,2010。

张耀杰:《〈胆剑篇〉的“怪力乱神”》,载《曹禺:戏里戏外》,东方出版中心,2012。

闫立飞:《尊重与摆脱的调和——历史剧〈胆剑篇〉再解读》,《天津大学学报(社会科学版)》2012 年第 2 期。

(六)《王昭君》

曹禺:《关于话剧〈王昭君〉的创作》,《人民戏剧》1978 年第 12 期。

蒋星煜:《历史真实和艺术真实的统一——试评曹禺新作历史剧〈王昭君〉》,《文汇报》1978 年 12 月 30 日。

吴祖光:《读〈王昭君〉》,《人民日报》1979 年 1 月 14 日。

邴玉喜:《试评历史剧〈王昭君〉的昭君形象》,《吉林师大学报》1979 年第 1 期。

陈瘦竹、沈蔚德:《读〈王昭君〉》,《钟山文艺丛刊》1979 年 1 期。

宁宗一:《〈王昭君〉为我们提供的历史剧创作经验》,《南开大学学报(哲学社会科学版)》1979 年第 1 期。

杨成福:《一幅真实的历史画卷》,《南开大学学报(哲学社会科学版)》1979 年第 1 期。

薛宝琨:《精美的诗剧》,《南开大学学报》1979 年第 1 期。

焦尚志:《浓墨重彩绘昭君》,《南开大学学报(哲学社会科学版)》1979 年第 1 期。

曹禺:《昭君自有千秋在——我为什么写〈王昭君〉》,《中国民族》1979 年第 2 期。

周伟民:《历史剧〈王昭君〉在批判继承方面的成就》,《语文教学与研究》1979 年第 2 期。

唐宁:《浅谈孙美人》,《戏剧艺术》1979 年第 2 期。

陆铁军:《王昭君的内心美》,《戏剧艺术》1979 年第 2 期。

杨世明:《浅谈历史剧〈王昭君〉的历史真实与艺术虚构》,《南充师院学报(哲学社会科学版)》1979 年第 2 期。

狄辛:《昭君形象的艺术再现》,《民族团结》1979 年第 2 期。

梅阡:《游“青塚”——〈王昭君〉导演札记》,《民族团结》1979 年第 2 期。

张春吉:《历史真实与艺术真实的统一——评历史剧〈王昭君〉》,《厦门大学学报》1979 年 2 期。

孔盈:《曹禺新著史剧〈王昭君〉献疑》,《延边大学学报(哲学社会科学版)》1979 年 2 期。

武戈:《把历史的内容还给历史——试谈曹禺历史剧〈王昭君〉的真实性》,《春风文艺丛刊》1979 年第 2 期。

龚义江:《一幅颂扬民族和睦的壮丽画卷——读曹禺新作历史剧〈王昭君〉》,《剧本》

1979 年第 3 期。

邓小秋:《两家“昭君”不妨并存》,《上海戏剧》1979 年第 3 期。

吴祖光:《“巧妇能为无米炊”——浅谈曹禺新作〈王昭君〉》,《文艺报》1979 年第 3 期。

李廷先:《曹禺同志〈王昭君〉剧本中的一些历史细节问题》,《扬州师院学报(社会科学版)》1979 年 4 期。

汪曾祺:《飞出黄金的牢狱》,《民族团结》1979 年第 4 期。

郭汉城:《一曲民族团结的颂歌》,《民族团结》1979 年第 4 期。

徐培均、王继权:《琵琶千载颂相知——试论曹禺的历史剧〈王昭君〉》,《社会科学》1979 年第 4 期。

何乃强:《昭君自有千秋在——喜读曹禺新作〈王昭君〉》,《草原》1979 年第 4 期。

徐涛、孙志强:《长相知·好马·合欢被——浅谈〈王昭君〉的诗化语言》,《湖北日报》1979 年 4 月 11 日。

杨振昆:《历史真实和艺术真实的高度统一——试论〈王昭君〉的艺术处理和形象塑造》,《思想战线》1979 年第 6 期。

秋实:《昭君无怨——谈郭沫若和曹禺笔下的昭君形象》,《文汇报(香港)》1979 年 6 月 10 号。

王季思、萧德明:《〈王昭君〉的历史风貌和时代精神》,《文艺报》1979 年 9 期。

易山:《座谈曹禺同志新作〈王昭君〉》,《剧本》1979 年第 9 期。

王育生:《文苑春浓话昭君——记〈王昭君〉》座谈会,《中国戏剧》1979 年第 9 期。

闵抗生:《谈孙美人形象的创造》,《剧本》1979 年 9 期。

郭汉城:《曹禺戏剧创作的新发展——喜看话剧〈王昭君〉》,《中国戏剧》1979 年第 10 期。

王永宽:《谈王昭君艺术形象的真实性——读曹禺新作〈王昭君〉》,载《文学评论丛刊》第 4 辑,中国社会科学出版社,1979。

王如青:《力戒批评的片面性——读〈王昭君〉的评论文章有感》,《文学评论》1980 年 2 期。

何冶:《摘得彩霞　巧织天衣——〈王昭君〉细节的选择和运用》,《戏剧与电影》1980 年第 2 期。

李超:《从三出民族剧谈起》,《民族团结》1980 年第 2 期。

余尚、洁芒:《一曲民族友好的赞歌——曹禺同志新作〈王昭君〉漫论》,《内蒙古师范大学学报(哲学社会科学版)》1980 年第 2 期。

羽军、徐菉:《对评论〈王昭君〉的浅见》,《戏剧界》1980 年第 3 期。

汪聪、章启群:《小议话剧〈王昭君〉人物形象的真实性》,《艺谭》1980 年第 3 期。

柳江:《创作应一丝不苟》,《剧本》1980 年第 4 期。

朱栋霖:《诗的戏剧　戏剧的诗》,《中国当代文学研究》1980 年第 1 期。

陈祖美:《从〈王昭君〉看历史剧的倾向性和真实性的关系》,《文学评论》1980 年第 6 期。

秦兆基、朱子南:《拂开历史的尘雾——王昭君从历史传说到艺术形象》,《文艺论丛》1980 年第 9 期。

曹禺与其新作《王昭君》座谈会:《曹禺·王昭君及其他》,香港良友图书公司,1980。

唐宏中:《对王昭君艺术形象塑造的几点看法》,《福建师范大学学报(哲学社会科学版)》1981 年第 1 期。

辛宪锡:《"我倾心于人物"——谈曹禺剧作中的人物塑造》,《天津师范大学学报(社会科学版)》1981 年第 1 期。

张毓茂:《读〈王昭君〉随想》,《理论与实践》1981 年第 1 期。

刘益国:《也谈历史剧〈王昭君〉的艺术真实和历史真实》,《四川师范大学学报(社会科学版)》1981 年第 1 期。

区云鹏:《〈王昭君〉语言艺术试析》,《吉林师范大学学报(人文社会科学版)》1981 年第 1 期。

北淮:《历史剧的历史化和非历史化》,《戏剧艺术》1981 年第 2 期。

张忠纲:《关于历史剧〈王昭君〉的创作与评论》,《山东大学文科论文集刊》1981 年第 2 期。

秋野:《新编历史剧〈大风歌〉〈王昭君〉引起争议》,《作品与争鸣》1981 年第 3 期。

雷茂奎:《比月亮还亮的是一个女人的心——王昭君艺术形象浅识》,《社会科学战线》1982 年第 3 期。

周溶泉、徐应佩:《关键在于对"和亲政策"的认识——试问:曹禺的〈王昭君〉是失败的作品吗?》,《湖北师范学院学报(哲学社会科学版)》1983 年第 3 期。

徐涛:《"笑盈盈"与"哭泣泣"考辨——关于〈王昭君〉评价之我见》,《甘肃社会科学》1985 年第 4 期。

薛正昌:《民族团结的象征——兼谈昭君出塞的动机》,《甘肃社会科学》1985 年第 4 期。

马建波:《谈王昭君形象的塑造——读曹禺的历史剧〈王昭君〉》,《河北大学学报(哲学社会科学版)》1989 年第 4 期。

袁振奇:《走近巨人——曹禺大师和扬剧〈王昭君〉》,《艺术百家》1997 年第 1 期。

钟海波:《从〈王昭君〉变文到〈王昭君〉话剧——论昭君母题叙事文学的发展》,《陕西师范大学学报(哲学社会科学版)》2004 年第 3 期。

刘传霞:《20 世纪中国文学叙事中的王昭君》,《湖北社会科学》2004 年第 10 期。

王志谋:《〈王昭君〉:和番的背后——兼谈曹禺的妇女观》,《三峡文化研究》2005 年第 00 期。

刘广辉:《"胆"、"剑"相勾连——曹禺〈胆剑篇〉的创作得失》,《戏剧文学》2005 年第

11期。

谢圣婷:《浅论曹禺笔下的王昭君形象》,《惠州学院学报》2007年第1期。

高玲:《戏剧史上昭君形象的演变及启示》,《新余高专学报》2007年第1期。

周桂华:《孙美人的性格悲剧及其艺术功能——论曹禺剧作〈王昭君〉中的小角色》,《四川戏剧》2007年第4期。

程亚林:《曹禺·孙美人·王昭君》,《读书》2007年第11期。

欧阳桂莲:《曹禺〈王昭君〉研究综述》,《新余高专学报》2008年第1期。

马巍:《历史人物与时代精神——王昭君人物形象的时代烙印》,《戏剧文学》2008年第8期。

索晓海:《曹禺话剧〈王昭君〉艺术价值的缺失及其缘由》,《大众文艺(理论)》2008年第12期。

刘杨:《一个并不圆满的句号——新编历史剧〈王昭君〉重评》,《时代文学(下半月)》2009年第2期。

高玲:《戏剧史上昭君形象的演变及启示》,《兰州教育学院学报》2009年第2期。

母华敏、滕朝军:《〈王昭君〉的两难选择》,《湖北第二师范学院学报》2009年第5期。

谷宇:《当代政治向历史灵魂的呼唤——〈王昭君〉中人性与政治的交锋》,《长城》2011年第2期。

陈功:《那时曹禺还未创作〈王昭君〉》,《咬文嚼字》2013年第11期。

宋敏:《论时代思潮与王昭君文学形象的嬗变——以〈琴操〉、〈汉宫秋〉、郭沫若〈王昭君〉、曹禺〈王昭君〉为例》,《三峡论坛(三峡文学·理论版)》2017年第3期。

(七)其他作品

黄作霖:《南开公演〈争强〉与原著之比较》,《大公报》1929年10月25、26、27日。

立厂:《记南开之争强》,《北洋画报》1929年第8卷第389期。

秋水:《〈争强〉——从读〈争强〉剧本说到南开公演〈争强〉》,《益世报·副刊》第8期1929年11月8日、11日。

穆海亮:《曹禺〈争强〉为何被弃演》,《博览群书》2011年第7期。

羊諳:《〈新村正〉的今昔》,《南开高中学生》1934年第2期。

王丽:《论曹禺早期话剧运动——以〈一念差〉、〈一元钱〉、〈新村正〉为例》,《郑州航空工业管理学院学报(社会科学版)》2007年第3期。

《〈天津益世报〉编者的话(一)》,《天津益世报·南开新剧团公演莫里哀〈财狂〉专号》1935年12月7日。

水皮:《〈财狂〉的演出》,《天津益世报》1935年12月9日。

伯克:《〈财狂〉评》,《天津益世报》1935年12月11—12日。

《〈天津益世报〉编者的话(二)》,1935年12月15日。

岚岚:《看了〈财狂〉后》,《天津益世报》,1935 年 12 月 15 日。

巩思文:《〈财狂〉改编本的新贡献》,《南开校友》1936 年 2 月 15 日第 1 卷第 4—5 期。

佟荔:《从曹禺主演〈财狂〉说起》,《新文学史料》1979 年第 2 期。

惠元:《评〈全民总动员〉》,《新华日报》1938 年 11 月 5 日。

江兼霞、杨华:《评〈全民总动员〉(节录)》,《时事新报》(重庆)1938 年 11 月 6 日。

《中华民国第一届戏剧界(综合导报)》,《戏剧新闻》1939 年 1 月 10 日第 8、9 期合刊。

宋之的:《关于〈全民总动员〉》,《戏剧新闻》1939 年 1 月 10 日第 1 卷第 8、9 期合刊。

辛予:《〈全民总动员〉的一般批判》,《戏剧新闻》1939 年 1 月 10 日第 1 卷第 8、9 期合刊。

施焰:《〈全民总动员〉中之总动员》,《戏剧新闻》1939 年 1 月 10 日第 8、9 期合刊。

华忱之:《关于〈黑字二十八〉和〈编剧术〉——记曹禺抗战初期的一些活动》,《抗战文艺研究》1982 年第 1 期。

徐翊:《曹禺的〈正在想〉》,《申报》1940 年 8 月 10 日。

兰:《正在想》,《女声》1944 第 2 卷第 11 期。

廖超慧:《〈正在想〉:一部不该被遗忘的剧本》,《江汉大学学报(社会科学版)》1988 年第 4 期.

张耀杰:《与时俱进的〈正在想〉》,《曹禺:戏里戏外》,东方出版中心 2012 年。

姜德明:《曹禺的〈正在想〉》,《拾叶小札》复旦大学出版社,2013 年。

顾翰彤:《唤醒人类为幸福的搏斗——〈安魂曲〉书后》,《新华日报》1943 年 1 月 16—18 日。

刘念渠:《唤醒人类为幸福的斗争——评〈安魂曲〉和它的演出》,1943 年 1 月作,后收入《十三年间》,新文艺出版社,1957。

陈辛慕:《评〈安魂曲〉演出》,《新华日报》1943 年 1 月 24 日。

章罂:《演剧杂感:〈安魂曲〉观感》,《新华日报》1943 年 1 月 27 日。

田仲济:《看〈安魂曲〉》,写于 1943 年初,收入《微痕集》新文艺出版社,1957。

李时钊:《旧时代小市民的风俗画——漫评话剧〈镀金〉》,《上海电影》1961 年第 9 期。

吕兆康:《曹译〈柔密欧与幽丽叶〉》,《读书》1980 年第 1 期。

于昕:《〈镀金〉不是高尔斯华绥的作品》,《鞍山师范学院学报》1983 年第 1 期。

田本相:《关于曹禺的早期创作》,《中国现代文学研究丛刊》1986 年第 1 期。

殷子纯、夏家善:《关于曹禺早年改译的两个剧本——〈冬夜〉、〈太太〉评介》,载《南开话剧运动史料(1923—1949)》,南开大学出版社,1991。

徐胥:《曹禺的“治愈”:国家认同的文学表征——重读〈晴朗的天〉》,《艺海》2011 年第 5 期。

刘丽娜:《从曹禺中译本〈柔蜜欧与幽丽叶〉看翻译的陌生化策略》,《牡丹江大学学报》2012 年第 5 期。

张荔、王延松:《曹禺“弥留之际”的诗意独白——关于话剧〈弥留之际〉教学排练的对谈》,《戏剧文学》2013 年第 11 期。

路静:《曹禺译剧〈柔蜜欧与幽丽叶〉高频“把”字句研究——一项语料库辅助的复合对比分析》,《江苏大学学报(社会科学版)》2014 年第 2 期。

陈宗俊:《〈今宵酒醒何处〉:一部被忽视的曹禺佳作》,《长江师范学院学报》2014 年第 5 期。

郭静静:《曹禺〈桥〉的写作:从“解放”前到“文革”后》,《安徽文学(下半月)》2015 年第 4 期。

六、比较研究

南卓:《评曹禺的〈原野〉》,《文艺阵地》1938 年第 1 卷第 5 期。

邵荃麟:《北京人与布雷曹夫》,《青年文艺》第 1 卷第 2 期 1942 年 11 月 15 日。

鲍霨如:《曹禺论》,《万象》1944 年第 3 卷第 8 期。

栾星:《〈雷雨〉与希腊悲剧精神》,《高原》1946 年第 1 卷第 1 期。

文洁若:《曹禺所受的西方文学的影响》,《新文学史料》1979 年第 2 期。

周绍曾:《曹禺戏剧艺术的发展与契诃夫的影响》,《河北大学学报(哲学社会科学版)》1982 年第 3 期。

潘克明:《〈原野〉和表现主义》,《中国现代文学研究丛刊》1983 年第 3 期。

朱栋霖:《曹禺戏剧与契诃夫》,《中国现代文学研究丛刊》1983 年第 3 期。

秦志希:《〈雷雨〉与〈群鬼〉的比较分析》,《外国文学研究》1983 年第 4 期。

王文英:《曹禺与契诃夫的戏剧创作》,《文学评论》1983 年第 4 期。

张宁:《〈雷雨〉与〈榆树下的欲望〉之异同给我们的启示》,《广西大学学报》1983 年第 2 期。

方平:《戏剧大师翻译的戏剧——谈曹禺译〈柔蜜欧与幽丽叶〉》,《中国翻译》1984 年第 8 期。

方平:《曹禺和莎士比亚》,载《莎士比亚研究》(第 2 期),浙江文艺出版社,1984。

金延锋:《〈雷雨〉与〈群鬼〉》,《杭州大学学报(哲学社会科学版)》1985 年第 2 期。

沈澜:《试论契诃夫的〈樱桃园〉和曹禺的〈北京人〉》,《杭州大学学报(哲学社会科学版)》1985 年第 4 期。

袁寰:《〈雷雨〉与〈大雷雨〉轮状戏剧结构的比较研究》,《云梦学刊》1986 年第 2 期。

袁寰:《〈雷雨〉与〈大雷雨〉轮状戏剧结构的比较》,《求索》1985 年第 6 期。

徐志超:《试从〈日出〉〈三姐妹〉的比较看曹禺对契诃夫剧作的借鉴与继承》,《南昌大学学报(人文社会科学版)》1986 年第 1 期。

陈瘦竹:《世界声誉和民族特色——谈曹禺剧作》,《中国现代文学研究丛刊》1986 年第 2 期。

刘珏:《论曹禺剧作和奥尼尔的戏剧艺术》,《文学评论》1986 年第 2 期。

刘珏:《论曹禺剧作和奥尼尔的戏剧艺术》,《中国现代文学研究丛刊》1986 年第 3 期。

加人:《〈雷雨〉〈日出〉比较谈》,《绥化师专学报》1986 年第 4 期。

孙自筠:《〈雷雨〉与〈屏风后〉与〈群鬼〉》,《社会科学》1986 年第 5 期。

杨有业:《茅盾与曹禺笔下民族资本家形象系列比较》,《鞍山师范学院学报》1987 年第 1 期。

江震龙:《〈雷雨〉和〈法西斯细菌〉结构艺术比较》,《福建师范大学学报(哲学社会科学版)》1987 年第 1 期。

宇丹:《〈雷雨〉和〈茶馆〉的不同结构模式——兼论电影改编》,《思想战线》1987 年第 2 期。

焦尚志:《曹禺剧作与易卜生的"创作场"》,《天津社会科学》1987 年第 3 期。

王德禄:《曹禺与奥尼尔——悲剧创作主题、冲突与形象之比较》,《山西大学学报(哲学社会科学版)》1987 年第 3 期。

林建华:《同是天涯沦落人——谈安娜·卡列尼娜、繁漪的爱情悲剧》,《广西民族学院学报(哲学社会科学版)》1987 年第 4 期。

史承钧:《"左联"之外的三位大作家——巴金、老舍和曹禺的创作》,《语文学习》1987 年第 5 期。

胡润森:《现代悲剧艺术对峙的双峰——曹禺和郭沫若的创作风格》,《中州学刊》1987 年第 5 期。

薛劫遗:《曹禺和夏衍:对契诃夫正剧艺术不同向量的同化与顺应》,《辽宁师范大学学报(社科版)》1987 年第 6 期。

宋剑华:《试论〈雷雨〉的基督教色彩》,《中国现代文学研究丛刊》1988 年第 1 期。

王福杭:《浅谈〈雷雨〉和〈大雷雨〉的主要人物》,《聊城师范学院学报(哲学社会科学版)》,1988 年第 1 期。

周旋:《〈雷雨〉与〈俄狄浦斯王〉》,《外国文学研究》,1988 年第 2 期。

刘海平、朱栋霖:《中美文化在戏剧中交流——奥尼尔与中国》,南京大学出版社,1988。

王德禄:《曹禺与契可夫——艺术风格的联系和比较》,《贵州社会科学》1988 年第 6 期。

周志开:《〈玩偶之家〉和〈雷雨〉主要人物形象的比较初探》,《重庆工商大学学报(社会科学版)》1989 年第 1 期。

朱招荆:《特殊女性的心态——论陈白露与娜娜的自我意识》,《扬州师院学报(社会科学版)》1989 年第 2 期。

丁子春、朱招荆:《特殊女性的心态——论娜娜与陈白露的自我意识》,《外国文学研究》1989 年第 3 期。

张小可:《曹禺及〈原野〉与奥尼尔及〈琼斯皇〉》,《内蒙古电大学刊》1989 年第 8 期。

陈晓兰:《人性的呼唤　生命的升华——奥尼尔、曹禺剧作死亡主题之比较》,《张掖师专学报(综合版)》1990 年第 1 期。

李树凯:《用深刻的抒情方法把生活组织起来——论曹禺和契诃夫的戏剧艺术》,《西北师大学报(社会科学版)》1990 年第 2 期。

柯可:《抗战时期曹禺与陈白尘剧作的美学比较》,《广东社会科学》1990 年第 2 期。

许明炎:《索福克勒斯和曹禺的白日梦及其共识性》,《安庆师院社会科学学报》1990 年第 4 期。

李丛中:《曹禺创作启示录》,云南大学出版社,1990。

王德禄:《曹禺与易卜生——伦理批判与精神反叛的认同及离异》,《山西大学学报(哲学社会科学版)》1991 年第 1 期。

乔梁:《历史缄默中的存在——论奥尼尔对曹禺的影响》,《艺圃(吉林艺术学院学报)》1991 年第 1 期。

韩日新:《三、四十年代曹禺和夏衍的剧作比较》,《文学评论》1991 年第 2 期。

林启词:《沉沦・毁灭・升华——陈白露与茶花女悲剧意识的探视》,《广东民族学院学报(社会科学版)》1991 年第 2 期。

曹树钧:《论鲁迅思想对曹禺剧作的影响》,《戏剧艺术》1991 年第 4 期。

韩日新:《影响・借鉴・创新——论曹禺与外国戏剧》,《烟台师范学院学报(哲学社会科学版)》1991 年第 3 期。

孙燕:《浅谈娜拉与繁漪的悲剧形象》,《国外文学》1991 年第 3 期。

王强:《娜拉、繁漪形象比较谈》,《盐城师专学报(社会科学版)》1991 年第 3 期。

余力:《曹禺和奥斯特洛夫斯基——从〈雷雨〉谈起》,《外国文学研究》1991 年第 4 期。

张鹗:《对〈索福克勒斯和曹禺的白日梦及其共识性〉一文的几点不同意见》,《安庆师院社会科学学报》1991 年第 4 期。

万莹华:《爱的呼唤,美的毁灭——玛格丽特与陈白露比较》,《杭州师范学院学报(社会科学版)》1991 年第 5 期。

张凤武:《从〈雷雨〉到〈北京人〉——曹禺前期剧作风格转变论》,《新疆社科论坛》1991 年第 6 期。

黄爱华:《〈雷雨〉与〈群鬼〉——主题、人物、结构比较谈》,《浙江大学学报(社会科学版)》1992 年第 2 期。

王三炼:《蘩漪与伯莎:跨越时代和国界的同声相应者——〈雷雨〉与〈简・爱〉之比较研究》,《浙江师大学报》1992 年第 3 期。

陈思清:《〈雷雨〉与古希腊悲剧》,《昆明师专学报》1992 年第 3 期。

何祖健:《聂赫留朵夫与周朴园反省意识之比较》,《娄底师专学报》1992 年第 3 期。

庄浩然:《论曹禺和象征主义》,《福建师范大学学报(哲学社会科学版)》1992 年第

4期。

韩日新:《千姿百态的北国与江南的女性画廊——三、四十年代曹禺与夏衍剧作比较之二》,《艺术百家》1992年第4期。

周易:《〈原野〉与〈琼斯皇帝〉之比较》,《徐州师范学院学报》1993年第1期。

具洸范:《〈窦娥冤〉〈雷雨〉人物性格悲剧性之比较研究》,《求是学刊》1993年第1期。

曾广灿、许正林:《曹禺早期剧作的基督教意识》,《文史哲》1993年第1期。

龙泉明:《曹禺与基督教》,《荆州师专学报》1993年第1期。

杨中举:《〈北京人〉与〈樱桃园〉的契合》,《中国社会科学院研究生院学报》1993年第2期。

韩日新:《同一艺术渊源的不同开拓——〈蜕变〉与〈升官图〉比较》,《烟台师范学院学报(哲学社会科学版)》1993年第3期。

曹树钧:《论曹禺和莎士比亚的戏剧创作》,《艺术百家》1993年第4期。

任生名:《〈雷雨〉与〈群鬼〉——一个比较的再思考》,《中国比较文学》1994年第1期。

李万钧:《郭沫若曹禺戏剧的外来影响及民族化的比较》,《福建学刊》1994年第1期。

韩日新:《突破与超越——曹禺与洪深剧作比较》,《艺术百家》1994年第1期。

任晓娟:《〈俄狄浦斯王〉与〈雷雨〉比较观》,《重庆教育学院学报》1994年第1期。

曹树钧:《论中外戏剧艺术对曹禺剧作构思的影响》,《外国文学研究》1994年第3期。

韩日新:《婚恋戏剧的嬗变——从欧阳予倩、田汉到曹禺》,《艺术百家》1994年第4期。

马晖:《认同与重铸——〈雷雨〉与古希腊悲剧的比较》,《甘肃教育学院学报(哲学社会科学版)》1995年第1期。

宋宝珍:《通向欲望追求的悲剧历程——繁漪与爱碧之悲剧人生比较》,《戏剧文学》1995年第1期。

何祖健:《负心与反省同在　希望与怪圈并存——聂赫留朵夫与周朴园反省意识之比较》,《湖南大学社会科学学报》1995年第1期。

牛树青:《异曲同工　相得益彰——巴金曹禺创作之比较》,《淮阴师专学报》1995年第2期。

王兆胜:《鲁迅、巴金、曹禺家庭文学比较论》,《中国社会科学院研究生院学报》1995年第2期。

颜振奋:《曹禺与中外戏剧交流》,《中外文化交流》1995年第2期。

顾华详:《安娜、繁漪、阿比的爱情悲剧之比较》,《佳木斯教育学院学报》1995年第3期。

李树凯:《曹禺与斯格里勃和奥尼尔——再论〈原野〉是一部佳构剧》,《甘肃社会科学》1995年第4期。

胡格吉乐图:《论莎士比亚塑造人物的美学原则对曹禺剧作的影响》,《昭乌达蒙族师专学报(汉文哲学社会科学版)》1996年第1期。

董爱华、张献青:《昨夜星辰依然闪烁——繁漪安娜悲剧命运之比较》,《滨州教育学院学报》1996 年第 1 期。

范萍:《〈原野〉与〈麦克白〉——兼论曹禺对中国传统悲剧的突破》,《贵阳师专学报(社会科学版)》1996 年第 2 期。

曾春、高建新:《〈雷雨〉与〈大雷雨〉比较研究》,《齐鲁艺苑》1996 年第 2 期。

吕艺红:《有形与无形的冲突——〈天边外〉与〈原野〉之比较》,《外国文学研究》1996 年第 3 期。

陈立军:《影响与革新——〈雷雨〉和〈娜拉〉比较探折》,《贵州大学学报(社会科学版)》1996 年第 3 期。

张泗洋:《曹禺与莎士比亚——〈走向世界的曹禺〉读后》,《书城》1996 年第 4 期。

张明慧:《由〈《雷雨》序〉论曹禺跟外国戏剧之因缘》,《南通师专学报(社会科学版)》1996 年第 4 期。

杨昊:《易卜生艺术上的崇拜者——曹禺》,《北京教育学院学报》1996 年第 4 期。

王志明:《〈雷雨〉和〈群鬼〉的时空艺术比较》,《广西师院学报》1996 年第 4 期。

曹树钧:《论曹禺与〈红楼梦〉》,《红楼梦学刊》1996 年第 4 期。

刘锋杰:《从基督教精神研究曹禺的新开拓——读宋剑华的〈困惑与求索〉》,《社会科学战线》1996 年第 6 期。

郑丽娜:《〈雷雨〉与〈俄狄浦斯王〉两剧的悲剧主题和"情结"》,《辽宁教育学院学报》1996 年第 6 期。

段全林:《同中求异　异曲同工——〈日出〉、〈上海屋檐下〉、〈茶馆〉结构方式之比较》,《阅读与写作》1996 年第 8 期。

刘锋杰:《从基督教说曹禺》,《读书》1996 年第 12 期。

罗方敏:《心比天高,身为下贱,化作彩凤号昊天——曹禺剧本中的"二凤"评析》,《四川师范学院学报(哲学社会科学版)》1997 年第 1 期。

高友萍:《曹禺与契诃夫剧作之比较》,《南通师专学报(社会科学版)》1997 年第 1 期。

韩素梅、李曙豪:《曹禺早期悲剧借鉴中的异质表现》,《广西师范大学学报(自然科学版)》1997 年第 S1 期。

全克林:《爱碧与蘩漪:两个不屈的女性——〈榆树下的欲望〉与〈雷雨〉比较》,《广西师范大学学报(自然科学版)》1997 年第 S1 期。

周红、王伟:《一对自焚的凤凰——七巧和繁漪异同论》,《安徽教育学院学报(哲学社会科学版)》1997 年第 2 期。

龙兆修:《从〈悲悼〉和〈雷雨〉看奥尼尔对曹禺的影响》,《外国文学研究》1997 年第 3 期。

孙守让:《各擅其长　各臻其妙——〈雷雨〉〈茶馆〉戏剧结构之比较》,《中学语文》1997 年第 3 期。

王小璜:《试论中俄文学中两个妇女悲剧形象——繁漪和安娜之比较》,《中国文学研究》1997年第3期。

徐元容:《〈雷雨〉、〈日出〉、〈北京人〉比较》,《贵阳师专学报(社会科学版)》1997年第4期。

刘登阁:《恶之花:陈白露与娜娜比较——兼论中西文学中的妓女形象》,《西南民族学院学报(哲学社会科学版)》1997年第6期。

冯涛:《美国的悲剧与中国的悲剧——曹禺与奥尼尔的悲剧人物比较》,《戏剧》1998年第1期。

焦尚智(志):《曹禺剧作的诗意与莎士比亚悲剧》,载《中国话剧研究》第1期,文化艺术出版社,1990。

丁世平:《曹禺剧本中三个"多余人"形象之比较》,《牡丹江师范学院学报(哲学社会科学版)》1998年第1期。

冯青芬:《繁漪、安娜人物形象之比较——浅析个性解放的繁漪、安娜》,《青海师专学报》1998年第1期。

张献青:《昨夜星辰依然闪烁——繁漪安娜悲剧命运之比较》,《广西教育学院学报》1998年第S1期。

柯可:《曹禺与奥尼尔的理想追索》,《广东艺术》1998年第2期。

邓明灿:《〈雷雨〉和〈茶馆〉故事发展结局之比较》,《河南大学学报(社科版)》1998年第2期。

庞彦强:《借取东邻丝 巧织锦绣衣——论〈雷雨〉对〈群鬼〉的借鉴与超越》,《大舞台》1998年第2期。

王鸣剑:《〈打出幽灵塔〉与〈雷雨〉的人物比较》,《渝州大学学报(哲学·社会科学版)》1998年第2期。

孙淑芹:《异曲同工的旧家庭挽歌——比较分析曹禺笔下的周公馆和曾家》,《东疆学刊》1998年第3期。

夏岚:《从〈雷雨〉看创作剧中欧洲式悲剧的成立——着眼于剧中人物之死》,《戏剧艺术》1998年第3期。

罗明洲:《拨开重雾方见真——〈大雷雨〉与〈原野〉比较谈》,《玉林师专学报》1998年第4期。

何祖健:《〈俄狄浦斯王〉与〈雷雨〉艺术魅力探寻》,《戏剧艺术》1998年第4期。

宫玉静、齐子萍:《同途殊归:陈白露与玛格丽特形象之比较》,《山西师大学报(社会科学版)》1998年第4期。

薛伟:《〈日出〉和〈底层〉之比较》,《广东教育学院学报》1998年第4期。

黄彩文:《茅盾和曹禺比较论纲》,《河北学刊》1998年第5期。

旷剑敏:《〈呼啸山庄〉与〈雷雨〉环状结构之比较》,《湘潭师范学院学报(社会科学版)》

1998 年第 5 期。

王青:《追寻理想　探索命运——曹禺与奥尼尔戏剧之比较》,《江苏社会科学》1998 年第 6 期。

陈晓丹:《〈原野〉是对〈琼斯皇帝〉的模仿吗?》,《中国文学研究》1999 年第 1 期。

呼格吉乐图:《试析莎士比亚戏剧结构艺术对曹禺戏剧的影响》,《昭乌达蒙族师专学报(汉文哲学社会科学版)》1999 年第 1 期。

陈迪泳:《"雷雨"与"玩偶"殊途同归——论繁漪的抗争与娜拉的出走》,《鄂州大学学报》1999 年第 1 期。

叶齐华:《〈安娜·卡列尼娜〉和〈雷雨〉爱情描写特点比较》,《黄冈职业技术学院学报》1999 年第 1 期。

黄绮冰:《论〈日出〉和〈上海屋檐下〉创作方法的异同》,《福建广播电视大学学报》1999 年第 2 期。

宋剑华:《基督精神与曹禺戏剧的悲剧艺术》,《海南师院学报(社会科学版)》1999 年第 3 期。

宋剑华:《基督精神与曹禺戏剧的结构模式》,《荆州师范学院学报》1999 年第 4 期。

张军:《曹禺与奥尼尔悲剧观念之比较》,《戏剧》1999 年第 4 期。

周爱荣:《茅盾与曹禺笔下女性形象比较》,《黄河水利职业技术学院学报》1999 年第 4 期。

黄善明:《论二希文化精神对曹禺早期剧作的影响》,《镇江市高等专科学校学报》1999 年第 4 期。

徐文海、勾令民:《批判与重构——试论巴金、老舍、曹禺对家族文化的批判》,《内蒙古民族师院学报(哲学社会科学版)》1999 年第 4 期。

李琳:《关于娜斯塔西亚与陈白露形象的对比》,《解放军外国语学院学报》1999 年第 5 期。

张芳彦:《"莎士比亚化"的中国式创新——曹禺剧作的美学特征》,《华中师范大学学报(人文社会科学版)》1999 年第 6 期。

陆葆泰:《曹禺剧作魅力探源》,华东师范大学出版社,2000。

薛伟:《〈日出〉与〈底层〉结构艺术比较》,《江汉论坛》1999 年第 8 期。

何润芳:《爱恨悲歌中的希克历与仇虎——〈呼啸山庄〉与〈原野〉比较》,《成才》1999 年第 9 期。

何宇宏:《论契诃夫对曹禺戏剧形式的影响——思考之一:"生活化"的形式意义》,《长沙电力学院学报(社会科学版)》2000 年第 1 期。

石明圆:《比较视野中〈雷雨〉的原型世界》,《北华大学学报(社会科学版)》2000 年第 1 期。

缑广飞:《曹禺〈原野〉与奥尼尔〈琼斯皇〉之比较》,《陕西师范大学继续教育学报》2000

年第 2 期。

宋剑华:《基督精神与曹禺戏剧的博爱意识》,《涪陵师专学报》2000 年第 2 期。

黄爱华:《论易卜生、契诃夫对中国现实主义戏剧发展的影响》,《杭州师范学院学报(社会科学版)》2000 年第 2 期。

宋剑华:《基督精神与曹禺戏剧的原罪意识》,《文学评论》2000 年第 3 期。

韩素梅:《曹禺与易卜生戏剧语言的现代性体现》,《东方丛刊》2000 年第 3 期。

焦尚志:《曹禺与莎士比亚悲剧观念之比较》,《戏剧》2000 年第 4 期。

任燕:《曹禺戏剧创作的两座丰碑——〈雷雨〉和〈北京人〉之比较》,《陕西经贸学院学报》2000 年第 5 期。

何思玉:《"盗天火者"的悲剧——从曹禺"走向契诃夫"半途而废的教训说起》,《四川戏剧》2000 年第 5 期。

何宇宏:《论契诃夫对曹禺戏剧形式的影响》,《湖南社会科学》2000 年第 6 期。

王列耀:《基督教文化对中国现代戏剧悲剧意识建立过程的影响》,中国比较文学 2001 年第 1 期。

孙晓东:《〈榆树下的欲望〉与〈雷雨〉的比较》,《盐城师范学院学报(人文社会科学版)》2001 年第 1 期。

阎昆:《一部〈琼斯皇〉和它的四位中国学子》,《福建艺术》2001 年第 1 期。

翟瑞青:《精神家园的寻求与失落——论曹禺的〈雷雨〉和毕基初〈魔鬼的纸牌〉中的"母子恋爱"情结》,《武汉教育学院学报》2001 年第 2 期。

李乐平:《〈雷雨〉和〈茶馆〉故事结局之比较》,《安徽教育学院学报》2001 年第 2 期。

王本朝:《曹禺与基督教文化》,《常州工学院学报》2001 年第 3 期。

卢炜:《萨特和曹禺的戏剧程式比较》,《贵州师范大学学报(社会科学版)》2001 年第 3 期。

胡向华、黄志军:《两部自我毁灭的悲剧——〈送冰的人来了〉与〈日出〉主题思想之比较》,《天津外国语学院学报》2001 年第 3 期。

付建舟:《现代意识的烛照 历史精神的洞悉——郭沫若与曹禺的同名历史剧〈王昭君〉剖析》,《湖北成人教育学院学报》2001 年第 3 期。

袁联波:《夏衍与田汉、曹禺剧作情调比较分析》,《广西教育学院学报》2001 年第 4 期。

刘慧珍:《基督精神对曹禺早期剧作的影响》,《内蒙古民族大学学报(社会科学版)》2001 年第 4 期。

赖志明:《新时期读鲁贵和老包》,《辽宁师范大学学报》2001 年第 4 期。

杨晓瑜:《由驹子、陈白露形象比较川端康成与曹禺的悲剧意识》,《南都学坛》2002 年第 1 期。

李艳霞:《曹禺、奥尼尔与古希腊悲剧——《悲悼》和〈雷雨〉的比较分析》,《四川外语学院学报》2002 年第 1 期。

肖佩华:《曹禺剧作悲剧观与尤金·奥尼尔剧作悲剧观之比》,《韶关学院学报(社会科学版)》2002 年第 1 期。

郑萍:《牢笼中的困兽——试比较〈悲悼〉中的莱维妮娅和〈雷雨〉中的繁漪》,《四川戏剧》2002 年第 1 期。

王泓:《悲剧精神的一脉相承——论〈俄狄浦斯王〉与〈雷雨〉的命运主题》,《安徽农业大学学报(社会科学版)》2002 年第 1 期。

闫顺玲:《性格及命运——蘩漪、陈白露、愫方形象的比较分析》,《甘肃高师学报》2002 年第 1 期。

洪丽:《命运·担当·救赎——论〈俄狄浦斯王〉与〈雷雨〉的命运观》,《东方丛刊》2002 年第 1 辑。

黄玲:《内在悲剧与外在悲剧的完美融合——比较《哈姆雷特》与〈原野〉中莎士比亚与曹禺的人性探求》,《广西右江民族师专学报》2002 年第 2 期。

韩日新:《凤头、猪肚、豹尾的不同形态——曹禺与夏衍戏剧结构艺术比较》,《烟台师范学院学报(哲学社会科学版)》2002 年第 2 期。

王福和:《〈雷雨〉的希腊悲剧血统——兼与〈俄狄浦斯王〉比较》,《浙江工业大学学报(社会科学版)》2002 年第 3 期。

杨志艳、关杨:《对新女性存在的言说与思考——比较分析〈打出幽灵塔〉与〈雷雨〉中的新女性形象》,《辽宁教育学院学报》2002 年第 3 期。

梁巧娜:《论奥尼尔和曹禺戏剧意象的设计——奥尼尔和曹禺戏剧比较研究之一》,《广西右江民族师专学报》2002 年第 4 期。

彭耀春:《论曹禺与姚一苇》,《江苏社会科学》2002 年第 4 期。

王鸣剑:《〈打出幽灵塔〉与〈雷雨〉的人物比较》,《上海戏剧》2002 年第 5 期。

陈兴:《复仇:超时空的感应与对话——〈双城记〉、〈原野〉人物比较》,《忻州师范学院学报》2002 年第 5 期。

梁巧娜:《文明社会中的白日梦:原始崇拜——奥尼尔与曹禺戏剧比较研究之二》,《广西右江民族师专学报》2002 年第 5 期。

杜庆华:《论曹禺对奥尼尔悲剧观念的接受》,《云梦学刊》2002 年第 5 期。

梁巧娜:《论奥尼尔和曹禺悲剧中的"母性"特质——奥尼尔和曹禺戏剧比较研究之三》,《广西右江民族师专学报》2003 年第 1 期。

徐晓东、陈坚:《淡妆浓抹,各领风骚——曹禺、夏衍比较论》,《浙江艺术职业学院学报》2003 年第 1 期。

梁巧娜:家庭:《无法摆脱的梦魇——奥尼尔和曹禺戏剧比较研究之四》,《广西右江民族师专学报》2003 年第 2 期。

黄翠兰、翟雅丽:《托尔斯泰、曹禺艺术风格管窥》,《茂名学院学报》2003 年第 2 期。

何思玉、马小宁:《谈〈蔡文姬〉〈王昭君〉的现代生命》,《郭沫若学刊》2003 年第 3 期。

韩素梅:《曹禺和易卜生戏剧精神内涵的现代性表现》,《浙江艺术职业学院学报》2003年第4期。

汪树东:《曹禺悲剧与喜剧精神立场之比较研究》,《西南师范大学学报(人文社会科学版)》2003年第4期。

赖志明:《巴金、曹禺作品女性形象悲剧成因观——以鸣凤、四凤为例》,《求索》2003年第5期。

马宏:《曹禺与奥尼尔关系论》,《中州学刊》2003年第5期。

杜庆华:《灵魂的戏剧——论曹禺与奥尼尔的悲剧创作》,《云梦学刊》2003年第6期。

方平:《漫谈卞、曹两家的莎剧优秀译本》,《外国文学》2003年第6期。

杜庆华:《论曹禺与奥尼尔的悲剧观念》,《广西社会科学》2003年第8期。

朱凤华:《在困境中追求 在黑暗中毁灭——繁漪与陈白露形象之比较》,《柳州职业技术学院学报》2004年第1期。

刘建卫:《浅谈西方文化对曹禺话剧的影响》,《大同职业技术学院学报》2004年第2期。

童伟民:《〈雷雨〉与〈社会支柱〉》,《重庆教育学院学报》2004年第2期。

彭继媛:《论曹禺对奥尼尔悲剧观念的接受与扬弃》,《云南财贸学院学报(社会科学版)》2004年第3期。

刘芭:《陈白露是"堕落"的"娜拉"吗?》,《成都大学学报(社会科学版)》2004年第3期。

宁红芳:《〈雷雨〉与〈茶馆〉的比较研究》,《戏剧文学》2004年第3期。

母华敏:《一位绝代佳丽的文化命运遭际——谈三个王昭君的人物形象》,《渝西学院学报(社会科学版)》2004年第3期。

李娜:《自然性和社会性的冲突与较量——曹禺笔下悲剧女性周蘩漪和陈白露之比较》,《太原大学学报》2004年第4期。

徐伟、张志连:《论曹禺〈雷雨〉与古希腊悲剧之因缘》,《连云港师范高等专科学校学报》2004年第4期。

郭天奎:《论奥尼尔研究中的两种文化整体观——以〈榆树下的欲望〉为例》,《西南师范大学学报(人文社会科学版)》2004年第4期。

陈虹:《抗日战争中知识分子的心路历程——小议〈蜕变〉、〈法西斯细菌〉、〈岁寒图〉》,《艺术百家》2004年第4期。

黄水霞:《自我意识觉醒中的爱与恨——美狄亚与繁漪形象比较》,《固原师专学报》2004年第4期。

杨文华:《中国现实主义话剧与西方内向型戏剧》,《山西师大学报(社会科学版)》2004年第4期。

田开忠:《安娜与蘩漪形象差异再比较》,《牡丹江教育学院学报》2004年第5期。

车红梅:《中国现代文学中的"疾病情结"——以鲁迅、巴金、曹禺的创作为例》,《文艺争鸣》2005年第1期。

张鸿声:《榆树下与雷雨中——奥尼尔与曹禺的悲剧观念比较研究》,《北京联合大学学报(人文社会科学版)》2005年第1期。

黄爱华、陈漪:《复仇·情爱·原野——〈原野〉与〈呼啸山庄〉比较阅读》,《中国文学研究》2005年第1期。

王会霞:《爱恨交织下人性的扭曲——〈呼啸山庄〉与〈原野〉之比较》,《绥化学院学报》2005年第1期。

卢炜:《双向背驰——曹禺和奥尼尔的生成错位比较》,《艺术百家》2005年第2期。

袁国兴:《〈母〉与〈雷雨〉的比较——早期中国话剧的影响和生命力探寻》,《戏剧文学》2005年第2期。

刘研:《契诃夫与中国现代戏剧的"散文化"结构》,《戏剧文学》2005年第2期。

卫岭:《〈琼斯皇〉与〈原野〉中的表现主义》,《苏州大学学报》2005年第3期。

姜小凌:《论〈诗学〉对〈雷雨〉的影响》,《当代作家评论》2005年第3期。

邹永常:《曹禺与尼采》,《戏剧文学》2005年第3期。

李纾淇:《男性中心意识下的误读——对周蘩漪、曾树生认知错位的思考》,《渝西学院学报(社会科学版)》2005年第3期。

张兰生:《"娜拉现象"与〈雷雨〉》,《河北广播电视大学学报》2005年第4期。

卢炜:《奥尼尔与曹禺的轮回之比较》,《四川戏剧》2005年第5期。

张治国、张鸿声:《出入于现实与非现实之间——奥尼尔与曹禺悲剧观念比较论》,《孝感学院学报》2005年第5期。

李永强:《曹禺与巴金:〈家〉的戏剧与小说的比较》,《甘肃农业》2005年第10期。

聂俊:《凝重压抑与荒凉悲哀——曹禺、张爱玲家族情结之比较》,《荆门职业技术学院学报2006年第1期。

史晓婧:《悲歌·挽歌:《她们的世界——〈雷雨〉、〈金锁记〉女性形象比较》,《河南教育学院学报(哲学社会科学版)》2006年第1期。

蔡丹:《存在与困境——论〈天边外〉与〈原野〉主题的现代性与悲剧性》,《广西师范学院学报》2006年第S1期。

刘传霞:《他者与自我:从蘩漪到曹七巧》,《扬州大学学报(人文社会科学版)》2006年第1期。

韩日新:《现实主义戏剧在发展中的突破和超越——曹禺与洪深戏剧比较》,《烟台师范学院学报(哲学社会科学版)》2006年第2期。

付惠云:《诗与剧的高度融合——曹禺与郭沫若剧作比较谈》,《大同职业技术学院学报》2006年第3期。

刘广辉:《老舍、曹禺之悲喜剧》,《四川戏剧》2006年第3期。

刘同般:《一位绝代佳丽的文化命运遭际——三个王昭君人物形象比较谈》,《四川戏剧》2006 年第 3 期。

李敏洁:《荒原里绝望的复仇者——〈呼啸山庄〉与〈原野〉之比较》,《安庆师范学院学报(社会科学版)》2006 年第 3 期。

荆红艳:《由〈日出〉、〈雪国〉中主要人物形象比较——看曹禺与川端康成的悲剧意识》,《重庆工商大学学报(社会科学版)》2006 年第 4 期。

王玉华:《曹禺奥尼尔宗教意识形成动因探究》,《邢台学院学报》2006 年第 4 期。

秦朝晖:《出走堕落的娜拉——〈沉香屑・第一炉香〉与〈日出〉比较》,《太原师范学院学报(社会科学版)》2006 年第 4 期。

周杨林、欧阳柏霖:《安娜与蘩漪悲剧原因之比较》,《湖南第一师范学报》2006 年第 4 期。

张治国、张鸿声:《论尤金・奥尼尔与曹禺悲剧观念的趋同性——以〈榆树下的欲望〉、〈雷雨〉为例》,《湖北大学学报(哲学社会科学版)》2006 年第 5 期。

李儒国:《从娜拉到蘩漪窥透两个女性的悲剧命运》,《湖北广播电视大学学报》2006 年第 5 期。

汪义群:《曹禺与奥尼尔》,《奥尼尔研究》,上海外语教育出版社,(上海)2006 年 6 月版。

王凤霞:《近二十年来对曹禺戏剧的比较文学研究综述》,《广州大学学报(社会科学版)》2006 年第 6 期。

黄爱华:《曹禺与契诃夫,曹禺与奥尼尔》,《20 世纪中外戏剧比较论稿》,浙江大学出版社,2006 年 9 月版。

甄蕾:《犹斗的"困兽"同声的反抗——评说伯莎・梅森和繁漪》,《名作欣赏》2006 年第 14 期。

朱栋霖:《曹禺与西方戏剧》,《曹禺评说七十年》2007 年第 1 期。

张默瀚:《家的隐喻与拯救梦想的无奈——易卜生、曹禺人生际遇及其对生命终极关怀意识之比较》,《山东教育学院学报》2007 年第 1 期。

黄立华:《繁漪和七巧——两个现代文学女性形象的比较阅读》,《黄山学院学报》2007 年第 2 期。

秦燕春:《谁在人文上仓惶薄弱不堪大师?——〈雷雨〉对〈黄金甲〉高下立决》,《艺术评论》2007 年第 2 期。

陈英:《曹禺和奥尼尔的悲剧人生观比较》,《湘潭大学学报(哲学社会科学版)》2007 年第 3 期。

王玉华:《曹禺奥尼尔戏剧中的悲天悯人思想》,《邢台学院学报》2007 年第 4 期。

索晓海:《曹禺、沈从文原始主义倾向比较谈》,《戏剧文学》2007 年第 4 期。

周志艳:《古希腊悲剧的命题及其对后世的影响——〈俄狄浦斯王〉与〈雷雨〉之比较》,《戏剧文学》2007 年第 4 期。

方忠:《乱伦禁忌·性压抑·情的迷失——曹禺〈雷雨〉与欧阳子〈秋叶〉的对比阅读》,《中国文学研究》2007年第4期。

李文倩、刘津艳:《传统"母性"的放逐——从艾比和蘩漪看奥尼尔和曹禺悲剧中的"母性"塑造》,《廊坊师范学院学报》2007年第5期。

孔聪:《命运的悲歌——从命运观看〈俄狄浦斯王〉和〈雷雨〉的悲剧意识》,《济宁学院学报》2007年第5期。

王素珍:《以人文主义情怀诠释悲剧的精神内涵——莎士比亚对曹禺的影响与曹禺的审美观照》,《河南社会科学》2007年第5期。

张明珍:《困兽的斗——论爱碧和蘩漪悲剧的超时空魅力》,《沙洋师范高等专科学校学报》2007年第6期。

陈兴丽:《镀金的"黄金甲"——〈雷雨〉与〈满城尽带黄金甲〉之比较》,《艺术百家》2007年第6期。

赵秀丽:《〈罗密欧与朱立叶〉与〈雷雨〉诗性语言对比》,《辽宁行政学院学报》2007年第8期。

朱丹:《从〈原野〉看表现主义戏剧的心理真实——兼与〈琼斯皇〉比较》,《安徽文学(下半月)》2007年第8期。

谢坚:《桎梏中的"突围"——曹禺的〈雷雨〉与白薇的〈打出幽灵塔〉比较研究》,《社科纵横》2007年第9期。

索晓海:《麦克白与仇虎的谋杀》,载外国文学研究编辑部编《"湖北作家与外国文学"全国学术研讨会论文集》,长江文艺出版社,2007。

毛凌滢:《论〈雷雨〉与〈俄狄浦斯王〉中的乱伦母题及伦理命运观》,载外国文学研究编辑部编《"湖北作家与外国文学"全国学术研讨会论文集》,长江文艺出版社,2007。

蔡年华、王青:《论曹禺和钱钟书的"围城"世界之比较》,《甘肃社会科学》2008年第1期。

谢满兰:《以文学和以舞台表演为取向的剧本翻译的差异——对比〈罗密欧与朱丽叶〉的两个中译本》,《广东教育学院学报》2008年第1期。

李康仁:《韩中曹禺研究比较》,《中文自学指导》2008年第1期。

王爱红:《周朴园与卡列宁性格复杂性之比较》,《四川职业技术学院学报》2008年第1期。

孙晓燕:《曹禺和奥尼尔剧作中的表现主义主题比较》,《内蒙古大学艺术学院学报》2008年第3期。

陈佳冀:《拒斥中的两极悖反——试比较〈雷雨〉、〈骆驼祥子〉中"原罪—救赎"文化观念的不同表征呈现》,《河北理工大学学报(社会科学版)》2008年第3期。

王音洁:《百年尘埃中的女性影像——〈雷雨〉与〈金锁记〉中的女性分析》,《文化艺术研究》2008年第3期。

杨淑慧:《相同的心路历程,不同的悲剧结局——〈觉醒〉与〈雷雨〉女性意识探析》,《西南民族大学学报(人文社科版)》2008年第S3期。

万海洋:《向生命深处的进逼——〈琼斯皇〉对中国现代主义戏剧的影响》,《前沿》2008年第3期。

孙兆恒:《从〈北京人〉看曹禺对契诃夫戏剧的借鉴》,《山西大同大学学报(社会科学版)》2008年第4期。

王素珍:《论易卜生对曹禺戏剧观的影响》,《中州学刊》2008年第5期。

黄运亭:《论班吉和白傻子形象的相似性和个性差异》,《中州学刊》2008年第5期。

王俊虎:《生命体验与革命狂欢——曹禺与老舍戏剧比较研究之一》,《延安大学学报(社会科学版)》2008年第6期。

黄赤强、张育琴:《东、西方两位"另类"作家——曹禺和劳伦斯人生哲学观之比较》,《新余高专学报》2008年第6期。

刘白:《〈雷雨〉与〈榆树下的欲望〉的互文性研究》,《湖北经济学院学报(人文社会科学版)》2008年第6期。

李大为:《抒情性和诗性意蕴的增进——略论契诃夫对曹禺风格转型的影响》,《发展》2008年第7期。

程建梅:《论宗教对中西剧作家的影响——分析曹禺与奥尼尔的剧作》,《黑龙江科技信息》2008年第23期。

黄幼岚:《对曹禺、奥尼尔戏剧的比较文学研究综述》,载福建省外国语文学会编《福建省外国语文学会2008年年会论文集》,2008。

曹迪:《从"原罪"走向"救赎"——浅析〈雷雨〉与〈施洗的河〉》,《辽宁师专学报(社会科学版)》2009年第1期。

董晓:《关于契诃夫戏剧在中国的影响》,《南京大学学报(哲学·人文科学·社会科学版)》2009年第1期。

王俊虎:《诗化戏剧与小说化戏剧——曹禺与老舍戏剧比较研究之二》,《延安大学学报(社会科学版)》2009年第1期。

王玉华:《奥尼尔曹禺戏剧中基督教象征意蕴》,《邢台学院学报》2009年第1期。

张璇:《共同家庭悲剧下迥异的伦理意识及救赎——〈榆树下的欲望〉与〈雷雨〉的比较研究》,《海南师范大学学报(社会科学版)》2009年第S1期.

任海峰:《徐曼丽和陈白露形象之比较》,《小说评论》2009年第S1期.

李大为:《形式的探索与人物深层的心理的开掘——试论奥尼尔对曹禺创作风格的影响》,《戏剧文学》2009年第2期。

徐群晖:《论曹禺与莎士比亚戏剧的深层关联》,《文学评论》2009年第2期。

王俊虎:《都市风情线与世态风俗画——曹禺与老舍戏剧比较研究之三》,《戏剧文学》2009年第2期。

胡笑梅:《〈榆树下的欲望〉和〈雷雨〉原型叙事结构之比较》,《四川教育学院学报》2009年第2期。

王永恩:《此岸和彼岸——契诃夫与曹禺剧作主题之比较》,《俄罗斯文艺》2009年第3期。

吴俊峰:《小说〈家〉与戏剧〈家〉的比较》,《安徽电子信息职业技术学院学报》2009年第4期。

刘静:《曹禺对契诃夫戏剧的借鉴——以〈北京人〉为例》,《山西煤炭管理干部学院学报》2009年第4期。

崔俊勇:《曹禺与易卜生家庭剧中出走主题探微》,《广东农工商职业技术学院学报》2009年第4期。

晏亮、陈春生:《"殊途","同归"——曹禺与赛珍珠宗教观之探析》,《长春工程学院学报(社会科学版)》2009年第4期。

王琴琳:《剧作家性别差异对女性形象塑造的影响——比较分析〈打出幽灵塔〉和〈雷雨〉》,《时代文学(双月上半月)》2009年第5期。

冯奕:《摄取光华,增添异彩——试析曹禺对莎剧诗意化形象塑造的借鉴》,《安徽文学(下半月)》2009年第8期。

贾林逸:《西丝和愫方形象比较》,《文学教育(下)》2009年第8期。

陈国华:《基督教文化和古希腊悲剧对〈雷雨〉的神秘命运色彩影响探微》,《名作欣赏》2009年第12期。

黄大军:《现代启蒙视域中传统女性的审美困境——比较瑞珏与愫方的形象内涵》,《名作欣赏》2009年第20期。

库慧君:《走向"崇高"之境——曹禺的悲剧意识与奥尼尔剧作》,《文化艺术研究》2010年1月第1期。

沈万顺:《共同的意义传播空间:诗性美——契诃夫现实主义诗化形态对曹禺风格转型的影响》,《四川戏剧》2010年第2期。

周学芳:《论曹禺戏剧中的三个女性形象》,《现代语文(文学研究版)》2010年第3期。

郭秀平:《女性爱情的救赎与反叛——比较〈苔丝〉与〈雷雨〉》,《内蒙古电大学刊》2010年3期。

张云虹:《李颜与蘩漪比较研究——兼论老舍和曹禺对妇女解放之路的不同探索》,《呼伦贝尔学院学报》2010年第3期。

李伟民:《追求真善美之永恒——曹禺对中国莎学的卓越贡献兼及中国莎剧演出》,《汉语言文学研究》2010年第3期。

韩日新:《曹禺与陈白尘历史剧比较》,《鲁东大学学报(哲学社会科学版)》2010年第4期。

胡亮宇、侯业智:《试论莎士比亚对曹禺早期戏剧创作的影响》,《海南师范大学学报

（社会科学版）》2010 年第 4 期。

王澄霞：《借得西江水　催开东苑花——曹禺〈日出〉与小仲马〈茶花女〉之比较》，《扬州大学学报（人文社会科学版）》2010 年第 4 期。

王玉华：《曹禺奥尼尔剧作中的黑暗世界与理想国》，《邢台学院学报》2010 年第 4 期。

周春雨：《曹禺剧作与莎士比亚四大悲剧》，《戏剧之家（上半月）》2010 年第 6 期。

左边：《宗教文化视域中的曹禺戏剧创作》，《文学教育（中）》2010 年第 5 期。

王俊虎、刘兴：《基督教与曹禺早期戏剧创作关系新探》，《石家庄学院学报》2010 年第 5 期。

周燕：《论〈俄狄浦斯王〉与〈雷雨〉的比较》，《现代语文（文学研究版）》2010 年。

吴童：《论希腊悲剧与〈雷雨〉的命运观》，《长城》2010 年第 2 期。

王丽丽：《人的悲剧性宿命及态度——曹禺和钱钟书文学创作思想比较之一》，《大众文艺》2010 年第 6 期。

张高杰：《立体·全景·综合——评王俊虎〈老舍和曹禺比较研究〉》，《宝鸡文理学院学报（社会科学版）》2010 年第 6 期。

张慧：《鲜明与生动的北国和江南女性人物画廊——曹禺和夏衍的剧作比较》，《科教导刊（中旬刊）》2010 年第 7 期。

王丽丽：《孤独与精神隔膜——曹禺和钱钟书文学创作思想比较之一》，《今日南国（中旬刊）》2010 年第 7 期。

郑萍萍：《〈榆树下的欲望〉与〈雷雨〉象征主义手法的比较》，《福建论坛（人文社会科学版）》2010 年第 S1 期。

刘振生：《“梅红樱粉”背后的腐化——读曹禺〈雷雨〉与石川达三〈敞开的门〉》，《作家》2010 年第 12 期。

董冶：《希腊神话原型对曹禺前期剧作中女性形象的影响》，《吉林省教育学院学报（学科版）》2010 年第 12 期。

牛培丽：《奥尼尔与曹禺笔下的女性形象比较》，《飞天》2010 年第 18 期。

余迎胜：《植根于民族性的经典移植——论〈雷雨〉对〈群鬼〉的借鉴与超越》，《长江学术》2011 年第 1 期。

黄幼岚：《对曹禺和奥尼尔戏剧的比较文学研究述评》，《江苏技术师范学院学报》2011 年第 1 期。

余迎胜：《植根于民族性的经典移建——论〈雷雨〉对〈群鬼〉的超越》，《长江学术》2011 年第 1 期。

康鑫：《析郭沫若与曹禺的史剧〈王昭君〉》，《郭沫若学刊》2011 年第 2 期。

闻菲：《谈〈雷雨〉与外国文学》，《辽宁师专学报（社会科学版）》2011 年第 2 期。

孙翀：《堕落与拯救——曹禺张爱玲的形上思索》，《中共济南市委党校学报》2012 年第 2 期。

周庆熙:《试析莎士比亚〈哈姆雷特〉与曹禺〈雷雨〉的特点》,《文学界(理论版)》2011年第3期。

李清霞:《老舍与曹禺研究领地的新突破与新拓展——评王俊虎〈老舍与曹禺比较研究〉》,《榆林学院学报》2011年第3期。

吴新平:《专重于现世——曹禺戏剧与佛教文化》,《戏剧文学》2011年第4期。

赵怀俊:《中国同代作家比较研究的一部力作——评王俊虎〈老舍与曹禺比较研究〉》,《安康学院学报》2011年第3期。

王俊虎:《耶佛并尊与弃佛从耶——老舍与曹禺宗教观比较论》,《延安大学学报(社会科学版)》2011年第4期。

黄赤强、张育琴:《两个另类的"多余人"——〈儿子与情人〉中的保罗和〈雷雨〉中周萍之比较》,《湖南社会科学》2011年第4期。

尹青峰、肖向东:《"不和谐"的家庭出路何在——论奥尼尔与曹禺戏剧中的救赎精神》,《常州工学院学报(社科版)》2011年第4期。

刘晓蕾:《契诃夫静态美学特征对曹禺戏剧的影响》,《常州工学院学报(社科版)》2011年第4期。

赵莉:《曹禺前期剧作与奥尼尔剧作比较分析》,《神州》2011年第5期。

朱智秀:《走向生命与文化的深层——评王俊虎〈老舍与曹禺比较研究〉》,《渭南师范学院学报》2011年第5期。

郭超:《异曲同工　绽放光彩——试论曹禺与夏衍的戏剧创作比较》,《青年作家(中外文艺版)》2011年第6期。

郭怀玉:《曹禺〈雷雨〉、〈日出〉与无锡关系摭谈》,《中国现代文学研究丛刊》2011年第11期。

高月娟:《同一个时代不同的女性——曹禺和夏衍剧作中女性形象研究》,《名作欣赏》2011年第17期。

刘于飞:《〈家〉和〈雷雨〉中少爷与丫环的爱情》,《语文教学与研究》2011年第32期。

吴星梅:《英汉称谓语的社会语用对比分析——以〈雷雨〉和〈芭巴拉少校〉为例》,《考试周刊》2011年第43期。

彭新萍:《曹禺女性形象的悲剧必然性——繁漪与陈白露的比较分析》,《青年文学家》2012年第3期。

秦燕燕:《〈榆树下的欲望〉和〈雷雨〉中人物的欲望悲剧比较》,《华北水利水电学院学报(社科版)》2012年第4期。

孙丽艳:《〈悲悼〉与〈雷雨〉之比较——谈两部剧作中的文化差异》,《语文学刊》2012年第6期。

吕玉梅:《反抗命运的女性悲歌——〈榆树下的欲望〉中的爱碧与〈雷雨〉中的蘩漪形象比较》,《山花》2012年第8期。

郭聪:《“家”的梦魇——试分析比较曹禺与巴金笔下的“家”》,《群文天地》2012 年第 11 期。

王玉华:《曹禺与奥尼尔简论》,《邢台学院学报》2012 年第 4 期。

宋绍香:《曹禺剧作在国外》,《中国新文学 20 世纪域外传播与研究》,学苑出版社,2012。

申丽红:《〈红字〉和〈雷雨〉女主人公比较研究》,《芒种》2012 年第 20 期。

李大勇:《生存困境与精神契合——〈城堡〉与〈在酒楼上〉、〈围城〉、〈雷雨〉比较》,《淮海工学院学报(人文社会科学版)》2012 年第 24 期。

王咏君:《比较:莎士比亚与曹禺的悲剧女性观——兼析〈哈姆雷特〉和〈雷雨〉中的女性人物》,《青年文学家》2012 年第 26 期。

卢晓:《“婚后恋”,复调的人生——浅议〈爱,是不能忘记的〉〈封锁〉〈雷雨〉中人的生存尴尬》,《名作欣赏》2012 年第 27 期。

詹虎、赵学斌、于立得:《尤金·奥尼尔戏剧象征艺术研究》,中国戏剧出版社,2013。

姜翼飞:《浅谈曹禺戏剧中男女形象对比所体现出的女性意识》,《吉林省教育学院学报(中旬)》2013 年第 2 期。

邓黛:《从命运的悲剧到文化的悲剧——对〈雷雨〉与〈北京人〉中悲剧情怀的比较研究》,《解放军艺术学院学报》2013 年第 2 期。

朱琼仙:《从老鼠说起——巴金〈寒夜〉与曹禺〈北京人〉中老鼠意象内涵的比较分析》,《牡丹江大学学报》2013 年第 4 期。

康长安:《浅议人物形象塑造在电影与歌剧中的异同——以〈雷雨〉中的周萍为例》,《作家》2012 年第 4 期。

孙慧春:《〈雷雨〉与〈榆树下的欲望〉——渊源、接受、本土化》,《科技信息》2013 年第 4 期。

陈昌友:《是杰作还是捷径?——〈茶馆〉、〈雷雨〉比较谈》,《文化学刊》2013 年第 4 期。

张小荣:《悲剧意味与结构化用——〈雷雨〉对〈俄狄浦斯王〉的继承与超越》,《四川戏剧》2013 年第 7 期。

白琦峰:《论中俄两国〈雷雨〉的异同》,《参花(下)》2013 年第 9 期。

左兆玉、陈庆华:《马致远〈汉宫秋〉与曹禺〈王昭君〉戏剧情境比较研究》,《现代妇女(下旬)》2013 年第 9 期。

陈晓:《浅析夏衍戏剧同曹禺戏剧的差异性》,《现代语文(学术综合版)》2013 年第 10 期。

黄卫增:《曹禺对契诃夫戏剧的继承与创新——以〈北京人〉与〈樱桃园〉的比较为例》,《现代语文(学术综合版)》2013 年第 10 期。

安学珍:《论〈俄狄浦斯王〉和〈雷雨〉中的异质文化原欲母题》,《参花(下)》2013 年第 12 期。

刘俊菲:《〈呼啸山庄〉与〈雷雨〉中的窗意象比较研究》,《青年文学家》2013 年第 26 期。

田甜:《曹禺与莎士比亚作品翻译》,《芒种》2014 年第 6 期。

赵素花:《尤金·奥尼尔与曹禺戏剧创作中的女性悲剧意识刍议——以〈榆树下的欲望〉与〈雷雨〉为例》,《鸡西大学学报》2014 年第 10 期。

李竹筠:操《控与失控:从〈雷雨〉到〈霜降〉》,《柳州师专学报》2014 年第 3 期。

耿宇:《论〈雷雨〉对〈野鸭〉的承继与创新》,《德州学院学报》2014 年第 S2 期。

任洁敏:《从平行研究角度浅析〈哈姆雷特〉与〈雷雨〉的悲剧主题》,《文教资料》2014 年第 28 期。

马竹清:《婚姻道德和情爱人性的悲歌——浅谈〈雷雨〉〈大雷雨〉》,《戏剧之家》2014 年第 14 期。

刘玲:《〈雷雨〉与〈群鬼〉婚恋关系比较》,《牡丹江大学学报》2014 年第 2 期。

肖四新、邓云璐:《论〈简·爱〉和〈雷雨〉中疯女人的蜕变》,《湛江师范学院学报》2014 年第 2 期。

温松峰:《波涛和雷雨中的觉醒与幻灭——〈觉醒〉与〈雷雨〉女主人公之比较研究》,《华北水利水电大学学报(社会科学版)》2014 年第 3 期。

王征:《〈雷雨〉中的死与生——曹禺戏剧中的基督宗教元素》,《中国宗教》2014 年第 8 期。

杨波:《〈俄狄浦斯王〉与〈雷雨〉悲剧命运比较》,《语文学刊》2014 年第 10 期。

苑文波:《论曹禺〈原野〉对奥尼尔〈琼斯皇〉的接受》,《中南财经政法大学研究生学报》2015 年第 1 期。

高宝宝:《〈雷雨〉与〈俄狄浦斯王〉中"母亲"形象比较研究》,《鸭绿江(下半月版)》2015 年第 1 期。

阮学云、刘吉宁:《论曹禺对易卜生戏剧的选择性接受》,《南昌航空大学学报(社会科学版)》2015 年第 1 期。

樊杨梅:《从〈俄狄浦斯王〉、〈雷雨〉看"命运观"主题的承接与延展》,《钦州学院学报》2015 年第 1 期。

蒋红卫:《灵魂的失乐园——从〈边城〉到〈雷雨〉》,《荆楚学术论丛》2015 年第 1 期。

朱嘉慧:《莎士比亚剧作与曹禺话剧意识的形成》,《剧作家》2015 年第 2 期。

景晓君:《从〈雷雨〉对〈俄狄浦斯王〉的继承与发展看〈雷雨〉的艺术魅力》,《齐齐哈尔师范高等专科学校学报》2015 年第 2 期。

管玲玲:《曹禺〈北京人〉和契诃夫〈樱桃园〉的差异性研究》,《合肥工业大学学报(社会科学版)》2015 年第 4 期。

马莉娜:《〈俄狄浦斯王〉和〈雷雨〉的比较研究》,《鸭绿江(下半月版)》2015 年第 5 期。

陈蜓:《浅析曹禺和钱钟书的"围城"世界之比较》,《智富时代》2015 年第 6 期。

彭婷:《〈榆树下的欲望〉和〈雷雨〉的悲剧观念之比较研究》,《戏剧之家》2015 年第

7 期。

杨经建:《“悲凉之雾,遍被华林”——对〈红楼梦〉和〈雷雨〉悲剧品质的存在论解读》,《暨南学报(哲学社会科学版)》2015 年第 8 期。

周坤:《取金丝而织衣——〈雷雨〉和〈群鬼〉的比较分析》,《新闻世界》2015 年第 11 期。

徐敏:《对〈家〉的解读——巴金〈家〉与曹禺〈家〉之比较》,《佳木斯职业学院学报》2015 年第 11 期。

王天璐:《浅析亚里士多德〈诗学〉的悲剧理论——以〈雷雨〉为例》,《青年文学家》2015 年第 12 期。

蔡骏:《象征主义在曹禺〈雷雨〉和易卜生〈群鬼〉中的应用分析》,《学园》2015 年第 24 期。

倪思然:《跨越时空的阈限——〈罗密欧与朱丽叶〉与〈雷雨〉悲剧艺术比较研究》,《戏剧之家》2015 年第 24 期。

朱蔚青:《易卜生〈群鬼〉与曹禺〈雷雨〉的结局比较》,《文学教育(上)》2016 年第 2 期。

周海云:《曹禺与契诃夫戏剧语言艺术的比较》,《安顺学院学报》2016 年第 2 期。

马蕊:《中国式俄狄浦斯神话——比较〈雷雨〉与〈心经〉》,《山花》2016 年第 4 期。

亓萌萌:《试论传统戏剧与后现代主义戏剧的异同——〈雷雨〉与〈恋爱中的犀牛〉之比较》,《戏剧之家》2016 年第 5 期。

董建雄:《〈雷雨〉两版本的比较及成因研究》,《湖州师范学院学报》2016 年第 5 期。

王欢:《浅探〈红楼梦〉〈雷雨〉中语用模糊运用》,《海外英语》2016 年第 5 期。

李春艳:《曹禺与契诃夫戏剧的比较分析——以〈北京人〉与〈樱桃园〉为例》,《中国民族博览》2016 年第 7 期。

华晓雯、方静:《一个昭君,两种命运——以马致远〈汉宫秋〉、曹禺〈王昭君〉为例》,《语文学刊》2016 年第 8 期。

徐群晖:《曹禺与莎士比亚戏剧的病态心理美学比较》,《中国现代文学研究丛刊》2016 年第 8 期。

姬珍珍、朱敏:《〈简爱〉中简爱和〈雷雨〉中蘩漪的形象对比》,《文学教育(下)》2016 年第 10 期。

杨经建:《〈红楼梦〉与〈雷雨〉:古今文学经典的现代性遇合——在存在论语境中阐释》,《社会科学》2016 年第 11 期。

李红霞:《迥异宗教文化范式下的人类“欲望”悲剧——〈榆树下的欲望〉与〈雷雨〉的对比研究》,《电影评介》2016 年第 16 期。

罗茜莎:《曹禺对易卜生的借鉴和超越——以〈娜拉〉和〈雷雨〉为例》,《青年文学家》2016 年第 18 期。

李泽文:《悲剧婢女形象对比——以〈家〉中的鸣凤和〈雷雨〉中四凤为例》,《现代语文(学术综合版)》2017 年第 1 期。

杨天姣:《对比分析〈雷雨〉与〈俄狄浦斯王〉中的悲剧命运》,《西部皮革》2017 年第 2 期。

刘萃、谢世坚:《莎剧和曹禺戏剧的移就对比研究》,《西南科技大学学报(哲学社会科学版)》2017 年第 2 期。

马天娇:《"蛮性的遗留"与"原始的强力"——曹禺、路翎原始情结比较谈》,《广西教育学院学报》2017 年第 3 期。

张青:《论威廉·阿契尔戏剧理论中的戏剧性——以易卜生和曹禺为例》,《戏剧之家》2017 年第 4 期。

付兰、李彦武:《话剧〈雷雨〉不同舞台演出版本的阶段演化性特征》,《当代戏剧》2017 年第 4 期。

严政扬:《浅析〈俄狄浦斯王〉与〈雷雨〉的联系与差异》,《戏剧之家》2017 年第 7 期。

杨天姣:《无法逃避的命运之魔——从人物角度对比分析〈雷雨〉与〈俄狄浦斯王〉》,《山西青年》2017 年第 9 期。

严芬:《从〈俄狄浦斯王〉和〈雷雨〉中看天命论》,《学园》2017 年第 10 期。

顾新苗:《曹禺剧作〈家〉与巴金同名小说异同解读》,《报刊荟萃》2017 年第 11 期。

沈坤林、汪红霞:《用"比较"抵达审美深处——以〈雷雨〉节选为例》,《湖北教育(教育教学)》2017 年第 12 期。

赵慧琳、张之燕:《鲜花红似雨,盈盈有泪滴——试论〈哈姆雷特〉奥菲丽娅与〈雷雨〉四凤的悲剧命运》,《名作欣赏》2017 年第 17 期。

王车力格尔:《平行研究下的曹禺与易卜生:出走的女性形象》,《青年文学家》2017 年第 18 期。

李思源:《曹禺和夏衍的戏剧特色比较分析》,《青年文学家》2017 年第 29 期。

葛欣:《曹禺与沈从文作品中男性形象的"蛮性"比较》,《牡丹》2017 年第 36 期。

曹树钧:《论〈红楼梦〉与曹禺〈北京人〉的艺术创造》,《汉语言文学研究》2018 年第 1 期。

林美芳:《〈雷雨〉与〈画中情思〉中的女性主人公形象比较——兼及中泰两国文学作品中女性文化性格差异探究》,《黑河学刊》2018 年第 1 期。

汪余礼:《曹禺〈雷雨〉与易卜生〈野鸭〉的深层关联》,《戏剧(中央戏剧学院学报)》2018 年第 3 期。

孙晴:《从巴金〈激流三部曲〉到曹禺〈家〉——论觉新形象的变化和发展》,《太原城市职业技术学院学报》2018 年第 8 期。

于婷婷:《异文化背景下的管家形象——以〈长日留痕〉中的史蒂文斯和〈雷雨〉中的鲁贵为例》,《安徽文学(下半月)》2018 年第 9 期。

滕志雪:《〈俄狄浦斯王〉中伊俄卡斯忒形象和〈雷雨〉中鲁侍萍形象对比》,《青年文学家》2018 年第 9 期。

万佳唯、赵亚珉、万春雨:《从〈原野〉〈琼斯皇〉的比较看曹禺对奥尼尔的借鉴与超越》,《安徽文学(下半月)》2018年第10期。

张晓倩:《灵魂当归何处:浅析〈红字〉与〈雷雨〉中的女性反叛》,《青年文学家》2018年第11期。

高航:《结合亚里士多德的悲剧理论浅析〈雷雨〉的创作特点》,《戏剧之家》2018年第18期。

宋雨婷:《浅析中国的戏曲与舞台的话剧之区别——以黄梅戏、话剧〈雷雨〉为例》,《戏剧之家》2018年第23期。

闫孝银:《〈俄狄浦斯王〉与〈雷雨〉之比较分析》,《传播力研究》2018年第24期。

王美玲、陈洪:《浅析〈榆树下的欲望〉与〈雷雨〉的异同》,《青年文学家》2018年第35期。

七、海外研究

(一)日韩

土居治:《曹禺论》,陈颖艳译,《中国文学月报》第22期1937年1月。

冈崎俊:《曹禺的戏剧史》,李明韵译,《剧作》第十七号1948年1月。

目加田诚:《曹禺的戏剧》,蔡晓辉译,《文学研究》,九州大学,1951年11月。

佐藤一郎:《关于曹禺的〈雷雨〉》,陈颖艳译,《三田文学》1951年6月第41卷第2期。

佐藤一郎:《骷髅架起的天梯——曹禺的〈日出〉》,陈颖艳译,《三田文学》1951年8月第41卷第4期。

佐藤一郎:《古陶与黄土之子——曹禺的〈北京人〉》,李明韵译,《三田文学》1951年9月第41卷第5期。

影山三郎:《一部值得惊异的杰作——论〈雷雨〉的艺术魅力》(本文即日版《雷雨》的译后记,1953年版)。

佐藤一郎:《曹禺》,李明韵译,《现代中国作家》,和先社1954年7月版。

大芝孝:《新旧版〈雷雨〉的比较研究〉,《神户外大论丛》1956年6月第7卷第1—3号。

中国学研究室:《再评〈雷雨〉》,蔡晓辉译,《人文研究》(大阪市立大学)1956年7月第7—8号。

宅间园子:《曹禺〈雷雨〉的悲剧性与社会性——以人物关系的展开和悲剧性手法为中心》,李明韵译,《中国文艺座谈会笔记》1963年12月第14辑。

大芝孝:《曹禺的新作》,李明韵译,《神户外大论丛》1965年8月第16卷第3号。

芦田肇:《中国的小市民——聚焦曹禺〈日出〉》,戴焕译,《近代中国的思想和文学》,大安株式会社,1967。

目下顺二:《曹禺的资质》,戴焕译,《现代中国文学》第6期,河出书房新社1971年12月。

名和又介:《〈雷雨〉笔记》,李明韵译,《野草》1974 年 4 月 20 日第 14、15 期合刊。

井波律子:《论〈雷雨〉——探寻原像》,戴焕译,《金泽大学教养部论集·人文科学篇》1978 年 3 月第 15 辑。

饭塚容:《近年的〈北京人〉》,戴焕译,《东京都立大学人文学报》1982 年 3 月 31 日第 156 号。

饭冢容:《奥尼尔·洪深·曹禺——奥尼尔在中国的影响》,叶一木译,《云南师范大学学报(哲学社会科学版)》1987 年第 1 期。

牧阳一:《基督教式的悲剧——曹禺的〈雷雨〉〈日出〉和〈原野〉》,戴焕译,《日本中国学会报》1990 年 10 月第 42 辑。

阿部幸夫:《曹禺研究断想》,《作为演剧人的曹禺研究断想》,实践女子大学编《实践女子大学纪要》1992 年第 34 卷。

阿部幸夫:《〈正在想〉溯源考察:"笑剧"肚子里的填充物——从墨西哥民俗演剧到曹禺戏剧的道路》,崔颖译,《文学与文化》2010 年第 4 辑。

饭塚容:《曹禺的〈家〉和吴天的〈家〉》,陈颖艳译,《野草》1992 年 8 月第 50 号。

白井启介:《曹禺戏剧的舞台指示——从〈日出〉到〈北京人〉》,李木子译,《文学部纪要》第 8 卷,文教大学,1994 年 12 月。

今井敬子:《曹禺〈雷雨〉中的人称代名词——从语言角度验证人物关系》,柴佳译,《人文论集》第 48 卷第 1 号,静冈大学人文学部,1997 年 7 月。

白井启介:《〈北京人〉人物形象小考——探索袁圆真切形象》,《纪念曹禺百周年国际研讨会论文集》2012 年 10 月。

铃木直子:《曹禺与日本》,《演剧映像学:演剧博物馆グローバルCOE 纪要》2010 年第 2 期。

牧阳一:《曹禺与厨川白村》,田本相、邹红主编《海外学者论曹禺》,广西师范大学出版社,2014。

饭塚容:《日本曹禺研究史简介》,田本相、邹红主编《海外学者论曹禺》,广西师范大学出版社,2014。

吉田幸夫:《曹禺简介》,蔡晓辉译,田本相、邹红主编《海外学者论曹禺》,广西师范大学出版社,2014。

坂野学:《关于曹禺〈王昭君〉中的孙美人》,马明月译,《函馆大学论究》第 47 卷,函馆大学论究委员会,2016 年 3 月。

伊藤巴子:《纪念曹禺先生》,出处不明。

内山鹑:《曹禺:爱和激情的戏剧——他的三大剧本〈雷雨〉〈日出〉〈北京人〉》,出处不明。

韩相德:《曹禺剧作在韩国》,《戏剧(中央戏剧学院学报)》1995 年第 3 期。

赵浚熙:《试论曹禺的家族文化意识》,田本相、刘绍本、曹桂方主编《曹禺研究论集》,花山文艺出版社,1998。

姜贞爱:《〈日出〉与基督教精神》,《苏州大学学报》2002 年第 1 期。

김명순:“Cao Yu’s《champaign》and‘Primitive Power’”,중어중문학(中语中文学)2011 年第 50 卷。

申振浩:“Revaluation of Cao Yu’s histories Dan Jian Pian”,중국어문학논집(中国语文学论集)2015 年第 92 期。

罗敏球、陆蒙:*Rhetorical Analysis of lines of Zhou Ping, main character of Leiyu*(雷雨),*written by Cao Yu*(曹禺),중국학연구(*The Journal of Chinese Studies*)2016 年第 77 卷。

김명순:*A Study on Cao Yu’s Poetic Realism in His Early Works*,중어중문학,2018。

(二)欧美

H. E. 谢迪克:《一个异邦人的意见》,《大公报》1936 年 12 月 27 日。

明兴礼(法司铎):《曹禺的宇宙观》,《大公报(天津)》1946 年 2 月 26 日。

陈 颖:《曹禺的三联剧和西方戏剧》,《亚洲与人文科学》,印第安纳大学出版社,1959。

刘绍铭:《曹禺论》,文艺书屋,1970。

刘绍铭:《王昭君——曹禺第三部“国策文学”》,《中外文学(台湾)》1979 年第 8 卷第 6 期。

乌韦·克劳特:《戏剧家曹禺》,《曹禺研究专集》(上册),海峡文艺出版社,1985。

马悦然:《“我不是曹禺,我是老舍,且不——。”》,舒悦译,《中国现代文学研究丛刊》1986 年第 1 期。

杰西卡·海格妮:《〈原野〉中的民间小调》,《中外学者论曹禺》,南开大学出版社,1992。

罗伯特·沃特曼:《实用智慧的条件》,《中外学者论曹禺》,南开大学出版社,1992。

江静枝:《中国之行——从生活中走进〈雷雨〉》,《中外学者论曹禺》,南开大学出版社,1992。

B. 彼得罗夫:《论曹禺的创作》,曹树钧译,曹树钧《走向世界的曹禺》,天地出版社,1995。

Li Ruru:“2010 Commemorations of the Theatrical Careers of Cao Yu and Li Yuru”. *CHINOPERL* 2010 年第 1 期。

王德威:《剑桥中国文学史》下卷,三联书店,2013。

夏志清:《曹禺访哥大纪实——兼评〈北京人〉》(节选),发表于《明报月刊曹禺特辑》(香港)1980 年版。田本相、邹红主编《海外学者论曹禺》,广西师范大学出版社,2014。

刘绍铭:《君自故乡来——曹禺会见记》,田本相、邹红主编《海外学者论曹禺》,广西师范大学出版社,2014。

Ning Wan:“Desire and Desperation: An Analysis of the Female Characters in Cao Yu’s Play *The Thunderstorm*”,*Ning Wan* 2014 年第 2 期。

Lina LIU:"Performance-oriented Drama Translation — A Case Study of the Translation of Characters' Names by Cao Yu", *Studies in Literature and Language* 2015 年第 3 期。

Lina LIU:"Cross-Culture Translation — Taking Cao Yu's Chinese Version as an Example", *Cross-Cultural Communication* 2016 年第 1 期。

梅维恒:《哥伦比亚中国文学史》(下卷),新星出版社,2016。

八、剧作演出研究

立厂:《记南开之〈争强〉》,《北洋画报》1929 年第 8 卷第 389 期。

宁:《〈雷雨〉在东京公演》,《杂文》1935 年第 1 期。

曹禺:《〈雷雨〉的写作》,《杂文》1935 年第 2 号。

吴天:《〈雷雨〉的演出》,《杂文》1935 年第 2 号。

罗亭:《〈雷雨〉的批评》,《杂文》1935 年第 2 号。

余一:《〈雷雨〉在东京》,《漫画生活》1935 年第 9 期。

冯俶:《〈雷雨〉的预演》,《大公报(天津)》1935 年第 8 期。

吕仰平:《导演的话》,《益世报(天津)》1935 年 8 月 17 日。

刑雪:《〈雷雨〉在东京》,《益世报(天津)》1935 年 8 月 17 日。

苏吉亭:《关于化妆的几句话》,《益世报(天津)》1935 年 8 月 17 日。

一行:《编者小言》,《益世报(天津)》1935 年 8 月 17 日。

伯克:《〈雷雨〉(孤松演出批评)》,《益世报(天津)》1935 年 8 月 19 日。

霞漪:《〈雷雨〉的演出——效果成绩惊人　各点皆较〈母归〉进步》,《益世报(天津)》1935 年 8 月 22 日。

白梅:《〈雷雨〉批判》,《大公报(天津)》1935 年第 8 期。

不凡:《〈雷雨〉演出》,《大公报(天津)》1935 年第 8 期。

云子:《〈雷雨〉述评——中国剧团公演的杰作　表演布景灯光皆成功》,《益世报》1935 年 10 月 17 日。

左银:《评中旅公演之〈雷雨〉》,《益世报》1935 年 10 月 18 日。

世芬:《〈雷雨〉略评——对每个演员的观察》,《大公报(天津)》1935 年 10 月 20 日。

萧乾:《〈财狂〉之演出》,《大公报(天津)》1935 年 12 月 9 日。

水皮:《〈财狂〉的演出》,《益世报(天津)》1935 年 12 月 9 日。

封禾子:《〈雷雨〉演出赘语》,《申报》1935 年 12 月 14 日。

一芹:《〈雷雨〉在上海,复旦剧社第十九次公演记》,《益世报》1935 年 12 月 16 日。

李一:《〈雷雨〉——复旦剧社第十九次公演》,《申报》1935 年 12 月 17 日。

张严:《观〈雷雨〉后》,《复旦大学校刊》1935 年第 222 期。

赵景深、凤子:《〈雷雨〉的尾声》,《复旦大学校刊》1935 年第 223 期。

维什:《〈财狂〉的观感》,《北洋画报》1935 年第 1334 期。

《评〈雷雨〉之演出》,《晨报》1936 年 1 月 14 日。

伯克:《从天津剧运说起——孤松演出〈雷雨〉观感》,《益世报》1936 年第 1 期。

包经第:《津电〈雷雨〉述评》,《益世报》1936 年 8 月 8 日。

更石:《漫谈〈雷雨〉的排演》,《益世报》1936 年 8 月 8 日。

梅:《评津电话剧社公演的〈雷雨〉》,《益世报》1936 年 8 月 11 日。

凤仪:《〈雷雨〉上演观后感》,《影舞新闻》1936 年第 2 卷第 16 期。

林蜚:《中国旅行剧团〈雷雨〉的演出》,《影舞新闻》1936 年第 2 卷第 16 期。

陈忠豪:《卡尔登座上……第二次看〈雷雨〉》,《小姐》1936 年第 2 期。

陈樾山:《中旅在沪公演各戏之演出检讨(节选)》,《时代电影》1936 年第 8 期。

茅盾:《渴望早早排演》,《大公报(天津)》1937 年 1 月 1 日。

《独立剧团昨试演〈雷雨〉》,《时事新报》1937 年 1 月 20 日。

《〈日出〉公演前记》,《时事新报》1937 年 1 月 20 日。

欧阳予倩:《〈日出〉的演出》,《上海戏剧工作社〈日出〉首次演出特刊》1937 年。

凤子:《日出之前》,《上海戏剧工作社〈日出〉首次演出特刊》1937 年。

丁伯骝:《〈日出〉与〈摩登时代〉》,《上海戏剧工作社〈日出〉首次演出特刊》1937 年。

公孙旻:《我要达生多"学学"多"看看"再走》,《上海戏剧工作社〈日出〉首次演出特刊》1937 年。

苏菱:《"小东西"的感想》,《上海戏剧工作社〈日出〉首次演出特刊》1937 年。

《〈日出〉的演出》,《武汉日报》1937 年 2 月 21 日。

陈毅:《〈日出〉公演观感记》,《舞台银幕》1937 年第 1 卷第 1 期。

李得贤:《杂谈〈日出〉》,《蒙藏学校校刊》1937 年第 18 期。

一新:《〈日出〉在东京演出》,《新天津画报》1937 年第 186 期。

卢景光:《国立戏剧徐诶下〈日出〉公演》,《时事新报》1937 年 5 月 6 日。

《从〈日出〉谈到观众》,《武汉日报》1937 年 6 月 1 日。

《评"怒潮"演出的〈日出〉》,《武汉日报》1937 年第 6 期。

《〈日出〉的演出中谈谈导演的手法》,《武汉日报》1937 年 6 月 3 日。

《漫谈中旅的〈日出〉》,《武汉日报》1937 年 6 月 24 日。

《实验剧团七日晚献演曹禺的又一剧作〈原野〉》,《申报》1937 年 8 月 6 日。

《实验剧团的另一新贡献〈原野〉今晚献演》,《申报》1937 年 8 月 7 日。

《〈原野〉上演"业余"大体成功》,《大公报(上海)》1937 年 8 月 9 日。

之尔:《〈原野〉观感》,《申报》1937 年 8 月 12 日。

《复旦优秀剧人凤子在东京》,《复旦同学会会刊》1937 年第 6 卷第 6 期。

少夫:《留东学生的戏剧运动:〈日出〉在东京的报道》,《汗血周刊》1937 年第 8 卷第 15 期。

《〈原野〉:曹禺的近作更紧张动人》,《中国电影(上海)》1937 年第 1 卷第 6 期。

《新剧本〈原野〉上演权,实验剧团捷足先得:曹禺成名后的第三部作品》,《影与戏》

1937 年第 1 卷第 22 期。

之尔:《关于〈原野〉》,《中国电影:上海》1937 年第 1 卷第 7 期。

剧人:《曹禺重视〈原野〉,如无把握请勿排演》,《电影周报》1937 年第 2 卷第 29 期。

《业余实验剧团〈原野〉的演员阵线英茵将放弃演金子,魏鹤龄要求演仇虎》,《星华》1937 年革新第 10 期。

《结核新闻:〈原野〉导演电影化》,《星华》1937 年革新 10 期。

泰来:《一九三八·北京剧社·公演〈雷雨〉观后感》,《立言画刊》1938 年第 15 期。

严格:《〈雷雨〉在北京》,《立言画刊》1938 年第 14 期。

夏风:《关于〈日出〉》,《银钱界》1938 年第 2 卷第 11 期。

石羊:《写在〈日出〉之前》,《银钱界》1938 年第 2 卷第 11 期。

言午:《〈日出〉演出以前》,《银钱界》1938 年第 2 卷第 11 期。

钱堃:《继续发扬这一精神——写在〈日出〉公演之后》,《银钱界》1938 年第 2 卷第 12 期。

仞之:《为银钱庆贺》,《银钱界》1938 年第 2 卷第 12 期。

华沙:《一缕阳光——〈日出〉出演》,《银钱界》1938 年第 2 卷第 12 期。

夏风:《〈日出〉后》,《银钱界》1938 年第 2 卷第 12 期。

黄莹子:《〈日出〉重现于舞台银钱话剧组的惊人演出》,《银钱界》1938 年第 2 卷第 12 期。

忆文:《〈日出〉在丽都演出后的一点概念》,《银钱界》1938 年第 2 卷第 12 期。

杨扬:《五十二号之夜》,《银钱界》1938 年第 2 卷第 12 期。

劳燕:《看〈日出〉》,《银钱界》1938 年第 2 卷第 12 期。

佩苇:《看了〈日出〉以后》,《银钱界》1938 年第 2 卷第 12 期。

《〈全民总动员〉昨在国泰戏院正式上演》,《新华日报》1938 年 10 月 30 日。

《〈全民总动员〉将继续公演》,《新华日报》1938 年 11 月 2 日。

惠元:《评〈全民总动员〉》,《新华日报》1938 年 11 月 5 日。

宋之的:《关于〈全民总动员〉》,《戏剧新闻》1939 年第 1 卷第 8—9 期。

辛子:《〈全民总动员〉的一般批判》,《戏剧新闻》1939 年第 1 卷第 8—9 期。

冰独、鲁沫、赵健、方大勋、渊:《首次公演〈雷雨〉的批评一斑》,《益友》1939 年第 2 卷第 3 期。

司徒珂:《曹禺的三部曲及其演出——〈雷雨〉〈日出〉及〈原野〉》,《中国文艺》1939 年第 1 卷第 2 期。

胡来、挥哥:《〈原野〉在中国》,《立言画刊》1939 年第 51 期。

佩弦:《〈原野〉与〈黑字二十八〉的演出》,《今日评论》1939 年第 2 卷第 12 期。

《消息网:中法剧社宣传已久之〈原野〉》,《中国艺坛画报》1939 年第 53 期。

秦泰来:《〈原野〉上演:〈原野〉序幕,白傻子替仇虎打开脚镣》,《中华(上海)》1939 年第 82 期。

《曹禺专利三剧本:〈雷雨〉〈日出〉〈原野〉不得翻印》,《上海生活》1939年第3卷第2期。

《〈原野〉上银幕》,《电声(上海)》1939年第8卷第2期。

《〈原野〉(八幅照片)》,《永安月刊》1939年第6期。

《九一八将届交谊社停演一周,〈原野〉"夜上海"同病相怜》,《中国艺坛画报》1939年第98期。

《当日影讯:辣斐剧场近日上演中之〈原野〉》,《中国艺坛画报》1939年第56期。

《消息网:辣斐今天重演〈原野〉》,《中国艺坛画报》1939年第102期。

《影人集团演出〈原野〉评》,《青春电影》1939年第4卷第19期。

华尔滋:《贡献给北京剧社关于〈日出〉》,《三六九画报(北京)》1939年第1卷第7期。

《北京剧社〈日出〉排演小记》,《三六九画报(北京)》1939年第1卷第10期。

黄云:《香港的戏剧运动——上演〈原野〉》,《申报》1939年2月5日。

郁达夫:《〈雷雨〉的演出》,《星洲日报(新加坡)》1939年3月25日。

郁达夫:《看了〈雷雨〉的上演后》,《星洲日报·晨星(新加坡)》1939年3月28日。

郁达夫:《〈原野〉的演出》,《星洲日报·文艺(新加坡)》1939年10月8日。

竺磊:《评〈日出〉公演》,《燕京新闻》1939年12月16日。

莫间:《关于〈日出〉公演的商榷》,《燕京新闻》1939年12月23日。

石挥:《为什么在现社会下演〈日出〉》,《三六九画报(北京)》1940年第1卷第6期。

李济时:《关于〈日出〉的二个"死"》,《三六九画报(北京)》1940年第2卷第4期。

王石子:《北剧公演〈日出〉观感》,《艺术与生活》1940年第2卷第3期。

言炎:《看北剧〈日出〉后》,《艺术与生活》1940年第2卷第3期。

阿茨:《〈日出〉在古城舞台》,《艺术与生活》1940年第2卷第3期。

心解:《看〈日出〉后的自我意见》,《艺术与生活》1940年第2卷第3期。

果然:《关于〈日出〉》,《艺术与生活》1940年第2卷第3期。

笑星:《再来凑个热闹》,《艺术与生活》1940年第2卷第3期。

石挥:《〈日出批评特辑〉读后——对批评者挚诚倾吐》,《艺术与生活》1940年第3卷第1、2期。

《国联决定摄制〈原野〉 袁美云将反串焦大妈》,《大众影讯》1940年第1卷第15期。

于非:《北剧筹演〈原野〉》,《华光》1940年第2卷第2期。

《本刊特讯:〈原野〉或将上银幕》,《银色》1940年第8期。

《〈原野〉将上银幕,舒适周曼华任主角》,《大众影讯》1940年第1卷第8期。

《〈原野〉演出颇佳,黄河为艺术牺牲》,《青青电影》1940年第5卷第37期。

吴郎:《〈原野〉在满洲的演出》,《华文大阪每日》1940年第5卷第11期。

严仁颖:《再演〈财狂〉》,《南开校友》1940年第6卷第1期。

静珊:《舞台设计的话》,《南开校友》1940年第6卷第1期。

崇基:《〈日出〉在延安上演(短评)》,《中国文化》1940年第1卷第2期。

林默涵:《〈雷雨〉的演出》,《大众文艺(延安)》1940年第1卷第6期。

章蒂:《看完燕京剧团的〈雷雨〉后》,《沙漠画报》1940年第3卷第16期。

庸僧:《〈雷雨〉观后》,《沙漠画报》1940年第3卷第16期。

石挥:《闲话燕大〈雷雨〉的演出》,《沙漠画报》1940年第3卷第16期。

张铁笙:《看完母校同学的〈雷雨〉后》,《沙漠画报》1940年第3卷第16期。

苏曼:《燕京剧团公演〈雷雨〉观后记》,《立言画刊》1940年第85、86期。

张骏祥:《〈蜕变〉的导演设计》,《国民公报·星期增刊》1940年4月7日。

《〈蜕变〉今晚起在国泰上演》,《国民公报》1940年4月15日。

贡蕙:《看〈蜕变〉》,《国民公报》1940年4月16日。

刘念渠:《评〈蜕变〉》,《国民公报》1940年4月21日。

谢迪克:《忠实的演出》,《燕京新闻》1940年5月4日。

竺磊:《"一个天才"》,《燕京新闻》1940年5月4日。

石非:《九成以上》,《燕京新闻》1940年5月4日。

姚雪垠:《〈雷雨〉碎话》,《阵中日报:第五战区》1940年10月12日。

蔡虹:《导演的话》,《阵中日报:第五战区》1940年10月12日。

白克:《推荐〈雷雨〉》,《阵中日报:第五战区》1940年10月12日。

同曲:《〈原野〉公演琐记》,《工商生活》1941年第2期。

《中国旅行剧团假座"天蟾"公演曹禺三部曲:〈雷雨〉〈日出〉〈原野〉》,《东方影讯》1941年第1卷第1期。

LL:《文化动向:公演〈原野〉与〈雷雨〉》,《吾友》1941年第1卷第88期。

《校闻:话剧社加强组织,决于七月初上演名剧〈原野〉》,《工商生活》1941年第1期。

《〈原野〉和加紧摄制中易名"森林恩仇记"》,《大众影讯》1941年第1卷第31期。

《卅年度故都剧坛盛举:〈原野〉演出》,《艺术与生活》1941年第21期。

《新秋故都话剧坛空前盛举:本刊主办〈原野〉与〈雷雨〉话剧演出》,《艺术与生活》1941年第22期。

智光:《〈原野〉出演的前奏曲》,《新天津画报》1941年第6卷第27期。

《北京剧社将公演〈原野〉:特约欧阳小姐饰金子》,《三六九画报》1941年第10卷第9期。

《北京剧社之〈原野〉即将正式公演:全剧角色人选业已确定》,《三六九画报》1941年第10卷第12期。

罗仪:《关于工商剧社〈原野〉的演出》,《三六九画报》1941年第10卷第10、11期。

仪:《前育英剧社毕业同学筹备公演〈原野〉》,《三六九画报》1941年第10卷第17期。

《〈原野〉与〈雷雨〉专页:育英与艺专校友联合公演:导演的话、我们的话、〈原野〉本事》,《三六九画报》1941年第10卷第16期。

六凤:《关于〈原野〉公演》,《三六九画报》1941年第10卷第16期。

《〈原野〉观后感》,《三六九画报》1941年第11卷第2期。

《北京剧社将二次上演〈原野〉:日期约在本月底,正在接洽某剧院》,《三六九画报》1941 年第 11 卷第 5 期。

《"艺专"与"育英"同学公演〈原野〉、〈雷雨〉》,《三六九画报》1941 年第 11 卷第 11 期。

泰来:《对于这次北剧上演员以后说几句外行话》,《三六九画报》1941 年第 11 卷第 1 期。

泰来:《关于这几位同学们即将出演的〈原野〉》,《三六九画报》1941 年第 11 卷第 12 期。

谢人堡:《观后谈话:〈原野〉二次上演》,《三六九画报》1941 年第 11 卷第 14 期。

《北剧重演〈原野〉改由梅格饰金子》,《三六九画报》1941 年第 11 卷第 16 期。

易了维:《北剧二次公演〈原野〉专页:关于〈原野〉中的灯光问题》,《三六九画报》1941 年第 11 卷第 17 期。

金争:《艺生主办〈原野〉观后:舞台装置方面灯光失败,饰金子的范映演技最佳》,《三六九画报》1941 年第 12 卷第 1 期。

王伯龙:《天津话剧之新纪元〈原野〉初次公演》,《立言画刊》1941 年第 145 期。

老元:《本刊主办〈原野〉演出前前后后》,《艺术与生活》1941 年第 23 期。

《曹禺第三部曲〈原野〉在津首次上演工商学院话剧社之尝试作》,《新天津画报》1941 年第 6 卷第 27 期。

吴楼:《看罢〈原野〉以后》,《国民杂志》1941 年第 10 期。

顾八:《〈原野〉观后》,《三六九画报》1941 年第 10 卷第 18 期。

大星友:《〈原野〉观后感》,《美商青年》1941 年第 3 卷第 3 期。

非石:《〈蜕变〉和〈妙峰山〉》,《益友》1941 年第 4 卷第 12 期。

秋远:《关于〈蜕变〉及其演出》,《萧萧》1941 年第 2 期。

穆文:《不是剧评——看过〈雷雨〉之后》,《黄河月刊(西安)》1941 年第 2 卷第 1 期。

吴英年:《评浙赣剧团〈雷雨〉演出》,《浙赣月刊》1941 年第 2 卷第 2 期。

徐应翔:《〈雷雨〉观感》,《浙赣月刊》1941 年第 2 卷第 1 期。

龙贤关:《国防艺术社与〈雷雨〉》,《戏剧战线》1941 年第 2 卷第 5、6 期。

高肃:《评"北京人"及其演出(曹禺原著·上海剧艺社演出)》,《知识与生活》1941 年第 2 卷第 2 期。

醒民:《〈雷雨〉里的"风波"——国师星社公演〈雷雨〉的前后》,《学生之友》1941 年第 3 卷第 6 期。

钢针:《由银幕回到舞台,英茵千金一诺,将入剧艺社演出〈北京人〉》,《大众影讯》1941 年第 2 卷第 17 期。

荷浪:《两个〈日出〉(评《日出》电影和话剧的演出)》,《广西日报》1941 年 5 月 22 日。

汪巩:《写在〈日出〉上演之前》,《广西日报》1941 年 5 月 24 日。

欧阳予倩:《练习公演与〈日出〉》,《广西日报》1941 年 5 月 24 日。

欧阳予倩:《上演〈日出〉的杂感》,《大公报(桂林)》1941 年 5 月 26 日。

《中央青年剧社排演〈北京人〉及〈反间谍〉》,《新华日报》1941 年 8 月 23 日。

《〈北京人〉继续上演》,《新华日报》1941 年 10 月 30 日。

胡蒂:《曹禺新作〈北京人〉——写在剧艺社演出前》,《新闻报》1941 年 11 月 11 日。

《"北京人"的故事预告两年的曹禺名作剧艺社将于最近演出》,《小说日报》1941 年 11 月 6 日。

《"北京人"故事曹禺编剧·剧艺社演出》,《电影日报》1941 年 11 月 8 日。

康笳:《辣斐上演〈北京人〉无情地暴露大家庭的毁灭英因演出有着优美的收获》,《小说日报》1941 年 11 月 8 日。

《青年剧社〈北京人〉之演出》,《益世报(重庆)》1941 年 11 月 9 日。

《剧艺社〈北京人〉上演出排练已一月成绩必美满英茵即将在舞台露面》,《小说日报》1941 年 10 月 29 日。

《〈北京人〉故事曹禺编剧,剧艺社演出》,《电影日报》1941 年 11 月 7 日。

《上海剧艺社〈北京人〉后,将由新艺剧社演出》,《小说日报》1941 年 11 月 11 日。

黄药眠:《祝〈北京人〉的上演》,《大公报(香港)》1941 年 11 月 29 日。

胡风:《关于〈北京人〉的速写——为了介绍〈北京人〉底演出》,《大公报(香港)》1941 年 11 月 29 日。

非石:《热望满足之外》,《新进》1942 年第 1 卷第 5 期。

秀戈:《〈北京人〉观后小评》,《新进》1942 年第 1 卷第 5 期。

柳燕:《演完了〈北京人〉》,《新进》1942 年第 1 卷第 5 期。

《〈北京人〉圆满演出》,《国民杂志(北京)》1942 年第 2 卷第 4 期。

《北京上演"北京人" 三月二三日在北京饭店》,《新天津画报》1942 年第 2 卷第 28 期。

宋昆:《七年来两顾中旅〈雷雨〉的比较观》,《立言画刊》1942 年第 220 期。

乔乔:《四一剧社〈北京人〉观后感》,《吾友》1942 年第 2 卷第 22 期。

柳江:《由"四一剧社"的〈北京人〉公演评价现阶段的戏剧运动》,《三六九画报》1942 年第 14 卷第 3 期。

云笙:《〈北京人〉再度公演,期待一幕严正笔战》,《吾友》1942 年第 2 卷第 30 期。

张健:《〈北京人〉演出拾零》,《吾友》1942 年第 2 卷第 23 期。

易水寒:《写在"四一剧社"〈雷雨〉演出后》,《吾友》1942 年第 2 卷第 34 期。

四一剧社:《关于本社演出的〈雷雨〉,向社会表示并声明数语》,《吾友》1942 年第 2 卷第 36 期。

张健:《读〈写在"四一剧社"〈雷雨〉演出后〉》,《吾友》1942 年第 2 卷第 36 期。

阿文:《〈北京人〉的演出》,《戏剧岗位》1942 年第 3 卷 5—6 期合刊。

彬:《〈北京人〉剧本的评价及演出技术的检视》,《半月戏剧》1942 年第 4 卷第 5 期。

《舞台剧〈原野〉上银幕》,《国民杂志(北京)》1942 年第 2 卷第 4 期。

《西北文艺工作团将演曹禺之〈北京人〉》,《解放日报》1942 年 1 月 15 日。

《〈北京人〉昨晚精彩演出》,《大公报(桂林)》1942年2月5日。

方玄:《我对〈蜕变〉的观后感》,《新华日报》1942年2月28日。

章明之:《我对〈蜕变〉的观感》,《新华日报》1942年2月28日。

程勉予:《介绍韩台剧团及其〈北京人〉的演出》,《前线日报》1942年3月27日。

《〈北京人〉演出成绩良好》,《前线日报》1942年3月27日。

邓初民:《抗建堂观〈日出〉》,《扫荡报》1942年4月24日。

《中万剧团节目已定为〈蜕变〉等,排练成熟急待上演》,《新华日报》1942年10月11日。

《"中万"今年雾季将上演〈蜕变〉〈虎符〉等剧》,《新华日报》1942年10月25日。

《〈蜕变〉已排演完竣》,《新华日报》1942年10月25日。

《万岁剧团将公演〈蜕变〉》,《新华日报》1942年11月16日。

《万岁剧团公演〈蜕变〉延期》,《新华日报》1942年11月24日。

《史东山导演之话剧〈蜕变〉,一俟抗建堂布置完竣即将上演》,《新华日报》1942年12月14日。

《抗建堂修理工程未竣〈蜕变〉将改期上演》,《新华日报》1942年12月17日。

天鹭:《看〈蜕变〉的演出》,《扫荡报》1942年12月27日。

郁冰:《漫谈〈蜕变〉的演出》,《新华日报》1942年12月28日。

颜翰彤:《再出发的收获——〈蜕变〉演出观后感》,《新华日报》1942年12月28日。

章罂:《漫谈〈蜕变〉的演出》,《新华日报》1942年12月28日。

《〈原野〉里的对话》,《新天津画报》1943年第11卷第23期。

熊佛西:《〈家〉在桂林的演出》,《文学创作》1943年第2卷第3期。

胡风:《〈蜕变〉一解》,《文学创作》1943年第1卷第6期。

洋滨:《露克〈雷雨〉观后评》,《新天津画报》1943年第12卷第13期。

高扬:《〈雷雨〉在露克剧团——陶露萍天才的发现》,《新天津画报》1943年第12卷第15期。

朱圭:《〈日出〉之演出》,《新动向》1943年第78期。

师龙:《〈日出〉在江安》,《国立戏剧专科学校校友通讯月刊》1943年第4卷第4期。

王筠:《曹禺的〈家〉及其演出》,《杂志》1943年第11卷第5期。

郑榕:《评〈蜕变〉》,《时事新报·副刊》1943年1月9日。

田鲁:《从〈蜕变〉的演出说到史丹尼拉夫斯基体系的实践》,《新蜀报》1943年1月25日。

《名剧〈家〉——中国艺术剧社下次公演节目》,《新华日报》1943年2月20日。

《〈家〉延长排演时间》,新华日报1943年3月5日。

《名剧〈北京人〉十月公演,筹募浙赈,新改剧本原班人马》,《新华日报》1943年3月7日。

《〈家〉四月八日起演》,《新华日报》1943年3月31日。

沈灵:《〈家〉观后偶感》,《新华日报》1943 年 4 月 19 日。
中芝:《中国艺术剧社续演〈家〉后事》,《新华日报》1943 年 5 月 10 日。
《“中艺”排演曹禺之〈家〉》,《新华日报》1943 年 5 月 19 日。
《〈家〉将续演,中剧重行排练,来渝数名演员将参加》,《新华日报》1943 年 5 月 30 日。
梁华:《观〈家〉后感》,《新华日报》1943 年 6 月 14 日。
《〈蜕变〉暂时禁止上演》,《新华日报》1943 年 6 月 22 日。
《中国艺术团为慰劳鄂西将士,将再度演出〈家〉》,《新华日报》1943 年 7 月 3 日。
《评曹禺的〈家〉演出》,《上海影坛》1944 年第 1 卷第 4 期。
夏衍:《观〈蜕变〉》,《边鼓集》,美学出版社,1944。
林荫:《〈家〉的演出》,《中大周刊》1944 年第 117 期。
健坚:《〈日出〉上演的批评——广大剧社演出》,《妇女世界》1944 年第 50 期。
修常:《评曹禺〈家〉的演出》,《上海影坛》1944 年第 1 卷第 4 期。
史蒂华:《曹禺〈家〉的演出》,《太平》1944 年第 3 卷第 1 期。
二尼:《〈北京人〉在天津,观露克剧团演出后》,《立言画刊》1944 年第 277 期。
唐槐秋:《由回忆中谈谈〈雷雨〉》,《文编周刊》1945 年第 23、24、25 期。
林琛:《〈蜕变〉的第二次演出》,《人人周刊》1945 年第 5 期。
看客:《〈黑字二十八〉观后感》,《江西公路》1945 年第 10 卷第 6 期。
《艺华在北洋上演〈原野〉,与一般演出不同》,《立言画刊》1945 年第 336 期。
航来:《观〈北京人〉演出后》,《妇女世界》1945 年第 52 期。
凤子:《〈北京人〉的三次演出》,《新民晚报》1944 年 8 月 6 日第 7 版。
凤朝阳:《观〈家〉的集体演出》,《社会日报》1945 年 5 月 8 日。
葭风:《〈蜕变〉观后》,《文汇报》1945 年 10 月 5 日。
张然萍:《观〈雷雨〉后》,《波涛》1946 年第 1 卷第 2 期。
郭士浩:《〈雷雨〉〈日出〉〈原野〉三剧中:曹禺的宇宙观》,《书报精华》1946 年第 15 期。
逸民:《谈〈蜕变〉的演出》,《新华日报》1946 年 6 月 8 日。
唐槐秋:《谈谈〈雷雨〉的演出》,《大地》1946 年第 24 期。
《美艺上演〈原野〉》,《上海特写》1946 年第 24 期。
张季平:《天鸥上演〈蜕变〉》,《时代生活》1946 年第 3 卷第 1 期。
失金:《胡露莎玩票演〈原野〉(附照片)》,《香海画报》1946 年第 12 期。
路萍:《〈日出〉及其演出》,《春风(宁波)》1947 年第 2 期。
二人:《看〈家〉演出后》,《求是周报》1947 年第 4 期。
海客:《罗兰重登舞台,〈原野〉定期上演》,《新光》1947 年革新第 10 期。
《罗兰的〈原野〉疏》,《春海》1947 年革新第 21 期。
《沪话剧抬头,〈原野〉生意奇佳,六块头牌功劳不小》,《戏世界》1947 年第 327 期。
《上海剧人打秋风唐若青演〈原野〉》,《戏世界》1947 年第 329 期。
《胡导是混蛋,罗兰演〈原野〉,演员们:不大开心》,《戏世界》1947 年第 330 期。

计大为:《十大名剧之四:原野》,《机联会刊》1947 年第 216 期。

《大夏剧团公演〈原野〉》,《大夏周报》1947 年第 24 卷第 2 期。

江鸟:《从〈家〉的演出说起》,《新华日报》1947 年 2 月 9 日。

《评〈北京人〉的演出》,《金融日报》1947 年 6 月 19 日。

志达:《观众关门戏〈北京人〉的演出》,《和平日报》1947 年 6 月 30 日。

唐弢:《〈原野〉重演》,《大公报(上海)》1947 年 8 月 29 日。

俞斯传:《评〈原野〉的演出》,《新民晚报》1947 年 10 月 5 日。

左容:《〈大雷雨〉与〈原野〉——一篇观后感》,《大公晚报》1947 年 10 月 18 日。

陶然:《〈雷雨〉重演有感》,《大公报(上海)》1947 年 11 月 23 日。

许澄:《一点意见——看了这次〈雷雨〉演出所想起的》,《大公报(上海)》1947 年 12 月 17 日。

《清华剧艺社演新〈原野〉》,《新艺苑》1948 年第 2 期。

《〈原野〉(编:曹禺,顾问:熊佛西,导:石来鸿)》,《剧讯丛刊》1948 年第 2 卷第 1 期。

《李保罗四月来平,重整旗鼓演〈原野〉》,《戏世界》1948 年第 367 期。

《清华剧艺社将演〈原野〉》,《燕京新闻》1948 年第 14 卷第 21 期。

王长杰:《〈家〉演出前记》,《剧讯丛刊》1948 年第 5 期。

容谷:《〈北京人〉观后——上海市立实验戏剧学校立校三周年纪念,以曹禺名剧〈北京人〉作演出》,《影剧天地》1948 年第 1 卷第 4 期。

小丁:《校庆暨附院成立七周年和〈日出〉观后》,《国立贵阳医学院院刊》1948 年第 18 期。

青羊:《〈日出〉演后》,《国立贵阳医学院院刊》1948 年第 18 期。

太璧:《〈雷雨〉观后》,《台糖通讯》1948 年第 2 卷第 2 期。

景文:《评剧校演出的三个戏,〈家〉〈大雷雨〉〈原野〉》,《影剧杂志》1949 年第 3 期。

安冈:《谈〈雷雨〉的新演出》,《戏剧报》1954 年第 8 期。

《首都公演话剧〈雷雨〉》,《人民日报》1954 年 7 月 3 日。

元欣:《再看〈雷雨〉演出以后》,《光明日报》1954 年 7 月 17 日。

文晋:《谈谈剧本〈家〉及其演出的意义》,《解放日报》1954 年 9 月 12 日。

高文晋:《谈谈〈家〉的上演》,《文汇报》1954 年 9 月 13 日。

周伟:《看〈家〉上演的回忆与感想》,《新民报晚刊》1954 年 6 月 15 日。

夏高阳:《评话剧〈家〉的演出》,《新闻日报》1954 年 10 月 14 日。

吕恩:《我怎样扮演蘩漪》,《戏剧报》1955 年第 1 期。

中原:《看〈雷雨〉——谈上影演员剧团的演出》,《新民报晚刊》1955 年 3 月 9 日。

毛羽:《谈〈雷雨〉及其演出》,《新民报晚刊》1955 年 4 月 6 日。

怡苍:《看〈雷雨〉有感》,《新民报晚刊》1955 年 5 月 6 日。

李景春:《看〈雷雨〉以后》,《大众日报》1955 年 5 月 19 日。

《医务工作者座谈〈明朗的天〉》,《新民报晚刊》1955 年 12 月 6 日。

朱端钧:《评〈明朗的天〉的演出》,《解放日报》1955 年 12 月 11 日。

霍銮铿:《热爱生命,保卫人民的健康(话剧〈明朗的天〉观后)》,《解放日报》1955 年 12 月 20 日。

左莱:《谈〈明朗的天〉中几个演员的创造》,《戏剧报》1955 年第 3 期。

刘萤:《关于〈日出〉舞台美术创作的一些意见》,《北京艺术生活》1955 年第 3 期。

曹禺:《〈明朗的天〉在日本演出的祝词》,《戏剧报》1955 年第 12 期。

欧冠云:《看话剧〈雷雨〉的演出》,《新民报晚刊》1956 年 1 月 10 日。

石曼:《为什么要演〈雷雨〉》,《重庆日报》1956 年 6 月 14 日。

翼阳:《在排演厅里看〈日出〉》,《新民报晚刊》1956 年 9 月 8 日。

陈建:《在〈日出〉排演场里》,《新闻日报》1956 年 9 月 10 日。

石挥:《看话剧〈日出〉有感》,《解放日报》1956 年 10 月 5 日。

饮冰:《看"人艺"的〈日出〉》,《新民报晚刊》1956 年 10 月 11 日。

毛啸岑:《看了〈日出〉以后》,《新闻日报》1956 年 10 月 25 日。

陆霞秋:《我看了〈日出〉的感想》,《文汇报》1956 年 10 月 31 日。

邓友端:《重看话剧〈日出〉有感》,《新闻日报》1956 年 11 月 15 日。

沙弗:《叶子演翠喜》,《戏剧报》1957 年第 1 期。

欧阳山尊:《〈日出〉的导演分析》,《戏剧论丛》1957 年第 1 期。

方琯德:《看〈北京人〉忆旧感新》,《戏剧报》1957 年第 3 期。

罗明罗、冯刚:《评话剧〈家〉两场戏的表演》,《哈尔滨文艺》195 年第 3 期。

姚莹澄:《〈北京人〉演出漫谈录》,《文艺报》1957 年第 10 期。

陶小卒:《给〈雷雨〉导演的一封公开信》,《成都日报》1957 年 1 月 16 日。

赵丹:《写在〈家〉的演出之前》,《解放日报》1957 年 2 月 20 日。

毛秀宝、高肖英:《话剧〈家〉公演之前》,《解放日报》1957 年 2 月 21 日。

郑波文:《话剧〈家〉排演花絮》,《成都日报》1957 年 2 月 24 日。

石流:《略谈〈家〉的演出》,《解放日报》1957 年 3 月 18 日。

萧赛:《我爱看〈家〉》,《成都日报》1957 年 3 月 19 日。

冯亦代:《〈北京人〉的演出》,《人民日报》1957 年 4 月 23 日。

梅阡:《〈原野〉观后》,《北京日报》1957 年 5 月 5 日。

梁明:《看广播剧团演出的〈北京人〉》,《中国青年报》1957 年 5 月 5 日。

茅苓等:《看武汉话剧院演出的〈日出〉》,《成都日报》1957 年 5 月 19 日。

晓白:《在重排〈日出〉的时候》,《成都日报》1957 年 5 月 29 日。

化石:《寄〈日出〉的演员们》,《成都日报》1957 年 6 月 7 日。

《上海人艺重排优秀剧目　话剧〈雷雨〉今天上演》,《文汇报》1957 年 7 月 23 日。

邱乾坤:《文艺界谈〈雷雨〉》,《成都日报》1957 年 9 月 10 日。

杜宣:《忆〈雷雨〉首次上演——抗战留日学生演剧活动回忆之一》,《文汇报》1957 年 12 月 15 日。

汤孝铭:《看工人演〈雷雨〉》,《文汇报》1957 年 12 月 15 日。

乔奇:《演张乔治有感——写在〈日出〉上演前夕》,《文汇报》1957 年 12 月 29 日。

阿·柯索夫、曹禺:《关于〈雷雨〉在苏联上演的通信》,《戏剧报》1958 年第 9 期。

波里斯·沃尔金:《〈雷雨〉在莫斯科演出》,游默译,《戏剧报》1958 年第 9 期。

斯·鲍利苏娃:《〈雷雨〉在苏联的舞台上》,吴堉节译,《文汇报》1958 年 3 月 2 日。

倩:《〈雷雨〉在苏联演出》,《新民晚报》1958 年 4 月 6 日。

《塔吉克上演〈雷雨〉》,《光明日报》1958 年 5 月 12 日。

《匈牙利上演〈日出〉》,《光明日报》1958 年 6 月 15 日。

《曹禺〈雷雨〉在罗马尼亚演出》,《世界文学》1959 年第 6 期。

覃柯:《漫谈〈日出〉的新演出》,《戏剧报》1959 年第 23 期。

《上海人艺重排优秀剧目话剧〈日出〉今天上演》,《文汇报》1959 年 7 月 23 日。

陈荣兰:《从〈雷雨〉谈到沪剧表演风格》,《解放日报》1959 年 7 月 29 日。

齐水:《话剧〈雷雨〉风貌,上海人艺根据修改本排阵再度公演》,《文汇报》1959 年 8 月 16 日。

吴仞之:《写在〈雷雨〉演出之前——谈上海人民艺术剧院〈雷雨〉》,《解放日报》1959 年 8 月 19 日。

大椿:《收获与问题——谈上海人民艺术剧院〈雷雨〉的演出》,《解放日报》1959 年 8 月 25 日。

欧冠云:《翠喜是怎样一个人(孙景璐谈在〈日出〉中扮演的角色)》,《新民晚报》1959 年 9 月 17 日。

蔡平:《〈日出〉上演前夕访白杨》,《文汇报》1959 年 9 月 20 日。

白杨:《〈日出〉上岩前的一点感受》,《新民晚报》1959 年 9 月 21 日。

蔡平、方文海:《孙景璐谈翠喜》,《文汇报》1959 年 9 月 22 日。

大椿:《难忘的悲剧形象——从一点来谈白杨同志表演的陈白露》,《解放日报》1959 年 9 月 25 日。

陈恭敏:《喜看〈日出〉换新装》,《解放日报》1959 年 10 月 13 日。

戈今:《〈雷雨〉的导演及其他——看上海人艺的演出》,《文汇报》1959 年 11 月 24 日。

吴仞之:《关于话剧〈雷雨〉的导演——答戈今通知及其他》,《文汇报》1959 年 12 月 7 日。

廖震龙:《评〈雷雨〉新的处理——看上海人民艺术剧院演出后》,《上海戏剧》1960 年第 1 期。

鲍利斯·沃尔金:《中国戏剧作品在苏联舞台上——为〈戏剧报〉而作》,伊珂译,《戏剧报》1960 年第 2 期。

《北京戏剧界座谈〈胆剑篇〉》,《戏剧报》1961 年第 Z7 期。

李时钊:《旧时代小市民的风俗画——漫评话剧〈镀金〉》,《上海电影》1961 年第 9 期。

吴晗:《略读〈胆剑篇〉》,《中国青年》1961 年第 16 期。

《上影演员剧团下月公演喜剧〈镀金〉》,《新民晚报》1961 年 7 月 29 日。

李翔:《深题浅探——扮演〈雷雨〉中鲁大海的点滴心得》,《文汇报》1961 年 7 月 25 日。

《北京人民艺术剧院新排历史剧〈胆剑篇〉近期公演》,《北京日报》1961 年 8 月 16 日。

屈直:《血泪的控诉——看〈家〉的演出后》,《成都晚报》1961 年 8 月 19 日。

税海涛:《一场值得称道的戏中戏》,《光明日报》1961 年 9 月 14 日。

李大千:《勾践、西施及其他——〈胆剑篇〉排演侧记》,《文汇报》1961 年 10 月 4 日。

李大千:《〈胆剑篇〉排演场散记》,《北京日报》1961 年 10 月 4 日。

沈仁康:《〈胆剑篇〉舞台演出速写》,《中国青年报》1961 年 10 月 14 日。

肖云儒:《初谈〈胆剑篇〉——观后走访记》,《陕西日报》1961 年 11 月 4 日。

《〈胆剑篇〉下周公演》,《新民晚报》1961 年 12 月 2 日。

《从台词中寻找矛盾——〈胆剑篇〉排练场侧记》,《新民晚报》1961 年 12 月 2 日。

凤子:《〈胆剑篇〉演出浅谈》,《人民日报》1961 年 12 月 9 日。

《京沪戏剧界和史学家今晨座谈〈胆剑篇〉一致称赞北京人艺演出成功》,《新民晚报》1961 年 12 月 13 日。

范治川:《试探蘩漪的角色创造——话剧〈雷雨〉观后》,《河北日报》1961 年 12 月 14 日。

王纯亨:《"自强不息"——看省话剧团排演〈胆剑篇〉》,《安徽日报》1961 年 12 月 19 日。

谷冰:《我喜欢看〈雷雨〉——写给北京人艺演员吕恩的信》,《北京晚报》1962 年 1 月 7 日。

包放:《活地狱的再现——简谈〈日出〉导演、演员的处理》,《包头日报》1962 年 1 月 10 日。

艺平:《吴越群像——谈话剧〈胆剑篇〉的表演》,《安徽日报》1962 年 1 月 10 日。

张洛:《喜观〈家〉再度上演》,《辽宁日报》1962 年 1 月 14 日。

石万英:《漫谈话剧〈胆剑篇〉的演出及其它》,《内蒙古日报》1962 年 1 月 18 日。

赵昌:《一时强弱在于力千古胜负在于理——话剧〈胆剑篇〉观后》,《包头日报》1962 年 4 月 4 日。

高兰、孟广来:《看〈家〉演出》,《大众日报》1962 年 6 月 6 日。

藩一心:《〈胆剑篇〉排演日记片段》,《成都晚报》1962 年 9 月 19 日。

陈富年:《向传统艺术学习——看话剧〈胆剑篇〉表演上的一些成果》,《成都晚报》1962 年 10 月 6 日。

李士文、艾湫:《胆剑传豪情——看四川人民艺术剧院演出〈胆剑篇〉》,《四川日报》1962 年 10 月 14 日。

刘斐章:《从读〈日出〉到看〈日出〉》,《新湖南报》1962 年 10 月 30 日。

佳木:《〈胆剑篇〉里的勾践——四川人民艺术剧院演出》,《成都晚报》1963 年 3 月 23 日。

《地拉那首次上演〈雷雨〉》,《人民日报》1963年7月5日。

长风:《成功的演出　精湛的演技——话剧〈北京人〉观后》,《重庆日报》1963年12月3日。

沈蔚德:《回忆〈蜕变〉的首次演出——兼论关于〈蜕变〉的评价问题》,《新文学史料》1978年第1期。

朱端钧:《教学与实验(排演〈雷雨〉情况)》,《戏剧艺术》1978年第4期。

狄辛:《昭君形象的艺术再现》,《中国民族》1979年第2期。

梅阡:《游青冢——〈王昭君〉导演札记》,《民族团结》1979年第2期。

狄辛:《昭君形象的艺术再现》,《民族团结》1979年第2期。

凤子:《关于东京演出的〈雷雨〉》,《新文学史料》1979年第3期。

《北京人艺演出曹禺新作〈王昭君〉,《文学评论》1979年第4期。

冯钦:《谈话语〈雷雨〉音响效果的艺术处理》,《人民戏剧》1979年第5期。

王育生:《文苑春浓话昭君——记〈王昭君〉座谈会》,《人民戏剧》1979年第9期。

郭汉城:《曹禺戏剧创作的新发展——喜看话剧〈王昭君〉》,《人民戏剧》1979年第10期。

陈北鸥:《〈雷雨〉在东京的首次上演》,《戏剧艺术论丛》(第1辑),人民文学出版社,1979年。

陈恭敏:《论主题后行——从〈雷雨〉重演谈起》,《文汇报》1979年2月8日。

晨林:《话剧〈雷雨〉及其演出》,《宁夏日报》1979年3月7日。

刘林:《无情的揭露、血泪的控诉——看太远话剧团演出的〈雷雨〉》,《山西日报》1979年5月6日。

陈琛:《看郑州市话剧团演出的〈雷雨〉》,《河南日报》1979年5月14日。

陈一民:《〈日出〉观后》,《广州日报》1979年6月24日。

王宏韬:《青春常在——漫谈〈雷雨〉中朱琳、胡宗温的表演》,《北京日报》1979年6月28日。

张慧贤:《北京人艺演出曹禺新作〈王昭君〉》,《人民日报》1979年8月2日。

湘生:《写在〈雷雨〉再次上演的时候》,《甘肃日报》1979年8月5日。

张锲:《还它一个笑盈盈的王昭君——谈曹禺同志新作〈王昭君〉的创作及其演出》,《人民日报》1979年8月27日。

刘燧:《真实的生活真实的人物——漫谈〈雷雨〉及其演出》,《辽宁日报》1979年8月29日。

黄永涛:《民委和剧协联合召开〈王昭君〉座谈会》,《光明日报》1979年8月31日。

吴小美:《看曹禺的剧作〈雷雨〉》,《甘肃日报》1979年9月2日。

《曹禺名作〈北京人〉再次公演》,《光明日报》1979年10月13日。

凌元、李唐:《久别重逢话〈日出〉》,《天津日报》1979年11月16日。

张鹏博:《周总理看过辽艺的〈日出〉》,《沈阳日报》1979年12月22日。

刘乃崇:《记“〈日出〉首次演出特刊”》,《新文学史料》1980 年第 1 期。

蔡骧:《〈北京人〉导演杂记》,《人民戏剧》1980 年第 5 期。

黄伟康:《记周总理对〈北京人〉的关怀》,《人民戏剧》1980 年第 5 期。

黄克宝:《话剧舞台上最早的“陈白露”》,《辽宁日报》1980 年 1 月 16 日。

鹏博:《重演〈日出〉想总理》,《辽宁日报》1980 年 1 月 16 日。

金梦:《太阳升起来了,太阳是我们的——话剧〈日出〉观后》,《浙江日报》1980 年 1 月 27 日。

冯亦代:《喜看〈北京人〉》,《人民日报》1980 年 1 月 31 日。

胡希明:《看〈王昭君〉》,《南方日报》1980 年 2 月 22 日。

余志恒、袁瑾:《话剧〈北京人〉在纽约上演记》,《人民日报》1980 年 3 月 29 日。

卜柳:《看应云卫排〈日出〉》,《重庆日报》1980 年 6 月 3 日。

陆基:《准确、鲜明、自然——看辽宁人民艺术剧院演出的〈日出〉》,《吉林日报》1980 年 7 月 16 日。

《笑盈盈的王昭君——写在曹禺的〈王昭君〉在广州上演的时候》,《羊城晚报》1980 年 9 月 13 日。

《别开生面独树一帜——广东戏剧界座谈〈王昭君〉》,《羊城晚报》1980 年 9 月 16 日。

绮屏、洁明:《昭君含笑道羊城——看北京人艺演出〈王昭君〉有感》,《广州日报》1980 年 9 月 18 日。

丁尼:《重演名剧忆万老》,《辽宁日报》1980 年 11 月 8 日。

《曹禺谈〈王昭君〉》,《文化娱乐》1981 年第 2 期。

曹禺:《自己费力找到真理——1981 年 2 月 17 日在北京人艺〈日出〉剧组的谈话》,《人民戏剧》1981 年第 6 期。

胡昭轩:《曹禺与“梁专员”——回忆〈蜕变〉上演前后》,《滇池》1981 年第 3 期。

郑挹梅:《忆〈雷雨〉在南京首演》,《人民戏剧》1981 年第 4 期。

韩晓风:《人物、思想、照明——谈〈日出〉舞台设计和灯光的处理》,《照明技术》1981 年第 4 期。

凤子:《重访“一桥讲堂”——访日杂记之一》,《人民戏剧》1981 年第 7 期。

韦文:《力无枉费——记北京人民艺术剧院重排〈日出〉》,《人民戏剧》1981 年第 9 期。

吕恩:《我对蘩漪的认识》,《人民戏剧》1981 年第 10 期。

《〈原野〉参加威尼斯电影节》,《电影评介》1981 年第 11 期。

杜澄富:《忆戴涯先生二三事》,《光明日报》1981 年 2 月 15 日。

王学作:《掌声伴随〈雷雨〉声》,《人民日报》1981 年 3 月 2 日。

吕玉堃:《排〈雷雨〉后有感》,《江西日报》1981 年 3 月 11 日。

达明:《〈蜕变〉的演出和他的“蜕变”(黄佐临艺术生活片断三)》,《文汇报》1981 年 4 月 23 日。

梁平:《胡宗温演四凤》,《北京日报》1981 年 8 月 16 日。

谨春:《曹禺名剧〈日出〉重与观众见面》,《北京晚报》1981年9月7日。

王宏韬、吕国庆:《依然是人艺风格——记北京人艺中青年演员排演〈日出〉》,《北京晚报》1981年9月15日。

《北影演员剧团重排〈日出〉 谢芳扮演陈白露》,《北京晚报》1981年9月16日。

林涵表:《旧的终于过去 新的必然来临——看〈日出〉的重排演出》,《光明日报》1981年11月22日。

张锐鹏:《载誉海外的影片〈原野〉》,《电影评介》1982年第1期。

兆:《曹禺观看我院演出〈家〉》,《戏剧艺术》1982年第1期。

越子:《严敏求在话剧〈日出〉中》,《新观察》1982年第1期。

沈佳良:《选拔〈王昭君〉演员引起的》,《青年一代》1982年第1期。

《渴望到中国演〈日出〉(日本女演员直响野子的一席话)》,小彦 节译,《文化交流》1982年第4期。

刘肖芜:《在边区演〈日出〉》,《人民戏剧》1982年第8期。

曹藻:《忆欧阳老导演〈日出〉》,《人民戏剧》1982年第12期。

谢继明:《珠联璧合,相得益彰——看北影演员剧团演出〈日出〉》,《四川日报》1982年4月25日。

公羊子:《又看〈雷雨〉》,《天津日报》1983年1月19日。

唐弢:《我爱〈原野〉》,《文艺报》1983年第1期。

李希有:《关于〈北京人〉的写作和首次演出的时间》,《鞍山师范学院学报》1983年第1期。

马莉莉:《美的探索——初演沪剧〈日出〉中陈白露的一点体会》,《上海戏剧》1983年第2期。

张真:《追忆》,《戏剧报》1983年第3期。

冯维、程乐天:《记江安国立戏剧专科学校教师演出〈日出〉》,《戏剧报》1983年第3期。

夏康达:《天津人艺〈雷雨〉演出得失谈》,《戏剧报》1983年第5期。

鲍昌:《〈雷雨〉的创新演出》,《新观察》1983年第8期。

张子舫:《回忆〈日出〉的演出》,《津门文学论丛》1984年第2期。

舒绣文:《从不热爱她到热爱她——扮演〈北京人〉愫方的表演笔记》,《陕西戏剧》1984年第3期。

黄宗江:《看〈原野〉寄奇虹》,《戏剧报》1984年第6期。

盛棘:《她有雷雨的性格——访影片〈雷雨〉中繁漪的扮演者顾永菲》,《电影评介》1984年第6期。

晏学:《〈原野〉删改得失谈》,《戏剧报》1984年第7期。

王洪志:《〈雷雨〉剧组演员来到工人中间》,《电影评介》1984年第8期。

王志超:《小药虫与"大水缸"——〈雷雨〉观后一得》,《电影评介》1984年第9期。

蔡体良:《一次新的尝试——谈〈原野〉的舞台演出》,《文艺界通讯》1984年第10期。

任皓:《北京人艺明起公演名剧〈家〉》,《人民日报》1984 年 3 月 31 日。

肖纪:《美国人演〈家〉》,《人民日报》1984 年 4 月 14 日。

朱汉生:《话剧〈原野〉观后》,《人民日报》1984 年 4 月 23 日。

荣海兰:《在北京看〈原野〉》,《人民日报》1984 年 8 月 25 日。

叶千荣:《觉慧会不会变成觉新——谈今天为什么演〈家〉》,《上海戏剧》1985 年第 3 期。

带电:《“毅力比才华更重要”——刘晓庆谈她演〈原野〉的得失》,《电影评介》1985 年第 4 期。

纪申:《观众仍然爱看〈家〉——观上海人艺〈家〉演出有感》,《戏剧报》1985 年第 5 期。

张云芳:《在延安排〈蜕变〉的日子里》,《中国戏剧》1985 年第 8 期。

张云芳:《在延安演出〈蜕变〉的前前后后》,《延安文艺研究》1986 年第 1 期。

杨甦:《评〈蜕变〉的演出》,《戏剧与电影》1986 年第 1 期。

张世炉:《〈原野〉应在国内公映》,《电影评介》1986 年第 1 期。

书元:《青艺将在香港艺术节演出〈原野〉》,《戏剧报》1986 年第 1 期。

颖文:《“争”演陈白露前后——与方舒对话》,《电影评介》1986 年第 1 期。

许荣根:《上海教师话剧研究会暨剧团(筹)暑期排演〈原野〉〈站长变矮记〉》,《上海戏剧》1986 年第 5 期。

陆葆泰:《删削的艺术——〈原野〉演出本撰写体会》,《上海戏剧》1986 年第 6 期。

张奇虹:《时间与实践的审视——写在〈原野〉演出两周年》,《戏剧报》1986 年第 8 期。

阿凡:《北京人艺排〈北京人〉》,《戏剧报》1987 年第 7 期。

田本相:《〈北京人〉观后》,《戏剧报》1987 年第 8 期。

崔任夫:《〈雷雨〉在日本首次演出与翻译出版情况》,《戏剧文学》1987 年第 8 期。

思一:《也谈〈北京人〉的演出形式》,《戏剧报》1987 年第 10 期。

丁小平:《第九个角色——〈雷雨〉导演札记》,载《曹禺戏剧研究集刊》,南开大学出版社,1987。

孙禹:《我演“仇虎”》,《瞭望周刊》1987 年第 39 期。

刘章春:《北京人艺上演曹禺名剧〈蜕变〉》,《人民日报》1987 年 1 月 24 日。

田本相:《可悲的也是可笑的——人艺重演〈北京人〉观后》,《人民日报》1987 年 7 月 27 日。

李良辰:《决非低级实为好片——〈原野〉上映》,《电影评介》1988 年第 9 期。

孔庆东:《从〈雷雨〉的演出史看〈雷雨〉》,《文学评论》1991 年第 1 期。

曹树钧:《评〈北京人〉的新处理》,《上海戏剧》1991 年第 4 期。

李学通:《〈北京人〉排演札记》,《戏剧艺术》1992 年第 2 期。

田本相:《可贵的探索:看〈雷雨〉演出有感》,《青艺》1993 年第 3 期。

田本相:《〈雷雨〉演出的“新面目”》,《中国戏剧》1993 年第 6 期。

刘淑欣:《表演系 94 进修班演出〈北京人〉座谈摘要》,《北京电影学院学报》1995 年第

1期。

张清:《对艺术的痴迷:看电影学院表演系进修演出的〈北京人〉》,《文艺报》1995年第1期。

杨扬:《北影表演94进修班演出曹禺名剧〈北京人〉》,《中国电视》1995年第3期。

余思:《演名著是提高表演水平的必经之途——电影学院表演进修班演出〈北京人〉》,《中国戏剧》1995年第5期。

洪维:《试论〈日出〉舞台指示的特色》,《宁波师院学报》1996年第1期。

张耀杰:《〈蜕变〉的首演及其它》,《新文学史料》1999年第1期。

崔峥嵘:《我心中的"金子"——扮演〈原野〉中"金子"角色的感受与心得》,《星海音乐学院学报》1996年第4期。

张万仪:《论〈雷雨〉中的那条好汉——兼谈关于〈雷雨〉主角的争论》,《电大教学》1996年第6期。

林克欢:《在新加坡看〈原野〉》,《中国戏剧》1997年第1期。

小郁:《舞之蹈之"陈白露"》,《大众电影》1997年第9期。

刘章春:《当年海上惊雷雨——写在纪念曹禺逝世一周年话剧〈雷雨〉再度上演时》,《北京支部生活》1997年第12期。

曹树钧:《从〈家〉的演出看导演艺术的再创造》,《戏文》1999年第4期。

顾晓鸣、阿城:《经典与演出:复演〈日出〉座谈会摘录》,《话剧》1999年第6期。

张晓春:《〈雷雨〉过后——导演的话》,《大舞台》1999年第6期。

孟曾吾:《说不清的〈雷雨〉——关于〈雷雨〉的舞美设计》,《大舞台》1999年第6期。

秦志刚:《河北省话剧院重排〈雷雨〉剧照选登》,《大舞台》1999年第6期。

小妍:《曹禺名剧〈北京人〉搬上银幕——程前、吕丽萍、黎静领衔主演》,《当代电视》1999年第8期。

刘平:《演出市场上的一场风暴》,《戏剧》2000年第4期。

刘平:《创作多样化演出多元化——2000年北京话剧舞台一瞥》,《戏剧之家》2000年第6期。

童古丽珂:《传统与现实对话经典和现代结合——导演任鸣谈新版〈日出〉》,《人民日报》2000年9月23日。

田本相:《也谈新版〈原野〉和〈日出〉》,《中国戏剧》2000年第11期。

濑户宏:《试谈实验戏剧〈原野〉》,《中国戏剧》2001年第1期。

李丹:《论舞台感与剧作家的观众意识》,《戏剧之家》2001年第1期。

张之薇:《经典·不应是圈套——观实验版〈原野〉有感》,《上海戏剧》2001年第2期。

张文伟:《我演周冲》,《上海戏剧》2001年第3期。

邹红:《新版〈雷雨〉演出的意义》,《当代戏剧》2003年第3期。

余天潢:《曹禺主演〈安魂曲〉》,《世纪》2003年第4期。

高扬:《激情四溢排〈雷雨〉》,《中国戏剧》2003年第4期。

黄维钧:《七十年来头一遭——看新版〈雷雨〉的演出》,《中国戏剧》2003 年第 5 期。

应起鹤:《读〈曹禺主演〈安魂曲〉后的回忆》,《世纪》2003 年第 6 期。

徐晓钟:《实现老师夙愿再读〈雷雨〉诗情——〈雷雨〉导演阐述》,《中国戏剧》2003 年第 7 期。

朱杰:《"戏"的困境与"人"的魅力:论新时期曹禺剧作〈雷雨〉、〈日出〉的影视转换》,《湖北社会科学》2003 年第 10 期。

光明明:《从演出史看〈原野〉的接受》,《沈阳师范大学学报(社会科学版)》2004 年第 3 期。

刘丁香:《新角度诠释〈日出〉让观众走近经典》,《人民日报(海外版)》2003 年 4 月 7 日。

杨静:《北京人艺第三代〈雷雨〉出场》,《人民日报》2004 年 7 月 9 日。

徐晓钟:《实现老师夙愿再读〈雷雨〉诗情——〈雷雨〉导演阐述》,《中国戏剧梅花奖 20 周年文集》2004 年第 11 期。

孙巧蕾:《从〈家〉的演出史看〈家〉》,《北京工业大学学报》2005 年第 2 期。

郭武群:《引进扶植辉煌——论天津早期的话剧演出活动》,《天津大学学报(社会科学版)》2005 年第 3 期。

周珊:《黄梅戏〈雷雨〉排演之感受》,《黄梅戏艺术》2005 年第 3 期。

杨剑龙:《论〈雷雨〉舞台指示词的效用与艺术》,《陕西师范大学学报(哲学社会科学版)》2005 年第 5 期。

曹树钧:《张瑞芳的抗战舞台生涯》,《红岩春秋》2005 年第 6 期。

段绪懿:《抗战时国立剧专在江安的戏剧活动》,西南民族大学学报(人文社科版)》2005 年第 9 期。

曹树钧:《曹禺剧作演出与研究在韩国》,载《交流与互动——上海、汉城(首尔)都市文化比较国际学术研讨会论文集》,2005。

何西来:《叫好声中话缺憾——我看李六乙执导的〈北京人〉》,《戏剧文学》2006 年第 8 期。

曹树钧:《曹禺名剧在韩国的演出与研究》,《学习与探索》2006 年第 4 期。

吴戈:《受礼遇的"弟子":曹禺在纽约》,《戏剧艺术》2006 年第 6 期。

王延松:《关于全新解读版〈雷雨〉演出文本的阐述》,《戏剧艺术》2007 年第 3 期。

赵惠芬:《戏剧是一种信仰——著名导演王延松访谈》,《大舞台》2008 年第 3 期。

苗春:《新版〈日出〉:以新方式诠释经典》,《人民日报(海外版)》2008 年 5 月 12 日。

周桂华:《〈雷雨〉最早的演出时间和地点考略——兼与〈上海现代文学史〉的作者商榷》,《四川戏剧》2008 年第 2 期。

张福海:《中国话剧艺术之塔的建造史——〈曹禺剧作演出史〉评述》,《上海戏剧》2008 年第 5 期。

胡水清、何致文:《时代烙印下的人性救赎——探究明星版〈日出〉与曹禺原作主题上的差异》,《科教文汇(上旬刊)》2009 年第 3 期。

行超:《08 明星版〈日出〉艺术初探》,《中北大学学报(社会科学版)》2009 年第 3 期。

库慧君:《如何评价南开话剧活动在中国话剧史上的地位》,《江汉大学学报(人文科学版)》2009 年第 4 期。

王雪:《论吴祖光的演剧观》,《四川戏剧》2009 年第 5 期。

胡叠:《论抗战戏剧舞台上的两部〈家〉》,《艺海》2009 年第 6 期。

廖奔:《在中国话剧的历史背影中南开演剧 100 周年祭》,《中国戏剧》2009 年第 8 期。

邱雯、李倩:《新解读、新样式、新叙述——对明星版〈日出〉的评论》,《大众文艺(理论)》2009 年第 10 期。

田本相、宋宝珍:《曹禺剧作审美现代性的舞台展示——观总政话剧团演出的〈日出〉》,《中国戏剧》2008 年第 7 期。

秦艳华:《文学出版·舞台演出·评论译介——从传播学意义看〈雷雨〉的经典化》,《名作欣赏》2009 年第 25 期。

刘家思:《关于〈雷雨〉首演的深度考证》,《中国现代文学研究丛刊》2008 年第 5 期。

黄莹:《形式对意蕴的彰显:论总政话剧团新版〈日出〉的改编》,《戏剧文学》2009 年第 1 期。

黎继德:《军队艺术院团演出〈日出〉的意义》,《中国戏剧》2009 年第 1 期。

李翔:《我演〈原野〉中的常五》,《大舞台》2009 年第 3 期。

陈军:《论北京人艺对曹禺戏剧舞台处理的得与失》,《中国现代文学论丛》2010 年第 1 期。

安刚强:《人物"指掌图":谈曹禺剧作中的角色介绍》,《南京政治学院学报》2010 年第 2 期。

陈军:《论曹禺舞台实践对其戏剧创作的影响》,《安徽大学学报(哲学社会科学版)》2010 年第 3 期。

熊美:《人物塑造与时代重构——论北京人艺舞台上〈雷雨〉中的主角》,《云南艺术学院学报》2010 年第 4 期。

徐亚湘:《进步文艺的示范:战后初期曹禺剧作台湾演出史探析》,《文学与文化》2010 年第 4 期。

张彩琴:《浅谈曹禺话剧舞台说明的特点》,《山西农业大学学报(社会科学版)》2010 年第 5 期。

陈军、方舟:《论曹禺戏剧对北京人艺表演技艺的培养》,《戏剧艺术》2010 年第 6 期。

曹树钧:《争看曹禺演〈娜拉〉》,《中国演员》2010 年第 6 期。

王延松:《透过"死亡"看"重生"——关于"全新解读〈雷雨〉,创新演出文本"的阐述》,《上海戏剧》2010 年第 8 期。

禾佳、谭丁、高斌:《〈雷雨〉——中国话剧舞台永恒的经典》,《前线》2010 年第 9 期。

曹树钧:《论曹禺剧作经典演出的海派特色》,《艺海》2010 年第 9 期。

乔宗玉:《曹禺戏剧在中国舞台的独特性》,《艺海》2010 年第 11 期。

刘厚生、安志强、马也、龚和德、余雍和、曹其敬:《曹禺·沪剧·茅善玉》,《中国戏剧》2010 年第 12 期。

宋宝珍:《新世纪曹禺名作剧场呈现特征述略》,《中国戏剧》2010 年第 12 期。

任鸣:《敬畏经典——写在〈日出〉重排之际》,《人民日报》2010 年 8 月 5 日。

徐馨:《〈原野〉,洗练的悲歌》,《人民日报》2011 年 4 月 7 日。

陈军:《论曹禺戏剧对北京人艺演剧风格的影响》,《北京社会科学》2011 年第 2 期。

穆海亮:《曹禺〈争强〉:一次夭折的演出》,《粤海风》2011 年第 3 期。

陈希:《人性局限性之拷问:从周朴园形象的演出看〈雷雨〉创作的超现实本意》,《文艺争鸣》2011 年第 3 期。

段丽:《从史东山〈蜕变〉看斯坦尼体系在重庆剧坛的实践》,《戏剧艺术》2011 年第 3 期。

高沁:《略论曹禺戏剧舞台指示的特殊性》,《铜仁学院学报》2011 年第 3 期。

陈祺皞:《中篇弹词〈雷雨〉对舞美灯光的首次吸纳》,《剧影月报》2011 年第 5 期。

贾惠:《话剧〈雷雨〉灯光对舞台视觉信息的传达》,《剧影月报》2012 年第 3 期。

李松:《浅谈〈雷雨〉舞台节奏的把握》,《理论界》2012 年第 5 期。

张鑫:《以曹禺先生作品分析写实的舞台风格形式》,《黄河之声》2012 年第 6 期。

丁罗男:《谁能逃出"黑树林"? ——评北京人艺新版〈原野〉》,《上海戏剧》2012 年第 9 期。

邹荣华:《例说话剧〈雷雨〉中舞台说明的作用》,《学苑教育》2012 年第 11 期。

陈希:《〈雷雨〉未完成的演出》,《中山大学学报》2013 年第 6 期。

陈祺皞:《中篇弹词〈雷雨〉舞美灯光的首次吸纳》,《剧影月报》2013 年第 1 期。

王金伟:《谈如何塑造舞台人物形象——饰演〈雷雨〉周萍的心得》,《剑南文学(经典教苑)》2013 年第 3 期。

王延松:《我要把〈原野〉变一个演法(上篇)》,《戏剧文学》2013 年第 8 期。

王延松:《我要把〈原野〉变一个演法(下篇)》,《戏剧文学》2013 年第 9 期。

田本相:《一颗诗心铸〈原野〉——王延松〈我要把《原野》变一个演法〉序,《戏剧文学》2013 年第 8 期。

黄维钧:《实验剧的实验性看福建人艺实验话剧〈雷雨〉》,《中国戏剧》2013 年第 10 期。

刘平:《探寻生命隐秘的一次实验 看实验版话剧〈雷雨〉演出有感》,《中国戏剧》2013 年第 10 期。

陈大联:《〈雷雨〉的当代性　实验戏剧〈雷雨〉创作谈》,《剧本》2013 年第 12 期。

饭塚容:《〈雷雨〉在日本》,《戏剧艺术》2014 年第 1 期。

马达:《话剧〈雷雨〉遭笑场的背后》,《中国文化报》2014 年 7 月 29 日。

靳海舟:《如何评价〈雷雨〉公益场上观众的笑》,《民主与法制时报》2014 年 8 月 4 日。

郑娜:《年轻观众看〈雷雨〉为何哄堂大笑》,《人民日报(海外版)》2014 年 8 月 8 日。

姜范:《高冷的韩寒与笑场的〈雷雨〉》,《经济日报》2014 年 8 月 10 日。

马以鑫:《〈雷雨〉何以遭遇笑场》,《文学报》2014 年 8 月 14 日。

安琦:《〈雷雨〉演出笑场折射出什么》,《联合时报》2014 年 8 月 29 日。

高敏:《人性的停尸间——浅谈李六乙版〈北京人〉的舞美设计》,《戏剧之家》2014 年第 7 期。

苏蓓:《从〈雷雨〉(节选)》的舞台提示分析周朴园》,《现代语文(学术综合版)》2014 年第 7 期。

高音:《北京人艺演出〈雷雨〉遭笑场引发的思考》,《中国戏剧》2014 年第 8 期。

刘平:《经典作品是一面镜子:从〈雷雨〉演出遭遇"笑场"事件谈起》,《四川戏剧》2014 年第 9 期。

孙竹:《小评上海戏曲香港行之沪剧〈雷雨〉》,《中国演员》2015 年第 1 期。

刘绍本、李体华:《〈雷雨〉河北演出八十年(上)》,《当代人》2015 年第 2 期。

陈国峰:《对一个时代的笑场——关于〈雷雨〉笑场的评论》,《新世纪剧坛》2015 年第 2 期。

刘绍本、李体华:《〈雷雨〉河北演出八十年(下)》,《当代人》2015 年第 4 期。

毛瑾瑾:《我演〈雷雨〉之感想》,《剧影月报》2015 年第 5 期。

郑榕:《一次难忘的演出》,《新文学史料》2016 年第 4 期。

小谷一郎:《关于中华同学新剧会第一次公演曹禺的〈雷雨〉》,王建华译,《上海鲁迅研究》2016 年第 4 期。

刘依:《〈日出〉演出研究——以欧阳予倩执导〈日出〉为中心》,《戏剧艺术》2016 年第 6 期。

曹凌燕:《〈雷雨〉在上海戏曲舞台上的演出与传播》,《上海文化》2016 年第 6 期。

游玮之:《歌剧〈雷雨〉整装待发　8 月即将亮相英伦》,《歌剧》2016 年第 7 期。

曹树钧:《别具一格的改编　精益求精的建议——舞台版歌剧〈雷雨〉观后》,《歌剧》2016 年第 7 期。

苗芳:《浅谈话剧演员心理节奏与舞台行动的结合技巧——以话剧〈雷雨〉中蘩漪为例》,《大众文艺》2016 年第 8 期。

邱唱:《论〈雷雨〉剧本的舞美及技巧》,《文学教育(上)》2016 年第 9 期。

颜铮:《明星版话剧〈雷雨〉的舞台节奏研究》,《戏剧之家》2016 年第 16 期。

高月娟:《曹禺戏剧的舞台实践形式发展论析》,《大舞台》2017 年第 Z1 期。

付兰、李彦武:《话剧〈雷雨〉不同舞台演出版本的阶段演化性特征》,《当代戏剧》2017 年第 4 期。

顾振辉:《曹禺剧作在上海剧校排演之探考》,《剧作家》2017 年第 3 期。

曹树钧:《话剧〈原野〉三个阶段的误读及其顽强的艺术生命力——纪念〈原野〉诞生 80 周年》,《四川戏剧》2017 年第 10 期。

王纪人:《恶评和曲解终不能挡住杰作——写在话剧〈原野〉迎来创作和舞台演出 80

周年之际》,《解放日报》2017 年 7 月 1 日。

白井启介:《曹禺戏剧的舞台指示——从〈日出〉到〈北京人〉》,李木子译,《中文论坛》2018 年第 1 期。

筏井千晶:《〈雷雨〉中的悲剧构造——舞台上演绎的三个时间轴》,李小雨译,《中文论坛》,2018 年第 1 期。

刘红娟:《经典的“青春”在哪里——从〈雷雨〉演出史上的一次笑场说起》,《海南师范大学学报(社会科学版)》,2018 年第 1 期。

《赖声川执导曹禺经典作品〈北京人〉》,《中国戏剧》2018 年第 2 期。

李国豪:《小剧场话剧的突破与回归——以实景体验话剧〈雷雨〉〈昆明老宅〉为例》,《创作评谭》,2018 年第 2 期。

陈小玉:《今天,我们如何向曹禺先生致敬——评赖声川新话剧〈北京人〉》,《上海艺术评论》2018 年第 3 期。

徐晓钟:《一次有学术价值的实验——叙述体版的实验戏剧〈雷雨〉观后感言》,《福建艺术》,2018 年第 8 期。

高扬鹏:《从经典审美的二重性看〈雷雨〉遭遇“笑场”》,《北方文学》,2018 年第 9 期。

房炜:《甬剧〈雷雨〉60 年后晋京演出》,《文化月刊》2018 年第 11 期。

朱小贝:《戏剧舞台节奏在舞台表演中的体现——以参演话剧〈雷雨〉为例分析》,《艺术品鉴》,2018 年第 29 期。

九、剧作改编研究

(一)《雷雨》改编

绍人:《〈雷雨〉改编绍兴戏》,《东南风》1946 年第 8 期。

蝶来:《越剧演“雷雨”,筱丹桂徐玉兰“卯上”》,《一周间(上海)》1946 年第 6 期。

边国立:《宁晚勿滥——寄语〈雷雨〉摄制组》,《电影评介》1983 年第 11 期。

韩尚义、瞿然馨:《电影〈雷雨〉美术设计总结》,《电影通讯》1984 年第 3 期。

张跃中:《周朴园银幕形象浅析——故事片〈雷雨〉观后》,《电影评介》1984 年第 4 期。

瑞丰:《一个成功的尝试——试谈影片〈雷雨〉的改编》,《电影评介》1984 年第 5 期。

杨颖:《关于〈雷雨〉银幕化问题初探》,《电影新作》1984 年第 5 期。

孙道临:《谈〈雷雨〉的电影改编》,《电影艺术》1984 年第 7 期。

孙道临:《影片〈雷雨〉导演札记》,《电影通讯》1984 年第 7 期。

曹其敬:《一次不成功的挑战——评影片〈雷雨〉》,《电影艺术》1984 年第 7 期。

雪鸥:《青年人怎样看〈雷雨〉——记上海青年影评协会对〈雷雨〉的评论》,《电影艺术》1984 年第 11 期。

横林:《本刊召开〈日出〉〈雷雨〉〈原野〉影片座谈会》,《电影艺术》1986 年第 4 期。

田小惠、夏虹、顾晓阳:《银幕向舞台的挑战——〈日出〉〈雷雨〉〈原野〉影片座谈会

(一)》,《电影艺术》1986 年第 6 期。

晏学、张逸生、张雁、吕恩、阙文、石羽、邵牧君:《银幕向舞台的挑战——〈日出〉〈雷雨〉〈原野〉影片座谈会(二)》,《电影艺术》1986 年第 7 期。

赵之成、戴光晰、杨薇、郑雪来、张雁、黄式宪、晏学、罗艺军、陈犀禾、余倩、刘诗兵、郑国恩:《银幕向舞台的挑战——〈日出〉〈雷雨〉〈原野〉影片座谈会(三)》,《电影艺术》1986 年第 8 期。

车薪:《曹禺"三部曲"改编的电影之得失》,《今日中国(中文版)》1986 年第 7 期。

王卫平:《接受与变形——曹禺剧作的主观追求与观众的客观接受》,《社会科学战线》1994 年第 1 期。

黎俊:《〈雷雨〉"改头换面"》,《人民日报》1996 年 7 月 7 日。

寇鹏程:《原型视角中的蘩漪及其转换:〈雷雨〉的痴情女子负心汉》,《延边大学学报(哲学社会科学版)》1997 年第 2 期。

木公:《错乱——雷雨改编意识的缺憾》,《电影评介》1997 年第 3 期。

张耀杰、盛红:《〈雷雨〉的误读和误改》,《东方艺术》1997 年第 3 期。

君子:《曹禺戏剧受青睐——〈雷雨〉、〈原野〉、〈日出〉将拍成电视连续剧》,《当代电视》1997 年第 3 期。

张生筠、张雪飞:《谈名著的改编——兼评电视连续剧〈雷雨〉》,《牡丹江师范学院学报(哲学社会科学版)》1997 年第 3 期。

程蓉:《买椟还珠的遗憾——评电视剧〈雷雨〉结尾的改编》,《四川教育学院学报》1997 年第 3 期。

辛加坡:《〈雷雨〉与"光明"——访电视剧〈雷雨〉文学顾问郑万隆》,《大众电影》1997 年第 4 期。

周芳芸:《〈雷雨〉:改你没商量——试论电视剧〈雷雨〉的改编》,《当代文坛》1997 年第 5 期。

李力:《名著改编的是与非——兼评电视连续剧〈雷雨〉》,《现代传播—北京广播学院学报》1997 年第 5 期。

许建平:《再现人物神韵的典范——王佐良译〈雷雨〉片段赏析》,《中国翻译》1997 年第 6 期。

田本相、宋宝珍:《谈电视剧〈雷雨〉的改编》,《中国电视》1997 年第 7 期。

张耀杰:《慎重对待名著——电视连续剧〈雷雨〉》座谈纪要,《中国戏剧》1997 年第 7 期。

康洪兴:《是成功? 还是失败? ——评电视剧〈雷雨〉对话剧〈雷雨〉的改编》,《中国电视》1997 年第 7 期。

叶敏键:《〈雷雨〉改编得失谈》,《阅读与写作》1997 年第 7 期。

李凌:《请善待名著——评电视连续剧〈雷雨〉》,《电视研究》1997 年第 7 期。

田泽民:《电视剧改编中情节结构的改变——电视连续剧〈雷雨〉与同名话剧、电影的情节结构之比较》,《电视研究》1997 年第 7 期。

叶敏健:《电视剧〈雷雨〉改编得失谈》,《写作》1997 年第 8 期。

佟婷:《〈雷雨〉的震撼力何在——也谈电视连续剧〈雷雨〉的改编》,《当代电视》1997 年第 9 期。

马相武:《从〈雷雨〉改编看文化素质》,《中国电视》1997 年第 9 期。

高音:《从电视连续剧〈雷雨〉看名著改编》,《中国电视》1997 年第 9 期。

郝孚逸:《从〈雷雨〉改编谈改编名著》,《瞭望新闻周刊》1997 年第 25 期。

宋宝珍:《意态由来画不成——谈电视剧〈雷雨〉在改编中存在的问题》,《现代传播—北京广播学院学报》1998 年第 3 期。

何希凡:《"雷雨意识"与电视剧〈雷雨〉》,《西南民族学院学报(哲学社会科学版)》1998 年第 S3 期。

唐韧:《论对两部曹禺名剧的"改编"》,《阅读与写作》1999 年第 1 期。

李明:《文学名著改编的原则——从电视剧〈雷雨〉谈起》,《郴州师范高等专科学校学报》1999 年第 4 期。

李力:《名著改编的是与非——兼评电视连续剧〈雷雨〉》,《现代传播—北京电影学院学报》1999 年第 5 期。

宋之华:《重拍〈雷雨〉浮想联翩》,《上海戏剧》2001 年第 3 期。

刘同标:《重排沪剧〈雷雨〉导演随笔》,《上海戏剧》2001 年第 3 期。

彭海军:《话剧〈雷雨〉的电影、电视改编分析》,《北京电影学院学报》2001 年第 3 期。

宋宝珍:《改编意味着什么》,《中国戏剧》2001 年第 1 期。

尹永华:《试论近年来戏剧中的现代文学名著改编》,《四川戏剧》2001 年第 5 期。

文谨:《曹禺剧作与川剧》,《四川戏剧》2001 年第 6 期。

张莉:《人间天上泪难收——我对饰演歌剧〈雷雨〉主角繁漪的体验》,《音乐探索》2001 年第 4 期。

曹树钧、刘清祥:《神州雷雨——曹禺诞辰 90 周年纪念文集》,湖北人民出版社,2002。

方佩华:《我演四凤》,《上海戏剧》2002 年第 12 期。

杨永涛:《话剧〈雷雨〉与沪剧〈雷雨〉引发著作权官司》,《检察风云》2003 年第 9 期。

朱杰:《"戏"的困境与"人"的魅力——论新时期曹禺剧作〈雷雨〉、〈日出〉的影视转换》,《湖北社会科学》2003 年第 10 期。

秦俊香:《经典话剧改编管见——兼谈电视剧〈雷雨〉、〈日出〉的改编》,《当代电视》2003 年第 11 期。

许波:《从语言艺术到视听艺术　论中国现代文学作品的电影改编》,《电影艺术》2004 年第 2 期。

由婧涵:《由电视剧〈雷雨〉谈对"改编"的理解》,《绥化学院学报》2005 年第 2 期。

周珊:《黄梅戏〈雷雨〉排演之感受》,《黄梅戏艺术》2005 年第 3 期。

陆云:《视界融合中的名著改编——〈雷雨〉,从话剧到电视剧》,《河池学院学报(哲学社会科学版)》2005 年第 6 期。

钰雁:《雷雨歌悲情——记民族原创歌剧〈雷雨〉》,《上海戏剧》2006 年第 11 期。

褚伯承:《2006 年第一场雷雨——记沪剧〈雷雨〉2006 年新版演出》,《上海戏剧》2006 年第 4 期。

李瑾:《专家评歌剧〈雷雨〉》,《音乐周报》2006 年 5 月 26 日。

袁岚:《50 天完成的大制作——歌剧〈雷雨〉看什么》,《中国文化报》2006 年 5 月 11 日。

蒋力:《比较中享受〈雷雨〉》,《音乐周报》2006 年 6 月 2 日。

李明瑛:《京剧〈雷雨〉公演轰动古城西安》,《当代戏剧》2007 年第 1 期。

赵冬红:《让京剧传统流派艺术在〈雷雨〉中传承发扬》,《当代戏剧》2007 年第 5 期。

苏维谦:《歌剧〈雷雨〉亮相"西湖之春"》,《中国文化报》2007 年 6 月 14 日。

曾令霞、龚俐:《救赎与报应——从话剧到电影看〈雷雨〉的宗教意识替换》,《天府新论》2007 年第 6 期。

杨格:《六年磨一剑　歌剧看〈雷雨〉》,《人民日报(海外版)》2007 年 10 月 22 日。

陈熹、李风:《话剧经典的精美转身——歌剧〈雷雨〉用音乐说话》,《湖北日报》2007 年 11 月 10 日。

马以鑫:《从〈雷雨〉谈歌剧的改编》,《文汇报》2007 年 12 月 23 日。

焦彩萍:《审美的诉求和道德的诉求——从〈雷雨〉看中国影视的审美接受》,《电影文学》2007 年第 14 期。

李彦武、张永华:《〈满城尽带黄金甲〉不是〈雷雨〉——谈〈满城尽带黄金甲〉背后的潜台词》,《电影评介》2007 年第 21 期.

陈锐锋:《现实主义的艺术生命力——重看电影〈雷雨〉有感》,《初中生辅导》2008 年第 2 期。

刘喧:《关于"原创歌剧"〈雷雨〉艺术价值的思考》,《戏剧文学》2008 年第 3 期。

邹贤尧:《曹禺剧作的影像叙事——论〈雷雨〉、〈日出〉、〈原野〉等电影改编兼论经典的再生产》,《海南师范大学学报(社会科学版)》2009 年第 1 期。

郭怀玉:《〈雷雨〉(1983)的缺憾:从话剧到电影》,《电影文学》2009 年第 20 期。

周慧:《完美的震撼　精致的心动——评黄梅戏〈雷雨〉》,《中国戏剧》2010 年第 4 期。

晋文婧:《国家舞台艺术精品工程名单揭晓　黄梅戏〈雷雨〉成为"重点资助剧目"》,《安徽日报》2010 年 1 月 6 日。

周小燕:《〈雷雨〉:一部优秀的民族原创歌剧》,《中国文化报》2010 年 6 月 10 日。

时晨:《情节处理的多样化——简论曹禺早期三部曲的电视剧改编》,《戏剧之家》2010 年第 6 期。

孙伊婷:《命运苦雨爱的惊雷——试评中篇弹词〈雷雨〉并以此献给曹禺诞辰 100 周年》,《艺术百家》2010 年第 7 期。

陶冠群、马肃平:《评弹〈雷雨〉:用最美的声音重释经典》,《苏州日报》2010 年 7 月 30 日。

金宙旻:《百年曹禺　百年沪剧——上海沪剧院十月赴京参加纪念曹禺诞辰100周年展演》,《上海戏剧》2010年第8期。

陈怡倩:《歌剧〈雷雨〉之路》,《歌剧》2010年第S1期。

桃子:《12年打磨11次修改——歌剧〈雷雨〉进京纪念曹禺》,《中国文化报》2010年8月26日。

张国勇:《歌剧〈雷雨〉:一部优秀的民族原创歌剧》,《中国文化报》2010年9月7日。

廖向红:《再度欣赏歌剧〈雷雨〉》,《中国文化报》2010年9月7日。

徐宁:《用苏州弹词形式在台北北京演出连获成功——没想到〈雷雨〉还可以这样演》,《新华日报》2010年9月29日。

张薇:《弹词〈雷雨〉在京亮相纪念曹禺诞辰一百周年》,《中国艺术报》2010年10月1日。

一明:《百年沪剧的一次重要突破——上海沪剧院〈百年曹禺百年沪剧〉赴京演出纪行》,《上海戏剧》2010年第10期。

褚伯承:《精彩改编为经典加分——谈赴京演出的新版沪剧〈雷雨〉》,《上海戏剧》2010年第11期。

郭敏:《浅析歌剧舞剧〈雷雨〉对原著的解读》,《戏剧丛刊》2010年第2期。

居其宏:《悲剧时代人性悲剧的歌剧演绎——评莫凡〈雷雨〉的剧本改编与音乐创作》,《歌剧》2010年第S1期。

谢晶晶:《华腔洋调说〈雷雨〉》,《歌剧》2010年第S1期。

莫凡:《关于歌剧〈雷雨〉的音乐》,《歌剧》2010年第S1期。

张哲:《寄语歌剧〈雷雨〉》,《歌剧》2010年第S1期。

周小燕:《一部优秀的民族原创歌剧〈雷雨〉》,《歌剧》2010年第S1期。

刘诗嵘:《十年磨砺　终获硕果——赞上海歌剧院〈雷雨〉》,《歌剧》2010年第S1期。

蒋力:《比较中的享受——观舞台版歌剧〈雷雨〉》,《歌剧》2010年第S1期。

游帏之:《专家点评:〈雷雨〉有很强的歌剧性》,《歌剧》2010年第S1期。

游帏之:《全新舞台版大型原创歌剧〈雷雨〉"上海之春"国际音乐节开幕献演》,《歌剧》2010年第S1期。

游帏之:《落下帷幕后的〈雷雨〉——歌剧〈雷雨〉研讨会侧记》,《歌剧》2010年第S1期。

特杰:《歌剧〈雷雨〉令人赞叹不已》,《歌剧》2010年第S1期。

苟红梅:《看歌剧〈雷雨〉》,《歌剧》2010年第S1期。

弗兰克:《下雨天看歌剧〈雷雨〉》,《歌剧》2010年第S1期。

朱栋霖:《经典〈雷雨〉:从话剧到苏州评弹》,《文学评论》2011年第2期。

胡磊蕾:《从话剧到评弹——谈中篇评弹〈雷雨〉的创作体会》,《剧影月报》2011年第4期。

周力澜:《从曹禺笔下的人物形象看现代舞剧〈雷和雨〉》,《时代文学(上半月)》2011年第8期。

孙惕:《重读经典　创新回归——中篇弹词〈雷雨〉的创作追求与感悟》,《曲艺》2011年第11期。

朴云锡、刘珂:《〈雷雨〉在韩国——以1950年柳致真执导话剧〈雷雨〉为例》,《重庆理工大学学报(社会科学)》2011年第11期。

余雍和:《怀着敬畏心理寻求创新突破》,《中国戏剧》2011年第12期。

胡芝风:《赞眉户大型现代戏〈雷雨〉》,《中国演员》2012年第6期。

孙媛、庄君:《新时期以来话剧〈雷雨〉的影视传播》,《短篇小说(原创版)》2012年第6期。

林茜:《从剧作学角度谈电视剧〈雷雨〉中的繁漪形象》,《艺海》2012年第7期。

《英国演员演绎曹禺经典作品》,《语文教学与研究》2012年第34期。

王万尧:《结构·象征·空间——论曹禺话剧的电影化改编》,《现代传播》2012年第11期。

李松睿:《后革命时代的艺术与爱情——谈新编黄梅戏版〈雷雨〉》,《党政干部学刊》2012年第11期。

吴伟东:《演出中篇评弹〈雷雨〉的感悟》,《剧影月报》2013年第1期。

濮波:《曹禺戏剧的后现代解构——蒋维国导演新戏〈太阳不是我们的〉的生成》,《戏剧文学》2013年第1期。

刘颖:《评弹〈雷雨〉的曲艺之路》,《戏剧之家(上半月)》2013年第3期。

金明:《深圳市粤剧团排演现代粤剧〈雷雨〉》,《南国红豆》2013年第4期。

丁小平:《"青春版"〈雷雨〉的导演尝试》,《上海艺术家》2013年第5期。

曹树钧:《这也是一种创作——评沪剧〈雷雨〉后》,《上海戏剧》2013年第4期。

段金龙:《试谈眉户剧〈雷雨〉的改编》,《当代戏剧》2013年第5期。

穆杨:《浅议评弹〈雷雨〉的艺术魅力》,《大众文艺》2013年第7期。

张隽隽:《文字和银幕的张力:谈〈雷雨〉一次改编》,《当代电影》2013年第9期。

康式昭:《跌落死亡深渊的羸马——我看黄梅戏〈雷雨〉》,《艺术评论》2013年第10期。

智联忠:《黄梅戏〈雷雨〉:从周萍看一出家庭悲剧》,《中国艺术报》2013年10月23日。

曹树钧:《别开生面的曹禺经典改编英国版话剧〈太阳不是我们的〉观后》,《当代戏剧》2014年第2期。

林珣如:《一首曲终未了的情殇咏叹——有感于莫凡歌剧〈雷雨〉》,《艺苑》2014年第3期。

谭兰燕:《粤剧〈雷雨〉尊重原著推陈出新》,《南国红豆》2014年第4期。

李宏伟、郭玉琴:《临汾眉户戏〈雷雨〉唱红香港》,《中国演员》2014年第4期。

吴思明:《尚未绽放就匆匆凋谢——我饰演粤剧〈雷雨〉中的四凤》,《南国红豆》2014年第5期。

张静:《黄梅戏〈雷雨〉的唱腔研究——对主调的运用与拓展》,《赤峰学院学报(汉文哲学社会科学版)》2014年第7期。

张志勤:《我饰演的周冲——话剧〈雷雨〉人物周冲塑造分析》,《戏剧之家》2014 年第 7 期。

王玉:《从〈雷雨〉看名著的影视改编》,《新闻世界》2014 年第 8 期。

武丹丹:《开在伤口上的花朵 〈雷雨〉编后随想》,《剧本》2014 年第 9 期。

江爱华:《生命不可承受之重——评黄梅戏〈雷雨〉》,《安徽文学(下半月)》2014 年第 9 期。

万方:《雷雨(根据曹禺同名话剧〈雷雨〉改编)》,《剧本》2014 年第 9 期。

万方:《我改编了〈雷雨〉》,《剧本》2014 年第 9 期。

李蕾:《古典美的精华凝聚与集中体现——观黄梅戏〈雷雨〉》,《艺海》2014 年第 11 期。

吴文科:《依托经典 成就自身——中篇苏州弹词〈雷雨〉简评》,《艺术评论》2014 年第 11 期。

陶君艳:《〈雷雨〉在地方戏曲舞台上的传播——以沪剧、黄梅戏、京剧、眉户剧为例》,《濮阳职业技术学院学报》2015 年第 1 期。

岑颖:《雷霆之下,过犹不及——甬剧〈雷雨〉观后》,《宁波日报》2015 年 12 月 20 日。

吕效平:《炙烤灵魂的、叙述的和喜剧的——评苏州评弹〈雷雨〉》,《戏剧与影视评论》2015 年第 3 期。

张静:《黄梅戏〈雷雨〉唱腔的创作研究——对其他戏曲元素的借鉴》,《滁州学院学报》2015 年第 4 期。

刘坚:《我演小人物——鲁贵》,《戏剧之家》2015 年第 12 期。

张芳凝:《眉户剧〈雷雨〉——小剧种,大创新》,《戏剧之家》2015 年第 10 期。

梁卫星:《在改编与表演中成长——我如何讲〈雷雨〉》,《语文教学与研究》2015 年第 12 期。

张伟松:《解读影片〈雷雨〉的独特表现形式》,《芒种》2015 年第 12 期。

张敏:《从〈满城尽带黄金甲〉看张艺谋对〈雷雨〉人物形象的改编》,《电影评介》2015 年第 16 期。

张敏兰:《中职语文综合实践活动初探——以〈走上舞台——编演课本剧《雷雨》〉教学为例》,《江苏教育研究》2015 年第 18 期。

张艳:《话剧〈雷雨〉的影视改编策略分析》,《短篇小说(原创版)》2015 年第 33 期。

茹文:《妈、丈母娘、姆妈——谈甬剧〈雷雨〉的一处方言词改编》,《宁波日报》2016 年 1 月 7 日。

赵淑萍:《甬剧〈雷雨〉的魅力》,《宁波日报》2016 年 2 月 27 日。

朱晓燕:《试论黄梅戏〈雷雨〉的艺术追求》,《艺术科技》2016 年第 6 期。

游昕之:《歌剧〈雷雨〉整装待发 8 月即将亮相英伦》,《歌剧》2016 年第 7 期。

黄启哲:《沪剧缘何与曹禺频频结缘——经典剧目〈雷雨〉今晚献演上海大剧院》,《文汇报》2016 年 9 月 21 日。

谭志湘:《华丽眉户的华丽跨越——眉户剧〈雷雨〉观后》,《戏友》2017 年第 4 期。

邱宇:《话剧〈雷雨〉舞剧改编的多维尝试与跨界阐发》,《舞蹈》2017 年第 2 期。

吴贵红:《探究歌剧〈雷雨〉中繁漪舞台形象的表达》,《艺术评鉴》2018 年第 7 期。

李其珣:《研究话剧〈雷雨〉的电影、电视改编》,《中国文艺家》2018 年第 9 期。

王羽萌:《研究话剧〈雷雨〉的电影、电视改编》,《大众文艺》2018 年第 11 期。

陈晓旻、房炜:《40 年前的"周冲"如今成了"周朴园"——甬剧〈雷雨〉晋京演出受热捧》,《宁波日报》2018 年 10 月 19 日。

房炜:《甬剧〈雷雨〉60 年后晋京演出》,《文化月刊》2018 年第 11 期。

蒋昀含:《改造原著:〈雷雨〉的电视剧改编》,《艺术科技》2018 年第 12 期。

胡琬羚:《文学与舞蹈的不同表达——从话剧〈雷雨〉到现代舞剧〈雷和雨〉》,《北方音乐》2018 年第 21 期。

郑书林:《研究话剧〈雷雨〉的电影、电视改编》,《章回小说》2018 年第 32 期。

崔小明、房炜:《甬剧〈雷雨〉何以四十年经久不衰——每次修改都能呼应时代声音和观众需求》,《宁波日报》2018 年 11 月 13 日。

冯光钰:《黄梅戏〈雷雨〉的艺术追求》,《新戏剧》第三卷。

(二)《原野》改编

刘林武:《复仇何必"硬"用刀——评电影〈原野〉中仇虎的复仇》,《电影评介》1986 年第 1 期。

张奇虹:《时间与时间的审视——写在〈原野〉演出两周年》,《戏剧报》1986 年第 8 期。

王长安:《现实主义的框架　表现主义的构思——关于影片〈原野〉》,《电影艺术》1986 年第 12 期。

梁茂春:《朦胧的原野——听歌剧〈原野〉音乐印象》,《歌剧》1987 年第 6 期。

凌子:《〈原野〉随想》,《文汇》1987 年第 7 期。

曹禺、乔羽:《关于中国歌剧的通信》,《人民音乐》1987 年第 9 期。

施万春:《〈原野〉的启示》,《人民音乐》1987 年第 9 期。

琴音:《观歌剧〈原野〉后——李德伦访谈录》,《文艺报》1987 年 9 月 5 日。

吴祖强:《为歌剧〈原野〉鼓掌叫好》,《戏剧报》1987 年第 9 期。

《歌剧〈原野〉〈深宫欲海〉座谈会》(节选),《人民音乐》1987 年第 11 期。

陈贻鑫、李道松:《歌剧〈原野〉音乐探究》,《中国音乐学》1988 年第 1 期。

董克岩:《艺术地强化悲剧审美的神圣与崇高——我看〈原野〉的改编》,《当代电影》1988 年第 6 期。

金湘:《坐标的选择与其他歌剧〈原野〉作曲随记之一》,《歌剧艺术研究》1989 年。

李稻川:《演员是第二创作——我怎样导演歌剧〈原野〉》,《歌剧艺术》1989 年第 2 期。

吴乾浩:《戏曲化的〈原野〉——看荆州花鼓〈原野〉》,《人民日报》1990 年 11 月 15 日。

吴培义:《面向大众的开掘——荆州花鼓戏〈原野〉审美特色谈》,《戏曲艺术》1991 年第 1 期。

居其宏:《我国当代歌剧的历史与现状》,《中国音乐学(季刊)》1991 年第 2 期。

约瑟夫·麦克里兰:《歌剧〈原野〉怨恨的旋律:金湘的杰作在美首演大获成功》,乔玲译,《人民音乐》1992 年第 7 期。

苏关鑫、郑纳新:《超越的艰难——对〈原野〉失误的文本审视》,《广西师范大学学报(哲学社会科学版)》1993 年第 2 期。

黄欣:《〈原野〉争议三题》,《阅读与写作》1994 年第 2 期。

莱茵:《中国歌剧〈原野〉在美国——记男主角孙禹》,《安徽新戏》1994 年第 3 期。

李树凯:《曹禺与斯格里勃和奥尼尔——再论〈原野〉是一部佳构剧》,《甘肃社会科学》1995 年第 4 期。

崔峥嵘:《我心中的"金子"——扮演〈原野〉中"金子"角色的感受与心得》,《星海音乐学院学报》1996 年第 4 期。

吴毓华:《浓化的情诗化的美——评荆州花鼓戏〈原野情仇〉》,《戏曲艺术》1997 年第 2 期。

胡应明:《解读·摄神·重构——浅谈荆州花鼓戏〈原野情仇〉的改编》,《中国戏剧》1997 年第 4 期。

胡应明:《发自原野深处的当代歌吟——荆州花鼓戏〈原野情仇〉创作片谈》,《剧本》1997 年第 5 期。

丁素华:《名著与花鼓戏——〈原野情仇〉导演构思》,《中国戏剧》1997 年第 11 期。

李稻川:《二度创作的开始——我怎么导演歌剧〈原野〉》,《歌剧》1998 年第 2 期。

吴培义:《荆州花鼓戏〈原野情仇〉的艺术追求》,《戏曲艺术》1998 年第 4 期。

曲祖文:《京剧〈骆驼祥子〉、川剧〈金子〉荣获"中国戏曲学会奖"》,《光明日报》1999 年 1 月 12 日。

申列荣:《改编的艺术魅力在于再创造——川剧〈金子〉的艺术特色》,《四川戏剧》1999 年第 4 期。

巴仁:《闪光的〈金子〉——首都戏剧界盛赞川剧〈金子〉》,《戏曲艺术》1999 年第 4 期。

曹树钧:《一朵艳丽的野玫瑰——评川剧〈金子〉》,《四川戏剧》1999 年第 5 期。

康式昭:《川剧〈金子〉放异彩》,《人民日报》1999 年 9 月 10 日。

王纪人:《从川剧〈金子〉说起》,《上海戏剧》2000 年第 1 期。

郦子柏:《从话剧〈原野〉到川剧〈金子〉——在排演中的探求与创新》,《戏曲艺术》2000 年第 2 期。

卢燕:《我的柔情你也许不懂——李六乙拆解〈原野〉》,《北京青年报》2000 年 9 月 20 日。

曹明:《风风雨雨话〈原野〉——纪念曹禺九十诞辰》,《文教资料》2000 年第 5 期。

朱理轩:《说一说实验演出本〈原野〉》,《文艺报》2000 年 8 月 31 日。

田本相:《也谈新版〈原野〉和〈日出〉》,《中国戏剧》2000 年第 11 期。

胡芝风:《三看川剧〈金子〉的启示》,《中国戏剧》2000 年第 12 期。

陈自强:《野金菊(根据曹禺话剧〈原野〉改编)》,《南国红豆》2001 年第 2 期。
王本朝:《创造性的超越:从〈原野〉到〈金子〉》,《中国文化报》2001 年 5 月 8 日。
朱艳芳:《同命运抗争——川剧〈金子〉赏析》,《戏曲艺术》2002 年第 2 期。
洪霞:《像〈金子〉一样闪光——看川剧〈金子〉有感》,《四川戏剧》2002 年第 4 期。
杜建华:《川剧〈金子〉的审美示范意义》,《中国戏剧》2002 年第 4 期。
金湘:《歌剧〈原野〉作曲随记之二》,《困惑与求索——一个作曲家的思考》,上海音乐出版社,2003。
姜洪伟:《外行看"变脸"——浅谈川剧〈金子〉中"变脸"艺术的妙用》,《中国戏剧》2003 年第 12 期。
刘彦君:《选择与切换——川剧〈金子〉的独特视角》,《中国戏剧》2003 年第 12 期。
田亚茹:《中国歌剧史上的三次高潮引发的思考》,《人民音乐》2004 年第 4 期。
陈原:《从〈原野〉到〈杨贵妃〉》,《人民日报》2004 年 5 月 21 日。
胡非玄:《简论话剧〈原野〉之改编》,《戏剧之家》2006 年第 1 期。
田本相:《津版〈原野〉的价值和意义》,《中国戏剧》2006 年第 5 期。
王洪华、薛若琳:《继承与创新——川剧〈金子〉评论集》,中国戏剧出版社,2006。
耿军、徐长安:《辜振甫长女辜怀群力推新编京剧〈原野〉》,《台声》2006 年第 5 期。
陈挚:《女性审美的诗意呈现——从话剧〈原野〉到川剧〈金子〉审美形态的转变》,《四川戏剧》2006 年第 5 期。
黄锐烁:《原野上的红——评京剧〈原野〉兼谈对戏曲改革的几点想法》,《戏剧之家》2007 年第 1 期。
杜建华:《川剧〈金子〉的审美示范意义》,《中华艺术论丛》2007 年。
刘玉琴:《台北将曹禺的〈原野〉变成京剧》,《人民日报》2007 年 10 月 12 日。
刘巨才、忆斯:《金子,从春夏走进金秋——记晋剧演员陈红和她主演的〈金子〉》,《上海戏剧》2007 年第 11 期。
紫茵:《精耕细作〈原野〉开新花——中国爱乐乐团〈原野〉音乐会歌剧听后》,《音乐周报》2007 年 12 月 26 日。
明言:《歌剧〈原野〉历史评价及其他——为纪念歌剧〈原野〉首演 20 周年而写》,《音乐研究》2008 年第 4 期。
张连杰:《展现歌剧实力创建文化品牌——天津歌剧团〈原野〉将进京演出》,《天津日报》2008 年 5 月 2 日。
张文敏:《民族歌剧〈原野〉的悲剧性创作艺术探因》,《戏剧文学》2008 年第 8 期。
刘阳:《川剧艺术的"金子"》,《人民日报》2008 年 8 月 1 日。
胡波、黄瑾:《解读中国歌剧〈原野〉的整体特点与创作构思》,《艺术教育》2008 年第 12 期。
何荣智、孙朋飞:《走上台北的原野——台北新剧团京剧〈原野〉》,《上海戏剧》2009 年第 12 期。

黄莹:《形式对意蕴的彰显——论总政话剧团新版〈日出〉的改编》,《戏剧文学》2009 年第 1 期。

刘蓉:《在音乐中探寻戏剧的"原野"——歌剧〈原野〉的音乐解读》,《交响——西安音乐学院学报》2009 年第 1 期。

金湘:《我写歌剧〈原野〉——歌剧〈原野〉诞生 20 周年有感》,《歌剧》2009 年第 2 期。

李姝:《接受美学视野中的歌剧——〈原野〉》,《音乐探索》2009 年第 2 期。

李秀岩:《歌剧〈原野〉二元美学浅议》,《艺术探索》2009 年第 3 期。

胡非玄:《话剧〈原野〉改编的三阶段及折射出的问题》,《江汉大学学报(人文科学版)》2009 年第 4 期。

李娜:《关于歌剧〈原野〉的叙事分析》,《学理论》2009 年第 6 期。

刘红:《中西歌剧合璧之经典——〈原野〉音乐创作特点概述》,《戏剧文学》2009 年第 6 期。

吴戈:《命运纠结的"情殇"咏叹——论上海歌剧院创作的歌剧〈雷雨〉》,《中国戏剧》2010 年第 5 期。

李立娟:《论歌剧〈原野〉的金子形象》,《沈阳师范大学学报(社会科学版)》2010 年第 2 期。

居其宏:《"歌剧思维"及其在〈原野〉中的实践》,《中国音乐学》2010 年第 3 期。

彭梅:《歌剧〈原野〉主要角色——人物形象塑造》,《时代文学(下半月)》2010 年第 6 期。

王文章:《中国艺术年鉴 2011》,文化艺术出版社,2012。

周靖波:《重述与转写——歌剧〈原野〉叙事片论》,《艺苑》2011 年第 1 期。

曹树钧:《电影〈原野〉的禁演与曹禺的愤懑》,《剧作家》2011 年第 2 期。

王升典:《歌剧〈原野〉研究综述》,《大舞台》2011 年第 2 期。

沈德鹏:《歌剧〈原野〉主人公"焦大星"的人物心理及演唱处理》,《沈阳师范大学学报(社会科学版)》2011 年第 3 期。

张敏、孙晓丹、郝胜:《中国新歌剧的里程碑——试析金湘先生的歌剧〈原野〉》,《名作欣赏》2011 年第 3 期。

甘晓芬:《歌剧〈原野〉中女主角金子的音乐形象的分析》,《文艺生活》2011 年第 8 期。

杨传国:《浅议歌剧〈原野〉的创作特征》,《大众文艺》2011 年第 15 期。

罗丽娟:《歌剧〈原野〉中"金子"咏叹调的演唱探析》,硕士学位论文,上海师范大学,2011。

雷丽:《论歌剧〈原野〉音乐创作中人物唱腔形式的民族性》,《太原大学教育学院学报》2012 年第 3 期。

曹桦:《论歌剧〈原野〉的艺术价值》,《广东第二师范学院学报》2012 年第 4 期。

直爱妩:《浅析歌剧〈原野〉文学脚本及音乐的戏剧整体性》,《作家杂志》2012 年第 4 期。

陈然:《民族歌剧〈原野〉的主要人物塑造及演唱处理——以金子的咏叹调〈啊,我的虎子哥〉为例》,《四川戏剧》2012 年第 5 期。

易阳:《歌剧〈原野〉中"金子"艺术形象分析》,《大众文艺》2012 年第 19 期。

《英国演员演出曹禺作品》,《语文教学与研究》2012 年第 34 期。

孙嘉艺:《歌剧〈原野〉复排版的表演特色》,《歌剧》2013 年第 2 期。

高子涵:《浅析歌剧〈原野〉中金子的艺术形象塑造》,《戏剧丛刊》2013 年第 3 期。

颜碧波:《歌剧〈原野〉"立意"及金子的形象塑造》,《艺术评论》2013 年第 6 期。

居其宏:《歌剧〈原野〉"三杰出"说的再辨正——答骆季超的批评》,《音乐周报》2013 年 6 月 19 日。

彭红梅:《试析歌剧〈原野〉中〈啊,我的虎子哥〉的艺术特点》,《赤子》2013 年第 8 期。

《新编大型京剧〈原野〉邀您共赏经典》,《走向世界》2013 年。

孙肖平:《呼唤正义,讴歌人性——作曲家金湘和他的歌剧〈原野〉》,《歌剧》2013 年第 9 期。

王桂霞:《歌剧表演中演唱技巧与情感的统一——以歌剧〈原野〉为例》,《衡水学院学报》2014 年第 3 期。

陈天琦:《"原野情仇"的艺术追求与重构——从话剧〈原野〉到荆州花鼓戏〈原野情仇〉》,《戏剧文学》2014 年第 11 期。

曾娴娜:《金湘歌剧〈原野〉咏叙调中的中国传统音乐元素》,《北方音乐》2014 年第 11 期。

张卿:《浅析话剧〈原野〉的艺术表现形式》,《芒种》2014 年第 12 期。

聂朝阳:《中西方歌剧男性角色演唱分析与比较——以〈原野〉和〈弄臣〉为例》,《当代音乐》2015 年第 1 期。

郑新平:《简析歌剧〈原野〉中金子唱段的戏剧功能及其演唱处理》,《开封教育学院学院》2015 年第 2 期。

徐佳:《"金子"的歌剧形象流变及其比较研究》,《中国地质大学学报(社会科学版)》2015 年第 6 期。

陈烨:《歌剧〈原野〉音乐语言中的民族化探索》,《浙江艺术职业学院学报》2016 年第 2 期。

张小凡、张洪涛:《思维转换的困境:从川剧〈金子〉看话剧改编戏曲的限度》,《新世纪剧坛》2016 年第 6 期。

魏扬:《金湘歌剧〈原野〉海外传播的启示》,《歌剧》2016 年第 9 期。

苏磊:《歌剧〈原野〉人物角色的分析与演绎》,《今日时尚》2016 年第 11 期。

赵欣:《经典川剧〈金子〉要拍电影了》,《重庆晨报》,中国青年网 2017 年 4 月 10 日。

田丰:《话剧〈原野〉、川剧〈金子〉对比》,《戏剧文学》2017 年第 1 期。

周津菁:《话剧〈原野〉的川剧化——论现代川剧表演艺术形态中的〈金子〉剧本改编》,《四川戏剧》2017 年第 1 期。

林珣如:《一首曲终未了的情殇咏叹——有感于莫凡歌剧〈雷雨〉》,《艺苑》2014 年第 3 期。

周津菁:《从话剧到戏曲》,《光明日报》2017 年 7 月 19 日。

熊婷:《歌剧〈原野〉中金子人物形象及其演唱处理技巧》,《大众文艺》2017 年第 8 期。

费芩雪:《歌剧〈原野〉中"金子"的艺术形象分析》,《北方音乐》2017 年第 11 期。

蒋长朋:《论隆学义川剧文学创作的"现代化"意识——以川剧〈金子〉为例》,《唐山文学》2017 年第 11 期。

杨娜:《歌剧〈原野〉的美学浅析》,《北方音乐》2017 年第 22 期。

陈源:《浅谈歌剧〈原野〉的文化内涵》,《丝路视野》2018 年第 24 期。

李英:《歌剧〈原野〉二重唱〈你是我,我是你〉舞台表现分析》,《民间故事》2018 年第 5 期。

李成柱:《歌剧〈原野〉"悲剧之美"研究》,《歌剧》2018 年第 10 期。

陈颖、高艺、龙凤丹、杜静、負婧:《探析中国民族歌剧〈原野〉中"金子"的艺术形象特征》,《青年文学家》2018 年第 36 期。

苏磊:《歌剧〈原野〉中的女性人物形象分析及表演技巧研究》,《戏剧之家》2019 年第 19 期。

王尧:《沈阳音乐学院庆祝建校 80 周年校友音乐会之歌剧〈原野〉倾情上演》,《音乐生活》2018 年第 12 期。

(三)《日出》改编

马莉莉:《美的探索——初演沪剧〈日出〉中陈白露的一点体会》,《上海戏剧》1983 年第 2 期。

吴贻弓:《关于改编的探索——从电影〈日出〉的改编谈起》,《电影新作》1984 年第 5 期。

潘慧南:《曹禺谈〈日出〉》,《人民日报(海外版)》1985 年第 12 卷第 18 期。

周安华:《〈日出〉改编琐议》,《电影新作》1986 年第 2 期。

苦舟:《〈日出〉改编上的败笔》,《电影评介》1986 年第 4 期。

李培隽:《银幕上的再创造——谈影片〈日出〉的几处改编》,《电影评介》1986 年第 4 期。

万方:《如果你选择了干——〈日出〉改编后杂想》,《电影艺术》1986 年第 12 期。

孔文杰:《含蓄隽永　意蕴悠远——评〈日出〉结尾的改编》,《抚州师专学报》1987 年第 3 期。

刘诗嵘:《音乐剧〈日出〉漫谈》,《人民日报》1991 年 1 月 5 日。

马莉莉:《沪剧的"曹禺情结"》,《解放日报》2000 年 10 月 23 日。

廖奔:《名著的阐释话语及其自由度——在人艺〈日出〉〈原野〉座谈会上的发言》,《戏剧文学》2000 年第 12 期。

苏星:《曹禺之女谈电视剧〈日出〉》,《戏剧之家》2001年第5期。

杨格:《诠释经典的意义——看音乐剧〈日出〉》,《人民日报(海外版)》2002年6月12日。

易运文:《曹禺〈日出〉改编成电视剧　将在全国各大城市电视台播出》,《光明日报》2002年7月16日。

赵爽:《原创音乐剧〈日出〉可能很奇特》,《中国文化报》2002年11月27日。

柳芽:《音乐剧〈日出〉:加了黄油、奶酪的炸酱面》,《深圳商报》2003年1月25日。

王平:《中国音乐剧待"日出"》,《中国文化报》2003年2月3日。

张换引:《从戏剧到电视剧——兼议电视连续剧〈日出〉》,《电视研究》2003年第12期。

陈锐锋:《略谈电视连续剧〈日出〉的改编》,《安顺师范高等专科学校学报(综合版)》2004年第3期。

何祖健:《现实主义的回归　经典改编的范例——评电视剧〈日出〉》,《理论与创作》2004年第5期。

张士霞:《曹禺先生的剧本被改了?——〈日出〉课本剧引起的争论》,《语文建设》2004年第11期。

任慧丹、唐杨:《肉体与灵魂的交流共生——总政话剧团版〈日出〉中陈白露悲剧的艺术处理》,《吉林艺术学院学报》2009年第2期。

佟湖:《日出阳光,不止属于一代人——2009版沪剧〈日出〉》,《上海戏剧》2009年第4期。

冯春莉:《"试探一次新路":新版话剧〈日出〉》,《天津市经理学院学报》2009年第4期。

严军、路直达:《一样的曹禺　不一样的潜江日出》,《戏剧之家》2010年第6期。

郭怀玉:《成功的改编:〈日出〉从话剧到电影》,《文艺争鸣》2010年第22期。

陈锐锋:《我看电视剧〈日出〉的改编》,《当代电视》2013年第11期。

张海鹏:《曹禺剧作〈日出〉人物谈》,《赤峰学院学报》2015年3月。

卜之:《责任与信仰——金湘谈歌剧〈日出〉》,《歌剧》2015年第8期。

徐文正:《芸芸众生像　悠悠日出情——歌剧〈日出〉评析》,《人民音乐》2015年第12期。

罗鑫:《电影〈日出〉中陈白露的语言艺术分析》,《短篇小说(原创版)》2015年第33期。

马也:《永别了,太阳!——看现代川剧〈白露为霜〉》,《中国戏剧》2016年第8期。

杨金子:《歌剧〈日出〉中的中国传统音乐元素》,《中国音乐》2016年第2期。

苏冬昕、魏扬:《金湘歌剧〈日出〉中"黑三"的音乐语言特色》,《吉林艺术学院学报》2017年第2期。

苏冬昕、魏扬:《歌剧〈日出〉中纯五度复合和声的连接逻辑》,《交响(西安音乐学院学报)》2018年第2期。

张刚:《金湘歌剧〈日出〉的风格特点透视》,《四川戏剧》2015年第9期。

周军:《实验性与可听性并存——金湘新歌剧〈日出〉创作解析》,《音乐创作》2015年第

10 期。

(四)其他剧作改编

袁振奇:《走近巨人——曹禺大师和扬剧〈王昭君〉》,《艺术百家》1997 年第 1 期。

周企旭:《创造“美的感觉”——看大型现代青春川剧〈鸣凤〉》,《四川戏剧》2011 年第 5 期。

彤彤:《〈北京人〉走上银幕》,《中国艺术报》2000 年 7 月 14 日。

汪泾洋:《“北京人”走上银幕》,《解放军报》2000 年 9 月 22 日。

金宏宇、原小平:《忠实原著前提下的名著改编——以巴金〈家〉的改编为个案》,《黄冈师范学院学报》2003 年第 5 期。

铁疾黎:《爆热爆冷为哪般——写在新版沪剧〈家〉首轮演出后》,《上海戏剧》2003 年第 9 期。

褚伯承:《忠实原作　追求突破——新版沪剧〈家〉改编略介》,《上海戏剧》2003 年第 8 期。

马俊山:《从〈蜕变〉的审改看抗战时期国家认同的歧义性》,《中国现代文学研究丛刊》2005 年第 4 期。

何西来:《叫好声中话缺憾——我看李六乙执导的〈北京人〉》,《戏剧文学》2006 年第 8 期。

南柯:《当瑞珏唱起了沪剧——小议沪剧〈瑞珏〉对〈家〉的改编》,《上海戏剧》2007 年第 11 期。

司小同:《论巴金〈家〉的话剧改编》,《电影评介》2009 年第 10 期。

曹其敬:《在大师的辉照下与沪剧结缘》,《中国戏剧》2010 年第 12 期。

陈思和:《新版沪剧〈家〉观后》,《上海戏剧》2003 年第 9 期。

张婷:《舞剧〈北京人〉:看! 一只美丽的鸽子飞出了“牢笼”》,《中国文化报》2017 年 8 月 11 日。

王洁琼:《北京人见北京人——舞剧〈北京人〉的跨时代改编》,《舞蹈》2018 年第 2 期。

十、综合研究

(一)综论

司徒珂:《曹禺的三部曲及其演出》,《中国文艺(北京)》1939 年 10 月 1 日第 1 卷第 2 期。

白雪:《论曹禺》,《立言画刊》1939 年第 41 期。

竺磊:《谈曹禺的戏剧》,《燕京文学》1940 年 12 月 20 日第 1 卷第 3 期。

冼群:《曹禺作品研究》,《文化杂志》1941 年第 1 卷第 1—2 期。

郑学稼:《论曹禺剧中的人物》,《中央周刊(重庆)》1942 年 1 月 29 日第 4 卷第 25 期。

桂多生:《〈曹禺戏剧集〉论:从〈曹禺戏剧集〉看曹禺的思想》,《学与思》1942 年 11 月 28

日创刊号。

鲁思:《剧作家:曹禺》,《小说月报》1943 年第 33、34 期。

项粹安:《曹禺论》,《天祥年刊》1944 年第 2 期。

吕荧:《曹禺的道路》,《抗战文艺》1944 年 9 月—12 月第 9 卷第 3—6 期连载。

杨晦:《曹禺论》,《青年文艺》1944 年 11 月 10 日新 1 卷第 4 期。

陆丹:《〈雷雨〉〈日出〉〈原野〉》《大公晚报》1944 年 12 月 27 日。

鲍霱如:《曹禺论》,《万象》1944 年第 3 卷第 8 期。

黄华沛:《曹禺引得——〈雷雨〉和〈原野〉的注疏》,《大刚(周刊)·阵地》1945 年 11 月 20 日第 235 期。

唐绍华:《曹禺简论》,《联合画报(“电影与戏剧”栏刊)》1945 年 12 月 16 日第 157、158 期。

蒋敦:《曹禺——中国第一流的剧作家》,《世界月刊》(1946 年)1947 年第 1 卷。

善秉仁:《关于曹禺的戏剧》,《时代学生》(香港)1949 年 2 月 15 日第 1 卷第 2 期。

楚白纯:《吕荧在〈曹禺的道路〉一文中的反动论点》,《剧本》1955 年第 12 期。

颜振奋:《曹禺创作生活片断》,《剧本》1957 年第 7 期。

方矛:《曹禺的作品在日本》,《新民晚报》1958 年 4 月 28 日。

刘正强:《曹禺的世界观和创作——兼评〈也谈曹禺的“雷雨”和“日出”〉》,《处女地》1958 年第 6 期。

甘竞存、徐刚:《也谈曹禺的〈雷雨〉和〈日出〉——兼论作家的世界观和创作方法》,《处女地》1958 年第 2 期。

朱青:《漫话曹禺的剧作》,《文学书籍评论丛刊》,人民文学出版社,1959 年第 5 期。

曲六乙:《略述“五四”以来话剧的战斗传统——读〈“五四”以来话剧剧本选〉丛书》,《读书》1959 年第 8 期。

陈瘦竹、沈蔚德:《论戏剧冲突和性格——重读〈曹禺剧本选〉》,《江海学刊》1962 年第 1 期。

田汉:《大力发展话剧创作》,《剧本》1962 年第 1 期。

张光年:《关于戏剧的杂感》,《戏剧报》1962 年第 2 期。

席边思:《1962 年出版哪些戏剧书籍》,《戏剧报》1962 年第 2 期。

王尔龄:《略论郭沫若的历史剧》,《上海戏剧》1962 年第 3 期。

沈明德:《曹禺剧作人物札记》,《合肥师院学报》1963 年第 2 期。

华忱之:《略论曹禺剧作情节结构的基本特色》,《成都晚报》1963 年 4 月 11 日。

《文艺革命》1968 年第 5 期(文革曹禺批判专号)。

胡耀恒:《论曹禺的戏剧》,《中外文学》1974 年第 8 期。

顾仲彝:《谈“戏剧冲突”》,《戏剧艺术》1978 年第 1 期。

顾仲彝:《论剧本的情节结构》,《戏剧艺术》1978 年第 2 期。

顾仲彝:《论剧本的情节结构(续)》,《戏剧艺术》1978 年第 3 期。

胡妙胜:《舞台美术的意境》,《戏剧艺术》1978 年第 3 期。

甘竞存:《曹禺的创作道路》,《南京师院学报(社会科学版)》1978 年第 3 期。

夏淳:《斯坦尼体系及其他》,《戏剧艺术》1978 年第 4 期。

钟献闻:《曹禺》,《语文函授》1978 年第 5 期。

周恩来:《对在京的话剧、歌剧、儿童剧作家的讲话》,《文艺研究》1979 年第 1 期。

李钦:《“学人似,不要丢己真”》,《剧本》1979 年第 1 期。

钱谷融:《曹禺戏剧语言艺术的成就》,《社会科学战线》1979 年第 2 期。

沈敏特:《高潮到来之前——曹禺戏剧艺术辩证法一则》,《江淮论坛》1979 年第 2 期。

陆军:《善于写好一场戏》,《戏剧艺术》1979 年第 2 期。

文洁若:《曹禺所受的西方文学的影响》,《新文学史料》1979 年第 2 期。

钱谷融:《曹禺和他的剧作》,《上海师范大学学报(哲学社会科学版)》1979 年第 3 期。

胡叔和:《略论曹禺的戏剧艺术》,《剧本》1979 年第 3 期。

杨兆振:《论曹禺的思想发展和创作道路》,《西藏文艺》1979 年第 4 期。

郭汉城:《一曲民族团结的颂歌》,《中国民族》1979 年第 4 期。

刚:《曹禺谈主题》,《戏剧创作》1979 年第 4 期。

顾卓宇、胡叔和、陈刚:《革命现实主义的胜利——试论建国以来话剧创作的成就》,《文学评论》1979 年第 4 期。

钱谷融:《来信摘登》,《上海师范大学学报(哲学社会科学版)》1979 年第 4 期。

孟广来:《历史剧创作漫议》,《文史哲》1979 年第 5 期。

范华群:《关于“五四”时期的话剧运动》,《学术月刊》1979 年第 5 期。

李国涛:《我们文艺的政治标准——学习毛主席和周总理关于文艺问题的两个讲话》,《上海文学》1979 年第 5 期。

平纪:《〈文学评论丛刊〉第四辑出版》,《文学评论》1979 年第 6 期。

《坚持“双百”方针繁荣戏剧创作》,《剧本》1979 年第 6 期。

叶辛:《人物分析与作品》,《山花》1979 年第 8 期。

颜振奋:《老当益壮的剧作家曹禺》,《剧本》1979 年第 10 期。

《在中国戏剧家协会第三次会员代表大会上曹禺、阳翰笙同志分别致开幕词与闭幕词》,《人民戏剧》1979 年第 12 期。

李关元:《“发现”与“转变”——曹禺剧作技巧举隅》,《扬州师院学报(社会科学版)》1980 年第 1 期。

吴家珍:《字斟句酌,精雕细刻——读曹禺剧作的不同版本札记》,《语文学习》1980 年第 7 期。

李恍:《引我深思——读曹禺同志〈戏剧创作漫谈〉有感》,《剧本》1980 年第 11 期。

黄维钧:《美国之行——曹禺同志赴美讲学归来答本刊记者问》,《人民戏剧》1980 年第 10 期。

华忱之:《论曹禺解放前的创作道路》,《江西师院学报》1981 年第 1 期。

陈巧燕:《曹禺和色彩》,《广西大学学报(哲学社会科学版)》1981 年第 1 期。

辛宪锡:《"我倾心于人物"——谈曹禺剧作中的人物塑造》,《天津师院学报》1981 年第 1 期。

胡叔和:《曹禺评传》,《艺谭》1981 年第 2、3 期。

闻起:《曹禺剧作欣赏随笔》,《北京艺术》1981 年第 3 期。

王世德:《论曹禺剧作中的"间色"》,《中国现代文学研究丛刊》1981 年第 3 期。

田子馥:《有感于"试探一次新路"》,《戏剧创作》1981 年第 4 期。

沈敏特:《忽视艺术的艺术》,《中国现代文学研究丛刊》1981 年第 4 期。

夏竹:《创作的回顾——曹禺谈自己的剧作》,《语文学习》1981 年第 5 期。

梁秉堃:《"找尖锐的地方下笔"》,《剧本》1981 年第 6 期。

辛宪锡:《曹禺笔下的"小人物"》,《剧本》1981 年第 9 期。

朱琨:《孩子们的爱情——曹禺剧作管窥》,《戏剧与电影》1981 年第 12 期。

忆扬:《浅谈曹禺剧作》,《集萃》1982 年第 1 期。

朱栋霖:《论曹禺的悲剧艺术》,《中国现代文学研究丛刊》1982 年第 1 期。

綦立吾、姚宝红:《论曹禺戏剧情境的创造》,《南京师大学报(社会科学版)》1982 年第 2 期。

王兴平:《曹禺剧本写作和发表时间考辨》,《中国现代文学研究丛刊》1982 年第 2 期。

孙庆升:《曹禺剧作漫谈》,《中国现代文学研究丛刊》1982 年第 2 期。

凌子:《反封建的长诗》,《萌芽增刊》1982 年第 2 期。

黄会林:《曹禺剧作的艺术结构与人物塑造》,《北京师范大学学报》1982 年第 3 期。

周绍曾:《曹禺戏剧艺术的发展与契诃夫的影响》,《河北大学学报(哲学社会科学版)》1982 年第 3 期。

曹树钧:《曹禺与话剧舞台》,《南国戏剧》1982 年第 3 期。

辛宪锡:《曹禺戏剧台词的针对性》,《戏剧丛刊》1982 年第 4 期。

孙庆升:《解放前曹禺研究述评》,《北京大学学报(哲学社会科学版)》1982 年第 4 期。

陈坚:《略论曹禺剧作中"呼告"手段的运用》,《辽宁师院学报》1982 年第 6 期。

朱栋霖:《论曹禺戏剧和我国话剧文学样式的发展》,《文学评论丛刊》1982 年第 15 期。

陈平原:《论曹禺戏剧人物的民族性格》,《中国现代文学研究丛刊》1983 年第 1 期。

朱栋霖:《读〈曹禺剧作论〉》,《文学评论》1983 年第 1 期。

朱栋霖:《曹禺戏剧与契诃夫》,《中国现代文学研究丛刊》1983 年第 3 期。

李杰:《真实的艺术才有力量》,《剧本》1983 年第 3 期。

王文英:《曹禺与契诃夫的戏剧创作》,《文学评论》1983 年第 4 期。

方杰:《要正确评价曹禺的作品》,《戏剧报》1983 年第 12 期。

刘厚生:《我国进步话剧运动产生了曹禺》,《戏剧报》1983 年第 12 期。

唐弢:《开中国话剧一代风气》,《中国戏剧》1983 年第 12 期。

李希有:《曹禺和他的剧作》,《鞍山师范学院学报》1984 年第 2 期。

王东华:《论曹禺剧作中的女性形象》,《南宁师范学院(哲社版)》1984 年第 2 期。

方平:《曹禺和莎士比亚》,《莎士比亚研究》1984 年第 2 期。

胡润森:《论曹禺剧作的意象》,《西南师范大学学报(人文社会科学版)》1984 年第 3 期。

章俊弟:《论曹禺剧作中走与留的矛盾冲突》,《中国现代文学研究丛刊》1984 年第 3 期。

李郁:《外来影响与艺术独创》,《中国现代文学研究丛刊》1984 年第 4 期。

徐中玉:《我们这里不应有“开端便是顶点”的作家》,《文艺理论研究》1984 年第 4 期。

彭嘉强:《心中话　笔下文——著名剧作家曹禺谈语言艺术》,《当代修辞学》1984 年第 4 期。

吴家珍:《曹禺剧本的修改艺术》,《当代修辞学》1984 年第 4 期。

李郁:《夏衍、曹禺、刘西渭》,《中国现代文学研究丛刊》1984 年第 4 期。

张靖:《鲁迅与曹禺》,《鲁迅研究动态》1984 年第 5 期。

辛夷:《难忘的时刻——记曹禺同志为本刊题词》,《戏剧创作》1984 年第 5 期。

陈坚:《曹禺剧作“引用”手段的运用》,《天津社会科学》1984 年第 6 期。

谭守信:《未必是成功的尝试》,《电影评介》1984 年第 8 期。

华忱之:《评〈小说与戏剧〉曹禺剧作专章》,《四川大学学报(哲学社会科学版)》1985 年第 1 期。

胡授昌:《“不是‘话’,而是‘剧’”——曹禺戏剧语言艺术论》,《九江师专学报》1985 年第 Z1 期。

孙庆升:《曹禺剧作的人物配置初探》,《中国现代文学研究丛刊》1985 年第 3 期。

查良奎:《论曹禺戏剧语言的动作性》,《新疆大学学报(哲学社会科学版)》1985 年第 3 期。

李树凯:《曹禺剧作思想的几个问题——兼论曹禺的前期世界观》,《西北师大学报(社会科学版)》1985 年第 4 期。

许朝增:《积水成渊——谈曹禺的成名之前》,《戏剧创作》1985 年第 6 期。

任少东、张紫娟:《从曹禺剧作中的几个女性形象看中国妇女的觉醒》,《社会科学辑刊》1985 年第 6 期。

傅红星、王一岩:《曹禺剧作与复旦剧社》,《上海戏剧》1985 年第 6 期。

张弛:《纪念曹禺诞辰七十五周年、从事戏剧活动六十周年学术讨论会在天津南开大学召开》,《剧本》1985 年第 10 期。

洪忠煌:《曹禺戏剧活动六十周年学术讨论会在津举行》,《戏剧报》1985 年第 11 期。

田本相:《关于曹禺的早期创作》,《中国现代文学研究丛刊》1986 年第 1 期。

陈瘦竹:《关于曹禺剧作研究的若干问题》,人民文学出版社,1986 年 2 月版。

朱栋霖:《〈论曹禺的戏剧创作〉序言》,人民文学出版社,1986 年 2 月版。

谭桂林:《论曹禺剧作对奴才性的批判》,《烟台师范学院学报(哲学社会科学版)》1986

年第 2 期。

伊智:《浅议曹禺剧作的诗情》,《河北大学学报(哲学社会科学版)》1986 年第 2 期。

陈瘦竹:《世界声誉和民族特色——谈曹禺剧作》,《中国现代文学研究丛刊》1986 年第 2 期。

田本相:《简评〈曹禺研究专集〉》,《四川大学学报(哲学社会科学版)》1986 年第 3 期。

李启明、张阿利:《曹禺解放前戏剧活动概述》,《当代戏剧》1986 年第 3 期。

田本相:《曹禺——一位杰出的戏剧诗人》,《戏剧报》1986 年第 5 期。

张骏祥:《美好的回忆》,《戏剧报》1986 年第 12 期。

周安华:《论心理分析场中的曹禺戏剧本色》,《艺术百家》1987 年第 1 期。

杨有业:《茅盾与曹禺笔下民族资本家形象系列比较》,《鞍山师范学院学报》1987 年第 1 期。

陆文采:《曹禺剧作中的女性美与悲剧美》,《社会科学》1987 年第 2 期。

李关元:《论曹禺剧作的语言艺术》,《扬州师院学报(社会科学版)》1987 年第 3 期。

王保生:《跃上了一个新的高度——〈论曹禺的戏剧创作〉读后》,《文学评论》1987 年第 3 期。

马俊山:《1934—1985 曹禺前期剧作研究述评》,《文学评论》1987 年第 3 期。

刘珏:《〈论曹禺的戏剧创作〉读后》,《中国现代文学研究丛刊》1987 年第 3 期。

王德禄:《曹禺与奥尼尔——悲剧创作主题、冲突与形象之比较》,《山西大学学报(哲学社会科学版)》1987 年第 3 期。

潘克明:《关于深化曹禺戏剧研究的刍议》,《天津社会科学》1987 年第 3 期。

焦尚志:《曹禺剧作与易卜生的"创作场"》,《天津社会科学》1987 年第 3 期。

廖光霞:《曹禺剧作中"双关"的妙用》,《当代修辞学》1987 年第 4 期。

薛劫遗:《曹禺和夏衍:对契诃夫正剧艺术不同向量的同化与顺应》,《辽宁师范大学学报(社科版)》1987 年第 6 期。

王苏越:《"曹禺现象"的戏剧文化涵盖》,《艺谭》1987 年第 6 期。

萧曼:《曹禺荣获法国荣誉勋位团高级军官勋章》,《戏剧报》1987 年第 8 期。

李标晶:《曹禺的戏剧理论初探》,《齐鲁艺苑》1988 年第 1 期。

刘浪:《试论曹禺剧作中的第一幕》,《淮北煤师院学报(社会科学版)》1988 年第 Z1 期。

张鹰:《曹禺"画灵魂"的艺术和在文学史上的贡献》,《徐州师范学院学报》1988 年第 2 期。

高杰:《天上人间:曹禺早期创作中观照现实的不同视角》,《陕西师范大学学报(哲学社会科学版)》1988 年第 2 期。

万同林:《曹禺剧作的迷惘意识》,《艺术百家》1988 年第 3 期。

杨有业:《恋心的哭泣——曹禺剧作潜台词初探之一》,《鞍山师范学院学报》1988 年第 3 期。

韩日新:《曹禺研究的一项新成果——读〈曹禺论〉》,《中国现代文学研究丛刊》1988 年第3期。

居辉、刘浪:《曹禺和他的“小友”——“小猴王”桂汉庆》,《戏剧报》1988年第3期。

杨苗燕:《悲剧的提示:走与留·命运选择·文化冲突——重新认识曹禺笔下三女性》,《中山大学学报(哲学社会科学版)》1988年第4期。

王德禄:《曹禺与契诃夫——艺术风格的联系与比较》,《贵州社会科学》1988年第6期。

宋剑华:《曹禺早期话剧中的基督教伦理意识》,《江汉论坛》1988年第11期。

令华:《曹禺的苦闷》,《读书》1988年第12期。

超冰:《关于曹禺作品女性形象的断想》,《中国现代文学研究丛刊》1989年第1期。

陈坚:《性格:曹禺的魅力》,《浙江学刊》1989年第1期。

余峥、席扬:《伦理兴趣与文化取向的对位效应——曹禺剧作文化价值论之一》,《山西师大学学报(社会科学版)》1989年第2期。

胡润森:《曹禺悲剧观及其悲剧艺术》,《西南师范大学学报(人文社会科学版)》1989年第2期。

文世敏、刘小明:《曹禺》,《荆州师专学报》1989年第2期。

向宝云:《悲剧诗人之诞——〈人与文化——曹禺解读〉之一》,《宜宾师专学报》1989年第3期。

张崇文:《对曹禺民主革命时期剧作中的女性形象的思考》,《延安大学学报(社会科学版)》1989年第3期。

赵惠平:《艺术创作必须忠于自我感受——从曹禺前后期创作的比较中吸取教训》,《文艺理论研究》1989年第3期。

炳:《曹禺剧作艺术探索》,《中国现代文学研究丛刊》1989年第3期。

姚锡佩:《〈曹禺传〉的社会效应》,《中国现代文学研究丛刊》1989年第4期。

胡玲玲:《论曹禺建国前悲剧中的女性群体与男性群体》,《承德师专学报》1989年第4期。

肖飞:《看似寻常最奇崛　成如容易却艰辛——读华忱之〈曹禺剧作艺术探索〉》,《中国现代文学研究丛刊》1989年第4期。

胡润森:《曹禺悲剧观及其悲剧艺术》,《中国现代文学研究丛刊》1989年第4期。

何修媛:《论曹禺〈雷雨〉〈日出〉〈北京人〉中的“被”字句》,《四川师范大学学报(社会科学版)》1989年第6期。

陈晓兰:《人性的呼唤　生命的升华——奥尼尔、曹禺剧作死亡主题之比较》,《河西学院学报》1990年第1期。

王建:《论曹禺剧作中的知识女性形象——兼评曹禺的创作意识》,《张掖师专学报(哲学社会科学版)》1990年第2期。

李树凯:《用深刻的抒情方法把生活组织起来——论曹禺和契诃夫的戏剧艺术》,《西北师大学报(社会科学版)》1990年第2期。

余峥:《走与留:精神空间与戏剧形势——曹禺剧作新论》,《天津师范大学学报(社会科学版)》1990 年第 2 期。

邵桂兰、王建高:《论“世态图卷戏”》,《齐鲁艺苑》1990 年第 2 期。

李标晶:《曹禺戏剧理论浅探》,《绍兴师专学报》1990 年第 2 期。

柯可:《抗战时期曹禺与陈白尘剧作的美学比较》,《广东社会科学》1990 年第 2 期。

冉红:《曹禺戏剧语言艺术管窥》,《新疆师范大学学报(哲学社会科学版)》1990 年第 3 期。

杨海根:《新时期曹禺研究轨迹的审视》,《上海师范大学学报(哲学社会科学版)》1990 年第 3 期。

《冰心、巴金、曹禺、孔罗荪、萧乾、臧克家、周锦、尹雪曼的贺信》,《中国现代文学研究丛刊》,1990 年第 3 期。

曹铁娟:《戏剧的归宿:观众与读者——曹禺成功基因分析》,《楚雄师专学报》1990 年第 4 期。

周芳芸:《缠绵悱恻　蕴藉深沉——谈曹禺戏剧中抒情独白与静默》,《成都大学学报(社会科学版)》1990 年第 4 期。

许明炎:《索福克勒斯和曹禺的白日梦及其共识》,《安庆师范学院学报(社会科学版)》1990 年第 4 期。

仁清:《曹禺著作陈列馆简介》,《大学图书馆学报》1990 年第 5 期。

周若金、吴启兴:《曹禺早期剧作立点浅论》,《山东师范大学学报(人文社会科学版)》1990 年第 6 期。

焦尚志:《试论曹禺戏剧创作的审美特征》,《南开学报》1990 年第 6 期。

《首都将隆重祝贺曹禺同志从事戏剧活动六十五周年》,《剧本》1990 年第 8 期。

杨景辉:《曹禺戏剧的生命力》,《剧本》1990 年第 9 期。

田本相:《杰出的时代戏剧诗人——为祝贺曹禺从事戏剧活动 65 周年而作》,《剧本》1990 年第 9 期。

田本相:《说不尽的曹禺先生》,《中国戏剧》1990 年第 10 期。

黄中俊:《曹禺与北京人民艺术剧院》,《中国戏剧》1990 年第 11 期。

刘章春:《“祝贺曹禺从事戏剧活动 65 周年”活动概览》,《中国戏剧》1990 年第 11 期。

华仁:《〈曹禺文集〉一至四卷出版》,《剧本》1990 年第 11 期。

华边:《〈曹禺文集〉出版》,《中国戏剧》1990 年第 12 期。

李默然:《入木三分　醒世惊人》,《中国戏剧》1990 年第 12 期。

田本相:《论曹禺的现实主义》,《文艺理论与批评》1991 年第 1 期。

邹红:《编导的超前意识与观众的审美定势》,《戏剧文学》1991 年第 1 期。

王德禄:《曹禺与易卜生——伦理批判与精神反叛的认同及离异》,《山西大学学报(哲学社会科学版)》1991 年第 1 期。

左莱:《曹禺戏剧的“雅俗共赏”与长久艺术生命力》,《中国戏剧》1991 年第 1 期。

乔梁:《历史缄默中的存在——论奥尼尔对曹禺的影响》,《吉林艺术学院学报》1991 年第 1 期。

李东:《曹禺笔下的畸形爱情模式与女性悲剧》,《乐山师范学院学报》1991 年第 1 期。

张书恒:《现代"夏娃"与封建礼教的冲突——论曹禺悲剧的深层意蕴及其价值取向》,《南都学坛》1991 年第 1 期。

《北京召开〈摄魂——戏剧大师曹禺〉座谈会》,《戏剧艺术》1991 年第 1 期。

朱栋霖、章俊弟:《写出"我的独到认识和把握"——评田本相著〈曹禺传〉》,《戏剧文学》1991 年第 2 期。

向宝云:《文明的缺陷与人样的生活——曹禺剧作主题阐释》,《贵州大学学报(社会科学版)》1991 年第 2 期。

吴戈:《曹禺研究:一个残缺的世界》,《戏剧》1991 年第 2 期。

黄中俊:《曹禺与北京人艺》,《戏剧艺术》1991 年第 2 期。

韩日新:《三四十年代曹禺和夏衍的剧作比较》,《文学评论》1991 年第 2 期。

焦尚志:《试论曹禺戏剧创作的审美特征》,《中国现代文学研究丛刊》1991 年第 2 期。

邹红:《"家"的梦魇——曹禺戏剧创作的心理分析》,《文学评论》1991 年第 3 期。

陈坚、简茗:《曹禺戏剧艺术思维新探》,《文艺理论研究》1991 年第 3 期。

宋剑华:《苦闷与自责——对于曹禺及其作品的精神分析》,《海南师范大学学报(社会科学版)》1991 年第 3 期。

周思明:《试论曹禺话剧艺术的心理分析因素》,《华中师范大学学报(哲学社会科学版)》1991 年第 3 期。

朱栋霖:《寻求话剧研究的突破——评〈曹禺戏剧人物的美学意义〉》,《广东社会科学》1991 年第 3 期。

白春超:《论曹禺的悲剧观念》,《中国文学研究》1991 年第 3 期。

韩日新:《影响·借鉴·创新——论曹禺与外国戏剧》,《烟台师范学院学报(哲学社会科学版)》1991 年第 3 期。

徐志超:《曹禺"试探新路"原因浅探》,《南昌大学学报(人文社会科学版)》1991 年第 3 期。

荫文:《从焦大星到方达生》,《中国戏剧》1991 年第 4 期。

曲作杰:《曹禺的悲剧意识论》,《社会科学辑刊》1991 年第 4 期。

宋剑华:《艺术感知的生命空间——表现主义与曹禺早期的艺术风格》,《中国现代文学研究丛刊》1991 年第 4 期。

汤逸佩:《中国现实主义戏剧风格的多元呈现》,《戏剧艺术》1991 年第 4 期。

曹树钧:《论鲁迅思想对曹禺剧作的影响》,《戏剧艺术》1991 年第 4 期。

董健:《论中国传统文化对曹禺的影响》,《戏剧艺术》1991 年第 4 期。

周若金、吴启兴:《曹禺早期剧作魅力论纲》,《唐都学刊》1991 年第 4 期。

向宝云:《略论曹禺悲剧意识的文化特质与审美指向》,《曲靖师范学院学报》1991 年第

4 期。

张鹗:《对〈索福克勒斯和曹禺的白日梦及其共识性〉一文的几点不同意见》,《安庆师范学院学报(社会科学版)》1991 年第 4 期。

黄振林:《论曹禺戏剧艺术的发展》,《抚州师专学报》1991 年第 4 期。

李树凯:《曹禺美学思想三题》,《西北师大学报(社会科学版)》1991 年第 5 期。

邹红:《曹禺研究国际学术讨论会综述》,《文学评论》1991 年第 6 期。

张凤武:《从〈雷雨〉到〈北京人〉——曹禺前期剧作风格转变论》,《新疆社科论坛》1991 年第 6 期。

邹红:《曹禺研究国际学术讨论会述要》,《中国现代文学研究丛刊》1992 年第 1 期。

田本相:《曹禺的现实主义戏剧艺术及其地位和影响》,《海南师范学院学报(社会科学版)》1992 年第 1 期。

邹红:《蛮性的遗留与悲剧的生成》,《海南师范学院学报(社会科学版)》1992 年第 2 期。

宋剑华:《苦闷与自责——对于曹禺及其作品的精神分析》,《中国现代文学研究丛刊》1992 年第 2 期。

周芳芸:《论曹禺戏剧人物塑造的艺术对照》,《四川师范大学学报(社会科学版)》1992 年第 2 期。

宋凤英:《象征与曹禺戏剧的深刻内涵》,《曲靖师范学院学报》1992 年第 3 期。

刘清祥、张官娇:《曹禺情系图书馆》,《图书馆杂志》1992 年第 3 期。

朱栋霖:《陈先生指导我研究曹禺戏剧》,《新文学史料》1992 年第 3 期。

刘家鸣:《曹禺剧作与五四文学传统》,《天津师大学报(社会科学版)》1992 年第 4 期。

卢世忠:《试论曹禺悲剧对人的哲学探讨》,《青海师专学报》1992 年第 4 期。

韩日新:《千姿百态的北国与江南的女性画廊——三、四十年代曹禺与夏衍剧作比较之二》,《艺术百家》1992 年第 4 期。

庄浩然:《论曹禺和象征主义》,《福建师范大学学报(哲学社会科学版)》1992 年第 4 期。

朱栋霖:《诗情风格与民族特色——"人艺"如何演绎"曹禺"》,《中国戏剧》1992 年第 8 期。

吴戈、山风:《突破·深化·综合——近年来曹禺研究的新动向》,《江汉论坛》1992 年第 11 期。

龙泉明:《曹禺与基督教》,《长江大学学报(社会科学版)》1993 年第 1 期。

曾广灿、许正林:《曹禺早期剧作的基督教意识》,《文史哲》1993 年第 1 期。

董炳月:《原始崇拜与曹禺的戏剧创作》,《文学评论》1993 年第 2 期。

刘艳:《试论曹禺整体把握人生的思维方式》,《东方丛刊》,1993 年第 2、3 辑。

曹禺、周光召:《曹禺、周光召为当代名家文库建立题词》,《北京图书馆馆刊》1993 年第 Z2 期。

陆惠解:《曹禺戏剧语言的动作性》,《宁夏大学学报(人文社会科学版)》1993年第3期。

李光嵘:《人物出走:曹禺戏剧艺术管窥之一》,《红河学院学报》1993年第3—4期。

胡润森:《曹禺在中国和世界悲剧史上的地位》,《中国现代文学研究丛刊》1993年第4期。

曹树钧:《论曹禺和莎士比亚的戏剧创作》,《艺术百家》1993年第4期。

查振科、龙泉明:《命运与苦难的悲歌——繁漪、陈白露、愫方形象比较分析》,《武汉大学学报(哲学社会科学版)》1993年第5期。

赵风梅:《评曹禺戏剧的深层语义》,《文艺理论研究》1993年第6期。

李光嵘:《曹禺剧作的运动美》,《玉溪师范学院学报》1993年第6期。

振歌:《1993年曹禺国际学术研讨会综述》,《武汉大学学报(哲学社会科学版)》1994年第1期。

刘增人:《论曹禺的都市剧作》,《东方论坛》1994年第1期。

韩日新:《突破与超越——曹禺与洪深剧作比较》,《艺术百家》1994年第1期。

胡润森:《曹禺悲剧中的伦理》,《西南师范大学学报(哲学社会科学版)》1994年第1期。

王卫平:《接受与变形——曹禺剧作的主观追求与观众的客观接受》,《社会科学战线》1994年第1期。

张玉阁:《把曹禺还给历史——读〈曹禺:历史的突进与回旋〉》,《中国图书评论》1994年第2期。

昌切:《曹禺研究中的现实主义范式》,《江汉论坛》1994年第2期。

郝明工:《漫论曹禺的“主题学”》,《江汉论坛》1994年第2期。

林安:《’93曹禺研究国际学术讨论会综述》,《中国现代文学研究丛刊》1994年第2期。

龙泉明:《中国新文学现实主义开放系统的鲜明标志——巴金、老舍、曹禺创作思想合论》,《吉首大学学报(社会科学版)》1994年第2期。

王璧:《只有交流才有生命力——曹禺谈戏剧》,《中外文化交流》1994年第3期。

孙乃修:《曹禺戏剧艺术中的精神分析学视界》,《戏剧艺术》1994年第3期。

李光嵘:《曹禺在中国和世界戏剧史上的地位与影响》,《蒙自师范高等专科学校学报》1994年第3期。

宋宝珍:《情感的制约性与曹禺剧作的悲剧生成》,《吉首大学学报(社会科学版)》1994年第3期。

何锡章:《“雷雨原野中的北京人”——论曹禺心中的中国理想人格精神》,《华中理工大学学报(社会科学版)》1994年第3期。

焦海燕:《曹禺塑造人物的艺术》,《东方艺术》1994年第3期。

曹树钧:《论中外戏剧艺术对曹禺剧作构思的影响》,《外国文学研究》1994年第3期。

刘家思:《曹禺笔下的奴仆形象初探》,《宜春师专学报》1994年第4期。

郝明工:《试论曹禺剧作主题的伦理消解与重构》,《牡丹江师范学院学报(哲学社会科学版)》1994年第4期。

彭洪松:《"旧式女人"的"忧郁美"与曹禺的创作心理》,《杭州大学学报(哲学社会科学版)》1994年第4期。

胡志毅:《论曹禺前期剧作的仪式性》,《浙江大学学报(人文社会科学版)》1994年第4期。

陈广录:《爱·被爱·无爱——曹禺剧作爱情表现形态论》,《艺术百家》1994年第4期。

韩日新:《曹禺研究的新开拓——评〈曹禺:历史的突进与回旋〉》,《辽宁师范大学学报》1994年第4期。

刘家思:《曹禺笔下的奴仆形象初探(之二)》,《宜春师专学报》1994年第6期。

李光荣:《人物出走——曹禺戏剧艺术管窥》,《文学评论》1994年第6期。

吴祖光:《掌握自己的命运——与曹禺病榻谈心》,《读书》1994年第11期。

王泽龙:《戏剧艺术的"生命气息"——论曹禺早期剧作的艺术氛围》,《江汉论坛》1994年第12期。

刘家思:《曹禺笔下的奴仆形象初探(之三)》,《宜春师专学报》1995年第1期。

曹树钧:《曹禺在中外舞台上1934—1937》,《新文学史料》1995年第1期。

成山:《论曹禺创作高峰的形成与发展》,《吉首大学学报(社会科学版)》1995年第1期。

颜振奋:《曹禺与中外戏剧交流》,《中外文化交流》1995年第2期。

王兆胜:《鲁迅、巴金、曹禺家庭文学比较论》,《中国社会科学院研究生院学报》1995年第2期。

殷鉴:《略论曹禺三部名作中的"技巧型"人物》,《湛江师范学院学报(社会科学版)》1995年第2期。

沈振华:《曹禺早期剧作的戏剧冲突模式》,《戏文》1995年第2期。

胡润森:《论曹禺悲剧情节的分布程序与时间——因果联系》,《天津师大学报(社会科学版)》1995年第2期。

韩日新:《新时期曹禺研究纵横谈》,《艺术百家》1995年第2期。

袁国兴:《曹禺研究的回顾与展望》,《中国现代文学研究丛刊》1995年第2期。

吴祖光:《掌握自己的命运——与曹禺病榻谈心》,《科技文萃》1995年第2期。

王正:《两种真诚》,《读书》1995年第3期。

川人:《反过来想》,《读书》1995年第3期。

张耀杰:《关于曹禺剧作的一次论争》,《艺术百家》1995年第3期。

韩相德:《曹禺剧作在韩国》,《戏剧(中央戏剧学院学报)》1995年第3期。

刘家思:《曹禺笔下的奴仆形象初探》,《宁夏大学学报(社会科学版)》1995年第4期。

龙泉明:《曹禺研究在文化深层次上的突破——评宋剑华〈困惑与求索——论曹禺早期的话剧创作〉》,《中国现代文学研究丛刊》1995年第4期。

刘家思:《论曹禺戏剧中的奴仆形象》,《南昌大学学报(社会科学版)》1995年第4期。

张虹:《曹禺剧作句式的魅力》,《修辞学习》1995年第6期。

李扬:《论作为一种文人生存模式的"曹禺现象"》,《文艺理论研究》1995年第6期。

潘开华:《曹禺戏剧的艺术辩证法》,《写作》1995年第7期。

向宝云:《爱与意志——论曹禺悲剧艺术的文化意蕴》,《学术月刊》1995年第11期。

曹树钧:《论影响曹禺戏剧才能发展的后天因素》,《艺海》1996年第1期。

曹树钧:《走向世界的曹禺——纪念曹禺从事戏剧活动70周年》,《福建艺术》1996年第1期。

胡格吉乐图:《论莎士比亚塑造人物的美学原则对曹禺剧作的影响》,《昭乌达蒙族师专学报(汉文哲学社会科学版)》1996年第1期。

孔朝蓬:《从曹禺戏剧中的女性形象透视其戏剧风格的流变》,《吉林艺术学院学报》1996年第2期。

刘家思:《曹禺戏剧中的讽刺手法初探》,《伊犁师范学院学报(社会科学版)》1996年第2期。

龙泉明:《曹禺剧作的重心何在?》,《三峡学刊》1996年第2期。

宋剑华:《从历史与艺术的双重视角认识曹禺——评钱理群新著〈大小舞台之间〉》,《海南师范学院学报(社会科学版)》1996年第2期。

李洁:《试论曹禺剧作中的三个女性形象》,《伊犁师范学院学报(社会科学版)》1996年第3期。

宋剑华:《论曹禺的情感生活与其作品的对映关系》,《河北学刊》1996年第3期。

刘家思、周桂华:《试论曹禺戏剧中的讽刺手法》,《宜春师专学报》1996年第3期。

刘家思:《浅谈曹禺戏剧中的讽刺手法》,《川北教育学院学报》1996年第3期。

刘家思:《冷静深刻　绵里藏针——论曹禺戏剧的讽刺艺术》,《萍乡高等专科学校学报》1996年第3期。

刘家思:《试论曹禺戏剧中讽刺艺术的几个问题》,《宜春师专学报》1996年第4期。

卢世忠:《诗意的冥思——对曹禺悲剧超越意识的考察》,《青海师专学报》1996年第4期。

刘增人:《努力想心灵的深处开掘——曹禺剧作体式论之一》,《东方论坛·青岛大学学报》1996年第4期。

杨昊:《易卜生艺术上的崇拜者——曹禺》,《北京教育学院学报》1996年第4期。

曹树钧:《论曹禺与〈红楼梦〉》,《红楼梦学刊》1996年第4期。

韩日新:《揭示创作心理的新成果——读〈曹禺评传〉》,《江淮论坛》1996年第4期。

杨有业:《曹禺剧作潜台词的艺术魅力》,《辽宁师范大学学报(社会科学版)》1996年第5期。

李玉茹:《耐得住风吹雨打的是女人》,《大舞台》1996年第6期。

胡絜青:《生活中飘出来的故事》,《大舞台》1996年第6期。

吴晓东:《从“郁热”到“沉静”》,《读书》1996年第8期。

刘家思:《论曹禺戏剧的讽刺手法》,《阅读与写作》1996年第9期。

胡可:《在’95曹禺戏剧文学奖授奖大会上的发言》,《剧本》1996年第10期。

刘锋杰:《从基督教说曹禺》,《读书》1996年第12期。

贺新辉:《说不尽的曹禺》,《中国电视戏曲》1997年第1期。

刘红明:《试论曹禺的女性崇拜情结及其成因——为悼念曹禺先生逝世而作》,《梧州师专学报(综合版)》1997年第1期。

陈琳琳:《论曹禺剧作的民族性》,《绍兴文理学院学报(哲学社会科学版)》1997年第1期。

孔繁娟:《谈曹禺剧作的语言艺术》,《绥化师专学报》1997年第1期。

高友萍:《曹禺与契诃夫剧作之比较》,《南通师范学院学报(社会科学版)》1997年第1期。

韩素梅、李曙豪:《曹禺早期悲剧借鉴中的异质表现》,《广西师范大学学报(自然科学版)》1997年第S1期。

南京艺术学院文学教研室:《曹禺戏剧的潜语言模式分析》,《艺术百家》1997年第1期。

王晓华:《曹禺戏剧的深层结构》,《艺术百家》1997年第1期。

李利宏:《缘在金秋:悼念曹禺》,《东方艺术》1997年第1期。

宋剑华:《我所理解的曹禺》,《安徽教育学院学报(哲学社会科学版)》1997年第1期。

陈留生、贡献:《曹禺早期剧作中“蛮性的遗留”解析》,《江苏社会科学》1997年第1期。

刘家思:《曹禺戏剧讽刺风格透视》,《温州师范学院学报(哲学社会科学版)》1997年第1期。

刘家思:《忽略讽刺的讽刺——对曹禺讽刺艺术的认识批评》,《社会科学家》1997年第2期。

顾乐真:《多余的心香——缅怀戏剧大师曹禺先生》,《南方文坛》1997年第2期。

贡献、陈留生:《论曹禺对宗教的矛盾心态》,《南京师大学报(社会科学版)》1997年第2期。

侯会:《中国的莎士比亚——曹禺》,《中文自修》1997年第2期。

刘玉琴:《曹禺先生的“多读书”,“读透书”》,《中小学图书情报世界》1997年第2期。

宋文:《曹禺剧作朝文译本在韩出版》,《戏剧之家》1997年第2期。

刘家思、周桂华:《辛辣　深刻　尖锐——曹禺戏剧的讽刺艺术个性及成因试析》,《宜春师专学报》1997年第3期。

李玉茹:《人间自有真情在——曹禺与北京人民艺术剧院》,《大舞台》1997年第3期。

夏小芸:《曹禺前期戏剧的背景艺术》,《南京师大学报(社会科学版)》1997年第3期。

贡献、陈留生:《论曹禺早期剧作的悲剧爱情三部曲》,《江海学刊》1997 年 3 期。

刘家思:《浅论曹禺戏剧讽刺艺术特点》,《康定学刊》1997 年第 3 期。

田本相、刘一军:《戏剧大师曹禺(上)》,《新文化史料》1997 年第 4 期。

曹树钧:《论戏剧创作的感情积累》,《戏剧》1997 年第 4 期。

宋红芳:《孤独的抗争　无望的追求——对曹禺悲剧创作中知识女性命运的思考》,《长白论丛》1997 年第 4 期。

刘勇:《在命运的探幽与把握之间——试论曹禺剧作“对宇宙间神秘事物不可言喻的憧憬”》,《北京师范大学学报(社会科学版)》1997 年第 5 期。

周瑞祥:《远志 · 奋进 · 戒骄——老院长曹禺培育的院风》,《中国戏剧》1997 年第 5 期。

李光荣:《从人物出走看曹禺剧作的思想蕴涵》,《云南师范大学学(哲学社会科学版)报》1997 年第 5 期。

田本相、刘一军:《戏剧大师曹禺(中)》,《新文化史料》1997 年第 5 期。

邓天亮:《曹禺的忌日竟出现两个》,《咬文嚼字》1997 年第 5 期。

田本相、刘一军:《戏剧大师曹禺(下)》,《新文化史料》1997 年第 6 期。

朱宴:《中国现代戏剧史的纪念碑——曹禺及其剧作漫评》,《戏剧文学》1997 年第 6 期。

张秀琴:《无梦的人生——论曹禺剧作中的“多余人”形象》,《石家庄经济学院学报》1997 年第 6 期。

陈占彪:《曹禺前期剧作的结构特征及其文化内涵》,《西北师大学报(社会科学版)》1997 年第 6 期。

刘家思:《论曹禺戏剧的讽刺艺术》,《四川戏剧》1997 年第 6 期。

余林:《厚重的心愿——第三届话剧金狮奖评奖后对曹禺和夏淳先生的怀念》,《中国戏剧》1997 年第 9 期。

常剑钧:《不辱使命　再踏征程——在’97 中国曹禺戏剧文学奖颁奖会上的发言》,《剧本》1997 年第 12 期。

丁世平:《曹禺剧本中三个“多余人”形象之比较》,《牡丹江师范学院学报(哲学社会科学版)》1998 年第 1 期。

白春超:《曹禺剧作的人物设计和情感基调》,《周口师范学院学报》1998 年第 1 期。

黄健:《曹禺早期戏剧创作新论》,《徐州师范大学学报(哲学社会科学版)》1998 年第 1 期。

罗佳伟:《命名存在的憧憬及悲悯的时代良心——论曹禺戏剧创作的文学普遍精神》,《南宁师范高等专科学校学报》1998 年第 1 期。

冯涛:《美国的悲剧与中国的悲剧——曹禺与奥尼尔的悲剧人物比较》,《戏剧》1998 年第 1 期。

周晓宇:《凸现性格世界的张力场——曹禺早期戏剧人物性格魅力探》,《广西师范大学学报(哲学社会科学版)》1998 年第 1 期。

刘章春:《找寻曹禺的足迹——电视专题片〈曹禺〉拍摄记行(一)》,《当代电视》1998 年第 1 期。

丝本:《曹禺学术研讨会在石家庄召开》,《戏剧文学》1998 年第 2 期。

柯可:《曹禺与奥尼尔的理想追索》,《广东艺术》1998 年第 2 期。

刘绍本:《走进曹禺的世界——"曹禺学术研讨会"侧记》,《大舞台》1998 年第 2 期。

孙德民:《托举出一个伟大的艺术精魂》,《大舞台》1998 年第 2 期。

曲润海:《学习曹禺戏剧思想 开创戏剧创作未来》,《大舞台》1998 年第 2 期。

高占祥:《卓越的艺术 伟大的人格》,《大舞台》1998 年第 2 期。

王萍涛、刘家思:《曹禺讽刺艺术综论》,《沈阳师范学院学报(社会科学版)》1998 年第 2 期。

谭旻雁:《论曹禺戏剧的语言艺术特色》,《甘肃高师学报》1998 年第 2 期。

宋宝珍:《曹禺学术研讨会在石家庄举行》,《中国戏剧》1998 年第 2 期。

刘绍本:《说不尽的曹禺》,《乡音》1998 年第 2 期。

孙晶:《巨星从这里诞生——曹禺与文化生活出版社》,《唐都学刊》1998 年第 2 期。

魏少华:《在泥泞的道路上跌撞前行——由曹禺笔下三女性看中国妇女的觉醒》,《黄淮学刊(自然科学版)》1998 年第 2 期。

刘艳:《曹禺的思维方式及其对形象塑造的影响》,《中国人民大学学报》1998 年第 3 期。

李光荣:《曹禺:出走情结与戏剧创作》,《中国现代文学研究丛刊》1998 年第 3 期。

邹红:《"诗样的情怀"——试论曹禺剧作内涵的多解性》,《文学评论》1998 年第 3 期。

张景忠、孙淑芹:《曹禺剧作象征性意象特征透析》,《延边大学学报(社会科学版)》1998 年第 3 期。

王文英:《重读曹禺》,《中国文学研究》1998 年第 3 期。

刘章春:《找寻曹禺的足迹(续)——电视专题片〈曹禺〉拍摄记行(二)》,《当代电视》1998 年第 3 期。

崔伟:《中国曹禺戏剧文学奖·评论奖在京揭晓》,《剧本》1998 年第 3 期。

罗昌智:《论曹禺戏剧语言的抒情性》,《荆州师范学院学报》1998 年第 4 期。

刘章春:《找寻曹禺的足迹——电视专题片〈曹禺〉拍摄记行(续三)》,《当代电视》1998 年第 4 期。

邹平:《〈神童曹禺——曹禺的成才之路〉问世》,《戏剧之家》1998 年第 4 期。

周良沛:《远读曹禺》,《文艺理论与批评》1998 年第 5 期。

甘竞存:《曹禺的贡献、失误及其最后的觉悟》,《江淮论坛》1998 年第 5 期。

黄彩文:《茅盾和曹禺比较论纲》,《河北学刊》1998 年第 5 期。

苏之卉:《听曹禺先生讲话》,《戏剧之家》1998 年第 5 期。

曹禺:《曹禺情书》,《当代》1998 年第 5 期。

王青:《追寻理想　探索命运——曹禺与奥尼尔戏剧之比较》,《江苏社会科学》1998 年第 6 期。

胡守文:《曹禺的“自我否定”》,《学习月刊》1998 年第 8 期。

梁秉堃:《以人为本——曹禺美学观点之一》,《新闻与写作》1998 年第 11 期。

梁秉堃:《路从这里开始——曹禺美学观点之二》,《新闻与写作》1998 年第 12 期。

唐韧:《论对两部曹禺名剧的“改编”》,《阅读与写作》1999 年第 1 期。

呼格吉乐图:《试析莎士比亚戏剧结构艺术对曹禺戏剧的影响》,《昭乌达蒙族师专学报(汉文哲学社会科学版)》1999 年第 1 期。

范小伟:《鲁迅曹禺笔下的奴才形象剖析》,《信阳师范学院学报(哲学社会科学版)》1999 年第 1 期。

梁秉堃:《“我要的是太阳”——曹禺美学观点之三》,《新闻与写作》1999 年第 1 期。

王维国:《曹禺与解放区的文学关系》,《新文学史料》1999 年第 1 期。

李玉茹、钱亦蕉:《曹禺晚年书信选》,《新文学史料》1999 年第 1 期。

王玉屏:《论曹禺戏剧的审美超越》,《海南师范学院学报(人文社会科学版)》1999 年第 1 期。

李伟民:《亲切的曹禺向我们走来——读曹树钧的〈“神童”曹禺〉》,《四川戏剧》1999 年第 1 期。

吴健玲:《奋斗、挣扎、毁灭的悲歌——从女性悲剧形象看曹禺的创作》,《广西民族学院学报(哲学社会科学版)》1999 年第 S1 期(人类学研究专辑)。

丁罗男:《冲破“家”的樊笼——论曹禺剧作的母题》,《艺海》1999 年第 2 期。

张耀杰:《另一种眼光看曹禺——论胡风、吕荧的曹禺研究》,《许昌师专学报》1999 年第 2 期。

张健:《曹禺的悲剧三部曲》,《北京青年政治学院学报》1999 年第 2 期。

刘洁:《曹禺笔下的女性形象的社会意义》,《西北成人教育学报》1999 年第 2 期。

梁秉堃:《新天地——曹禺美学观点之四》,《新闻与写作》1999 年第 2 期。

陈晓波:《意境与诗情》,《艺术百家》1999 年第 2 期。

羽军:《论曹禺写戏的六字真经》,《剧本》1999 年第 2 期。

沈远川:《曹禺早期剧作与戏剧氛围》,《重庆师专学报》1999 年第 2 期。

许陈颖:《曹禺早期剧作神秘色彩初探》,《宁德师专学报(哲学社会科学版)》1999 年第 2 期。

张芸:《反女性禁忌的艰难跋涉——析曹禺剧作中女性形象的塑造》,《集宁师专学报》1999 年第 3 期。

宋剑华:《基督精神与曹禺戏剧的悲剧艺术》,《海南师范学院学报(社会科学版)》1999 年第 3 期。

梁秉堃:《写有灵魂的活人——曹禺美学观点之五》,《新闻与写作》1999 年第 3 期。

袁良骏:《曹禺晚年并非江淹才尽》,《学问》1999 年第 3 期。

黄善明:《论二希文化精神对曹禺早期剧作的影响》,《镇江市高等专科学校学报》1999年第4期。

徐文海、勾令民:《批评与重构——试论巴金、老舍、曹禺对家族文化的批判》,《内蒙古民族师院学报(汉文版哲学社会科学版)》1999年第4期。

沈梦瀛:《囚笼与坟墓:曹禺的"家"情结》,《荆州师范学院学报》1999年第4期。

宋剑华:《基督精神与曹禺戏剧的结构模式》,《荆州师范学院学报》1999年第4期。

周爱荣:《茅盾与曹禺笔下女性形象比较》,《黄河水利职业技术学院学报》1999年第4期。

伟民、肖虹:《让中专生了解曹禺和川剧》,《四川戏剧》1999年第4期。

王桂荣:《曹禺话剧艺术的嬗变》,《哈尔滨师专学报》1999年第4期。

张军:《曹禺与奥尼尔悲剧观念之比较》,《戏剧》1999年第4期。

刘增人:《论曹禺剧作的人物配置艺术》,《山东矿业学院学报(社会科学版)》1999年第4期。

张耀杰:《政治风浪中的曹禺其人》,《黄河》1999年第5期。

李扬:《论曹禺前期创作的现代性》,《社会科学战线》1999年第5期。

钦鸿:《曹禺的最后一幅墨迹》,《世纪》1999年第5期。

邹红:《"不可相信的参差"——接受视野中的曹禺剧作》,《首都师范大学学报(社会科学版)》1999年第6期。

张芳彦:《"莎士比亚化"的中国式创新——曹禺剧作的美学特征》,《华中师范大学学报(人文社会科学版)》1999年第6期。

雷世文:《20世纪中国文学史中的"无定本"现象》,《北京大学学报(哲学社会科学版)》1999年第6期。

杨新宇:《曹禺剧作象征手法浅析》,《修辞学习》1999年第6期。

焦尚志:《曹禺的悲剧观念》,《戏剧之家》1999年第6期。

李尹:《幸运的"戏剧大师"》,《南京师范大学文学院学报》1999年第15期。

冀汸:《一代人的遗憾》,《文学自由谈》2000年第1期。

程国君:《论曹禺对女性命运的沉思与冥想》,《西北师大学报(社会科学版)》2000年第1期。

何宇宏:《论契诃夫对曹禺戏剧形式的影响——思考之一:"生活化"的形式意义》,《长沙电力学院学报(社会科学版)》2000年第1期。

吴景明:《女性崇拜意识与曹禺童年"性别错位"》,《北华大学学报(社会科学版)》2000年第1期。

黄振林:《曹禺戏剧的文化命运及对当代话剧的启示》,《四川戏剧》2000年第2期。

金慧:《宗法制男权的自我解构——曹禺剧作男性与女性解读》,《济宁师专学报》2000年第2期。

傅学敏:《曹禺剧作诗化特征的流变》,《四川师范学院学报(哲学社会科学版)》2000年第 2 期。

宋剑华:《基督精神与曹禺戏剧的博爱意识》,《涪陵师专学报》2000 年第 2 期。

黄爱华:《论易卜生、契诃夫对中国现实主义戏剧发展的影响》,《杭州师范学院学报(社会科学版)》2000 年第 2 期。

黄立琮:《曹禺笔下的次要人物》,《金筑大学学报(综合版)》,2000 年第 2 期。

周静:《论曹禺前期戏剧悲剧意识对传统悲剧艺术审美理想的反拨》,《职大学报》2000 年第 3 期。

施岩:《失衡的人性——曹禺早期剧作浅析》,《山西教育学院学报》2000 年第 3 期。

古渐:《中国戏剧中的“幕后人物”——以曹禺的戏剧创作为例》,《民族艺术研究》2000 年第 3 期。

曹树钧:《论曹禺剧作在世界舞台上》,《戏剧》2000 年第 3 期。

田本相:《曹禺及其在世界上的地位和影响——为纪念曹禺先生诞辰九十周年而作》,《广东艺术》2000 年第 3 期。

宋剑华:《基督精神与曹禺戏剧的原罪意识》,《文学评论》2000 年第 3 期。

贾冀川:《话剧意境论》,《新疆大学学报(哲学社会科学版)》2000 年第 3 期。

吴江:《我们应当记住》,《同舟共进》2000 年第 3 期。

胡健生:《论中外戏剧中的“停顿”》,《新疆大学学报(哲学社会科学版)》2000 年第 3 期。

胡健生:《“停顿”:戏剧节奏化的重要艺术手段——对戏剧中运用“停顿”问题的思考》,《阜阳师范学院学报(社会科学版)》2000 年第 3 期。

赵万峰:《曹禺戏剧中的“第九个角色”》,《陕西广播电视大学学报》2000 年第 4 期。

戴莉:《救赎与幻灭——论曹禺前期戏剧创作的精神指向》,《涪陵师范学院学报》2000 年第 4 期。

张浩:《戏剧世界的“围城”——试论曹禺剧作的出走者人物系列》,《中国文化研究》2000 年第 4 期。

张耀杰:《曹禺剧作与传统戏曲》,《艺术百家》2000 年第 4 期。

焦尚志:《曹禺与莎士比亚悲剧观念之比较》,《戏剧》2000 年第 4 期。

顾威:《读不尽的曹禺》,《戏剧》2000 年第 4 期。

任鸣:《真正的戏剧大师的作品活在舞台上和观众心中》,《戏剧》2000 年第 4 期。

王晓琴:《中国现代文学教学中的热点与难点》,《戏剧》2000 年第 4 期。

刘平:《演出市场上的一场风暴》,《戏剧》2000 年第 4 期。

童道明:《向曹禺前进》,《戏剧》2000 年第 4 期。

张先:《先生是个普通人》,《戏剧》2000 年第 4 期。

宴学:《没有什么是不可跨越的》,《戏剧》2000 年第 4 期。

刘立滨:《只有好的作品才能培养出好的演员》,《戏剧》2000 年第 4 期。

李玉茹:《我们对曹禺先生的总体评价及缅怀之情是一致的》,《戏剧》2000 年第 4 期。

徐晓钟:《诗化的现实主义》,《戏剧》2000 年第 4 期。

方丽萍:《从"显性"写作看"隐性"心态——由曹禺创作析当代中国文人的心态》,《青海民族学院学报(社会科学版)》2000 年第 4 期。

李孝佺:《曹禺前期剧作的象征意蕴》,《青岛大学师范学院学报》2000 年第 4 期。

朱月平:《从周冲到仇虎:曹禺精神突围初探》,《广西师院学报(哲学社会科学版)》2000 年第 4 期。

杨剑龙:《"体现着曹禺研究的新高度"——评宋剑华的新著〈基督精神与曹禺戏剧〉》,《中国文学研究》2000 年第 4 期。

高玉:《曹禺戏剧精神新论——读宋剑华〈基督精神与曹禺戏剧〉》,《海南师范学院学报(人文社会科学版)》2000 年第 4 期。

王育生:《正确处理继承与创新的关系》,《戏剧》2000 年第 4 期。

刘元声:《校友,别来无恙》,《戏剧》2000 年第 4 期。

索晓海:《失语的曹禺》,《中国图书评论》2000 年第 5 期。

尤翠云:《从曹禺的剧作看叹词在话剧中的表意功能》,《咸宁师专学报》2000 年第 5 期。

何思玉:《"盗天火者"的悲剧——从曹禺"走向契诃夫"半途而废的教训说起》,《四川戏剧》2000 年第 5 期。

殷子纯:《现代作家与天津》,《天津师大学报(社会科学版)》2000 年第 6 期。

何宇宏:《论契诃夫对曹禺戏剧形式的影响》,《湖南社会科学》2000 年第 6 期。

陆葆泰:《微观透视曹禺剧作的艺术特色》,《上海戏剧》2000 年第 7 期。

田本相:《历史的误会——我和话剧》,《戏剧文学》2000 年第 9 期。

胡可:《学习曹禺　继承曹禺》,《中国戏剧》2000 年第 9 期。

刘平:《曹禺热九月》,《戏剧文学》2000 年第 11 期。

张耀杰:《萧乾、巴金的"制造神话"及其它》,《书屋》2000 年第 12 期。

马光亭:《试论早期曹禺的准宗教心态》,《青岛大学师范学院学报》2001 年第 1 期。

张彦:《曹禺不仅仅是戏剧大师》,《炎黄春秋》2001 年第 1 期。

刘家思:《强力　个性　民族化——论曹禺戏剧中英雄原型表述的三个特征》,《萍乡高等专科学校学报》2001 年第 1 期。

张浩:《试论曹禺前后剧作中的两类女性形象》,《广东社会科学》2001 年第 1 期。

刘艳:《曹禺:中国现代话剧的突破与超越》,《戏剧》2001 年第 1 期。

宋宝珍:《改编意味着什么》,《中国戏剧》2001 年第 1 期。

刘家思:《复仇涅槃救世——论曹禺戏剧中英雄原型形象的三种表现》,《四川戏剧》2001 年第 1 期。

曹树钧:《曹禺研究的新热点》,《四川戏剧》2001 年第第 1 期。

罗南超:《华东师大版〈文学概论〉教材商兑》,《孝感职业技术学院学报》2001 年第 1 期。

杨玉静:《复仇火焰中的疯狂舞蹈——谈曹禺早期戏剧中的复仇情结》,《克山师专学报》2001 年第 2 期。

石明圆:《曹禺戏剧中“疯子”群像及其原型流变》,《北华大学学报(社会科学版)》2001 年第 2 期。

王福雅:《中国古典戏曲中的“诗骚”传统及其现代承传》,《湖南社会科学》2001 年第 2 期。

易红霞:《中国话剧现实主义百年祭》,《粤海风》2001 年第 2 期。

黄心武:《大戏剧观与戏剧文学》,《粤海风》2001 年第 2 期。

卢炜:《萨特和曹禺的戏剧程式比较》,《贵州师范大学学报(社会科学版)》2001 年第 3 期。

刘勇、李春雨:《曹禺研究述评》,《中国现代文学研究丛刊》2001 年第 3 期。

王本朝:《曹禺与基督教文化》,《常州工学院学报》2001 年第 3 期。

何锡章:《读宋剑华〈基督精神与曹禺戏剧〉》,《文学评论》2001 年第 3 期。

王玉屏:《曲高和众　雅俗共赏——论曹禺前期戏剧的艺术魅力》,《惠州大学学报(社会科学版)》2001 年第 3 期。

刘慧珍:《基督精神对曹禺早期剧作的影响》,《内蒙古民族大学学报(社会科学版)》2001 年第 4 期。

董长华:《话剧、南开新剧团与曹禺——从中国话剧的发展看曹禺的成功》,《黔东南民族师专学报》2001 年第 4 期。

陈婉娴:《略论曹禺悲剧作品的艺术支点》,《广东广播电视大学学报》2001 年第 4 期。

郭晴云:《不是宿命的悲叹——论曹禺剧作对生命本原的困惑与探索》,《昌潍师专学报》2001 年第 4 期。

丁涛:《让曹禺从历史的重雾中向我们走来》,《戏剧》2001 年第 4 期。

田本相、宋宝珍:《“中国现代戏剧史学”研究之回顾和展望》,《邵阳师范高等专科学校学报》2001 年第 4 期。

代辉:《对小资产阶级知识女性命运的探索——略谈曹禺剧作中的女性形象》,《语文学刊》2001 年第 4 期。

陈坚:《历史与生命的双重空间:曹禺悲剧的人文意义》,《浙江学刊》2001 年第 5 期。

李光荣:《试论曹禺剧作的“虚化空间”》,《民族艺术研究》2001 年第 5 期。

张向东、张哲:《曹禺早期剧作现实主义的独特性》,《兰州铁道学院学报》2001 年第 5 期。

何宇宏、罗成琰:《论曹禺戏剧中的意象并置》,《湖南师范大学社会科学学报》2001 年第 5 期。

邹红:《〈曹禺访谈录〉读后》,《文艺研究》2001 年第 5 期。

田本相、刘一军:《曹禺论戏剧创作(一)》,《中国戏剧》2001 年第 5 期。

华砚:《真诚的声音　珍贵的史料——〈曹禺访谈录〉座谈会在京召开》,《中国戏剧》

2001 年第 5 期。

石羽佳:《中国现代话剧 40 年》,《西南民族学院学报(哲学社会科学版)》2001 年第 5 期。

谢国冰:《要重视对现当代著作不同版本的搜集》,《海南师范学院学报(人文社会科学版)》2001 年第 5 期。

田本相:《西方现代派戏剧在中国之命运》,《南京大学学报(哲学:人文科学:社会科学版)》2001 年第 5 期。

文捷:《曹禺论戏剧创作(二)》,《中国戏剧》2001 年第 6 期。

文谨:《曹禺剧作与川剧》,《四川戏剧》2001 年第 6 期。

倪宗武:《试论曹禺建国后的戏剧创作》,《福建论坛(人文社会科学版)》2001 年第 6 期。

朱寿桐:《忏悔的随想》,《读书》2001 年第 9 期。

黄学玲:《论曹禺早期剧作的"复调"》,硕士学位论文,华中师范大学,2001。

宋宝珍:《"生活"在小剧场》,《瞭望新闻周刊》2001 年第 31 期。

文捷、田本相、刘一军:《曹禺论戏剧创作(三)》,《中国戏剧》2001 年第 7 期。

钟海波:《试论曹禺早期话剧中的现代主义》,《唐都学刊》2002 年第 1 期。

钟海波:《曹禺早期话剧表现艺术拾零》,《陕西师范大学继续教育学报》2002 年第 1 期。

肖佩华:《曹禺剧作悲剧观与尤金·奥尼尔剧作悲剧观之比》,《韶关学院学报(社会科学版)》2002 年第 1 期。

邹永常:《曹禺与现代主义》,《四川教育学院学报》2002 年第 1 期。

刘家思:《展望与期盼——对 21 世纪曹禺研究的思考》,《宜春学院学报》2002 年第 1 期。

陈燕玲:《文明的缺憾——曹禺戏剧论》,《湖北广播电视大学学报》2002 年第 1 期。

刘家思、罗竹根:《以开放的态势深化曹禺研究》,《江西社会科学》2002 年第 1 期。

黄若萍:《试论曹禺戏剧艺术的意象及功能》,《广西师范大学学报(哲学社会科学版)》2002 年第 S1 期。

韩日新:《凤头、猪肚、豹尾的不同形态——曹禺与夏衍戏剧结构艺术比较》,《烟台师范学院学报(哲学社会科学版)》2002 年第 2 期。

段风丽:《试论曹禺剧作的超历史性——兼论中国现代戏剧史两个阶段之形成原因》,《郧阳师范高等专科学校学报》2002 年第 2 期。

李光荣:《蛮性:救治现代柔弱人性的灵丹——论曹禺和闻一多戏剧合作的基点》,《云南师范大学学报(哲学社会科学版)》2002 年第 2 期。

韩翠玲:《论曹禺早期剧作的现代意识》,《甘肃广播电视大学学报》2002 年第 2 期。

李晓东:《探寻真实与趣味的最佳结合——曹禺的戏剧美学思想》,《甘肃社会科学》2002 年第 2 期。

胡星亮:《论曹禺话剧借鉴戏曲的艺术创造》,《大舞台》2002 年第 2 期。

孙德民:《论人物形象塑造的复杂性与多元化——从曹禺先生的剧作想到的》,《大舞台》2002 年第 2 期。

何宇宏:《女性言说与男性叙述的冲撞——对曹禺剧作的女性主义解读》,《长沙电力学院学报(社会科学版)》2002 年第 2 期。

曹树钧:《论曹禺剧作构思的心理特征》,《四川戏剧》2002 年第 2 期。

宋宝珍:《创造戏剧研究的文化学模式》,《文艺争鸣》2002 年第 2 期。

朱寿桐、丁亚芳:《论田本相的中国现代文学研究》,文艺争鸣 2002 年第 2 期。

王钟陵:《从曹禺戏剧观论其剧作之变化及其内在模式》,《中国文化研究》2002 年第 3 期。

王兆胜:《〈红楼梦〉与 20 世纪中国文学》,《中国社会科学》2002 年第 3 期。

董健:《论中国当代戏剧中的反现代倾向》,《戏剧艺术》2002 年第 3 期。

李小玲:《中国文学女性形象中的洛神原型及其现代重述》,《华东师范大学学报(哲学社会科学版)》2002 年第 3 期。

向宝云:《悲剧的历险——论曹禺悲剧艺术的发展衍变》,《社会科学研究》2002 年第 4 期。

张耀杰:《鲁迅的神思新宗与曹禺的蛮性遗留》,《民族艺术》2002 年第 4 期。

彭耀春:《论曹禺与姚一苇》,《江苏社会科学》2002 年第 4 期。

韩素梅:《曹禺和易卜生戏剧结构的现代性体现》,《戏文》2002 年第 4 期。

梁巧娜:《论奥尼尔和曹禺戏剧意象的设计——奥尼尔和曹禺戏剧比较研究之一》,《广西右江民族师专学报》2002 年第 4 期。

陈由歆:《曹禺戏剧中悲剧意识的建构》,《辽宁师范大学学报(社会科学版)》2002 年第 4 期。

刘澍声:《罪恶与人性:曹禺戏剧的"原罪"原型构成》,《汉中师范学院学报(社会科学)》2002 年第 4 期。

曹书文:《论曹禺剧作中的野蛮情怀》,《广西社会科学》2002 年第 4 期。

饶向阳:《面对批评:曹禺的自是—自审—自弃的应对之路》,《黄冈师范学院学报》2002 年第 4 期。

张健:《中国话剧百年述论》,《中国现代文学研究丛刊》2002 年第 4 期。

范建华:《曹禺剧作中次要人物的美学营建》,《南京邮电学院学报(社会科学版)》2002 年第 4 期。

徐炯:《永久的纪念——〈曹禺诞辰 90 周年纪念文集〉读后》,《戏剧之家》2002 年第 4 期。

杜庆华:《论曹禺对奥尼尔悲剧观念的接受》,《云梦学刊》2002 年第 5 期。

梁巧娜:《文明社会中的白日梦:原始崇拜——奥尼尔与曹禺戏剧比较研究之二》,《广西右江民族师专学报》2002 年第 5 期。

王本朝:《曹禺与基督教文化》,《河北师范大学学报(哲学社会科学版)》2002 年第 5 期。

顾育豹:《大教授顾毓琇和他的儿女们》,《学问》2002 年第 5 期。

刘萍:《论汉语中的委婉表达句》,《宜春学院学报》2002 年第 5 期。

曹树钧:《论戏剧创作才能的构成》,《戏剧文学》2002 年第 6 期。

章立明:《女性主体意识及其主体性残缺——曹禺四大名剧女性悲剧命运解读》,《云南社会科学》2002 年第 6 期。

高晓春:《万方:热爱是最好的老师》,《人民论坛》2002 第 10 期。

高音:《沉重地向往着——曹禺建国后的戏剧创作》,《剧本》2002 年第 11 期。

黄曼君:《曹禺的私人生活——〈作家轶事〉之六》,《语文教学与研究》2002 年第 12 期。

张耀杰:《曹禺戏剧中的新旧"迷信"》,《上海文学》2002 年第 12 期。

谢逢江:《剧作大师曹禺的炼字艺术》,《中学生读写》2002 年第 2 期。

王富仁:《戏剧作品的阅读和赏析》,《中学语文》2002 年第 7 期。

曹书文:《生命、情感与人性的悲剧——论曹禺剧作的家族意蕴》,《四川师范学院学报(哲学社会科学版)》2003 年第 1 期。

邹永常:《曹禺:文化与生存的思考》,《湖南社会科学》2003 年第 1 期。

梁巧娜:《论奥尼尔和曹禺悲剧中的"母性"特质——奥尼尔和曹禺戏剧比较研究之三》,《广西右江民族师专学报》2003 年第 1 期。

牟伯永:《观众,曹禺剧作的切入点》,《绍兴文理学院学报》2003 年第 1 期。

陈黎明:《否定的悲剧——由删改现象看五六十年代政治对文学的介入》,《商丘师范学院学报》2003 年第 1 期。

陆葆泰:《曹禺的写剧技巧》,《四川戏剧》2003 年第 1—6 期连载。

丁涛:《质疑与辨析——关于曹禺戏剧的现实主义(或社会问题剧)诸评价》,《戏剧》2003 年第 1 期。

木子:《戏剧大师曹禺的血泪家史》,《湖南档案》2003 年第 1 期。

辛颖:《论人物性格的缺陷美》,《吉林广播电视大学学报》2003 年第 1 期。

向宝云:《恶劣的情欲与致命的倾向——中西悲剧艺术的差异与曹禺悲剧艺术的文化意义》,《社会科学研究》2003 年第 2 期。

李光荣:《曹禺戏剧:两个生活单位及其美学意义》,《云南艺术学院学报》2003 年第 2 期。

马跃:《试析曹禺戏剧中知识女性悲剧的历史原因及性格局限》,《安徽理工大学学报(社会科学版)》2003 年第 2 期。

初清华:《人类生存境遇的解构与重建——曹禺早期剧作中的生命哲学试析》,载《东方丛刊(2003 年第 2 辑总第四十四辑)》,广西师范大学出版社,2003。

黄翠兰、翟雅丽:《托尔斯泰、曹禺艺术风格管窥》,《茂名学院学报》2003 年第 2 期。

赖英晓:《谈曹禺早期戏剧的原始情结》,《青岛职业技术学院学报》2003 年第 2 期。

梁巧娜:《家庭:无法摆脱的梦魇——奥尼尔和曹禺戏剧比较研究之四》,《广西右江民族师专学报》2003 年第 2 期。

王晓华:《曹禺前期戏剧的三种思想资源》,《深圳大学学报(人文社会科学版)》2003 年第 2 期。

王珊:《从曹禺笔下的畸形爱情模式看特定时代的女性悲剧》,《中华女子学院学报》2003 年第 2 期。

廖明君、张耀杰:《中华戏剧与宗教文化——张耀杰访谈录》,《民族艺术》2003 年第 2 期。

解婷婷:《在您的世界里——致曹禺》,《中学生读写》2003 年第 2 期。

邓全明、高鹏:《苦难中的诗意栖居——曹禺戏剧创作新论》,《南通工学院学报》(社会科学版)2003 年第 2 期。

孙淑芹:《曹禺戏剧中的民族情结》,《东疆学刊》2003 年第 3 期。

张家恕:《试析曹禺剧作总主题的生成及演化》,《中国文学研究》2003 年第 3 期。

初清华:《寻找诺亚方舟——从"出走"看曹禺早期剧作的哲学意蕴》,《常熟高专学报》2003 年第 3 期。

王庆斌、李长荣:《力作如虹耀剧史——读〈曹禺的写剧技巧〉》,《四川戏剧》2003 年第 2 期。

徐群晖:《论莎士比亚对中国现代戏剧的影响》,《文学评论》2003 年第 3 期。

刘勇:《基督教精神与中国现代文学》,《广播电视大学学报(哲学社会科学版)》2003 年第 3 期。

李光荣:《曹禺戏剧:两个生活单位及其美学意义》,《云南艺术学院学报》2003 年第 2 期。

周立民:《在造神和臆测之间》,《博览群书》2003 年第 2 期。

方维保:《松弛的金腰带——一个文化个案的道德评议》,《文艺理论与批评》2003 年第 2 期。

亦观:《潜江市戏剧家协会成立》,《戏剧之家》2003 年第 3 期。

王春丽:《描绘那折翅的蝴蝶——论曹禺剧作中悲剧女性形象的塑造》,《艺术百家》2003 年第 4 期。

梁巧娜:《从误读到误解:理论与创作的互动——以曹禺现象为例》,《文学评论》2003 年第 4 期。

陈留生:《论曹禺早期剧作的浪漫主义特质》,《文学评论》2003 年第 4 期。

汪树东:《曹禺悲剧与喜剧精神立场之比较研究》,《西南师范大学学报(人文社会科学版)》2003 年第 4 期。

陈留生:《论曹禺早期创作中的自我影像》,《徐州师范大学学报》2003 年第 4 期。

陈留生:《蛮性与文明的交锋——论曹禺早期剧作的"元冲突"问题》,《艺术百家》2003 年第 4 期。

刘玉芳、杨婧加:《论鲁迅与曹禺作品中对生命意识的书写》,《南华大学学报(社会科学版)》2018 年第 4 期。

罗昌智:《剧之诗与诗之剧——论曹禺剧作的诗美特征》,《贵州社会科学》2003 年第 4 期。

丁涛:《质疑与辨析——关于曹禺戏剧的现实主义(或社会问题剧)诸评价(下)》,《戏剧(中央戏剧学院学报)》2003 年第 4 期。

邹红:《焦菊隐的“戏剧—诗”观念及对当代话剧的启示》,《中国现代文学研究丛刊》2003 年第 4 期。

王雪:《全面的观照　敏锐的洞察——读彭耀春的〈台湾当代戏剧论〉》,《世界华文文学论坛》2003 年第 4 期。

王景丹:《从句频分析看八位剧作家的风格异同》,《修辞学习》2003 年第 4 期。

陈小凡:《远离时代的来源意味——以原型模式解读曹禺的剧作》,《语文学刊》2003 年第 4 期。

曹树钧:《略论巴金对曹禺剧作的影响》,《四川戏剧》2003 年第 5 期。

马宏:《曹禺与奥尼尔关系论》,《中州学刊》2003 年第 5 期。

叶玉珍:《论曹禺剧作中女性悲剧形象》,《福建教育学院学报》2003 年第 5 期。

丁世平:《“三个女性”形象之比较——谈曹禺剧本中人物鲜明的个性》,《牡丹江师范学院学报(哲学社会科学版)》2003 年第 5 期。

高浦棠:《曹禺早期戏剧创作的潜宗教结构》,《文学评论》2003 年第 6 期。

孙丽玲:《从曹禺戏剧两类女性形象看其创作心态和审美风格的变化》,《学术探索》2003 年第 6 期。

石曼:《巴金在重庆》,《红岩春秋》2003 年第 6 期。

曹树钧:《场面开掘的作用与必要前提》,《戏剧之家》2003 年第 6 期。

杜庆华:《论曹禺与奥尼尔的悲剧观念》,《广西社会科学》2003 年第 8 期。

孙安堂:《艺术火焰永不熄灭——记表演艺术家、表演艺术教育家苏民》,《中国戏剧》2003 第 8 期。

小桂:《语言是美丽的——曹禺话剧的语言魅力》,《中文自修》2003 年第 9 期。

周平:《杰出的剧作家——曹禺》,《青苹果》2003 年第 10 期。

周星、粟牧:《经典的失落与应世对策——中国话剧世纪变迁的思考》,《戏剧文学》2003 年第 10 期。

张兰阁:《曹禺戏剧诗学三探》,《戏剧文学》2003 年第 11 期。

徐珺:《中国旅行剧团:现代职业话剧的拓荒者(1933—1947)》,硕士学位论文,上海戏剧学院,2003。

李扬:《论曹禺悲剧观念的转向——兼谈曹禺创作的分期问题》,《文艺理论研究》2004 年第 1 期。

张大伟:《曹禺前期剧作的表层语义与深层语义》,《戏剧艺术》2004 年第 1 期。

刘文辉:《异化与救赎——论曹禺早期剧作人物配置的主题意向》,《东华理工学院学报(社会科学版)》2004 年第 1 期。

刘建卫:《曹禺话剧中的诗意特征》,《雁北师范学院学报》2004 年第 1 期。

陈军川:《试论曹禺前期话剧中的宗教意识》,《西安联合大学学报》2004 年第 1 期。

吕冰心:《"曹禺模式"的先天缺陷——论曹禺戏剧中的女性形象》,《南京师范大学文学院学报》2004 年第 1 期。

何祖健:《论曹禺戏剧音响的意象美》,《湖南大学学报(社会科学版)》2004 年第 1 期。

赵灿:《曹禺笔下的痛苦人生——兼论曹禺的女性观》,《通化师范学院学报》2004 年第 1 期。

谢雪花:《试论曹禺"悲剧三部曲"的时空艺术》,《中文自学指导》2004 年第 1 期。

谢增寿:《江安与国立剧专》,《中华文化论坛》2004 年第 1 期。

李艳:《在压抑中挣扎的心灵——曹禺戏剧中的女性潜意识描写》,《沧州师范专科学校学报》2004 年第 1 期。

杨军:《从反抗绝望到精神救赎——曹禺戏剧中女性悲剧命运新探》,《陕西师范大学学报(哲学社会科学版)》2004 年第 S2 期。

李扬:《诗性之思——曹禺对人的生存境况的追问与沉思》,《文学评论》2004 年第 2 期。

李扬:《论曹禺戏剧的"内向化"特征》,《河北师范大学学报(哲学社会科学版)》2004 年第 2 期。

马跃、杜鹃:《从曹禺戏剧透析知识女性的妇女解放之路》,《重庆邮电学院学报(社会科学版)》2004 年第 2 期。

胡克俭:《试论曹禺前期剧作的生命母题》,《淮北煤炭师范学院学报(哲学社会科学版)》2004 年第 2 期。

李书萍:《试论曹禺剧作内在结构的深层含义》,《华北电力大学学报(社会科学版)》2004 年第 2 期。

王珊:《从曹禺剧作中的知识女性看中国妇女的觉醒》,《当代戏剧》2004 年第 2 期。

孙桂林:《"豢养文化"浸淫下的卑琐人生——曹禺戏剧的文化判断》,《戏剧文学》2004 年第 2 期。

程华:《寻找缺失的精神世界——以曹禺戏剧中几个女性的悲剧命运为例》,《商洛师范专科学校学报》2004 年第 2 期。

朱玉宁:《浅论曹禺剧作悲剧情结及其原因》,《泰安教育学院学报岱宗学刊》2004 年第 2 期。

黄宇新:《迷失在男权樊篱中的"第二性"——曹禺戏剧中的知识女性悲剧探因》,《牡丹江师范学院学报(哲学社会科学版)》2004 年第 2 期。

程光炜:《艰难的心路历程——五六十年代巴金、曹禺创作双论》,《南方文坛》2004 年第 3 期。

易红霞:《现实主义,不能“那么”现实——对曹禺戏剧美学思想的反思》,《暨南学报(人文科学与社会科学版)》2004 年第 3 期。

魏福惠:《论曹禺对中国现代戏剧理论的贡献》,《辽宁大学学报(哲学社会科学版)》2004 年第 3 期。

李秀萍:《抗争与牺牲的两极——曹禺笔下的女性人物》,《石河子大学学报(哲学社会科学版)》2004 年第 3 期。

陈公水、李建伟:《悲剧与救赎——曹禺早期写作的文化选择及其文本的精神立场》,《济南教育学院学报》2004 年第 3 期。

王萍涛:《曹禺研究中的开拓与创新——评刘家思的〈苦闷者的理想与期待〉兼及其他》,《创作评谭》2004 年第 3 期。

罗兰秋:《曹禺剧作的场面描写和语言的抒情性特点》,《四川戏剧》2004 年第 3 期。

刘熹、谭日红:《传统与现代之间——曹禺戏剧话语的一种阐释》,《浙江海洋学院学报(人文科学版)》2004 年第 3 期。

黄振林:《曹禺剧作的构剧特征与艺术创新》,《四川戏剧》2004 年第 3 期。

张重岗:《中国新文学中的父子母题(上)——以鲁迅、曹禺等人作品为中心的分析》,《北京科技大学学报(社会科学版)》2004 年第 3 期。

李毅:《曹禺巧医“艳遇后遗症”》,《档案时空》2004 年第 3 期。

孙庆升:《曹禺研究的又一新作——评刘家思〈苦闷者的理想与期待——曹禺戏剧形态学研究〉》,《宜春学院学报》2004 年第 3 期。

胡叠:《中国话剧的摇蓝——江安国立剧专》,《四川戏剧》2004 年第 3 期。

李扬:《论曹禺的女性审美转向》,《华东师范大学学报(哲学社会科学版)》2004 年第 4 期。

平原:《女神与女巫:曹禺的母性意识》,《中山大学学报论丛》2004 年第 4 期。

李志孝:《论曹禺剧作中的懦弱男子形象》,《天水师范学院学报》2004 年第 4 期。

蒋乐进、吴寒:《论曹禺对女性人物形象的塑造——以女性意识为观照视角》,《巢湖学院学报》2004 年第 4 期。

张重岗:《中国新文学中的父子母题(下)——以鲁迅、曹禺等人作品为中心的分析》,《北京科技大学学报(社会科学版)》2004 年第 4 期。

丁涛:《“20 世纪中国戏剧”研究现状的几个基本问题》,《厦门大学学报(哲学社会科学版)》2004 年第 4 期。

吕双燕:《人格与命运——曹禺戏剧人物心理分析》,《齐鲁艺苑》2004 年第 4 期。

柯贵文:《曹禺:一位青春型作家》,《学术交流》2004 年第 4 期。

王淑珍:《论曹禺的现实主义话剧创作》,《吉林广播电视大学学报》2004 年第 4 期。

章池:《中国现代悲剧观念生成略论》,《文艺研究》2004 年第 4 期。

程晓苹:《风子和复旦剧社》,《档案与史学》2004 年第 4 期。

张玉雁:《试论“幕后人物”与剧作家艺术构思的关系》,《郑州工业高等专科学校学报》

2004 年第 4 期。

曹书文:《论家族情感对曹禺戏剧创作的影响》,《贵州社会科学》2004 年第 5 期。

谢柏梁:《曹禺悲剧艺术论》,《湖南文理学院学报(社会科学版)》2004 年第 5 期。

张新民:《无所归依:曹禺悲剧中的“精神漂泊者”形象论》,《河南大学学报(社会科学版)》2004 年第 5 期。

欧阳霞、李广:《曹禺作品中女性解放道路之探索》,《山东行政学院山东省经济管理干部学院学报》2004 年第 5 期。

曹树钧:《中外学者谈“曹禺文化周”》,《戏剧之家》2004 年第 6 期。

陈坚、贾敏:《存在的“人”与人的“存在”——曹禺悲剧关于存在命题的探询》,《浙江大学学报(人文社会科学版)》2004 年第 6 期。

颜鹂:《以诗性的神秘主义情怀提高戏剧美感——曹禺剧作的诗性研究》,《浙江大学学报(人文社会科学版)》2004 年第 6 期。

张新民:《以女性意识的视角观照曹禺悲剧中的女性人物形象》,《河南师范大学学报(哲学社会科学版)》2004 年第 6 期。

郁勤:《人生的困境与存在的勇气——论曹禺前期剧作的现代性》,《四川戏剧》2004 年第 6 期。

郭芙秀、向天渊:《在原野的尽头试述——曹禺悲剧观转变之流程》,《四川戏剧》2004 年第 6 期。

柳倩月、吴寒:《以女性意识的视角观照曹禺笔下的女性人物形象塑造》,《长春师范学院学报》2004 年第 8 期。

大树:《曹禺的初恋曲》,《湖北档案》2004 年第 8 期。

惠民:《曹禺故乡潜江将举办“中国曹禺文化周”》,《中国戏剧》2004 年第 8 期。

刘晓鑫、熊岩:《为原始生命力寻找支点——曹禺早期戏剧创作的生命困惑分析》,《江西社会科学》2004 年第 9 期。

毛道海:《政协文史工作者帮助曹禺弄清家世》,《世纪行》2004 年第 9 期。

刘志华:《论曹禺早期戏剧中的“残酷”观念》,《创作评谭》2004 年第 10 期。

丰绍棠:《曹禺的“傻气”》,《基础教育》2004 年第 11 期。

大树:《曹禺的初恋曲》,《文史月刊》2004 年第 12 期。

宋宝珍:《残酷:曹禺戏剧的现代解析》,《云南艺术学院学报》2005 年第 1 期。

张鸿声:《榆树下与雷雨中——奥尼尔与曹禺的悲剧观念比较研究》,《北京联合大学学报(人文社会科学版)》2005 年第 1 期。

陈艳:《寻求真实的存在——论曹禺早期戏剧的文化价值内涵》,《宝鸡文理学院学报(社会科学版)》2005 年第 1 期。

宋向红:《阿尼玛与阿尼姆斯——论曹禺早期剧作的角色配置模式》,《北京工业大学学报(社会科学版)》2005 年第 1 期。

索晓海:《曹禺名剧的第三幕现象》,《戏剧之家》2005 年第 1 期。

冯文秀:《试谈曹禺早期戏剧女性形象的性格悲剧》,《山西广播电视大学学报》2005 年第 1 期。

徐慧琴:《试论曹禺对中国话剧的建树及意义》,《太原师范学院学报(社会科学版)》2005 年第 1 期。

车红梅:《中国现代文学中的"疾病情结"——以鲁迅、巴金、曹禺的创作为例》,《文艺争鸣》2005 年第 1 期。

赵敬立:《论鲁迅、曹禺对易卜生的接受差异及其文学史意义》,《上海鲁迅研究》2005 年第 S1 期。

孙媛:《女性悲剧与男性梦想——论曹禺前期剧作的女性形象》,《唐山学院学报》2005 年第 1 期。

李秀萍:《抗争与牺牲的两极——曹禺笔下的女性人物》,《绥化学院学报》2005 年第 1 期。

邹越、李贤平:《打开曹禺研究的新视窗》,《南昌教育学院学报》2005 年第 1 期。

章罗生:《老舍在 20 世纪话剧文学史上的地位及其对中国戏剧现代化的贡献》,《民族文学研究》2005 年第 1 期。

刘雪荣:《精心打造曹禺文化品牌》,《政策》2005 年第 1 期。

俞民:《潜江举办曹禺学术研讨会》,《中国戏剧》2005 年第 1 期。

林丹华:《"通灵宝玉":戏剧家曹禺的凡人情怀》,《福建教育学院学报》2005 年第 1 期。

大树:《曹禺的初恋曲》,《四川档案》2005 年第 1 期。

卢炜:《双向背驰——曹禺和奥尼尔的生成错位比较》,《艺术百家》2005 年第 2 期。

孙庆升:《曹禺研究的创新之作——评刘家思的〈苦闷者的理想与期待——曹禺戏剧形态学研究〉》,《戏剧文学》2005 年第 2 期。

李铁秀:《"文化语境"与"艺术命运"——论当代文学思潮中的"曹禺现象"》,《福建师范大学学报(哲学社会科学版)》2005 年第 2 期。

平原:《曹禺剧作中的死亡意识分析》,《河南师范大学学报(哲学社会科学版)》2005 年第 2 期。

朱寿桐:《体式错落的现代艺术风范——曹禺戏剧艺术个性的另一种解读》,《天津社会科学》2005 年第 2 期。

卢炜:《试论曹禺的失范现象》,《四川戏剧》2005 年第 2 期。

陈艳:《生命的诗意表达——曹禺早期剧作审美形态的文化内涵》,《固原师专学报》2005 年第 2 期。

石岩峥:《论中国现代文学中的现实主义戏剧思潮》,《集宁师专学报》2005 年第 2 期。

赵雷:《大师排列与经典选择——文学史著中"六大家"的形成》,《中华文化论坛》2005 年第 2 期。

邹元江:《曹禺剧作七十年解读的困惑》,《戏剧艺术》2005 年第 3 期。

卢炜:《试论曹禺作品中的轮回现象》,《戏剧文学》2005 年第 3 期。

邹永常:《曹禺与尼采》,《戏剧文学》2005 年第 3 期。

罗琼:《曹禺诗化的现实主义文艺观》,《湘潭大学学报(哲学社会科学版)》2005 年第 3 期。

李雅妮:《试论曹禺三大悲剧力作的内在意蕴》,《延安教育学院学报》2005 年第 3 期。

林丹华:《“狭之笼”与突围——曹禺早期剧作的主线》,《宜宾学院学报》2005 年第 3 期。

宋剑华:《百年沉浮:20 世纪中国话剧运动之反省》,《文艺争鸣》2005 年第 3 期。

张耀杰、晓曦:《曹禺戏剧中的宗教文化》,《艺术百家》2005 年第 4 期。

林婷:《论曹禺后期戏剧的艺术构造逻辑》,《厦门理工学院学报》2005 年第 4 期。

杨新宇:《生命的沉重与轻盈——浅析曹禺剧作的整体象喻》,《贵州大学学报(艺术版)》2005 年第 4 期。

王俊虎:《试论曹禺戏剧中的“非恶角色”》,《许昌学院学报》2005 年第 4 期。

董亲学:《论曹禺戏剧语言的抒情性》,《辽宁教育行政学院学报》2005 年第 4 期。

徐继英:《此时无声胜有声——浅议曹禺剧作的潜台词》,《濮阳职业技术学院学报》2005 年第 4 期。

王冰:《〈红楼梦〉家族自叙传对现代文学的影响》,《沈阳师范大学学报(社会科学版)》2005 年第 4 期。

张艳梅:《互动中建构成熟的民族化话剧——现代演剧与戏剧文学关系探询》,《兰州学刊》2005 年第 4 期。

曹树钧:《青春版〈牡丹亭〉的艺术成就与改进建议》,《厦门教育学院学报》2005 年第 4 期。

谢炜:《中国当代戏剧中的新模式化现象》,《文艺争鸣》2005 年第 4 期。

童姗、童伟民:《个人话语与时代话语的消长——论曹禺的创作道路》,《云南师范大学学报(哲学社会科学版)》2005 年第 5 期。

张治国、张鸿声:《出入于现实与非现实之间——奥尼尔与曹禺悲剧观念比较论》,《孝感学院学报》2005 年第 5 期。

卢炜:《奥尼尔与曹禺的轮回之比较》,《四川戏剧》2005 年第 5 期。

黄静:《论曹禺剧作中的父子关系》,《安徽师范大学学报(人文社会科学版)》2005 年第 5 期。

王德福:《曹禺早期剧作与基督精神》,《重庆教育学院学报》2005 年第 5 期。

李国柱:《话剧的历史与文化》,《兰台内外》2005 年第 5 期。

王卫平:《曹禺三大名剧的接受历程与当代价值》,《文学评论》2005 年第 6 期。

陈改玲:《作为“纪程碑”的开明版“新文学选集”》,《中国现代文学研究丛刊》2005 年第 6 期。

王晓君:《“大疯子”与“小疯子”》,《档案春秋》2005 年第 7 期。

魏少华:《从原欲抗争到灵魂涅槃——再读曹禺笔下三女性》,《戏剧文学》2005 年第

8 期。

张双昊:《试论曹禺戏剧创作中的悲剧观念及其诗化倾向》,《戏剧文学》2005 年第 11 期。

曹树钧:《巴金慧眼识金》,《中国戏剧》2005 年第 12 期。

孙洪:《国立剧专在江安》,《四川统一战线》2005 年第 12 期。

千玲玲:《试论曹禺话剧语言艺术的诗意化与音乐化》,《黔东南民族师范高等专科学校学报》2006 年第 1 期。

梁秉堃:《九个躬对九个躬》,《视野》2006 年第 1 期。

佘鸿传:《文化部艺术司副司长蔺永钧来潜江调研》,《戏剧之家》2006 年第 Z1 期。

陈军:《中国话剧的衰落与消亡是一个历史必然趋势吗?——与宋剑华先生商榷》,《中国戏剧》2006 年第 1 期。

聂俊:《凝重压抑与荒凉悲哀——曹禺、张爱玲家族情结之比较》,《荆楚职业技术学院学报》2006 年第 1 期。

张新民:《对 20 世纪 50—60 年代著名作家"修改作品"现象的审视》,《新乡师范高等专科学校学报》2006 年第 1 期。

王际峰、张金朔:《小中见大——谈曹禺戏剧中的"小人物"塑造》,《现代语文(学术综合版)》2006 年第 1 期。

林婷:《"蛮性"退化与艺术的改道——论曹禺后期戏剧创作》,《集美大学学报(哲学社会科学版)》2006 年第 2 期。

夏晔:《曹禺戏剧婚姻家庭母题的诗性内涵》,《湖南农业大学学报(社会科学版)》2006 年第 2 期。

韩日新:《现实主义戏剧在发展中的突破和超越——曹禺与洪深戏剧比较》,《烟台师范学院学报(哲学社会科学版)》2006 年第 2 期。

李雅妮:《阴郁的色彩　深邃的悲情——试论曹禺三大悲剧力作的内在意蕴》,《沈阳工程学院学报(社会科学版)》2006 年第 2 期。

吴芸茜:《现代性想象的溃败》,《河北师范大学学报(哲学社会科学版)》2006 年第 2 期。

刘家思:《丑角的魅力——论白傻子的剧场性功能》,《四川职业技术学院学报》2006 第 2 期。

王志谋、王存良:《论无意识心理因素对曹禺剧作人生探索的影响》,《现代语文》2006 年第 2 期。

李炜:《从契诃夫到沈虹光:现实主义戏剧的一种写法》,《世界文学评论》2006 年第 2 期。

卢焱:《从"现代"到"传统"——曹禺剧作的审美嬗变》,《郑州大学学报(哲学社会科学版)》2006 年第 3 期。

田本相:《我的研究道路》,《东方论坛(青岛大学学报)》2006 年第 3 期。

曹树钧:《曹禺名剧在韩国的演出与研究》,《学习与探索》2006 年第 4 期。

王玉华:《曹禺奥尼尔宗教意识形成动因探究》,《邢台学院学报》2006 年第 4 期。

孙亦平、胡锦章:《高中戏剧教学中的跨文化比较研究》,《南昌教育学院学报》2006 年第 4 期。

贾学清:《曹禺戏剧潜台词摭谈》,《戏剧文学》2006 年第 5 期。

谭淑娟:《从拯救到逍遥——由“出走”情节看曹禺早期剧作人文关怀的历程及其局限性》,《贵州教育学院学报(社会科学)》2006 年第 5 期。

周梦焱:《浅谈曹禺塑造的女性形象》,《沧桑》2006 年第 5 期。

张玉雁、姬春晖:《戏剧的“误会”与“巧合”:偶然性与必然性的统一》,《四川戏剧》2006 年第 5 期。

刘家思:《象征性环境与剧场性张力——曹禺设置戏剧情境的剧场性追求之一》,《四川戏剧》2006 年第 6 期。

高月娟:《女性主义视角下的曹禺创作》,《时代文学(双月版)》2006 年第 6 期。

王凤霞:《近二十年来对曹禺戏剧的比较文学研究综述》,《广州大学学报(社会科学版)》2006 年第 6 期。

曹树钧:《曹禺舌战潘公展》,《党史纵览》2006 年第 6 期。

安刚强:《曹禺剧作对“家文化”的表现》,《中国戏剧》2006 年第 7 期。

吴戈:《英若诚、阿瑟·米勒——中美戏剧交流的两个“推销员”》,《中国戏剧》2006 年第 7 期。

张春雨:《曹禺的情感生活和他前期话剧创作》,《语文学刊》2006 年第 8 期。

张玲玲:《源自生命的呼唤与超越——走进曹禺的戏剧创作世界》,《科教文汇(下半月)》2006 年第 9 期。

王俊虎:《曹禺戏剧整体意象美学意蕴》,《求索》2006 年第 12 期。

王利华、蔡宁:《用利刃解剖人生的奥秘——谈曹禺内向化戏剧的人生视角》,《电影评介》2006 年第 20 期。

黄曼君:《前言》,《现代中国文学论丛》2007 年第 0 期。

袁国兴:《曹禺悲剧作品的舞台面相》,《福建论坛(人文社会科学版)》2007 年第 1 期。

刘家思:《人物关系的网状交织与戏剧场势的立体辐射——曹禺戏剧情境预设的剧场性追求之二》,《四川戏剧》2007 年第 1 期。

陈建新、王雅萍:《家族文化叙事下的人性叩问——试论曹禺前期戏剧中的人性剖析》,《戏文》2007 年第 1 期。

杨琴琴:《曹禺对古希腊命运悲剧的继承与发展》,《文学教育(下)》2007 年第 1 期。

李静:《错位的婚姻——论曹禺剧作中的夫妻关系》,《时代文学(双月版)》2007 年第 1 期。

宋剑华:《百年中国话剧历史兴衰的再度思考——驳陈军先生的论断》,《福建论坛(人文社会科学版)》2007 年第 1 期。

田本相:《中国话剧百年的伟大成就》,《戏剧文学》2007 年第 1 期。

宋宝珍:《易卜生与百年中国话剧》,《中国图书评论》2007 年第 1 期。

张默瀚:《家的隐喻与拯救梦想的无奈——易卜生、曹禺人生际遇及其对生命终极关怀意识之比较》,《山东教育学院学报》2007 年第 1 期。

崔彦:《版本变迁对现代文学研究之影响》,《内蒙古师范大学学报(哲学社会科学版)》2007 年第 S1 期。

黄会林:《曹禺与百年中国话剧》,《中国现代文学论丛》2007 年第 2 期。

邹红:《田本相和新时期曹禺研究》,《中国现代文学研究丛刊》2007 年第 2 期。

邹元江:《曹禺剧作与中国话剧意识的觉醒》,《厦门大学学报(哲学社会科学版)》2007 年第 2 期。

刘家思:《紧急事件与逼人情势——曹禺戏剧情境预设的剧场性追求之三》,《四川职业技术学院学报》2007 年第 2 期。

胡小云:《论曹禺前期剧作的生命意蕴》,《广东艺术》2007 年第 2 期。

姬学友:《〈曹禺评说七十年〉评说》,《中国现代文学研究丛刊》2007 年第 2 期。

王俊虎:《"原始向往"与曹禺戏剧创作》,《兰州学刊》2007 年第 2 期。

马新亚:《人生悲剧的阐释与解答——浅谈宗教对许地山与曹禺文学创作的影响》,《湘潮(下半月)(理论)》2007 年第 2 期。

中央戏剧学院戏剧文学系赴港交流组:《在历史的十字路口——华文戏剧百年回顾》,《戏剧(中央戏剧学院学报)》2007 年第 2 期。

李勇强:《1930 年代话剧作家与精神分析理论》,《戏剧(中央戏剧学院学报)》2007 年第 2 期。

胡薇:《论曹禺剧作中的"死亡"》,《戏剧(中央戏剧学院学报)》2007 年第 2 期。

王春丽:《消解爱情神话　还原世俗人生——论曹禺前期剧作中的婚姻爱情观》,《湖南冶金职业技术学院学报》2007 年第 2 期。

于平:《思想的雷电精神的光——百年话剧的几点启示》,《广东艺术》2007 年第 2 期。

田本相:《中国话剧百年的伟大成就》,《浙江艺术职业学院学报》2007 年第 2 期。

王春丽:《人性的复苏与抗争——论曹禺剧作中的女性形象兼及曹禺的女性观》,《三门峡职业技术学院学报》2007 年第 2 期。

张建青、彭松:《迷惘在宇宙的深井中——论曹禺戏剧中的罪感意识》,《广西民族大学学报(哲学社会科学版)》2007 第 S2 期。

韩传喜:《观艺术之心　叩灵魂之门——重读田本相著〈曹禺传〉》,《北京社会科学》2007 年第 3 期。

黄邵英:《曹禺剧作戏剧情境特色刍议》,《戏剧之家》2007 年第 3 期。

李书萍、石兵营、闫兰娜:《曹禺笔下的"娜拉们"》,《时代文学(理论学术版)》2007 年第 3 期。

曹树钧:《简评〈中国莎士比亚批评史〉》,《英语研究》2007 年第 3 期。

任鸣:《什么是真正的好话剧》,《瞭望》2007 年第 3 期。

曹树钧:《话剧百年的重要一页——话剧百年反思(之一)》,《大舞台》2007 年第 3 期。

黄世智:《论中国现代戏剧客观写实戏剧形态的形成》,《内江师范学院学报》2007 年第 3 期。

蔡年华:《走出"围城"——论曹禺戏剧中的"自由"思想》,《新余高专学报》2007 年第 3 期。

王俊虎:《曹禺戏剧创作之前的艺术体验》,《社会科学评论》2007 年第 3 期。

邹元江:《对话剧作为"现代民族戏剧"的质疑》,《云南艺术学院学报》2007 年第 3 期。

张志强:《迷失在"狭之笼"里——曹禺戏剧的精神分析》,《解放军艺术学院学报》2007 年第 3 期。

陈英:《曹禺和奥尼尔的悲剧人生观比较》,《湘潭大学学报(哲学社会科学版)》2007 年第 3 期。

曹树钧:《曹禺剧作在日本的演出和研究》,《戏剧艺术》2007 年第 4 期。

索晓海:《曹禺、沈从文原始主义倾向比较谈》,《戏剧文学》2007 年第 4 期。

王景丹:《试析话剧语体中的感叹句》,《宁夏大学学报(人文社会科学版)》2007 年第 4 期。

何宇宏:《论曹禺戏剧的叙述话语》,《河北师范大学学报(哲学社会科学版)》2007 年第 5 期。

王素珍:《以人文主义情怀诠释悲剧的精神内涵——莎士比亚对曹禺的影响与曹禺的审美观照》,《河南社会科学》2007 年第 5 期。

李文清:《曹禺剧作中女性形象的时代意义》,《长江大学学报(社会科学版)》2007 年第 5 期。

焦敏:《"突围"或"出走"——曹禺剧作对"家"文化的思考》,《东南传播》2007 年第 5 期。

贡淑芬:《岁月悠悠　思念长长——话剧百年缅怀曹禺大师》,《大舞台》2007 年第 5 期。

孙惠柱:《百年话剧的时尚风景》,《社会观察》2007 年第 5 期。

曹树钧:《左翼戏剧的贡南与局限》,《社会观察》2007 年第 5 期。

刘厚生:《发扬校园话剧的优良传统——纪念中国话剧百年》,《群言》2007 年第 5 期。

郭冬女:《莎士比亚作品在中国的影响》,《郑州航空工业管理学院学报(社会科学版)》2007 年第 5 期。

刘广涛、楚静:《青春情怀"雷雨"性格——论曹禺笔下的青春世界》,《聊城大学学报(社会科学版)》2007 年第 6 期。

苏树杰:《论曹禺早期剧作中的忏悔意识》,《重庆科技学院学报(社会科学版)》2007 年第 6 期。

焦敏:《伦理道德与个体的两难选择——曹禺剧作中的文化批判》,《东南传播》2007 年第 6 期。

郑榕:《三问曹禺院长》,《中国戏剧》2007 年第 6 期。

吕广华:《独树一帜　非同凡响——陆葆泰〈曹禺的写剧技巧〉感言》,《剧作家》2007 年第 6 期。

雷丽平:《论曹禺话剧语言动作性的内心表现方式》,《汉字文化》2007 年第 6 期。

刘家思:《传奇而现代的故事诱惑与情感震撼——从故事模式看曹禺对剧场性的追求》,《绍兴文理学院学报(哲学社会科学版)》2007 年第 6 期。

李扬:《20 世纪中国话剧发展中的现代性问题》,《南开学报(哲学社会科学版)》2007 年第 6 期。

娄锦标:《性格与命运的磨力——论曹禺戏剧人物的剧场性张力》,《科技信息》2007 年第 6 期。

覃碧卿:《多维、多层次人物构织——曹禺戏剧中主人形象探微》,《戏剧文学》2007 年第 7 期。

李玮:《从"原野"到"家"——论曹禺戏剧精神意蕴的转变和深层原因》,《艺术百家》2007 年第 8 期。

王钟陵:《20 世纪中国话剧史略论——中国话剧诞生一百周年纪念》,《学术月刊》2007 年第 8 期。

闫兰娜、李书萍:《论曹禺剧作中的"欣赏距离"》,《电影文学》2007 年第 10 期。

黄会林:《反映人民心声　讴歌时代精神——纪念中国话剧诞生 100 周年》,《求是》2007 年第 10 期。

王永运:《曹禺、唐槐秋与中国旅行剧团　回顾中国话剧诞生百年》,《中国戏剧》2007 年第 10 期。

崔向英:《在大师的引领下,起步》,《上海戏剧》2007 年第 11 期。

周利成:《中国话剧的奠基人之一——张彭春》,《档案春秋》2007 年第 12 期。

李城外、曹禺:《曹禺:"'向阳情结'牵动我的故乡情"》,《湖北档案》2007 年第 12 期。

张燕娣:《从情境的预设看曹禺的剧场性经营》,《科技信息(科学教研)》2007 年第 13 期。

刘芭:《曹禺戏剧世界中女性的生命本相——论曹禺四大名剧中的主要女性形象》,《名作欣赏》2007 年第 18 期。

孙鑫煜、苑书文:《论曹禺话剧的民族性建构》,《河北广播电视大学学报》2008 年第 1 期。

俞春玲:《象牙的雕刻——略论曹禺戏剧的细部艺术》,《盐城师范学院学报(人文社会科学版)》2008 年第 1 期。

千玲玲:《试论曹禺话剧语言艺术的个性化和动作化》,《凯里学院学报》2008 年第 1 期。

蔡年华、王青:《论曹禺和钱钟书的"围城"世界之比较》,《甘肃社会科学》2008 年第

1期。

刘家思:《性格力度与艺术强度——曹禺戏剧人物的剧场性张力之一》,《四川职业技术学院学报》2008年第1期。

李霞:《出走与走出:曹禺剧作对叛逆女性的命运探索》,《榆林学院学报》2008年第1期。

师伟伟:《"时日曷丧,予及汝皆亡"——论曹禺早期剧作的死亡主题》,《周口师范学院学报》2008年第1期。

王治生:《试论人文精神在曹禺剧作中的体现》,《吉林省教育学院学报(学科版)》2008年第1期。

叶庄新:《莎士比亚悲剧点燃的悲剧激情——莎士比亚与中国现代悲剧观念及创作》,《福建师范大学学报(哲学社会科学版)》2008年第1期。

韩冷:《中国式的俄狄浦斯情结》,《集宁师专学报》2008年第1期。

田本相:《焦虑·苦闷·残废——对曹禺晚年悲剧性的探寻》,《绍兴文理学院学报(哲学社会科学版)》2008年第2期。

戴海光:《论曹禺戏剧中的死亡意识》,《厦门广播电视大学学报》2008年第2期。

翟德耀、李静:《命运:曹禺话剧中的一种神秘力量》,《山东师范大学学报(人文社会科学版)》2008年第2期。

柳青:《从〈雷雨〉到〈日出〉——试论曹禺早期创作的都市题材戏剧》,《安徽文学(下半月)》2008年第2期。

雷丽平:《论曹禺话剧语言的动作性》,《北京青年政治学院学报》2008年第2期。

周桂华:《命运魔力与剧场感应——曹禺戏剧人物描写的剧场性张力之一》,《绍兴文理学院学报(哲学社会科学版)》2008年第2期。

宋宝珍:《曹禺剧作的当代诠释与舞台呈现》,《绍兴文理学院学报(哲学社会科学版)》2008年第2期。

华枫:《存在的困境与超越的途径——从存在主义美学视野看曹禺前期悲剧》,《四川戏剧》2008年第2期。

杨智:《直面人生与诗性诉求——曹禺话剧女性观的成因及特点探微》,《长江师范学院学报》2008年第2期。

颜蓉:《论童年经验对曹禺创作的影响》,《聊城大学学报(社会科学版)》2008年第2期。

于凤艳:《人性的悲剧——也看曹禺笔下文明与人性的冲突》,《牡丹江教育学院学报》2008年第2期。

覃碧卿:《现代戏剧研究的创新之作——评刘家思的〈主流与先锋——中国现代得失论〉》,《四川戏剧》2008年第2期。

刘宇统、陈元碧:《江安和近现代高等戏剧教育关系刍议》,《四川戏剧》2008年第2期。

刘家思:《生命扭结与对抗的主体呼应——从戏剧冲突看曹禺戏剧模式的剧场性追

求》,《绍兴文理学院学报(哲学社会科学版)》2008年第3期。

周桂华:《镜像互补的艺术张力——论曹禺戏剧人物描写中镜像互补的剧场性张力》,《戏剧文学》2008年第3期。

孙晓燕:《曹禺和奥尼尔剧作中的表现主义主题比较》,《内蒙古大学艺术学院学报》2008年第3期。

任茹文:《创作者生命力的三个镜像——从一个方面论曹禺剧中三女性》,《文艺争鸣》2008年第3期。

宋凤英:《论曹禺戏剧的象征主义色彩》,《昆明学院学报》2008年第3期。

刘厚生:《〈曹禺剧作演出史〉有新意》,《中国戏剧》2008年第3期。

何宇宏:《曹禺戏剧话语的叙事策略:话题的符码化》,《中国文学研究》2008年第3期。

王延松:《曹禺经典戏剧演出文本的解读与创新》,《艺术评论》2008年第3期。

王亚非:《曹禺早期剧作中女主人公的人文精神》,《赤峰学院学报(汉文哲学社会科学版)》2008年第3期。

杨字心:《一个人的记忆》,《四川戏剧》2008年第3期。

雷丽平:《试论曹禺剧中潜台词的表现形态》,《汉字文化》2008年第3期。

童道明:《重读曹禺》,《中国戏剧》2008年第4期。

张宝霞:《走出樊篱——论曹禺笔下的女性形象塑造》,《作家》2008年第4期。

钟小军:《论曹禺剧作中的悲剧美学》,《安徽文学(下半月)》2008年第4期。

邹红、黄莹:《钱理群与新时期曹禺研究》,《中国文学研究》2008年第4期。

靳婷婷:《论曹禺戏剧中的女性形象塑造》,《中华女子学院山东分院学报》2008年第4期。

王俊虎:《试论曹禺戏剧创作中的"女性关怀"意识》,《四川戏剧》2008年第4期。

李欣莲:《论曹禺创作中的死亡意识》,《铜仁学院学报》2008年第4期。

薛冲、鄢鸣:《读钱理群〈大小舞台之间——曹禺戏剧新论〉》,《文学教育(上)》2008年第4期。

萧斌如:《曹禺为上图题词》,《世纪》2008年第4期。

曹树钧:《钱谷融对曹禺研究的独到贡献》,《中国现代文学研究丛刊》2008年第5期。

张福海:《中国话剧艺术之塔的建造史〈曹禺剧作演出史〉评述》,《上海戏剧》2008年第5期。

王素珍:《论易卜生对曹禺戏剧观的影响》,《中州学刊》2008年第5期。

朱文斌:《论曹禺剧作在南洋的传播与影响》,《文学评论》2008年第5期。

何宇宏、段慧如:《曹禺戏剧话语的叙事策略:纵横交错的叙述》,《湘潭大学学报(哲学社会科学版)》2008年第6期。

黄赤强、张育琴:《东、西方两位"另类"作家——曹禺和劳伦斯人生哲学观之比较》,《新余高专学报》2008年第6期。

余竹平:《论曹禺的母性情怀》,《许昌学院学报》2008年第6期。

梅雪:《论曹禺戏剧中主要人物的野性精神》,《安徽文学(下半月)》2008 年第 6 期。

黄邵英:《从曹禺话剧作品电影看文学剧本动势情境设计的艺术价值》,《电影评介》2008 年第 6 期。

王俊虎:《生命体验与革命狂欢——曹禺与老舍戏剧比较研究之一》,《延安大学学报(社会科学版)》2008 年第 6 期。

黄素华:《永远走不出的记忆——从男女性制衡看曹禺情感回归之必然》,《商丘职业技术学院学报》2008 年第 6 期。

胡克庆:《曹禺的"糊涂"》,《世纪行》2008 年第 6 期。

刘淑玲:《萧乾与京派作家的书评活动》,《西北民族大学学报(哲学社会科学版)》2008 年第 6 期。

刘艳梅:《曹禺前期剧作死亡情结探析》,《安徽文学(下半月)》2008 年第 7 期。

黄宗江:《我与北京人艺的"私交" 贺北京人艺 55 岁》,《中国戏剧》2008 年第 7 期。

刘家思、覃碧卿:《非常态的三维放大与扭曲变形——从人物关系预设看曹禺戏剧的剧场性追求》,《江西社会科学》2008 年第 8 期。

黎荔:《曹禺话剧的诗意特征》,《中华活页文选(教师版)》2008 年第 9 期。

程丽雅:《曹禺戏剧中知识女性悲剧命运探析》,《东南大学学报(哲学社会科学版)》2008 年第 10 卷增刊。

俞健萌:《寻找"心灵的宝贝"和"通灵宝玉"——曹禺戏剧创作灵感论》,《荆楚理工学院学报》2008 年第 11 期。

李少咏:《以诗意化的苦闷消解生命的沉重与虚妄——论曹禺戏剧的一个基本主题》,《戏剧文学》2008 年第 11 期。

卢兆旭:《建国前曹禺的戏剧研究述评》,《黑龙江史志》2008 年第 14 期。

刘奎:《从"困兽"到"恶之花"——评曹禺"生命三部曲"的生命意识》,《写作》2008 年第 17 期。

何宇宏、罗成琰:《曹禺戏剧话语的叙事策略:多样化的镶嵌手法》,《湖南师范大学社会科学学报》2009 年第 1 期。

王玉华:《曹禺奥尼尔戏剧中的忏悔救赎意识》,《邢台学院学报》2009 年第 1 期。

刘媛媛:《燎原的星火——从三位女性看曹禺笔下知识女性的觉醒》,《名作欣赏》2009 年第 1 期。

王俊虎:《诗化戏剧与小说化戏剧——曹禺与老舍戏剧比较研究之二》,《延安大学学报(社会科学版)》2009 年第 1 期。

郑翔:《论曹禺戏剧创作中的自杀母题》,《南京师范大学文学院学报》2009 年第 1 期。

邹贤尧:《曹禺剧作的影像叙事——论《雷雨》、《日出》、《原野》等电影改编兼论经典的再生产》,《海南师范大学学报(社会科学版)》2009 年第 1 期。

关姗姗:《曹禺的创作与女性形象两极化》,《文学教育(上)》2009 年第 1 期。

孙晓燕:《曹禺剧作表现主义的本土化特征》,《内蒙古大学艺术学院学报》2009 年第

1期。

曹迪:《建国后曹禺戏剧创作困惑之解读》,《鞍山师范学院学报》2009年第1期。

张芝秀:《万艳同悲——曹禺笔下女性形象分析》,《太原大学教育学院学报》2009年第27卷增刊。

张彦林:《凤子与诗人孙毓棠》,《新文学史料》2009年第1期。

哈建军:《大小舞台上的人生凝聚——论曹禺戏剧中的"堆积"意向》,《宜宾学院学报》2009年第1期。

徐群晖:《论曹禺与莎士比亚戏剧的深层关联》,《文学评论》2009年第2期。

李计青:《浅析曹禺作品中的悲剧英雄形象》,《青年文学家》2009年第2期。

王俊虎:《都市风情线与世态风俗画——曹禺与老舍戏剧比较研究之三》,《戏剧文学》2009年第2期。

李大为:《形式的探索与人物深层的心理的开掘——试论奥尼尔对曹禺创作风格的影响》,《戏剧文学》2009年第2期。

周云龙:《故国想象与文化记忆:曹禺访美的〈明报〉叙事》,《粤海风》2009年第2期。

王俊虎:《新中国曹禺戏剧创作探析》,《四川戏剧》2009年第2期。

宋剑祥:《从图书馆藏书利用看曹禺的戏剧创作》,《贵图学刊》2009年第2期。

孙子威:《真正的问题乃是如何解释这些现象——关于"思想进步,艺术退步"之争识小》,《马克思主义美学研究》2009年第2期。

杨景辉:《近三十年中国话剧印象》,《中国现代文学论丛》2009年第2期。

郭玉琼:《中国现代话剧艺术的诗性精神研究》,《戏剧文学》2009年第2期。

原小平:《曹禺话剧的影视改编》,《中国石油大学学报(社会科学版)》2009年第3期。

王俊虎:《略论曹禺的交友观及其戏剧创作》,《山东文学》2009年第3期。

俞健萌:《在史学与文学之间架起一座"桥梁"——论传记文学的史实性与可创作性》,《荆门职业技术学院学报》2009年第3期。

崔俊勇:《曹禺与易卜生家庭剧中出走主题探微》,《广东农工商职业技术学院学报》2009年第4期。

谷海慧:《"没有出路"的出路——试论曹禺剧作隐含的宽恕精神》,《戏剧艺术》2009年第4期。

吴戈:《王延松与他的经典阐释:"曹禺三部曲"》,《戏剧艺术》2009年第4期。

王存良:《从曹禺前期剧作中的人生探索看其基督思想的流变》,《黔西南民族师范高等专科学校学报》2009年第4期。

杨智:《理性启蒙与现代语境——曹禺早期话剧女性观成因浅析》,《戏剧文学》2009年第5期。

王莹莹、张小刚:《论曹禺戏剧中的婚恋模式》,《嘉应学院学报》2009年第5期。

刘家思:《论曹禺戏剧的深层剧场性取向》,《文学评论》2009年第6期。

夏海滨:《在压抑苦闷中难释重负的"悲情人"——论曹禺戏剧中的长子形象》,《剧影月报》2009年第6期。

周桂华:《论曹禺戏剧中悬念的剧场性功能》,《绍兴文理学院学报(哲学社会科学版)》2009年第6期。

邓笛:《中国现代剧作界的三位翻译家》,《戏剧文学》2009年第6期。

朱志新:《话剧艺术家戴涯》,《钟山风雨》2009年第6期。

左边:《曹禺"悲剧精神"的内涵及其美学意义》,《陕西教育(高教版)》2009年第7期。

胡润森:《曹禺在中国和世界悲剧史上的地位》,《〈中国现代文学研究丛刊〉30年精编作家作品研究卷(下)》2009年第7期。

冯奕:《摄取光华,增添异彩——试析曹禺对莎剧诗意化形象塑造的借鉴》,《安徽文学(下半月)》2009年第8期。

吴新平:《论儒道思想对曹禺戏剧创作的影响》,《时代文学(下半月)》2009年第9期。

郭怀玉:《曹禺话剧的复调音乐性论略》,《戏剧文学》2009年第9期。

乔德文、乔宗玉:《永不"沉没"的〈水下村庄〉——〈夕日的辉煌〉续(上)》,《艺海》2009年第9期。

颜振奋:《曹禺剧本奖——促进戏剧创作的繁荣发展》,《中国戏剧》2009年第10期。

袁国兴:《话剧艺术的本土化步履与"戏"意识的蜕变》,《学术交流》2009年第10期。

邹红:《焦菊隐的"戏剧—诗"观念及对当代话剧的启示》,《〈中国现代文学研究丛刊〉30年精编:作家作品研究卷(下)》2009年第10期。

章旭清:《陈瘦竹戏剧理论研究的"民族"意识及当代启示》,《艺苑》2009年第11期。

郭怀玉:《试析曹禺话剧音乐性产生的潜在因素》,《前沿》2009年第11期。

刘津艳:《人性和母性的取舍》,《时代文学(下半月)》2009年第11期。

李宝群:《当代中国话剧的一大困境》,《新时期戏剧创作研究文集》2009年第11期。

袁联波:《传统话剧的模式化与新时期话剧文体变革的发生》,《戏剧文学》2009年第12期。

曹晋杰:《周恩来与话剧》,《文史春秋》2009年第12期。

李书萍:《男性话语中的女性悲剧——论曹禺早期剧作中的女性形象》,《飞天》2009年第18期。

郭玉琼:《诗本体世界的建构与消解——论曹禺戏剧创作的历史演变》,《名作欣赏》2009年第20期。

郭珊珊:《男性话语的代言人——曹禺剧作的女性形象解读》,《青年文学家》2009年第21期。

马知遥:《曹禺戏剧先锋意识解读》,《名作欣赏》2009年第25期。

莫惊涛:《曹禺剧作的象征性意蕴》,《名作欣赏》2009年第25期。

韩相德:《曹禺初期剧作中的中国民俗》,《东亚文学与文化研究》2010年第0期。

张剑:《论曹禺早期剧作中的人性理念》,《石河子大学学报(哲学社会科学版)》2010年第1期。

王海宾:《曹禺万方:大师父亲与作家女儿》,《人民文摘》2010年第1期。

张默瀚:《诗意掩映下的中西梦想典型的精神指向分析——以易卜生和曹禺典型"梦想"为例》,《海南师范大学学报(社会科学版)》2010年第1期。

徐明娟:《论曹禺话剧台词的语言诗性》,《戏剧文学》2010年第1期。

陈军:《论北京人艺对曹禺戏剧舞台处理的得与失》,《中国现代文学论丛》2010年第1期。

卢世忠:《试论曹禺悲剧对人的哲学探讨》,《文学教育(上)》2010年第1期。

林婷:《戏剧性:曹禺的人格结构与戏剧创作的互释》,《中国现代文学论丛》2010年第1期。

栗伟东:《略论曹禺早期话剧人物形象塑造特点》,《延安职业技术学院学报》2010年第1期。

杨秀丽:《从曹禺剧作人物形象看曹禺文化心理的双重性》,《山东文学》2010第S1期。

王华玲:《命运的悲歌——曹禺笔下女性悲剧命运探析》,《安徽电子信息职业技术学院学报》2010年第2期。

李先国:《曹禺剧作的消费特征》,《四川戏剧》2010年第2期。

安刚强:《人物"指掌图":谈曹禺剧作中的角色介绍》,《南京政治学院学报》2010年第2期。

郭怀玉:《曹禺话剧的韵律美捃摭》,《四川戏剧》2010年第2期。

沈万顺:《共同的意义传播空间:诗性美——契诃夫现实主义诗化形态对曹禺风格转型的影响》,《四川戏剧》2010年第2期。

陈军:《论曹禺作为北京人艺院长的功绩》,《扬子江评论》2010年第2期。

华金香:《论曹禺话剧语言和性格化人物》,《美与时代(下半月)》2010年第2期。

鲁雪莉:《意识形态化的理性言说——论曹禺后期创作的政治理性》,《中共福建省委党校学报》2010年第3期。

阿庚:《经典传世　大师永在——纪念曹禺先生诞辰100周年》,《大舞台》2010年第3期。

陈军:《论曹禺舞台实践对其戏剧创作的影响》,《安徽大学学报(哲学社会科学版)》2010年第3期。

刘涛:《谈新近发现的曹禺三篇佚文》,《湖南人文科技学院学报》2010年第3期。

黄殿祺:《曹禺和他的恩师张彭春——写在纪念曹禺诞辰100周年之际》,《天津市社会主义学院学报》2010年第3期。

周学芳:《论曹禺戏剧中的三个女性形象》,《现代语文(文学研究版)》2010年第3期。

吴征:《曹禺:沿着书阶登上话剧之巅》,《语文天地》2010年第4期。

曹树钧:《人民的纪念 民族的瑰宝——曹禺百年诞辰纪念活动及深远意义》,《四川戏剧》2010年第4期。

郭怀玉:《曹禺话剧的显性音乐捃摭》,《文艺争鸣》2010年第4期。

王天元:《纪念曹禺诞辰一百周年国际学术研讨会综述》,《文学与文化》2010年第4期。

田本相:《一个渴望自由的灵魂——为纪念曹禺百年诞辰而作》,《文学与文化》2010年第4期。

宋宝珍:《残酷:曹禺戏剧的现代性解析》,《文学与文化》2010年第4期。

韩日新:《曹禺与陈白尘历史剧比较》,《鲁东大学学报(哲学社会科学版)》2010年第4期。

曹树钧:《曹禺研究35年回眸——纪念曹禺诞辰100周年》,《戏剧丛刊》2010年第4期。

王玉华:《曹禺奥尼尔剧作中的黑暗世界与理想国》,《邢台学院学报》2010年第4期。

刘家鸣:《论曹禺戏剧创作心态的演变——纪念曹禺诞辰一百周年》,《文学与文化》2010年第4期。

施旭升:《论曹禺戏剧的文化矛盾》,《文学与文化》2010年第4期。

胡亮宇、侯业智:《试论莎士比亚对曹禺早期戏剧创作的影响》,《海南师范大学学报(社会科学版)》2010年第4期。

温大勇:《从曹禺剧本奖等获奖作品看话剧创作存在的问题》,《戏剧文学》2010年第4期。

张耀杰:《百年曹禺:天堂天谴的文化密码》,《民族艺术》2010年第4期。

王亚丽:《欲望与理性的冲突——论曹禺对人性的思索》,《当代戏剧》2010年第5期。

郭怀玉:《曹禺话剧辞格运用的音乐美摭谈》,《戏剧文学》2010年第5期。

左边:《宗教文化视域中的曹禺戏剧创作》,《文学教育(中)》2010年第5期。

黄健:《中国现代戏剧走向成熟的标志——论曹禺戏剧的历史价值》,《广东艺术》2010年第5期。

张彩琴:《浅谈曹禺话剧舞台说明的特点》,《山西农业大学学报(社会科学版)》2010年第5期。

曹树钧:《终生难忘的关怀——纪念曹禺诞生100周年》,《广东艺术》2010年第5期。

冯晓蔚:《曹禺在清华园的初恋》,《四川统一战线》2010年第5期。

小卫:《郑秀与曹禺的清华情缘》,《湖北档案》2010年第5期。

陈珺:《"剧场性"营构与曹禺剧作的成功》,《福建艺术》2010年第5期。

刘家思:《论曹禺戏剧对现代广播剧的影响》,《中国现代文学研究丛刊》2010年第5期。

王俊虎、刘兴:《基督教与曹禺早期戏剧创作关系新探》,《石家庄学院学报》2010年第5期。

赵淑芳:《封建文化子孙的毁灭与梦幻——曹禺剧作人物系列研究》,《河南社会科学》2010年第5期。

王攸欣:《朱光潜与曹禺、巴金等人的两次论争述论》,《长沙理工大学学报(社会科学版)》2010年第5期。

曹树钧:《曹禺研究的心路历程》,《中国现代文学研究丛刊》2010年第5期。

李莎:《“纪念曹禺百年诞辰暨中国莎学主题研讨会”召开》,《高校社科动态》2010年第5期。

郝海洪:《灵魂的沉沦与冲突——曹禺戏剧人物精神探析》,《阜阳师范学院学报(社会科学版)》2010年第6期。

田本相:《一个渴望自由的灵魂——为纪念曹禺百年诞辰而作》,《戏剧艺术》2010年第6期。

曹禺:《曹禺晚年书简——致巴金、祝鸿生、李小林》,《现代中文学刊》2010年第6期。

陈珺:《曹禺剧作“剧场性”营构中的“人”“戏”关系》,《福建教育学院学报》2010年第6期。

周春雨:《曹禺剧作与莎士比亚四大悲剧》,《戏剧之家(上半月)》2010年第6期。

贺祥麟:《不朽的曹禺》,《戏剧之家(上半月)》2010年第6期。

杨智:《多元视角中的曹禺女性观》,《广西民族大学学报(哲学社会科学版)》2010年第6期。

肖向明:《书生回眸:“鬼文学”的现代新编——以曹禺、徐讦为例》,《暨南学报(哲学社会科学版)》2010年第6期。

曹树钧:《曹禺研究有无审美疲劳?——兼论“说不尽的曹禺”》,《戏剧艺术》2010年第6期。

曹树钧:《论一本内容厚实的曹禺研究年刊》,《戏剧之家(上半月)》2010年第6期。

陈军、方舟:《论曹禺戏剧对北京人艺表演技艺的培养》,《戏剧艺术》2010年第6期。

王丽丽:《人的悲剧性宿命及态度——曹禺和钱钟书文学创作思想比较之一》,《大众文艺》2010年第6期。

杨柳叶、王曦:《曹禺真读书假洗澡》,《小学生必读(高年级版)》2010年第6期。

时晨:《情节处理的多样化——简论曹禺早期三部曲的电视剧改编》,《戏剧之家(上半月)》2010年第6期。

王贺:《抗战时期曹禺的文学与政治实践——从曹禺的一篇书评谈起》,《现代中文学刊》2010年第6期。

丁罗男:《从现实主义到新写实主义——论曹禺的经典意义和当下意义》,《艺术百家》2010年第6期。

冯仙丽:《传统叙事要素的现代性观照——曹禺戏剧作品研究》,《时代文学(下半月)》2010年第7期。

李秀萍:《叛逆与回归——论曹禺女性观的转向》,《戏剧文学》2010年第7期。

李夏:《浅析曹禺话剧的个性化语言》,《大众文艺》2010年第7期。

裴高才:《少年曹禺曾“戏弄”总统黎元洪》,《名人传记(上半月)》2010年第7期。

金宙旻:《百年曹禺　百年沪剧——上海沪剧院十月赴京参加纪念曹禺诞辰100周年

展演》,《上海戏剧》2010年第8期。

毕汝谐:《名家系列之一忆曹禺》,《新天地》2010年第8期。

梁秉堃:《"文革"中的曹禺》,《决策与信息》2010年第8期。

曹树钧:《我和曹禺戏剧的不解情缘——纪念曹禺诞生100周年》,《戏剧之家(上半月)》2010年第8期。

曹树钧:《"上海制造"的曹禺名剧们》,《上海戏剧》2010年第8期。

小卫:《曹禺在清华园的初恋》,《文史博览》2010年第8期。

李江华、张奔、曾志强:《浅尝曹禺成名剧作的悲与苦》,《网络财富》2010年第8期。

刘家思、周桂华:《论曹禺戏剧对现代广播剧的影响》,载《2010年中国文学传播与接受国际学术研讨会会议论文汇编(现代文学部分)》,2010。

苏枫:《女儿万方:被名誉磨损的曹禺晚年》,《小康》2010年第9期。

刘厚生:《关于曹禺的读书和看戏 学习〈曹禺全集〉第五卷》,《剧本》2010年第9期。

王育生:《百年诞辰更思君——与曹禺交往的两三件事兼谈"向曹禺前进"的口号》,《剧本》2010年第9期。

许可:《纪念曹禺百年诞辰系列活动即将举行》,《剧本》2010年第9期。

宋宝珍:《曹禺:人文北京的艺术标识——纪念曹禺先生百年诞辰》,《前线》2010年第9期。

张帆:《曹禺与恩师张彭春》,《纵横》2010年第9期。

裴高才:《"金童"曹禺为黎元洪"圆光"始末》,《人物》2010年第9期。

童道明:《向契诃夫和曹禺学习》,《剧本》2010年第9期。

隆学义:《永远现代的曹禺先生》,《剧本》2010年第9期。

樊启金:《杨深秀的不幸与曹禺的大幸》,《文学教育(上)》2010年第9期。

田本相:《伟大的人文主义戏剧家曹禺——为纪念曹禺百年诞辰而作》,《中国戏剧》2010年第9期。

郭启宏:《重读曹禺》,《剧本》2010年第9期。

曹树钧:《论曹禺剧作经典演出的海派特色》,《艺海》2010年第9期。

翟营文:《仰望潜江上空的一颗星辰——给曹禺老人》,《辽河》2010年第10期。

汤倩尔:《百年曹禺的"经典与当代"》,《上海戏剧》2010年第10期。

《刘云山在纪念曹禺诞辰100周年座谈会上强调 继承发扬老一辈文艺工作者的宝贵精神 为促进文艺事业繁荣发展作出新的贡献》,《中国戏剧》2010年第10期。

冯晓蔚:《周恩来与戏剧作家曹禺的深厚情谊》,《红广角》2010年第10期。

李书萍:《论曹禺剧作的"诗性现实主义"》,《山花》2010年第10期。

冯锡刚:《阅尽风霜君已残——曹禺之憾》,《同舟共进》2010年第11期。

张帆:《从曹禺最看重的一封信谈起》,《人物》2010年第11期。

海牧:《关于曹禺的第一部文学传记》,《艺海》2010年第11期。

乔宗玉:《曹禺戏剧在中国舞台的独特性》,《艺海》2010年第11期。

张华:《曹禺笔下的女性形象》,《大家》2010年第11期。

庶民、席滢:《曹禺,中国现代话剧大师》,《中学生》2010年第11期。

程灿:《评田本相的〈曹禺评传〉》,《安徽文学(下半月)》2010年第11期。

丰绍棠:《曹禺的"傻气"》,《半月选读》2010年第11期。

蔡骧:《曹禺的遗憾》,《学习博览》2010年第12期。

《曹禺的金玉良言》,《理论与当代》2010年第12期。

宋宝珍:《新世纪曹禺名作剧场呈现特征述略》,《中国戏剧》2010年第12期。

陆葆泰:《曹禺——世界戏剧史上的代表作家》,《中国戏剧》2010年第12期。

左边:《曹禺文化的涵义及价值定位略说》,《文学教育(中)》2010年第12期。

龚莉:《论曹禺戏剧中的女性悲剧人物》,《职业》2010年第15期。

梁秉堃:《"文革"中的曹禺——纪念曹禺先生百年诞辰》,《南方人物周刊》2010年第18期。

牛培丽:《奥尼尔与曹禺笔下的女性形象比较》,《飞天》2010年第18期。

李鹿:《纪念曹禺百年诞辰 苦闷的先知》,《文史参考》2010年第18期。

万欢:《写在爸爸曹禺百年诞辰之际　他给我这片自由的天空》,《文史参考》2010年第18期。

千玲玲:《试论曹禺的话剧语言艺术》,《山花》2010年第20期。

蓝荫海:《曹禺:诲人不倦的艺术大师》,《传承》2010年第22期。

徐绍娜、周南焱:《黄宗江与周恩来曹禺并称南开"三大女演员"》,《人物画报》2010年22期。

苏枫:《父亲曹禺被名誉磨损的晚年》,《中外文摘》2010年第23期。

张耀杰:《百年曹禺:中国社会的"有余"与"不足"》,《名作欣赏》2010年第31期。

毕静枝:《论曹禺戏剧中的女性形象及其"围城"下的反抗精神》,《名作欣赏》2010年第32期。

吴矛:《曹禺、陈白尘抗战时期的戏剧创作》,《人文论谭》2011年第0期。

李书萍:《论曹禺剧作中的生命意识》,Proceedings of 2011 International Conference on Social Sciences and Society(ICSSS 2011 V3)上海,2011。

许倩晔、邹伟兵、王时蒙:《谈曹禺笔下的新女性》,《北方文学(下半月)》2011年第1期。

陈迎宪:《有真人而后有真知——曹禺与戏剧批评浅议》,《四川戏剧》2011年第1期。

黄幼岚:《对曹禺和奥尼尔戏剧的比较文学研究述评》,《江苏技术师范学院学报》2011年第1期。

党育青:《博采众长,善于化用——浅谈西方戏剧艺术对曹禺的影响》,《文学界(理论版)》2011年第1期。

李华章:《忆念曹禺二三事》,《语文教学与研究》2011年第1期。

梅红:《从〈曹禺致李致书信〉看四川出版人的作者情结》,《中国编辑》2011年第1期。

邹元江:《曹禺与20世纪中国话剧的命运》,《艺术百家》2011年第1期。

王永恩:《世间何物似情浓——论曹禺剧作中的“情”》,《艺术学界》2011年第1期。

杨景辉:《论曹禺的“局限”与戏剧创造》,《中国现代文学论丛》2011年第1期。

杨秀玲:《曹禺与他的早期校园戏剧》,《东方艺术》2011年第S2期。

刘绍本:《曹禺在激荡的1949年》,《河北广播电视大学学报》2011年第2期。

许贻斌:《华忱之〈曹禺剧作艺术探索〉评介》,《长江大学学报(社会科学版)》2011年第2期。

王俊虎:《当代文学制度与文人创作——以老舍、曹禺为中心》,《晋阳学刊》2011年第2期。

邹红:《试论曹禺前期剧作中的音乐元素》,《文学评论》2011年第2期。

左边:《曹禺戏剧创作中宗教文化情结的价值批判》,《文学界(理论版)》2011年第2期。

廖奔:《曹禺的苦闷——曹禺百年文化反思》,《文学评论》2011年第2期。

郭怀玉:《关于曹禺的散文》,《文学评论》2011年第2期。

陈军:《论曹禺戏剧对北京人艺演剧风格的影响》,《北京社会科学》2011年第2期。

高月娟:《论曹禺悲剧艺术风格的衍变》,《河北科技大学学报(社会科学版)》2011年第2期。

方警春:《论曹禺早期作品的突围主题》,《厦门教育学院学报》2011年第2期。

濮波:《让世界记住曹禺——曹禺百年诞辰英国纪念活动侧记》,《剧影月报》2011年第2期。

李辉:《1980年代的曹禺与巴金》,《同舟共进》2011年第2期。

翟创全:《曹禺话剧中的两组人物形象》,《时代文学(上半月)》2011年第2期。

胡志毅:《灵魂的深度:论曹禺戏剧创作与城市空间的“异形”》,《美育学刊》2011年第2期。

曹树钧:《拜访剧作家曹禺》,《世纪》2011年第3期。

胡志毅:《神圣的殿堂:论曹禺的戏剧创作与城市空间的“场域”》,《文学与文化》2011年第3期。

李雪梅:《关注女性命运 展现人文情怀——从曹禺剧作中的悲剧形象看曹禺对女性命运的关注》,《榆林学院学报》2011年第3期。

刘忠诚:《雷声的解读与解读的雷声——评〈曹禺戏剧的剧场性研究〉》,《绍兴文理学院学报(哲学社会科学)》2011年第3期。

李伟:《戏剧与政治的张力——曹禺戏剧与国民党之关系刍议》,《山西师大学报(社会科学版)》2011年第3期。

刘家思:《戏剧接受与话语操纵——略论曹禺戏剧话语控制的几种方式》,《云南艺术学院学报》2011年第3期。

高沁:《略论曹禺戏剧舞台指示的特殊性》,《铜仁学院学报》2011年第3期。

高月娟:《曹禺悲剧女性观探析》,《河北学刊》2011 年第 3 期。

傅晓燕:《在时代规范与艺术诉求之间——论老舍与曹禺抗战时期的创作转型》,《民族文学研究》2011 年第 3 期。

苏枫:《曹禺的悲剧晚年》,《教育》2011 年第 3 期。

杨智:《启蒙视角下的曹禺女性观及其文化意义》,《广西大学学报(哲学社会科学版)》2011 年第 3 期。

武亚军:《曹禺剧本创作精神准备散论略析》,《四川戏剧》2011 年第 3 期。

陈永明:《期求和谐——曹禺戏剧的一种伦理向度》,《河南师范大学学报(哲学社会科学版)》2011 年第 4 期。

李越峰:《曹禺话剧的几个艺术特征》,《内蒙古教育(职教版)》2011 年第 4 期。

蒋国江、李会莲:《构建剧场性研究体系的开创之作——评〈曹禺戏剧的剧场性研究〉》,《创作评谭》2011 年第 4 期。

田本相:《王延松执导曹禺三部曲的启示》,《中国戏剧》2011 年第 4 期。

蔡丽华、饶琴、章志芳:《冲破命运的藩篱——论曹禺笔下几位知识女性的斗争道路》,《时代文学(下半月)》2011 年第 4 期。

吴新平:《专重于现世——曹禺戏剧与佛教文化》,《戏剧文学》2011 年第 4 期。

马军红:《浅析曹禺戏剧小人物塑造及其社会现实意义》,《时代文学(上半月)》2011 年第 4 期。

王俊虎:《耶佛并尊与弃佛从耶——老舍与曹禺宗教观比较论》,《延安大学学报(社会科学版)》2011 年第 4 期。

刘晓蕾:《契诃夫静态美学特征对曹禺戏剧的影响》,《常州工学院学报(社科版)》2011 年第 4 期。

李扬:《文化立场与曹禺的创作转向》,《广东社会科学》2011 年第 5 期。

曹树钧:《曹禺晚年书简解读——曹禺与吴祖光的沉浮》,《剧作家》2011 年第 5 期。

黄志刚:《打开戏剧文学研究的新视域——评刘家思〈曹禺戏剧的剧场性研究〉》,《四川戏剧》2011 年第 5 期。

罗克凌:《谈钱理群之〈曹禺戏剧生命的创造与流程〉》,《绥化学院学报》2011 年第 5 期。

张帆:《一篇难做的大文章》,《文艺报》2011 年第 5 期。

王金星:《剧场性,一个回归戏剧本质的理论话题——刘家思〈曹禺戏剧的剧场性研究〉管见》,《四川职业技术学院学报》2011 年第 6 期。

宋宝珍:《曹禺戏剧思想的美学内涵》,《文艺报》2011 年第 6 期。

李杨:《浅析曹禺早期剧作中的女性形象》,《文艺报》2011 年第 6 期。

吕恩:《一往情深泪空流——我所知道的曹禺和郑秀》,《人物》2011 年第 6 期。

胡鹏林、彭万荣:《古典的回荡:曹禺新论》,《天府新论》2011 年第 6 期。

康建兵:《曹禺喜剧观刍议》,《西华大学学报(哲学社会科学版)》2011 年第 6 期。

王俊虎:《论老舍与曹禺的婚恋择偶观》,《北京理工大学学报(社会科学版)》2011 年第 6 期。

曹树钧:《曹禺晚年书简解读(续)——曹禺和孙家琇的两次“突转”》,《剧作家》2011 年第 6 期。

王超:《论曹禺戏剧中的“幕后人物”》,《齐齐哈尔大学学报(哲学社会科学版)》2011 年第 6 期。

杨爱芹:《天津报刊与曹禺早期媒体形象》,载《新规划·新视野·新发展——天津市社会科学界第七届学术年会优秀论文集》天津人民出版社,2011。

商昌宝:《“摄魂者”的舞台人生——曹禺 1949 年后的另类文字》,《名作欣赏》2011 年第 7 期。

刘绍本:《百年曹禺　中天北上》,《当代人》2011 年第 7 期。

葛胜君、张宗泽:《论曹禺经典话剧中的精神游弋》,《通化师范学院学报》2011 年第 7 期。

李锡龙、王勇:《曹禺研究的新起点——纪念曹禺诞辰 100 周年国际学术研讨会综述》,《中国现代文学研究丛刊》2011 年第 8 期。

阿木:《文豪曹禺的两段爱情》,《晚报文萃》2011 年第 8 期。

李晓灵:《老舍和曹禺》,《书屋》2011 年第 8 期。

周蕾:《突围与陷落——重读曹禺戏剧的婚恋故事》,《时代文学(下半月)》2011 年第 8 期。

王雪:《“自是精魂先魄去”》,《文艺报》2011 年 12 月 16 日第 8 期。

左边:《寻找人类的精神坐标——〈曹禺自述〉读解》,《时代文学(上半月)》2011 年第 10 期。

曹树钧:《曹禺和辛亥元老郑烈的交往》,《上海采风》2011 年第 10 期。

曹树钧:《鲁迅精神哺育了戏剧大师曹禺——纪念鲁迅诞生 130 周年》,《艺海》2011 年第 10 期。

曹树钧:《著名戏剧家曹禺与辛亥元老郑烈的翁婿之交》,《爱情婚姻家庭(文学)》2011 年第 11 期。

张耀杰:《曹禺与杨振声:从师生到情敌》,《各界》2011 年第 11 期。

陈玉焕:《浅析曹禺戏剧中的女性形象》,《文学教育(上)》2011 年第 12 期。

贺美锋:《悲剧意识在曹禺剧作中的体现》,《北方文学(下半月)》2011 年第 12 期。

屈强:《曹禺剧作的象征性意向研究》,《北方文学(下半月)》2011 年第 12 期。

刘学:《浅谈曹禺戏剧中的婚姻悲剧》,《北方文学(下半月)》2011 年第 12 期。

张蕻:《浅论曹禺剧作中的女性形象》,《时代文学(下半月)》2011 年第 12 期。

肖健南:《曹禺与周恩来半个世纪的“同学情”》,《党员干部之友》2011 年第 12 期。

万黛、万昭:《珍爱与痛惜——写在爸爸曹禺逝世十五周年之际》,《社会科学论坛》

2011 年第 12 期。

韩燕:《邹红先生的〈曹禺剧作散论〉评述》,《重庆科技学院学报(社会科学版)》2011 年第 13 期。

刘海微:《曹禺剧作的意蕴营构》,《青年文学家》2011 年第 14 期。

李雪梅:《生命力的三种表达——从三类人物的生命表达看曹禺对原始生命力的呼唤》,《名作欣赏》2011 年第 17 期。

张荔:《"眼界始大,感慨遂深"——王延松新解读曹禺"三部曲"初探》,《文艺争鸣》2011 年第 18 期。

陈瑞琴:《论曹禺剧作中"孤独"的书写》,《青年文学家》2011 年第 18 期。

周蕾:《未完成的现代性——以曹禺为个案反思现代男性的性别视域》,《名作欣赏》2011 年第 20 期。

谢建文:《论曹禺戏剧的人性化特征》,《文教资料》2010 年第 21 期。

苏小娜:《浅析曹禺早期作品中的表现主义特征》,《群文天地》2011 年第 20 期。

王凤:《浅论曹禺戏剧的悲剧成就》,《才智》2011 年第 23 期。

任葆华:《曹禺曾拟写植棉能手张秋香》,《兰台世界》2011 年第 26 期。

曹树钧:《辛亥元老郑烈与曹禺的翁婿之交》,《新民周刊》2011 年第 40 期。

廖全京:《曹禺:在〈北京人〉和〈家〉中走向潜沉》,载《曹禺诞辰 100 周年纪念文集》,2011。

刘锦云:《那一刻　我坐在曹老面前——写在曹禺大师百年》,载《曹禺诞辰 100 周年纪念文集》,中国戏剧家协会,2011。

曹树钧:《论曹禺经典在世界舞台上的传播》,《文艺报》2011 年 12 月 16 日。

陈曦:《用"复调"思维解析曹禺接受史上的矛盾现象》,《文艺报》2011 年 12 月 16 日。

韩明港:《曹禺四大名剧的基本结构与独特意蕴》,《当代文坛》2012 年第 1 期。

曹树钧:《鲁迅精神哺育了戏剧大师曹禺》,《上海鲁迅研究》2012 年第 1 期。

杨爱芹:《从天津报刊看曹禺早期的演员形象》,《兰台世界》2012 年第 1 期。

缪颖:《荆棘之路——论曹禺戏剧中的女性悲剧命运》,《佳木斯教育学院学报》2012 年第 1 期。

韩煜:《锲而不舍　弘扬祖国精品文化——记曹禺研究专家曹树钧》,《剧作家》2012 年第 1 期。

曹树钧:《轰动世界的首届中国莎士比亚戏剧节——曹禺晚年重大艺术活动之一》,《剧作家》2012 年第 1 期。

田丹:《汉语感谢言语行为的应答语分析——以曹禺先生的话剧为例》,《时代文学(下半月)》2012 年第 1 期。

范茹:《从对人的探索中聆听曹禺戏剧的"悲剧"交响乐》,《青春岁月》2012 年第 2 期。

任葆华:《曹禺曾拟写植棉能手张秋香》,《博览群书》2012 年第 2 期。

李姝含:《曹禺戏剧的悲剧艺术特点》,《现代营销(学苑版)》2012 年第 2 期。

韩传喜:《政治焦虑与曹禺抗战时期的创作转向》,《吉林师范大学学报(人文社会科学版)》2012 年第 2 期。

曹树钧:《"中国莎学应当走向世界"——曹禺晚年重大艺术活动之二》,《剧作家》2012 年第 2 期。

万伯翱:《百年夜话——忆与曹禺交往点滴》,《中华儿女》2012 年第 2 期。

张羽华:《曹禺前期戏剧的底层叙述》,《戏剧文学》2012 年第 2 期。

郑万鹏:《戏剧美学与社会美学的探索者——现代文学史上的曹禺》,《海南广播电视大学学报》2012 年第 2 期。

曹树钧:《论曹禺经典在世界舞台上的传播》,《四川戏剧》2012 年第 2 期。

曹树钧:《巴金对曹禺经典的发现与独特评价》,《黎明职业大学学报》2012 年第 2 期。

《曹禺》,《长江论坛》2012 年第 3 期。

余言:《第四届"中国戏剧奖·曹禺剧本奖"评选作品开始征集》,《剧本》2012 年第 3 期。

彭新萍:《曹禺女性形象的悲剧必然性——繁漪与陈白露的比较分析》,《青年文学家》2012 年第 3 期。

庄伟杰:《三重设问:今天如何阅读曹禺》,《孝感学院学报》2012 年第 3 期。

左边:《曹禺悲剧创作中的民族意识浅论》,《文学教育(中)》2012 年第 3 期。

徐雯:《小人物,大内涵——曹禺悲剧思想之浅谈》,《赤峰学院学报(汉文哲学社会科学版)》2012 年第 3 期。

王玉华:《曹禺与奥尼尔简论》,《邢台学院学报》2012 年第 4 期。

刘家思:《从剧场性看曹禺戏剧文体的范式意义》,《文化艺术研究》2012 年第 4 期。

万黛、万昭:《悔——爸爸曹禺被烧毁的百余封信》,《新文学史料》2012 年第 4 期。

杨凯:《曹禺晚年之殇——从曹禺写给巴金的一封信说起》,《华夏文化》2012 年第 4 期。

张耀杰:《曹禺戏剧的前后蜕变与晚年反思》,《长城》2012 年第 5 期。

左边:《生命"存在"与"死亡"的哲学张力——曹禺剧作中悲剧意象的解析》,《时代文学(下半月)》2012 年第 5 期。

司娟:《对曹禺剧作中忧郁与暗涩人生的浅思考》,《太原城市职业技术学院学报》2012 年第 5 期。

郭宝莉:《透析曹禺戏剧的现实主义》,《陕西教育(高教版)》2012 年第 5 期。

李峥:《万方五十岁后才敢下笔写戏　做曹禺女儿有压力》,《参花(文化视界)》2012 年第 5 期。

黄宗梅:《生命困境的寓言化写照——曹禺四部悲剧的"残忍"主题新论》,《兰州教育学院学报》2012 年第 5 期。

温礼瑛:《浅论曹禺戏剧的艺术魅力》,《才智》2012年第6期。

梁秉堃:《曹禺老师教我们写戏》,《戏剧文学》2012年第6期。

景欣悦:《历史的交织与文学的还原——论曹禺前期作品中现代性的本土化特征》,《乐山师范学院学报》2012年第6期。

李朔梅:《论曹禺早期剧作中的空白人物》,《重庆交通大学学报(社会科学版)》2012年第6期。

周帅:《从"戏里戏外"解剖曹禺》,《中华读书报》2012年6月27日。

李娟、马臣:《从鲁贵形象看曹禺创作的反庸俗倾向》,《长江大学学报(社会科学版)》2012年第6期。

杨萌:《论曹禺戏剧中的家庭悲剧》,《丽水学院学报》2012年第6期。

徐敏:《传统家族文化的奴隶——论曹禺戏剧中的封建家长形象》,《新余学院学报》2012年第6期。

李佳秋:《曹禺剧作中的意象解读》,《大舞台》2012年第7期。

孙德喜:《从〈曹禺:戏里戏外〉看精神传记的写作》,《社会科学论坛》2012年第8期。

李楠:《论曹禺早期戏剧作品中的女性形象》,《黑河学刊》2012年第8期。

郭启宏:《剧作由兹始　曹禺"必演景"戏剧主张之我见》,《剧本》2012年第8期。

《曹禺、万方:父女都爱家庭戏》,《新作文·金牌读写(初中生适读)》2012年第9期。

王元涛:《曹禺:自己人生的配角》,《学习博览》2012年第9期。

周帅:《"戏里戏外"的曹禺》,《同舟共进》2012年第10期。

李楠:《曹禺戏剧中悲剧意识的体现》,《黑河学刊》2012年第10期。

汤静:《曹禺笔下的女性形象探讨》,《文学教育(上)》2012年第10期。

汤静:《曹禺笔下的女性形象探讨》,《文学教育(中)》2012年第10期。

曲润海:《戏剧创作要有一腔诗情　读第二十届曹禺戏剧文学奖参加终评的20个剧本》,《剧本》2012年第11期。

曲润海:《戏剧创作要有一腔诗情(续)　读第二十届曹禺戏剧文学奖参加终评的20个剧本》,《剧本》2012年第12期。

张丁、熊飞宇:《打捞一种沉没的声音:郑学稼论曹禺的话剧》,《重庆科技学院学报(社会科学版)》2012年第12期。

颜光霞:《唱响"原罪"意识的生命之歌——曹禺作品原罪意识探究》,《长城》2012年第12期。

董燕秋:《试论曹禺作品中的女性形象》,《课外语文(初中)》2012年第12期。

曹树钧:《曹禺:"我是一堆感情"——〈摄魂〉记传的一代戏剧大师》,《档案春秋》2012年第12期。

李君怡:《试论曹禺剧作中女性观的流变》,《山花》2012年第14期。

周昂:《曹禺:"通灵宝玉"的破碎》,《东西南北》2012年第22期。

李罡:《男权意识的载体——论曹禺话剧中的女性形象》,《青年文学家》2012 年第 23 期。

贾秋宇:《曹禺剧作与中国话剧意识的觉醒》,《群文天地》2012 年第 24 期。

李寒梅:《论曹禺早期戏剧中的罪恶人生》,《文教资料》2012 年第 27 期。

吴彬:《探索曹禺创作思想的诱因》,《文教资料》2012 年第 33 期。

曹树钧:《论曹禺对中法文化交流的贡献》,《延安大学学报(社会科学版)》2013 年第 1 期。

王俊虎:《曹禺和老舍话剧艺术风格比较》,《渭南师范学院学报》2013 年第 1 期。

王琪、杨力膺:《曹禺先生安庆行》,《黄梅戏艺术》2013 年第 1 期。

孙晓燕:《开掘心灵世界的艺术——曹禺与奥尼尔剧作表现主义技巧比较》,《内蒙古大学艺术学院学报》2013 年第 2 期。

张宏:《曹禺话剧人物形象塑造对中国传统戏曲美学的继承》,《牡丹江师范学院学报(哲学社会科学版)》2013 年第 3 期。

刘新锁:《沉沦与拯救——论曹禺早期剧作中的生命观念》,《济南大学学报(社会科学版)》2013 年第 3 期。

詹绍姬:《通灵宝玉的秘密——谈谈曹禺早期剧作的艺术魅力》,《牡丹江大学学报》2013 年第 3 期。

王俊虎:《论戏剧家曹禺的主体建构与文体选择》,《山西师大学报(社会科学版)》2013 年第 3 期。

李宗陶:《曹禺:我要写出一个大东西再死》,《读书文摘》2013 年第 3 期。

《郑秀:守望曹禺一生的女人》,《妇女生活》2013 年第 3 期。

《曹禺不修边幅》,《文史博览》2013 年第 3 期。

李安居:《试论曹禺剧作的正剧特色》,《现代语文(学术综合版)》2013 年第 3 期。

曹树钧:《谢晋深情缅怀恩师曹禺、焦菊隐》,《秘书》2013 年第 3 期。

戚维群:《曹禺剧作中封建家长的文学形象》,《文学教育(下)》2013 年第 3 期。

王俊虎:《曹禺戏剧中的死亡意识》,《南通大学学报(社会科学版)》2013 年第 4 期。

曹树钧:《曹禺剧作向京剧学习的艺术特色》,《当代戏剧》2013 年第 4 期。

陈钰:《高乃依悲剧美学思想视阈中曹禺笔下的悲剧人物》,《佳木斯教育学院学报》2013 年第 4 期。

姚惠萍:《曹禺在澡盆里读书》,《作文新天地(高中版)》2013 年第 5 期。

天津经济课题组、曲宁、张丽恒、理明佳、耿坤、虞冬青、孟力、仲成春:《天津近代文化亮点——曹禺故居》,《天津经济》2013 年第 5 期。

张宏:《曹禺话剧对"意境"美与"意象"美的追求》,《语文教学通讯·D 刊(学术刊)》2013 年第 5 期。

李晶晶:《曹禺戏剧中的女性形象》,《考试周刊》2013 年第 5 期。

张志平:《曹禺的“第六部名剧”》,《文学评论》2013 年第 5 期。

朱海泉:《曹禺作品评析》,《东方企业文化》2013 年第 5 期。

张宏:《曹禺话剧对中国传统戏曲美学的继承与创新》,《学术交流》2013 年第 5 期。

曹树钧:《论曹禺与京剧艺术》,《艺海》2013 年第 6 期。

张静:《曹禺话剧中的诗意特征》,《剑南文学(经典教苑)》2013 年第 6 期。

张达明:《晚年曹禺,再也没能写出“大作品”了》,《文史博览》2013 年第 7 期。

万欢:《爸爸曹禺和我》,《文学教育(下)》2013 年第 7 期。

刘仕杰:《变态心理与曹禺戏剧的艺术生成》,《戏剧之家(上半月)》2013 年第 7 期。

张静:《浅析曹禺话剧语言艺术的个性化和动作化》,《戏剧之家(上半月)》2013 年第 7 期。

黄顺文:《论曹禺戏剧中知识女性形象的悲剧特征》,《佳木斯教育学院学报》2013 年第 7 期。

张宫华:《曹禺话剧作品中的语言艺术》,《语文建设》2013 年第 8 期。

《曹禺故居》,《天津政协》2013 年第 8 期。

吴童、余玥:《论曹禺对西方戏剧的借鉴与超越》,《内江师范学院学报》2013 年第 9 期。

谵小语:《当周杰伦与曹禺目光交错》,《音乐生活》2013 年第 10 期。

张荔、王延松:《曹禺“弥留之际”的诗意独白——关于话剧〈弥留之际〉教学排练的对谈》,《戏剧文学》2013 年第 11 期。

史飞翔:《戏剧天才曹禺的白痴一面》,《晚报文萃》2013 年第 11 期。

郑新芳:《曹禺在保定》,《当代人》2013 年第 11 期。

万方:《戏剧大师曹禺之女、著名作家万方:父亲有时会“人来疯”》,《老同志之友》2013 年第 14 期。

宋佳:《曹禺:名剧背后的呐喊——万方讲述父亲晚年内心的痛苦》,《祖国》2013 年第 15 期。

刘泽、子沐:《中国的“莎士比亚”:曹禺》,《中学生》2013 年第 15 期。

穆婵君:《娜拉的隐喻——曹禺早期剧作中女性的“出走”与“回归”》,《青春岁月》2013 年第 16 期。

陈俐、李家富:《用女性承载创作“蜕变”的审美诉求——曹禺剧作中两类女性形象的构建》,《学理论》2013 年第 17 期。

陈晓娟:《试论曹禺后期戏剧中的“母亲”形象》,《时代教育》2013 年第 17 期。

袁振宁、裴克杰:《论曹禺对中国现代戏剧(话剧)的贡献》,《青年文学家》2013 年第 22 期。

王怡雯:《曹禺创作之我见》,《中学语文》2013 年第 27 期。

张亚明:《论曹禺戏剧创作中的死亡意象》,《才智》2013 年第 31 期。

索晓海:《人怎样受捉弄:曹禺命运观的构成》,《人文论谭》2014 年第 0 期。

贺祝平、田本相:《曹禺戏剧研究:回顾与期望——艺术名家访谈之十》,《贵州大学学报(艺术版)》2014 年第 3 期。

梁秉堃:《忆曹禺谈莎士比亚》,《海内与海外》2014 年第 5 期。

赵连生:《曹禺戏剧语言的艺术特色》,《大舞台》2014 年第 9 期。

徐煜:《求真求深　大学精神——曹树钧教授曹禺研究的学术评析》,《戏剧文学》2014 年第 10 期。

夏华锦、姚玉玲:《曹禺剧作中的原型意象解读》,《大舞台》2014 年第 12 期。

周涛:《苦闷的灵魂——曹禺剧中"长子形象"悲剧性初探》,《长城》2014 年第 12 期。

程向兰:《试论曹禺话剧语言的音乐性及其修辞手法》,《音乐时空》2014 年第 19 期。

邹青:《惊世雷雨　潮涌潜江——第三届中国(潜江)曹禺文化周侧记》,《领导科学论坛》2014 年第 22 期。

蔡筱牧:《曹禺的戏剧艺术》,《艺术科技》2014 年第 27 期。

阮学云、刘吉宁:《论曹禺对易卜生戏剧的选择性接受》,《南昌航空大学学报(社会科学版)》2015 年第 1 期。

张佳:《论曹禺早期话剧中的意象营造》,《濮阳职业技术学院学报》2015 年第 1 期。

石艳霞:《论曹禺早期剧作中的原罪意识》,《吕梁学院学报》2015 年第 1 期。

《曹禺戏剧文化研究与交流合作体在沪成立》,《上海戏剧》2015 年第 1 期。

曹树钧:《曹禺研究四论》,《汉语言文学研究》2015 年第 2 期。

葛胜君:《论曹禺经典话剧的张力构成》,《东北师大学报(哲学社会科学版)》2015 年第 2 期。

朱嘉慧:《莎士比亚剧作与曹禺话剧意识的形成》,《剧作家》2015 年第 2 期。

邵莹:《曹禺戏剧世界中女性的生存本相》,《艺术品鉴》2015 年第 2 期。

陈珺:《由俗求雅　群趣横生——曹禺剧作剧场性追求面面观之一》,《教育探究》2015 年第 2 期。

孙琪、苏彦方、宋晓涵、孙珊珊:《梁启超、曹禺天津故居的建筑文化特色》,《海峡教育研究》2015 年第 2 期。

赵惠霞、周棉:《张伯苓与陈立夫关于曹禺留学的通信——新发现的关于曹禺留学的国民政府教育部档案》,《新文学史料》2015 年第 2 期。

王延松:《戏剧的限度与张力——新解读"曹禺三部曲"导演文稿〉导言》,《艺术评论》2015 年第 3 期。

付智茜:《曹禺戏剧人物塑造与莎士比亚》,《湖南工业职业技术学院学报》2015 年第 4 期。

《曹禺中学》,《领导科学论坛》2015 年第 4 期。

《曹禺面对攻击时》,《文史天地》2015 年第 4 期。

苏阳:《曹禺:无字的晚年》,《电视指南》2015 年第 4 期。

石健:《真情遮蔽下的深层隔膜:靳以与曹禺剧作渊源探析》,《四川戏剧》2015年第4期。

蒋子龙:《曹禺的苦闷》,《中国演员》2015年第4期。

曹树钧:《"中国,你是应该强的!"——余上沅、曹禺与国剧运动及抗战戏剧活动》,《剧作家》2015年第4期。

王海冰:《抗战时期的曹禺》,《天津政协》2015年第5期。

顾振辉:《曹禺戏剧教育思想初探——从曹禺与上戏在民国时期的渊源说起》,《剧作家》2015年第5期。

邹元江:《论作为舞台艺术家的曹禺剧作》,《艺术百家》2015年第5期。

李华:《浅谈曹禺作品中妇女观转变的原因》,《剑南文学(上半月)》2015年第5期。

曹树钧:《曹禺论京剧创作与京剧表演》,载《第六届京剧学国际学术研讨会论文集》,2015。

张福海、张捷成:《曹树钧教授的曹禺研究成就及其价值和意义》,《剧作家》2015年第6期。

李娟:《论曹禺早期戏剧创作的心路历程——以女性形象为例》,《开封教育学院学报》2015年第6期。

杨秀玲、齐悦:《曹禺与烽火中的国立剧专》,《戏剧文学》2015年第7期。

陈虹:《浅谈曹禺笔下的女性形象》,《青少年日记(教育教学研究)》2015年第7期。

杜丽华:《生命始于夏——论曹禺戏剧创作》,《青年作家》2015年第8期。

王侠:《租界文化影响下的曹禺及其剧作》,《楚雄师范学院学报》2015年第8期。

刘一果、徐昌明:《浅谈曹禺戏剧中女性悲剧的来源》,《青年文学家》2015年第9期。

胡瑞:《论曹禺戏剧中的人物形象》,《淮海工学院学报(人文社会科学版)》2015年第10期。

王凌:《探究曹禺剧作中的女性悲剧》,《中国民族博览》2015年第10期。

吾文泉、朱沁娟:《曹禺戏剧在西方的接受》,《芒种》2015年第10期。

岳崇松:《从曹禺先生笔下的女性形象分析其创作特色》,《鸭绿江(下半月版)》2015年第11期。

冯晓蔚:《曹禺在清华园的初恋》,《人民周刊》2015年第11期。

吴兴人:《曹禺先生的诤友》,《杂文月刊(文摘版)》2015年第12期。

王浅:《浅析曹禺话剧中的空间意象》,《名作欣赏》2015年第14期。

江肇钦:《诗剧相融　神韵交织——曹禺话剧中诗意特征的内在表现刍议》,《名作欣赏》2015年第14期。

弭良满:《曹禺"生命三部曲"悲剧艺术赏析》,《语文学刊》2015年第14期。

程向兰:《浅谈曹禺话剧语言音乐性生成的原因》,《北方音乐》2015年第21期。

冯亚:《试论曹禺戏剧的剧场艺术》,《大众文艺》2015年第24期。

党增御:《曹禺戏剧中的两代关系》,《学理论》2015年第27期。

陈芳芳:《跨越时空的生命对话——以曹禺先生的创作及作品为例谈如何有效把握文本》,《考试周刊》2015 年第 67 期。

王贺:《“文学史”的代价:论 1943 年曹禺西北之行及其写作》,《南大戏剧论丛》2016 年第 1 期。

张璇:《精神分析批评与曹禺戏剧人物形象分析》,《剑南文学(下半月)》2016 年第 1 期。

吴效刚、李玲、汪徽:《曹禺戏剧作品中的商业叙事》,《河北科技大学学报(社会科学版)》2016 年第 1 期。

陈咏芹:《被洞悉的与被遮蔽的——论近年来曹禺研究的新动向》,《岭南师范学院学报》2016 年第 1 期。

梁秉堃:《恩师曹禺的思与忧》,《文学教育(下)》2016 年第 1 期。

刘涛:《曹禺、张骏祥 1947 年 8 月的河南之行》,《新文学史料》2016 年第 2 期。

周海云:《曹禺与契诃夫戏剧语言艺术的比较》,《安顺学院学报》2016 年第 2 期。

洪忠煌:《曹禺:“中国的易卜生”之路》,《贵州大学学报(艺术版)》2016 年第 3 期。

张亮:《艰难的涉渡之舟:曹禺早期戏剧叙事伦理》,《广州广播电视大学学报》2016 年第 3 期。

郭璨:《浅析曹禺悲剧在艺术方面的特色》,《中华少年》2016 年第 3 期。

杜丽华:《源于悲悯　终于理性——曹禺创作历程漫谈》,《安阳工学院学报》2016 年第 3 期。

曹树钧:《曹禺与中国首届莎士比亚戏剧节——纪念莎士比亚逝世 400 周年》,《河南大学学报(社会科学版)》2016 年第 3 期。

荆江波:《老舍和曹禺在好莱坞的一次讲座》,《现代中文学刊》2016 年第 3 期。

宫宝荣:《从剧目看中国戏剧节的差距:以乌镇戏剧节和天津曹禺国际戏剧节为例》,《中国文艺评论》2016 年第 4 期。

曹树钧:《曹禺与中国莎士比亚研究会成立始末》,《新文学史料》2016 年第 4 期。

张鹏:《打造曹禺文化品牌　建设中国戏剧之都》,《学习月刊》2016 年第 4 期。

方杰:《跟着曹禺看日本》,《档案春秋》2016 年第 4 期。

宋宇:《曹禺 1930 年代现实主义创作中的诗性融合》,《河北大学学报(哲学社会科学版)》2016 年第 4 期。

宋宇:《诗性因子:曹禺 1930 年代戏剧创作特质探析》,《河北学刊》2016 年第 5 期。

周海云:《契诃夫戏剧语言的诗意美学特征对曹禺戏剧创作的影响》,《蚌埠学院学报》2016 年第 5 期。

刘米杨:《我在日光下徘徊,欣赏着自己的影子——记天津大剧院曹禺国际戏剧邀请展之柏林邵宾纳剧院〈理查三世〉》,《剧作家》2016 年第 5 期。

顾振辉:《〈曹禺晚年年谱〉的几点启示》,《剧作家》2016 年第 6 期。

张亮:《新旧伦理的复杂性:曹禺戏剧叙事伦理略论》,《长江师范学院学报》2016 年第 6 期。

周海云:《浅议曹禺对契诃夫戏剧语言的民族化探索》,《鸡西大学学报》2016 年第 7 期。

徐群晖:《曹禺与莎士比亚戏剧的病态心理美学比较》,《中国现代文学研究丛刊》2016 年第 8 期。

周海云:《接受美学与曹禺对契诃夫戏剧语言艺术的接受研究》,《广东技术师范学院学报》2016 年第 9 期。

王永贤:《探析曹禺戏剧诗意特征与原因》,《戏剧之家》2016 年第 9 期。

曹树钧:《向往光明　呼唤春天——论鲁迅精神与曹禺五大经典的贯串主题》,载《纪念鲁迅诞辰一百三十五周年、逝世八十周年学术研讨会论文集》,2016。

《曹禺"人生三部曲"》,《走向世界》2016 年第 9 期。

王兴昀:《戏剧的盛宴　戏剧的繁盛——管窥 2016 年第三届天津曹禺国际戏剧节》,《戏剧文学》2016 年第 9 期。

张诗雨:《大型文化节会的内涵提升——以中国(潜江)曹禺文化周为例》,《艺术品鉴》2016 年第 10 期。

陈军:《论曹禺的舞台观》,《文艺争鸣》2016 年第 11 期。

李宛晏:《纪念曹禺〈日出〉发表八十周年学术研讨会和第二届全国剧本创作交易会在湖北潜江举行》,《四川戏剧》2016 年第 11 期。

李娜:《论曹禺戏剧的生命意识》,《戏剧之家》2016 年第 12 期。

皎慧:《时代变迁撞击出生命的涟漪——曹禺作品中女性形象的分析》,《青年文学家》2016 年第 15 期。

高闻:《曹禺悲剧的艺术——浅析其话剧结构变迁和"宿命论"的底蕴》,《赤子(上中旬)》2016 年第 20 期。

张皓:《中国悲剧艺术的奇葩》,《白银日报》2016 年 11 月 5 日。

王泽君:《浅析曹禺戏剧的剧场艺术》,《学园》2016 年第 32 期。

李艳云:《论曹禺戏剧中女性的悲剧命运》,《长江丛刊》2016 年第 34 期。

段耀国、徐健:《回到曹禺先生的文学性追求》,《文艺报》2016 年 12 月 26 日。

韩君怡:《对生活细致体味　对人性深入挖掘》,《中国文化报》2017 年 12 月 13 日。

曹树钧:《曹禺经典的新解读与多样化演绎》,上海远东出版社,2013。

王嘉嘉:《王延松关于曹禺经典剧作的诗意解读与美学建构》,《中国艺术研究院》2017 年。

高月娟:《曹禺戏剧的舞台实践形式发展论析》,《大舞台》2017 年第 Z1 期。

徐晨:《曹禺剧作"日出"意象新探》,《新世纪剧坛》2017 年第 1 期。

王晓鹰:《让曹禺活在当今戏剧创作中》,《中国文艺评论》2017 年第 1 期。

杨果:《教育与娱情:中外戏剧价值论永恒的内部角力——以曹禺剧作批评史为中心》,《重庆邮电大学学报(社会科学版)》2017 年第 1 期。

李文英:《曹禺戏剧叙事理论探究》,《信阳师范学院学报(哲学社会科学版)》2017 年第 1 期。

《第二届"曹禺杯"优秀剧本征集评选活动获奖作品专辑隆重推出》,《戏剧之家》2017 年第 1 期。

王甦:《"戏是排给观众看的"——纪念曹禺先生》,《传记文学》2017 年第 2 期。

梁秉堃:《我和曹禺、老舍学写戏》,《戏剧文学》2017 年第 2 期。

马存贵:《曹禺前期剧作中的虚化现象研究》,《山西青年》2017 年第 2 期。

《第二届"曹禺杯"优秀剧本征集评选活动获奖作品专辑》,《戏剧之家》2017 年第 2 期。

周靖波:《富于个性的人才培养与学科建设之路——〈曹禺"弥留之际"的诗意独白〉序》、《新世纪剧坛》2017 年第 2 期。

刘萃、谢世坚:《莎剧和曹禺戏剧的移就对比研究》,《西南科技大学学报(哲学社会科学版)》2017 年第 2 期。

常楠:《一段被撕裂了的友谊——胡风与曹禺关系浅析》,《新文学史料》2017 年第 2 期。

顾振辉:《曹禺剧作在上海剧校排演之探考》,《剧作家》2017 年第 3 期。

杨秀玲:《曹禺故里归来看天津剧本创作》,《戏剧文学》2017 年第 3 期。

《黄永玉写给曹禺的一封信(节选)》,《新作文(高中版)》2017 年第 4 期。

张青:《论威廉·阿契尔戏剧理论中的戏剧性——以易卜生和曹禺为例》,《戏剧之家》2017 年第 4 期。

徐颖:《曹禺晚年零剧作现象探因——从中期创作转型谈起》,《广西科技师范学院学报》2017 年第 4 期。

周津菁:《从话剧到戏曲　浅谈隆学义对曹禺三部话剧的移植》,《中国戏剧》2017 年第 5 期。

高明:《曹禺剧作与延安"大戏热"》,《戏剧艺术》2017 年第 6 期。

《第六届中国戏剧奖·曹禺剧本奖(第二十二届曹禺剧本奖)在广州颁奖》,《剧本》2017 年第 6 期。

《第六届中国戏剧奖·曹禺剧本奖(第二十二届曹禺剧本奖)获奖名单》,《剧本》2017 年第 6 期。

《第六届中国戏剧奖·曹禺剧本奖(第二十二届曹禺剧本奖)评委会名单》,《剧本》2017 年第 6 期。

宫立:《"如见肺腑、如共痛痒"——从〈中国现代文学讲义〉看钱谷融的曹禺研究》,《南方文坛》2017 年第 6 期。

李蓓蓓、杨莉芳:《女性主体意识及其主体性残缺——曹禺作品中女性悲剧命运解读》,《湖北经济学院学报(人文社会科学版)》2017 年第 7 期。

小朱:《第二十二届曹禺剧本奖在广州颁奖》,《中国戏剧》2017 年第 7 期。

张阳:《囚禁与突围——试析曹禺早期剧作中的三个女性形象》,《艺术科技》2017 年第 8 期。

田本相:《曹禺:中国话剧诗化之集大成者——为纪念话剧 110 周年而作》,《艺术评论》2017 年第 9 期。

王卫平:《曹禺写不出"第六部名剧"原因再探》,《中国现代文学研究丛刊》2017 年第 9 期。

曾祥金:《曹禺在南京时期的三则史料》,《戏剧文学》2017 年第 9 期。

小武:《"曹禺与中国话剧天津论坛"举行》,《剧本》2017 年第 11 期。

袁雁菲:《浅论曹禺戏剧中的病态心理人物形象》,《戏剧之家》2017 年第 11 期。

徐婷:《南开新剧团对曹禺的影响》,《博览群书》2017 年第 12 期。

杜思轲:《浅析曹禺笔下反叛型女性的角色意义》,《青年文学家》2017 年第 14 期。

孙立波:《杭州市文广新局编剧三度获曹禺剧本奖》,《杭州(周刊)》2017 年第 14 期。

刘敏:《人性的沉沦与挣扎——曹禺悲剧女性人物的女性意识》,《中学语文教学参考》2017 年第 18 期。

徐安琪:《论曹禺笔下的"封建"男性人物形象》,《长江丛刊》2017 年第 18 期。

杨占坤:《曹禺:艺术"真魂"的塑造者》,《艺术教育》2017 年第 19 期。

张耀杰:《曹禺戏剧的本能人欲与罚罪天理——关于"原始的情绪"和"蛮性的遗留"的重新解析》,《名作欣赏》2017 年第 22 期。

臧莹竹:《曹禺戏剧的语言艺术分析》,《北方音乐》2017 年第 23 期。

《曹禺为什么被誉为"中国的莎士比亚"?》,《小学生优秀作文》2017 年第 28 期。

李思源:《曹禺和夏衍的戏剧特色比较分析》,《青年文学家》2017 年第 29 期。

张小丽:《曹禺三大悲剧作品中女性人物形象分析》,《青年文学家》2017 年第 36 期。

葛欣:《曹禺与沈从文作品中男性形象的"蛮性"比较》,《牡丹》2017 年第 36 期。

侯娓娓:《曹禺笔下最虚伪的人》,《中学语文》2017 年第 36 期。

葛欣:《"蛮性"的幻想:曹禺戏剧中男性形象分析》,《戏剧之家》2018 年第 1 期。

吴彬:《职业化演剧与市民化创作的互动——以夏衍、曹禺和于伶的剧作为例》,《现代中文学刊》2018 年第 1 期。

曹树钧:《有关曹禺的一次讲演和一封信》,《新文学史料》2018 年第 1 期。

汪亚琴:《"剧情"的开始与落幕——〈曹禺其他作品研究资料〉导言》,《中文论坛》2018 年第 2 期。

《曹树钧编著〈曹禺晚年年谱〉》,《新文学史料》2018 年第 2 期。

张妙:《自由的呐喊　人文的关怀——再读曹禺》,《唐山文学》2018 年第 2 期。

邵建新:《曹禺推敲"最后"与"最末"》,《语文月刊》2018 年第 2 期。

赵新:《论曹禺话剧的西化与诗化现象》,《名作欣赏》2018 年第 3 期。

闫长禄:《“东方的莎士比亚”——记 1956 年全国先进生产者、著名戏剧家曹禺》,《工会博览(下旬版)》2018 年第 3 期。

米梁:《用敬畏经典向曹禺致敬》,《工会博览(下旬版)》2018 年第 3 期。

徐安琪:《中国现代文学史书写中的〈雷雨〉和曹禺》,《名作欣赏》2018 年第 3 期。

王丽丽:《从钱钟书与曹禺的文学作品看人性之善恶》,《陕西学前教育学院学报》2018 年第 3 期。

黄莹:《试析曹禺对郭沫若译剧〈争斗〉的改译——兼谈高尔斯华绥对曹禺戏剧创作的影响》,《现代中国文化与文学》2018 年第 3 期。

肖国庆:《“人”的“存在”困境与自我救赎——存在主义视域中曹禺戏剧探微》,《东吴学术》2018 年第 3 期。

王贺:《1943 年曹禺西北之行之再检视》,《上海鲁迅研究》2018 年第 3 期。

韩晓清:《论曹禺话剧在国外的传播与接受研究》,《中外文化与文论》2018 年第 3 期。

梁秉堃:《周恩来与曹禺的友谊》,《海内与海外》2018 年第 3、4 期。

刘玉芳、杨婧加:《论鲁迅与曹禺作品中对生命意识的书写》,《南华大学学报(社会科学版)》2018 年第 4 期。

黄娟:《基于曹禺戏剧副语言的语用功能研究》,《山东理工大学学报(社会科学版)》2018 年第 4 期。

龙山:《曹禺女儿万方:延续父亲事业的女作家》,《老年人》2018 年第 4 期。

张光芒:《曹禺最擅写人物的内心冲突》,《辽宁日报》2018 年 3 月 19 日。

陈小玉:《今天,我们如何向曹禺先生致敬——评赖声川导演的〈北京人〉》,《中国艺术报》2018 年 6 月 6 日。

梁秉堃:《周恩来与曹禺的友谊(下)》,《海内与海外》2018 年第 5 期。

张英:《〈在延安文艺座谈会上的讲话〉与曹禺创作的转型》,《沈阳师范大学学报(社会科学版)》2018 年第 5 期。

邱霞:《曹禺戏剧文本研究综述》,《新世纪剧坛》2018 年第 6 期。

章涛、陈国恩:《在迈向“人民文艺”的途中——“曹禺现象”新论》,《江汉论坛》2018 年第 7 期。

徐蓉:《曹禺四大名剧中女性形象的主题揭示》,《散文百家(新语文活页)》2018 年第 10 期。

夏媛:《浅谈曹禺大剧院声学措施的重要性》,《演艺科技》2018 年第 11 期。

曹树钧:《曹禺大师是怎样炼成的》,《戏剧文学》2018 年第 11 期。

陈心哲:《曹禺戏剧作品中的女性形象及其审美转向》,《名作欣赏》2018 年第 11 期。

冀岩:《浅析曹禺戏剧创作中的宗教意识》,《安徽文学(下半月)》2018 年第 11 期。

杨彬:《“可怜的人”的绝望与救赎——试论曹禺话剧中男性角色的设置》,《名作欣赏》

2018年第14期。

卢乐韫:《曹禺话剧作品中的语言艺术探析》,《青年文学家》2018年第15期。

高靖凯:《略论曹禺在现代性主题下的困境》,《戏剧之家》2018年第19期。

王宇:《曹禺剧作封建大家长形象研究》,《青年文学家》2018年第26期。

李双:《女性宿命式的悲剧——曹禺戏剧中的女性形象》,《青年文学家》2018年第36期。

许波:《曹禺戏剧中女性形象的悲剧塑造》,《名作欣赏》2018年第36期。

(二)回忆录等

萨宴:《戏剧家曹禺访问记》,《读书青年》1937年第2卷第11期。

张仲淑:《随笔:我对于曹禺印象》,《新进》1941年第1卷第2期。

英梧:《曹禺印象记》,《艺术与生活》1941年第22、23期。

金川:《中国话剧坛的星座——曹禺》,《万象》1942年第3期。

杨璧:《曹禺的中学时代》,《中国文艺(北京)》1942年第5期。

成已:《未付邮——致曹禺书》,《万象》1943年第4期。

郭朋:《忆曹禺》,《杂志》1943年第4期。

王筠:《访曹禺及其它》,《杂志》1943年第2期。

梅彬:《曹禺在陪都》,《新民晚报》1944年1月22日。

钟离索:《曹禺——剧人图像之一》,《新民晚报》1945年9月6日。

殷芜:《剧校回忆录》,载《作家笔会》第1集,春秋杂志社,1945。

赵景深:《记一个作家集会——欢送老舍、曹禺赴美》,《文艺春秋》1946年第1期。

尚璇:《迎曹禺先生》,《文汇报》1946年2月18日。

李长之:《送老舍和曹禺》,《大公报(上海)》1946年2月22日。

《曹禺的感慨》,《大公报(重庆)》1946年2月23日。

李蕤:《曹禺印象记》,《月刊》1946年第3期。

赵景深:《记曹禺》,《宇宙》1946年第5期。

李苓:《曹禺二三事》,《秋海棠》1946年第23期。

心因:《曹禺爬屋顶》,《大公晚报》1946年9月14日。

曲萤:《琐记曹禺》,《大公晚报(重庆)》1946年11月8日。

许牙:《文坛人物杂记:曹禺》,《大公报(上海)》1946年11月10日。

许牙:《曹禺的故事》,《大公晚报(重庆)》1946年11月26日。

《张骏祥与曹禺》,《国民公报》1946年12月11日。

丁一:《曹禺二三事》,《大公报(上海)》1947年1月10日。

梅朵:《记归国的曹禺》,《文汇报》1947年2月12、14日。

霞飞:《曹禺看美国影剧》,《华商报(香港)》1947年2月13日。

念许:《文人讲戏画像》,《大公报》1947 年 2 月 14 日。

陈霞飞:《美国的戏剧——曹禺归来一席谈》,《大公晚报(重庆)》1947 年 2 月 23 日。

晴天:《听曹禺谈戏》,《大公报(上海)》1947 年 5 月 19 日。

陈寿:《曹禺的家世》,《人人周报》1947 年第 1 期。

蠡芳:《由美归国的曹禺先生》,《文艺春秋》1947 年第 3 期。

万戒甫:《出世丧母的曹禺》,《人人周报》1947 年第 4 期。

彭行才:《记曹禺》,《幸福世界》1947 年第 8 期。

黄钟龄:《与曹禺先生一席谈》,《金声》1947 年第 11 期。

海公:《曹禺这个人》,《电影周报》1948 年第 3 期。

佚名:《曹禺的“怪病”“吞信”和“第四堵墙”》,《人物杂志》1948 年第 7 期。

敬而远:《曹禺讽刺批评家》,《大公晚报》1949 年 1 月 1 日。

之言:《剧人风貌:曹禺》,《剧讯丛刊》1949 年第 2 期。

蔚明:《从〈雷雨〉到〈明朗的天〉——访戏剧家曹禺》,《文汇报》1955 年 1 月 11 日。

《曹禺同志谈〈明朗的天〉的创作》,《文艺报》1955 年第 17 期。

徐琮:《从〈雷雨〉到〈明朗的天〉——记剧作家曹禺和他的写作》,《北京日报》1956 年 5 月 10 日。

《曹禺同志漫谈〈家〉的改编》,《剧本》1956 年第 12 期。

《文艺家们在生活和劳动中(曹禺等六则)》,《文艺报》1956 年第 24 期。

张葆莘:《曹禺同志谈剧作》,《文艺报》1957 年第 2 期。

颜振奋:《曹禺创作生活片断》,《剧本》1957 年第 7 期。

杨欢:《曹禺未完成之作〈三人行〉》,《新民晚报》1962 年 5 月 27 日。

孙达:《有几个〈三人行〉?》,《北京晚报》1963 年 10 月 31 日。

张客:《难忘的记忆——怀念蔡楚生同志》,《电影艺术》1979 年第 6 期。

陆文璧:《要为后代造福——曹禺访问记》,载《中国当代文学研究》第 1 辑,1980。

刘绍铭:《君自故乡来——曹禺会见记》,《明报月刊(香港)》1980 年第 174 期。

夏志清:《曹禺访哥大纪实》,《明报月刊(香港)》1980 年第 174 期。

杨景辉:《根深才能叶茂》,《光明日报》1980 年 8 月 4 日。

《欢迎“人艺”来港演出——怀念曹禺先生》,载《曹禺、王昭君及其他》,良友图书公司,1980。

舒歌:《访曹禺》,载《曹禺、王昭君及其他》,良友图书公司,1980。

莫德光:《剧中两代是一生》,载《曹禺、王昭君及其他》,良友图书公司,1980。

张秉权:《曹禺年表(初稿)》,载《曹禺、王昭君及其他》,良友图书公司,1980。

万方整理《曹禺在英国 BBC 电台》,《文化与生活》1980 年第 4 期。

夏竹:《诚重劳轻　求深愿达——访曹禺》,《浙江日报》1980 年 11 月 9 日。

黄维钧:《美国之行——曹禺同志赴美讲学归来答本刊记者问》,《人民戏剧》1980 年第

10 期。

聂华苓:《访曹禺和杨沫》,《艺丛》1980 年第 3 期。

王兴平:《曹禺在成名之前》,《戏剧与电影》1982 年第 2 期。

曹树钧:《曹禺成才之路》,《福建戏剧》1983 年第 3 期。

龙显球:《一九三九年曹禺在昆明》,《春城戏剧》1983 年第 3 期。

曹树钧:《曹禺的舞台生涯》,《文化娱乐》1984 年第 1 期。

克莹、侯堉中:《老舍在美国——曹禺访问记》,《新文学史料》1985 年第 1 期。

羽白:《曹禺"洗澡"》,《图书馆》1985 年第 2 期。

杨海根:《曹禺一九四六年访美实录》,《上海师范大学学报(哲学社会科学版)》1987 年第 2 期。

董衡巽:《直率与过谦》,《文学自由谈》1988 年第 4 期。

高鹏:《题别曹禺翁》,《当代戏剧》1988 年第 5 期。

袁静明:《曹禺、李玉茹在"草园"》,《中国戏剧》1988 年第 9 期。

何玉人:《在这片深情的黄土地上——记曹禺同志在西安》,《当代戏剧》1989 年第 1 期。

文世敏、刘小明:《曹禺》,《荆州师专学报》1989 年第 2 期。

夏志厚:《曹禺:早衰的名家》,《上海文论》1989 年第 6 期。

胡可:《学习曹禺同志,繁荣社会主义戏剧——在曹禺戏剧创作学术研讨会上的发言》,《剧本》1990 年第 11 期。

贺敬之:《在祝贺曹禺同志从事戏剧活动 65 周年大会上的讲话》,《剧本》1990 年第 11 期。

林默涵:《健康长寿　老当益壮——祝贺曹禺同志从事戏剧活动 65 周年大会开幕词》,《剧本》1990 年第 11 期。

《首都召开隆重大会祝贺曹禺同志从事戏剧活动 65 周年》,《剧本》1990 年第 11 期。

邓颖超:《邓颖超写信祝贺曹禺》,《剧本》1990 年第 11 期。

胡叔和:《"中国人确实是天才"——为庆祝曹禺诞辰 80 周年、从事戏剧活动 65 周年而作》,《中国戏剧》1990 年第 12 期。

赵路:《曹禺与天津》,《中国戏剧》1990 年第 12 期。

洪中:《难得的盛会——祝贺曹禺戏剧活动 65 周年活动掠影》,《中国戏剧》1990 年第 12 期。

殷金娣:《访曹禺》,《瞭望周刊》1990 年第 45 期。

陶映荃:《于是之谈曹禺》,《瞭望周刊》1990 年第 45 期。

严肃:《遥祝曹禺戏剧生涯六十五周年——在西南地区话剧工作者祝贺集会上的发言》,《四川戏剧》1991 年第 1 期。

刘法鲁:《一代家师——在首都纪念曹禺先生从事戏剧活动 65 周年学术研讨会上的

发言》,《当代戏剧》1991 年第 1 期。

赖东:《曹禺在四川》,《文史杂志》1991 年第 4 期。

黄殿祺:《曹禺与恩师张彭春》,《中国戏剧》1991 年第 10 期。

牧阳一、王丽洁:《曹禺研究的新方向——第一届曹禺国际学术讨论会报告》,《海南师范学院学报(社会科学版)》1992 年第 1 期。

胡授昌:《论曹禺对中国话剧艺术的贡献——纪念曹禺戏剧创作 60 周年》,《齐鲁学刊》1994 年第 1 期。

周阿旋:《访病中曹禺》,《中国电视戏曲》1995 年第 3 期。

杨广平:《曹禺背书》,《北京纪事》1996 年第 6 期。

刘志轩:《与曹禺先生的一次难忘会见》,《中国戏剧》1996 年第 9 期。

惠芬:《曹禺老师,您走好》,《大舞台》1997 年第 1 期。

《曹禺同志生平》,《新文学史料》1997 年第 1 期。

徐晓钟:《纪念我们的老院长、老师曹禺同志》,《戏剧》1997 年第 1 期。

田本相:《曹禺和戏曲悼曹禺先生》,《中国京剧》1997 年第 1 期。

杨开永:《曹禺老师,您走好!》,《戏剧之家》1997 年第 1 期。

沈承宙:《在美国,和曹禺先生见面》,《戏剧之家》1997 年第 1 期。

舒乙:《向您九鞠躬,曹禺先生》,《佛教文化》1997 年第 2 期。

石曼:《追念曹禺在重庆的日子》,《剧本》1997 年第 2 期。

骆文:《祭曹禺师》,《戏剧》1997 年第 2 期。

屈智臣:《挥泪悼曹公——忆曹禺》,《当代戏剧》1997 年第 2 期。

李尤白:《哭曹禺老二首(外一绝句)》,《当代戏剧》1997 年第 2 期。

曹树钧:《曹禺对我如是说》,《书城》1997 年第 2 期。

李燕杰:《铸魂艺术大师曹禺礼赞》,《教育艺术》1997 年第 2 期。

万方:《灵魂的石头》,《收获》1997 年第 3 期。

马句:《悼大师曹禺》,《新视野》1997 年第 3 期。

李致:《何日再倾积愫——怀念曹禺叔叔》,《人民文学》1997 年第 3 期。

徐明霞:《曹禺骨灰安放故里》,《戏剧之家》1997 年第 3 期。

黄正勤:《永生的曹禺》,《上海戏剧》1997 年第 4 期。

颜一烟:《万大哥永生》,《新文化史料》1997 年第 4 期。

万黛、万昭:《怀念爸爸曹禺》,《电影创作》1997 年第 4 期。

于是之:《我们剧院的骄傲》,《中国戏剧》1997 年第 5 期。

英若诚:《纪念曹禺同志》,《中国戏剧》1997 年第 5 期。

石曼:《曹禺最后一次演戏》,《中国戏剧》1997 年第 5 期。

吕恩:《追忆曹禺老师》,《世纪》1997 年第 5 期。

毛道海:《戏剧大师曹禺的先世》,《文史精华》1997 年第 6 期。

来新夏:《悼曹禺》,《文史精华》1997年第6期。

田本相:《曹禺的意义——悼念曹禺先生》,《戏剧文学》1997年第6期。

颜振奋:《"又将离歌追君去"——深切怀念曹禺同志》,《戏剧之家》1997年第6期。

李家玉:《"曹禺大师逝世一周年纪念会"在湖北潜江举行》,《戏剧之家》1997年第6期。

曹树钧:《世纪剧人曹禺》,《戏剧之家》1997年第6期。

金汕:《曹禺的作家女儿万方》,《文史春秋》1997年第6期。

杨开永:《曹禺箴诲录》,《戏剧之家》1997年第6期。

康云山:《抹不掉的记忆——曹禺先生二三事》,《文化月刊》1997年第12期。

万黛、万昭:《活在我们心中的爸爸——纪念爸爸曹禺逝世一周年》,《广东艺术》1998年第2期。

巴金:《怀念曹禺》,《人民日报》1998年5月15日。

崔国良:《怀念与回忆曹禺先生》,《大舞台》1998年第2期。

万昭:《父亲周年祭》,《大舞台》1998年第2期。

梁秉堃:《曹禺先生的憾事》,《新闻与写作》1998年第2期。

田本相:《深情的纪念　无尽的追思——纪念曹禺逝世一周年》,《大舞台》1998年第2期。

钱谷融:《曹禺先生追思》,《世纪论评》1998年第4期。

甘竞存:《戏剧大师的"悟"——纪念曹禺先生逝世一周年》,《雨花》1998年第4期。

梁秉堃:《曹禺先生的两件小事》,《新闻与写作》1998年第4期。

黄殿祺:《曹禺与他的恩师张彭春(上)》,《中国戏剧》1998年第5期。

黄殿祺:《曹禺和他的恩师张彭春(下)》,《中国戏剧》1998年第6期。

梁秉堃:《在曹禺老师身边(之一)》,《文化月刊》1998年第12期。

梁秉堃:《在曹禺老师身边(二)》,《文化月刊》1999年第1期。

万黛、万昭:《活在我们心中的爸爸——怀念爸爸曹禺》,《新文学史料》1999年第1期。

梁秉堃:《在曹禺老师身边(三)》,《文化月刊》1999年第2期。

韩石山:《这是巴金发现的吗?》,《文学自由谈》1999第3期。

梁秉堃:《在曹禺老师身边(四)》,《文化月刊》1999年第3期。

梁秉堃:《在曹禺老师身边(五)》,《文化月刊》1999年第4期。

张家浩:《思念曹禺》,《上海戏剧》1999年第6期。

万方:《看重真实感觉》,《英才》1999年第7期。

李玉川:《曹禺来到小张庄》,《中华魂》1999年第12期。

沈澧莉:《忆曹禺第一位夫人郑秀》,《紫金岁月》2000年第1期。

曹树钧:《激情的火焰永远在燃烧——纪念曹禺诞生90周年》,《四川戏剧》2000年第4期。

《曹禺和我们——纪念曹禺先生诞辰九十周年座谈会发言摘录》,《戏剧》2000年第4期。

曹树钧:《三访曹禺》,《戏剧之家》2000年第5期。

刘清祥:《曹禺家世》,《戏剧之家》2000年第5期。

张彦:《曹禺的自责与遗憾》,《红岩春秋》2000年第6期。

钱文辉:《听吴组缃先生谈曹禺》,《百年潮》2000年第7期。

王蕴明:《解读曹禺先生　学习曹禺先生》,《中国戏剧》2000年第9期。

胡可:《学习曹禺　继承曹禺》,《中国戏剧》2000年第9期。

李默然:《绵绵秋思忆师长》,《中国戏剧》2000年第9期。

李默然、李玉茹、胡可、赵寻、欧阳山尊、徐晓钟、何孝充、王蕴明、任鸣、郑榕、黄维钧:《永远的曹——中国剧协纪念年曹禺诞辰90周年座谈会》,《中国戏剧》2000年第9期。

欧阳山尊:《学习曹禺　继承曹禺》,《中国戏剧》2000年第10期。

徐晓钟:《书写教育诗篇的园丁　纪念曹禺老师诞辰90周年》,《中国戏剧》2000年第10期。

张彦:《曹禺"没有说完的话"》,《对外大传播》2000年第11期。

永来:《上海戏剧界隆重纪念曹禺诞辰90周年》,《中国戏剧》2000年第11期。

曹树钧:《逝水移川人间情——曹禺的第一次婚恋》,《章回小说》2000年第12期。

董健:《接近曹禺的灵魂》,《广东艺术》2001年第3期。

巴金:《老友曹禺》,《新闻出版交流》2001年第3期。

张平:《为了曹禺先生的嘱托》,《当代戏剧》2001年第6期。

万黛、万昭:《痛惜与悲哀——写在〈曹禺访谈录〉发表之际》,《戏剧文学》2001年第7期。

何秋菊:《万方和父亲曹禺》,《中国女性(中文海外版)》2002年第2期。

李润新:《曹禺先生访谈录》,《新文学史料》2002年第2期。

田本相:《曹禺给田本相的信:写在前面》,《新文学史料》2002年第4期。

段燕勤:《曹禺谈眼高手低好》,《上海戏剧》2003年第2期。

潘耀明:《吴祖光的情义恩仇》,《文学自由谈》2003年第4期。

黄明山:《曹禺的潜江情结》,《世纪行》2003年第5期。

张耀杰:《吴祖光与曹禺的文坛恩怨》,《炎黄春秋》2003年第7期。

肖健南:《周恩来与曹禺半个世纪的"同学情"》,《福建党史月刊》2003第8期。

万黛、万昭:《爸爸是真正的艺术家——潜江"曹禺文化周"　曹禺学术研讨会发言》,《戏剧之家》2004年第6期。

洪忠煌:《曹禺与唐槐秋》,《戏剧之家》2005年第1期。

丁加生:《仰望曹禺先生》,《浙江艺术职业学院学报》2005年第3期。

曹树钧:《曹禺怎样学习语言》,《大舞台》2005年第5期。

梁秉堃:《曹禺带走了心壶》,《北京纪事》2005 年第 12 期。

刘冬梅:《"作家和读者都是我的衣食父母"——怀念卓越编辑家、出版家巴金》,《出版参考》2005 年第 32 期。

海客甲:《王仰晨与曹禺交往琐记》,《出版史料》2006 年第 2 期。

吴戈:《受礼遇的"弟子":曹禺在纽约》,《戏剧艺术》2006 年第 6 期。

韩西芹:《大师曹禺的重庆岁月》,《今日重庆》2006 年第 11 期。

梁秉堃:《"拚将残勇赋春风"——戏剧大师曹禺的真实晚年》,《海内与海外》2006 年第 12 期。

刘展:《轰动文坛的青年曹禺》,《中学语文教学》2007 年第 1 期。

周峥嵘:《我记忆中的重中之重——曹禺的一席话和一鞠躬》,《艺海》2007 年第 5 期。

刘心武:《曹禺想当托尔斯泰》,《可乐》2007 年第 10 期。

刘季烨:《一代戏剧大师曹禺先生》,《中学生》2007 年第 34 期。

李欧梵:《〈万家之宝〉——追忆曹禺》,《书城》2008 年第 1 期。

万方:《慈父曹禺》,《北方人》2008 年第 3 期。

王恩收:《曹禺和夫人郑秀的罗曼史》,《文史月刊》2009 年第 2 期。

段绪懿:《曹禺在国立戏剧专科学校(江安时期)的从教活动》,《四川戏剧》2009 年第 2 期。

郭启宏:《怀念曹禺先生》,《大舞台》2009 年第 5 期。

朱森林:《曹禺三下"鸡毛店"》,《故事作文》2009 年第 6 期。

曹树钧:《曹禺与语言学习》,《秘书》2009 年第 7 期。

李致:《何日再倾积愫——怀念曹禺叔》,《四川戏剧》2010 年第 4 期。

何冀平:《老院长曹禺和我》,《中国戏剧》2010 年第 9 期。

万方:《我的父亲曹禺》,《中国戏剧》2010 年第 10 期。

王显:《怀念曹禺大师》,《中国戏剧》2010 年第 11 期。

苏枫:《曹禺的悲剧晚年》,《教育》2011 年第 3 期。

苏枫:《曹禺:被荣誉磨损的晚年》,《爱情婚姻家庭(风云人物)》2011 年第 4 期。

万方:《怀念我的父亲曹禺》,《文学教育(下)》2011 年第 5 期。

曹树钧:《曹禺晚年书简解读——曹禺与吴祖光的沉浮》,《剧作家》2011 年第 5 期。

黄永玉:《致曹禺》,载《黄永玉全集·文学编·杂集》,湖南美术出版社,2013。

万欢:《爸爸曹禺和我》,《文学教育(下)》2013 年第 7 期。

赵莹:《中国的"莎士比亚"——曹禺》,《戏剧丛刊》2014 年第 5 期。

宫立:《李蕤笔下的曹禺》,《戏剧文学》2014 年第 9 期。

刘天毅:《曹禺的包容》,《学习博览》2014 年第 11 期。

梁秉堃:《曹禺的褒和贬》,《高中生》2014 年第 31 期。

红菱:《万方:父亲那一代人就在我们的生命里》,《上海采风》2015 年第 6 期。

吴钢:《怀念曹禺》,《中国摄影家》2015年第8期。

曹树钧:《曹禺与中国莎士比亚研究会成立始末》,《云南艺术学院学报》2016年第4期。

梁秉堃:《在曹禺师身边》,《剧本》2016年第10期。

梁秉堃:《在曹禺师身边(续)》,《剧本》2016年第11期。

巴金:《忆曹禺》,《人民周刊》2018年第6期。

舒坦:《万方称要用〈新原野〉致敬父亲曹禺》,《文学教育(上)》2018年第7期。

石挥:《曹禺印象记》,《文艺报》2018年5月4日。

杨乡:《我所知道的曹禺与郑秀(上)》,《世纪》2019年第1期。

(三)港澳台地区研究

胡耀恒:《论曹禺的戏剧》,《中外文学》1974年第8期。

清:《黑暗旧社会的挽歌——读〈曹禺选集〉有感》,《文汇报(香港)》1978年7月14日。

黄筝:《曹禺写〈王昭君〉》,《开卷》1978年12月号。

秋实:《昭君无怨——谈郭沫若和曹禺笔下的昭君形象》,《文汇报(香港)》1979年6月10日。

梅子:《历史剧的奇葩——读曹禺剧作〈王昭君〉》,《文汇报(香港)》1979年10月5日。

杨玉峰:《曹禺剧作与中国妇女解放问题》,载《中外学者论曹禺》,南开大学出版社,1992。

方梓勋:《戏剧家与戏剧翻译:曹禺的〈柔密欧与幽丽叶〉》,载《中外学者论曹禺》,南开大学出版社,1992。

马森:《中国现代舞台上的悲剧典范——论曹禺的〈雷雨〉》,《成功大学中文学报》1992年第1期。

马森:《哈哈镜中的映像——三十年代中国话剧的拟写实与不写实》,载《中国现代文学国际研讨会论文集》,1995。

Ai-Xue Wang:《Cao Yu,1910—1996》,《现代中文文学学报》1997年第1期。

郑炜明:谈《〈雷雨〉里的织梦者——周冲》,载《曹禺研究论集》,花山文艺出版社,1998。

方梓勋:《从写实到浪漫——曹禺早期改译的〈争强〉》,载《曹禺研究论集》,花山文艺出版社,1998。

陈相因:《吸收俄罗斯:论曹禺的〈雷雨〉与奥斯特罗夫斯基的〈大雷雨〉在中国》,《戏剧研究》2009年第4期。

王仕仪:《为〈原野〉辩:新写实主义析白》,《戏剧学刊》2012年第15期。

徐亚湘:《进步文艺的示范:战后初期曹禺剧作于台湾演出史探析》,《戏剧学刊》2012年第16期。

宋宝珍:《21世纪以来曹禺剧作的人文诠释与舞台呈现》,《戏剧学刊》2013年第18期。

马森:《话剧的茁壮与成熟》(《中国现代文学的两度西潮》第十六章),《新地文学》2012年第22期。

马森:《抗战与内战时期的戏剧》(《中国现代文学的两度西潮》第二十一章),《新地文学》2014年第27期。

水晶:《长夜漫漫欲曙天:四看曹禺一笔账》,载《海外学者论曹禺》,广西师范大学出版社,2014。

胡耀恒:《林花谢了春红》,载《海外学者论曹禺》,广西师范大学出版社,2014。

胡馨丹:《曹禺〈日出〉对契诃夫〈三姊妹〉的借鉴》,《人文与社会学报》2017年第6期。

博士、硕士学位论文目录索引

（2001—2018年）

一、博士学位论文

向宝云:《曹禺悲剧美学思想研究》,博士学位论文,四川大学,2003。

李锡龙:《徘徊于幽暗与澄明之境——现代性视野下的曹禺剧作研究》,博士学位论文,华东师范大学,2003。

吴武洲:《多面的现代性诉求——20 世纪上半期中国话剧的一种考察方式》,博士学位论文,浙江大学,2003。

刘东玲:《文学体制化与作家创作转型》,博士学位论文,复旦大学,2004。

朱杰:《选择与传播——中国现代文学的当代影视转换》,博士学位论文,华中师范大学,2004。

姜洪伟:《李健吾剧作论》,博士学位论文,复旦大学,2004。

龚芬:《论戏剧语言的翻译——莎剧多译本比较》,博士学位论文,上海外国语大学,2004。

唐小林:《现代汉语诗学与基督教》,博士学位论文,四川大学,2004。

汪树东:《中国现代文学中的自然精神取向——中国现代文学精神立场初探之一》,博士学位论文,武汉大学,2004。

李康仁:《韩国曹禺早期话剧研究概况与曹禺剧本分析》,博士学位论文,复旦大学,2005。

杨新宇:《复旦剧社与中国现代话剧运动》,博士学位论文,复旦大学,2005。

温潘亚:《泛政治化语境中的历史叙事——17 年历史剧创作话语形态论》,博士学位论文,南京师范大学,2005。

吴卫民:《中美戏剧交流的文化学意义》,博士学位论文,上海戏剧学院,2005。

章池:《中国现代悲剧观念的生成流变》,博士学位论文,苏州大学,2005。

陈立华:《用戏剧感知生命——曹禺前期剧作与奥尼尔剧作的比较研究》,博士学位论文,华中师范大学,2006。

何宇宏:《曹禺戏剧文体话语研究》,博士学位论文,华中科技大学,2007。

叶庄新:《跨越文化的戏剧旅程——莎士比亚与中国现代戏剧》,博士学位论文,福建师范大学,2007。

周立民:《五四精神的叙述与实践——以巴金的生活与创作为考察对象》,博士学位论文,复旦大学,2007。

王俊虎:《梦想在泥泞中放飞:自由·自觉·自卑·自毁——老舍与曹禺比较研究》,博士学位论文,兰州大学,2008。

司建国:《认知隐喻、转喻维度的曹禺戏剧研究》,博士学位论文,上海外国语大学,2009。

侯涛:《语言顺应与戏剧文体——基于话剧〈茶馆〉和〈雷雨〉的研究》,博士学位论文,上海外国语大学,2009。

王嘉嘉:《王延松关于曹禺经典剧作的诗意解读与美学建构》,博士学位论文,中国艺术研究院,2017。

二、硕士学位论文

黄学玲:《论曹禺早期剧作的“复调”》,硕士学位论文,华中师范大学,2001。

陈玉梅:《影响、接受与本土化》,硕士学位论文,华中师范大学,2002。

苏艳梅:《论曹禺剧作的语言艺术》,硕士学位论文,华南师范大学,2003。

陈艳:《曹禺早期戏剧的文化内涵》,硕士学位论文,陕西师范大学,2003。

王俊虎:《略论曹禺的艺术体验与创作心理》,硕士学位论文,陕西师范大学,2003。

孙大林:《曹禺早期剧作的命运观念研究》,硕士学位论文,青岛大学,2003。

陆亚萍:《在熔合中上升　在借鉴中发展——论曹禺与三十年代左翼戏剧的关系》,硕士学位论文,南京师范大学,2003。

崔家远:《酒的迷狂与梦的憧憬》,硕士学位论文,青岛大学,2003。

姜宇:《疯狂的梦魇——繁漪和曹七巧比较研究》,硕士学位论文,西北大学,2003。

徐珺:《中国旅行剧团:现代职业话剧的拓荒者(1933—1947)》,硕士学位论文,上海戏剧学院,2003。

刘如苓:《论西方戏剧艺术对曹禺创作的影响》,硕士学位论文,天津师范大学,2004。

戴海红:《论曹禺前期戏剧的女性人物形象》,硕士学位论文,江西师范大学,2004。

赵灿:《女性主义视角下的曹禺及其作品阅读》,硕士学位论文,广西师范大学,2004。

郭玉琼:《中国现代话剧艺术的诗性精神研究》,硕士学位论文,福建师范大学,2004。

吴霞:《自觉和背离:现代文学中的基督教文化》,硕士学位论文,广西师范大学,2004。

屈媛媛:《契诃夫与中国现代戏剧的现代性问题》,硕士学位论文,上海外国语大学,2004。

龙永干:《生命极境中的抗争与救赎——论中国现代文学中的“复仇”母题》,硕士学位论文,湖南师范大学,2004。

肖利民:《〈榆树下的欲望〉与〈雷雨〉悲剧性冲突之比较》,硕士学位论文,湖南师范大学,2004。

蔡永忠:《论〈雷雨〉中蘩漪性格塑造的不足》,硕士学位论文,华中师范大学,2004。

刘任永:《曹禺话剧电视剧改编的叙事研究》,硕士学位论文,北京师范大学,2005。

刘芳:《论曹禺前期剧作中的启蒙主义精神》,硕士学位论文,四川师范大学,2005。

周蕾:《突围与陷落——曹禺剧作的性别研究》,硕士学位论文,山东师范大学,2005。

胡如奎:《曹禺在越南——以〈雷雨〉为中心的考察》,硕士学位论文,华东师范大学,2005。

王秀红:《影响、借鉴与创新——〈原野〉与〈琼斯皇〉之比较》,硕士学位论文,延边大学,2005。

张晓玉:《吕荧文艺思想初论》,硕士学位论文,首都师范大学,2005。

魏东:《"咀华"之旅——李健吾的文学批评历程》,硕士学位论文,华东师范大学,2005。

张晓辉:《〈红楼梦〉与20世纪家族叙事文学》,硕士学位论文,湖南师范大学,2005。

郭梦霞:《幽暗的陆地——现代女性文学形象谱系之命运故事》,硕士学位论文,山东大学,2005。

魏立忠:《焦虑:20世纪40年代文学创作中的精神现象研究》,硕士学位论文,南京师范大学,2005。

李爱兰:《论二三十年代文学创作中的基督教文化》,硕士学位论文,南京师范大学,2005。

李勇强:《精神分析学与中国成熟期话剧》,硕士学位论文,福建师范大学,2005。

谭苗:《从〈雷雨〉文本到〈雷雨〉舞台——论〈雷雨〉主题在不同话剧版本的发展体现》,硕士学位论文,湖南师范大学,2006。

程振明:《生命的力与美——也谈〈雷雨〉的女性形象》,硕士学位论文,西南大学,2006。

李晓梅:《试论蘩漪性格的独特性》,硕士学位论文,东北师范大学,2006。

黄幼岚:《"金线"与"衣裳":〈悲悼〉和〈雷雨〉之比较研究》,硕士学位论文,福建师范大学,2006。

范银芬:《论曹禺30—40年代剧作的文化进阶》,硕士学位论文,扬州大学,2006。

崔莉:《曹禺戏剧中的自然精神研究》,硕士学位论文,西北大学,2006。

陆云:《论曹禺前期话剧的影视改编》,硕士学位论文,青岛大学,2006。

张小刚:《论曹禺创作的心灵历程》,硕士学位论文,兰州大学,2006。

刘艳梅:《死亡突围——曹禺前期剧作死亡情结探析》,硕士学位论文,东北师范大学,2006。

黄丽华:《曹禺与审美现代性——关于曹禺早期戏剧创作意识的一种分析》,硕士学位论文,首都师范大学,2006。

徐淑玲:《曹禺戏剧美学思想的嬗变》,硕士学位论文,郑州大学,2006。

余周波:《决绝与眷恋——论曹禺剧作中的家族文化》,硕士学位论文,安徽大学,2006。

钟海林:《曹禺戏剧主题探索——孤独、追寻和多元思想达到的幸福》,硕士学位论文,陕西师范大学,2006。

叶传平:《灵之舞——中西文化视野中曹禺的前期剧作世界》,硕士学位论文,安徽大学,2006。

李明:《现实与理想:比翼或分飞——从曹禺的四大名剧看曹禺及现代文学的精神境界》,硕士学位论文,安徽大学,2006。

闫芳芳:《契诃夫的戏剧在中国的传播与演变》,硕士学位论文,兰州大学,2006。

刘艳坤:《重庆抗战戏剧与美国反法西斯戏剧比较研究》,硕士学位论文,重庆师范大学,2006。

王芳:《汉语戏剧文本中"提示性语言"的研究》,硕士学位论文,北京语言大学,2006。

黎根红:《汉语话剧之英译:多维研究法》,硕士学位论文,浙江大学,2006。

徐小敏:《巴金在文化生活出版社时期的文学编辑活动研究》,硕士学位论文,福建师范大学,2006。

武娟:《中俄戏剧〈雷雨〉和〈大雷雨〉的主题学比较》,硕士学位论文,中国人民解放军外国语学院,2007。

陈聪:《〈榆树下的欲望〉与〈雷雨〉主题与人物对比研究》,硕士学位论文,辽宁大学,2007。

李宜:《"雷雨"中的一道闪光——〈雷雨〉人物周蘩漪的生存论阐释》,硕士学位论文,山东师范大学,2007。

张丽萍:《现代性焦虑与艺术的张力——〈雷雨〉新论》,硕士学位论文,山东师范大学,2007。

殷杰:《美在关系——曹禺〈雷雨〉新解》,硕士学位论文,青岛大学,2007。

赵晓红:《蘩漪形象解读的"规范化"历程——三十至六十年代蘩漪形象研究之研究》,硕士学位论文,吉林大学,2007。

黄婕:《论周朴园性格的复杂性和多样性》,硕士学位论文,湖南师范大学,2007。

王鹂:《歌剧〈原野〉中"金子"角色的形象塑造》,硕士学位论文,华中师范大学,2007。

王丽丽:《人的生存境遇及人性之思——曹禺和钱钟书文学创作思想比较》,硕士学位论文,西北大学,2007。

李珊珊:《曹禺早期戏剧与基督教文化》,硕士学位论文,青岛大学,2007。

王兴强:《论曹禺剧作的戏剧化结构》,硕士学位论文,山东大学,2007。

吴彬:《从"反抗"到"服从"——曹禺戏剧创作思想探源》,硕士学位论文,厦门大学,2007。

李程:《论曹禺戏剧中的女性意识》,硕士学位论文,东北师范大学,2007。

李晶:《论曹禺戏剧的生命意识与理性文明的冲突》,硕士学位论文,吉林大学,2007。

王剑飞:《碎片·宇宙·裂缝——曹禺戏剧中的诗激流》,硕士学位论文,安徽师范大学,2007。

黄翠:《曹禺戏剧形象论》,硕士学位论文,江西师范大学,2007。

张璐:《论曹禺戏剧在中国的接受——以〈雷雨〉〈日出〉为对象的考察》,硕士学位论文,华东师范大学,2007。

王铁男:《犹斗困兽与笼中之鸟——〈雷雨〉与〈大雷雨〉女性形象的比较分析》,硕士学位论文,东北师范大学,2007。

段绪懿:《国立剧专的历史演进与活动述评》,硕士学位论文,四川大学,2007。

李凤玲:《接受与创化:现代中国语境中的契诃夫戏剧》,硕士学位论文,浙江师范大学,2007。

丁珺:《歌剧〈原野〉男女主人公人物心理及演唱处理的分析》,硕士学位论文,山东师范大学,2008。

夏登武:《〈雷雨〉:多维接受视域中的变异》,硕士学位论文,暨南大学,2008。

宋智超:《试分析曹禺作品〈雷雨〉中修辞手法的使用》,硕士学位论文,北京语言大学,2008。

翟燕丹:《论曹禺家庭戏剧对奥尼尔的接受与民族化》,硕士学位论文,湖南师范大学,2008。

周立刚:《〈家〉的接受研究》,硕士学位论文,河北大学,2008。

俎广甫:《曹禺戏剧中的"舞台提示"研究》,硕士学位论文,扬州大学,2008。

姚佳根:《戏剧性对话的戏剧文体学诠释——以曹禺剧作对话为例》,硕士学位论文,厦门大学,2008。

代生强:《走向天堂的话语仰望——从三性意识看曹禺的生命突围》,硕士学位论文,四川师范大学,2008。

李静:《中国神秘文化视阈中的曹禺话剧》,硕士学位论文,山东师范大学,2008。

郝海洪:《曹禺前期戏剧人物精神探析》,硕士学位论文,华侨大学,2008。

王丽:《南开话剧运动研究》,硕士学位论文,湖南大学,2008。

孙建华:《中国现代文学的灵魂叙事——以鲁迅、曹禺、穆旦为例》,硕士学位论文,四川师范大学,2008。

陈彦:《论现代作家建国后的创作状况》,硕士学位论文,西北大学,2008。

贾丹晨:《论中国话剧的"残酷"美学倾向》,硕士学位论文,中国艺术研究院,2008。

苏树杰:《论中国现代作家的忏悔意识》,硕士学位论文,西北大学,2008。

高玲:《二十世纪中国作家书写视阈下的疯女形象》,硕士学位论文,西北师范大学,2008。

陈广江:《试论中国现代文学的几类鬼魂书写》,硕士学位论文,山东师范大学,2008。

周津菁:《政治权力与话剧活动——论战时重庆"雾季公演"》,硕士学位论文,西南大学,2008。

刘海微:《论曹禺戏剧的成就》,硕士学位论文,东北师范大学,2009。

陈珺:《曹禺戏剧创作剧场性变化之研究》,硕士学位论文,福建师范大学,2009。

白银花:《曹禺早期剧作的出走主题研究》,硕士学位论文,河南大学,2009。

刘海勇:《意象营构与曹禺早期戏剧艺术的探求》,硕士学位论文,青岛大学,2009。

韩晗:《基督教传播与中国话剧的文化关系探析(1907—1945)》,硕士学位论文,中国传媒大学,2009。

刘映红:《中国现代文学作品中婆媳形象的审美分析》,硕士学位论文,湖南师范大学,2009。

齐春娥:《中国现代文学中的妓女形象流变》,硕士学位论文,河北大学,2009。

褚自刚:《〈原野〉版本流变研究》,硕士学位论文,河南大学,2009。

李爽:《曹禺剧作〈北京人〉中的“反传统”与“传统”》,硕士学位论文,中央民族大学,2009。

朱全红:《曹禺〈雷雨〉言外之意的语用学分析》,硕士学位论文,浙江大学,2009。

潘素芳:《尊重文本　返璞归真——〈雷雨〉具有争议性的人物形象分析》,硕士学位论文,苏州大学,2009。

马腾:《浅析歌剧〈原野〉的音乐创作及主要唱段的戏剧功能》,硕士学位论文,西安音乐学院,2009。

王旭军:《歌剧〈原野〉音乐音响之表现性的三度解构——对“三联音乐分析”为探索性研究》,硕士学位论文,天津音乐学院,2010。

曹美玲:《〈雷雨〉中指令类言语行为的转喻研究》,硕士学位论文,中南大学,2010。

孙烨:《〈进入黑夜的漫长旅程〉与〈雷雨〉悲剧观之比较研究》,硕士学位论文,长沙理工大学,2010。

王佳文:《从言语行为转喻角度解读〈雷雨〉中的指示类言语行为》,硕士学位论文,山东大学,2010。

张蕾:《从目的论角度看〈雷雨〉英译本》,内蒙古大学,硕士学位论文,2010。

庞红蕊:《节庆祭祀与替罪羊之死——〈雷雨〉的结构特征与意蕴分析》,硕士学位论文,北京第二外国语学院,2010。

饶文凤:《原罪、本罪、博爱与世俗人性——曹禺的〈雷雨〉与基督教关系之辨析》,硕士学位论文,浙江大学,2010。

于欢欢:《曹禺早期剧作的意象建构和象征意蕴》,硕士学位论文,山东师范大学,2010。

陈琦:《曹禺剧作原型意象研究》,硕士学位论文,延边大学,2010。

吴新平:《曹禺戏剧与儒释道文化》,硕士学位论文,广东技术师范学院,2010。

艾洪磊:《曹禺、易卜生戏剧女性形象比较研究》,硕士学位论文,山东大学,2010。

曲丽:《曹禺与奥尼尔戏剧人物比较论》,硕士学位论文,哈尔滨师范大学,2010。

刘仕杰:《“变态”视野下的曹禺戏剧研究》,硕士学位论文,福建师范大学,2010。

孙伟彦:《人性的迷宫——曹禺前期剧作研究》,硕士学位论文,兰州大学,2010。

曹迪:《曹禺前后期戏剧转变之探析》,硕士学位论文,西南大学,2010。

路彬彬:《论曹禺与大后方抗战戏剧运动》,硕士学位论文,重庆师范大学,2010。

刘小红:《“回声问”回了什么声?——以曹禺为例》,硕士学位论文,四川外国语大学,2010。

陶荣:《中国传统文化对曹禺戏剧创作的内化控制初探》,硕士学位论文,重庆大学,2010。

陈蓉:《人生旷野上的女性悲剧——对曹禺话剧中的女性悲剧的分析》,硕士学位论文,湖南师范大学,2010。

李平:《对曹禺话剧文集对话中照应修正的认知分析》,硕士学位论文,重庆大学,2011。

王琳:《从关联视角看〈雷雨〉英译本对文化缺省的补偿办法》,硕士学位论文,吉林大学,2011。

赵真华:《男权制下的挣扎与追寻——以《雷雨》和《历史在流淌》女性人物为中心》,硕士学位论文,延边大学,2011。

杜蕾蕾:《曹禺早期剧作:生存、生命困境的感悟与突围》,硕士学位论文,青岛大学,2011。

张璇:《来自灵魂的呼叫与现实的忧患——尤金·奥尼尔和曹禺戏剧艺术的比较》,硕士学位论文,海南师范大学,2011。

乔丽:《曹禺20世纪30—40年代代表剧作词汇研究》,硕士学位论文,河北大学,2011。

周超群:《论曹禺的话剧翻译与创作》,硕士学位论文,华中师范大学,2011。

高丛:《顺应—关联模式视角下〈雷雨〉中的言语不礼貌研究》,硕士学位论文,山东大学,2011。

孙宁宁:《从关联翻译理论看〈雷雨〉中语用模糊的翻译》,硕士学位论文,华中师范大学,2011。

陶洪宇:《解析关联理论对〈雷雨〉翻译中文化因素的阐释力》,硕士学位论文,辽宁大学,2011。

尹青峰:《曹禺与奥尼尔戏剧"家"的主题研究》,硕士学位论文,江南大学,2011。

覃云华:《〈雷雨〉中的间接言语行为转喻生成机制的自主—依存模式分析》,硕士学位论文,三峡大学,2011。

李广涛:《借鉴与转化:〈雷雨〉与古希腊悲剧范式的比较分析》,硕士学位论文,吉林大学,2011。

李婷:《劳伦斯的〈儿子与情人〉与曹禺的〈雷雨〉二者之对比研究》,硕士学位论文,中北大学,2011。

辛艳:《由〈雷雨〉和〈悲悼〉的差异看中美文化的差异》,硕士学位论文,海南大学,2011。

王亚丽:《巴金、曹禺建国前创作比较》,硕士学位论文,延安大学,2012。

周凯罗:《〈雷雨〉、〈西厢记〉复音词对比研究》,硕士学位论文,中央民族大学,2012。

雷蕾:《巴赫金对话理论视域下的〈雷雨〉英译》,硕士学位论文,上海外国语大学,2012。

赵晓燕:《曹禺话剧〈雷雨〉的话语分析》,硕士学位论文,曲阜师范大学,2012。

任振翔:《〈雷雨〉中的话语标记研究》,硕士学位论文,山西师范大学,2012。

张若兮:《"蘩漪"塑造——角色的认知和寻找》,硕士学位论文,吉林艺术学院,2012。

孙宏博:《日语和汉语的"配虑表现"的翻译研究——以曹禺〈北京人〉为中心》,硕士学位论文,西安外国语大学,2012。

邵丽娜:《乔治·斯坦纳阐释学视角下〈雷雨〉英译本的译者主体性研究》,硕士学位论文，哈尔滨工程大学，2012。

吴丹平：《从言语行为理论视角看王佐良英译本〈雷雨〉》，硕士学位论文，《北京邮电大学》2012。

乔纳纳：《〈雷雨〉反问句研究》，硕士学位论文，华中师范大学，2012。

马薇：《〈雷雨〉和《大雷雨》中女主人公的“雷雨”性格》，硕士学位论文，安徽大学，2012。

任凤丽：《格式塔意象再造视角下的〈雷雨〉英译研究》，硕士学位论文，上海外国语大学，2012。

张艳春：《论曹禺话剧〈家〉的经典性》，硕士学位论文，河北师范大学，2012。

刘倩：《曹禺悲剧创作艺术探源——以其三大悲剧为例》，硕士学位论文，上海外国语大学，2012。

陈其松：《论曹禺戏剧结构的节奏性——以“四大名剧”为例》，硕士学位论文，福建师范大学，2012。

王学松：《曹禺抗战时期剧作思想论》，硕士学位论文，南昌大学，2012。

崔佳佳：《“人不是人”与“让人成为人”——曹禺戏剧主题的根本表征》，硕士学位论文，青岛大学，2012。

宋海清：《曹禺剧作与民族国家想象》，硕士学位论文，湖南师范大学，2012。

罗文婷：《论中国传统戏曲与曹禺戏剧创作》，硕士学位论文，河南师范大学，2012。

范东青：《解读曹禺戏剧台词的会话含义》，硕士学位论文，四川师范大学，2012。

李贺青：《论曹禺早期戏剧的结构特色》，硕士学位论文，云南民族大学，2012。

孟杨：《灵魂的堕落　希望的虚无——论曹禺代表作中男性形象的文化意义》，硕士学位论文，辽宁师范大学，2012。

李艳：《试论曹禺对中国传统悲剧的突破与皈依》，硕士学位论文，河北大学，2013。

万春怡：《曹禺话剧的叙事模式》，硕士学位论文，河北师范大学，2013。

陈晓娟：《苦闷精神的寄托——试论曹禺戏剧中的女性形象》，硕士学位论文，新疆大学，2013。

于英：《奥尼尔对曹禺的影响》，硕士学位论文，吉林艺术学院，2013。

高婵玉：《从母与子形象看曹禺对奥尼尔的接受与扬弃》，硕士学位论文，南昌大学，2013。

王先：《视域融合视野下曹禺剧作的基督教元素》，硕士学位论文，东北师范大学，2013。

姚昆：《论曹禺剧作中女性人物的悲剧性》，硕士学位论文，安徽大学，2013。

王峰峰：《家族文化与〈家〉的改编》，硕士学位论文，天津师范大学，2013。

田燕丽：《目的论视角下对曹禺〈罗密欧与朱丽叶〉译本的研究》，硕士学位论文，郑州大学，2013。

何晓涛：《〈雷雨〉中模糊限制语的顺应性研究》，硕士学位论文，哈尔滨师范大学，2013。

侯景芳：《模因论视角下的冲突性话语分析——以〈雷雨〉剧本中冲突性话语为例》，硕士学位论文，中国海洋大学，2013。

梁堃：《〈雷雨〉和〈榆树下的欲望〉的对比研究》，硕士学位论文，河北师范大学，2013。

谭文慧：《关联理论视角下的〈雷雨〉英译本的对比研究》，硕士学位论文，浙江财经学院，2013。

邓林：《〈雷雨〉的言语行为转喻研究》，硕士学位论文，广西师范大学，2013。

乔妮：《〈雷雨〉之语用意义》，硕士学位论文，温州大学，2013。

王晓盼：《〈雷雨〉翻译中看戏剧翻译主体性》，硕士学位论文，天津师范大学，2013。

陈垚：《深浅相宜，诗俗同光论——论〈雷雨〉戏剧艺术表现的雅俗制衡》，硕士学位论文，华中科技大学，2013。

尚彬彬：《曹禺剧作的戏曲改编——以川剧〈金子〉为例》，硕士学位论文，云南艺术学院，2013。

陈硕炜：《〈雷雨〉的影视改编研究》，硕士学位论文，安徽大学，2014。

李仁纲：《从关联理论视角下论王佐良与巴恩斯的戏剧翻译〈雷雨〉》，硕士学位论文，兰州交通大学，2014。

张力夕：《戏剧翻译中的规范——以王佐良和姚克的两个〈雷雨〉英译本为例》，硕士学位论文，湖南师范大学，2014。

曾艳：《情感火坑里的挣扎——乱伦视野下的〈雷雨〉人物分析》，硕士学位论文，四川外国语大学，2014。

曹群：《〈雷雨〉的经典化考论》，硕士学位论文，河北师范大学，2014。

王雨：《〈雷雨〉中间接言语行为转喻研究》，硕士学位论文，南京航空航天大学，2014。

郭坤：《语用功能视角下〈雷雨〉中反问句的翻译实践报告》，硕士学位论文，湖南大学，2014。

潘慧娇：《戏剧文学的多元解读与中学语文教学——以〈雷雨〉为例分析》，硕士学位论文，华中师范大学，2014。

张晶：《〈雷雨〉的文学解读与教学研究》，硕士学位论文，南京师范大学，2014。

刘培培：《概念合成理论下指令类言语行为转喻研究——以〈雷雨〉为例》，硕士学位论文，湖南农业大学，2014。

姚洪玲：《〈雷雨〉台词中语气词运用的男女性别差异分析》，硕士学位论文，曲阜师范大学，2014。

杨雪：《曹禺早期剧作中的人物形象研究》，硕士学位论文，西北大学，2014。

张杨：《会话语篇的人际隐喻研究——基于曹禺戏剧人物对话的分析》，硕士学位论文，渤海大学，2014。

万博一：《论曹禺戏剧的剧场艺术》，硕士学位论文，辽宁师范大学，2014。

宁娟：《论曹禺前期剧作中的虚化现象》，硕士学位论文，湖南师范大学，2014。

肖仲华:《中西文化下的曹禺戏剧研究》,硕士学位论文,新疆师范大学,2014。

李津:《曹禺戏剧舞台指示语言中的“着”字句研究》,硕士学位论文,中南民族大学,2015。

唐梦曦:《试论曹禺剧作的自由意志思考》,硕士学位论文,四川师范大学,2015。

范海霞:《曹禺话剧男女词汇使用差异研究》,硕士学位论文,中国海洋大学,2015。

刘紫旭:《论我国经典话剧中的性格化表演——以〈雷雨〉人物周萍的角色塑造为例》,硕士学位论文,重庆大学,2015。

刘畅:《汉语会话中语用缓和模糊策略研究——基于曹禺戏剧人物对话的分析》,硕士学位论文,渤海大学,2015。

陶晓花:《语用转喻标记等效值视角下言外转喻翻译——以〈雷雨〉的反问句为例》,硕士学位论文,四川外国语大学,2015。

赵倩:《论〈雷雨〉修辞翻译的语用学研究——以王佐良与巴恩斯的合译本为例》,硕士学位论文,四川师范大学,2015。

张莉莉:《近四十年以来高中语文教学中戏剧选文解读思路演变研究——以〈雷雨〉为例》,硕士学位论文,华中师范大学,2015。

陈超:《〈雷雨〉(节选)教学内容及语文核心教学价值建议》,硕士学位论文,上海师范大学,2015。

相伟:《〈雷雨〉中的伦理文化研究》,硕士学位论文,中国石油大学(华东),2015。

肖宇:《从合作原则视角分析戏剧对白翻译中的语用等效——以王佐良译〈雷雨〉为例》,硕士学位论文,内蒙古大学,2015。

周桂诗洋:《曹禺、夏衍话剧中女性形象的比较研究》,硕士学位论文,江西师范大学,2015。

黄予心:《中国歌剧〈原野〉〈雷雨〉中女主人翁风格形象对比研究》,硕士学位论文,陕西师范大学,2015。

尹丽娜:《“恋母情结”与爱情悲剧——以劳伦斯〈儿子与情人〉、曹禺〈雷雨〉、李惠善〈红蝴蝶〉为文本》,硕士学位论文,延边大学,2016。

张钟文:《女性的自我救赎——从生态女性主义角度解读〈雷雨〉和〈金碗〉》,硕士学位论文,西南科技大学,2016。

曹华:《论曹禺〈雷雨〉中的主仆之恋》,硕士学位论文,曲阜师范大学,2016。

黄文卿:《〈雷雨〉语气隐喻英译的人际意义补偿策略研究》,硕士学位论文,西南交通大学,2016。

岳启业:《合作原则视角下话剧〈雷雨〉的会话含义研究》,硕士学位论文,黑龙江大学,2016。

王佳惠:《曹禺早期话剧的青春叙事》,硕士学位论文,河北师范大学,2016。

胡楠:《顺应论视角下曹禺戏剧称呼语转换研究》,硕士学位论文,东北师范大学,2016。

许已濛:《曹禺戏剧的当代转变及其成因研究》,硕士学位论文,浙江师范大学,2016。

张国宁:《"生命三部曲":曹禺的心理宣泄与自我确证》,硕士学位论文,山东师范大学,2017。

詹梦琦:《曹禺戏剧中的"疾病"研究》,硕士学位论文,福建师范大学,2017。

刘萃:《概念整合视角下莎剧与曹禺戏剧的移就修辞及其翻译研究》,硕士学位论文,广西师范大学,2017。

夏敏:《冲突性话语发展阶段语言研究——以剧本〈雷雨〉为例》,硕士学位论文,四川师范大学,2017。

肖雄:《〈雷雨〉中称呼语的权势与等同关系分析》,硕士学位论文,贵州师范大学,2017。

赵姚娜:《狭义副语言初探——以〈雷雨〉为例》,硕士学位论文,上海师范大学,2017。

曹李培:《沪剧〈雷雨〉研究——以 1959 年版为中心》,硕士学位论文,江苏师范大学,2017。

聂文静:《归化异化视角下〈雷雨〉两个英译本的比较研究》,硕士学位论文,北京外国语大学,2017。

张文玲:《可表演性理论下曹禺〈柔蜜欧与幽丽叶〉译本研究》,硕士学位论文,天津工业大学,2017。

宋璇:《戏剧翻译中文学性与可表演性的再现》,硕士学位论文,北方工业大学,2018。

张佳琦:《基于语料库的〈雷雨〉女性话语情态系统翻译研究》,硕士学位论文,江苏大学,2018。

王旭娟:《唐康年歌剧〈雷雨〉中繁漪的歌剧形象分析》,硕士学位论文,西北师范大学,2018。

孙仕卿:《论曹禺剧作的原始情结——以〈雷雨〉〈日出〉〈原野〉〈北京人〉为中心》,硕士学位论文,南京师范大学,2018。

龙娟娟:《曹禺话剧作品中的话语标记研究》,硕士学位论文,云南师范大学,2018。

王琦:《域外之思的缺失——论曹禺现象产生的文艺创作原野》,硕士学位论文,辽宁师范大学,2018。

徐颖:《1930—1940 年代初曹禺四大名剧的接受研究》,硕士学位论文,山东大学,2018。

陈圆圆:《曹禺戏剧中的秩序建构研究》,硕士学位论文,湖南大学,2018。

《曹禺研究》目录

（第一至十六辑）

第一辑

（潜江市曹禺研究会编，远方出版社 2004 年）

刘雪荣：《序》

曹禺家世

毛道海：《戏剧大师曹禺的先世》

毛道海：《曹禺祖居》

唤醒：《专访万家秀》

马路军：《龚开云访谈录》

花鼓戏缘

杨开永：《曹禺与〈家庭公案〉》

杨开永：《曹禺箴诲录》

傅海棠：《乡音乡调乡恋情》

吴培义：《面向大众的开掘——荆州花鼓戏〈原野〉审美特色谈》

吴培义：《荆州花鼓戏〈原野情仇〉的艺术追求》

杨礼福：《给〈原野〉着上花鼓新装》

董家祥：《有特色　才有表现力——荆州花鼓戏〈原野〉的舞美设计》

佘鸿传：《把握基调与分寸——我所饰演的焦大星》

故乡情结

陈焕新：《建立曹禺著作陈列馆的回顾》

李继旺：《金秋赴京接曹禺》

刘清祥：《故土上的丰碑》

胡孝元：《上海之行》

马路军：《曹禺著作陈列馆书画藏品综述》

王红霞、翁新：《曹禺著作陈列馆参观接待拾撷》

鲁家雄、朱振雷：《浓浓翰墨书乡情》

毛枝庭：《我为戏剧大师曹禺拍照》

罗仲全：《情浓意切故乡人》

何定科：《香醇美酒　浓浓乡情》

王邦栋：《曹禺为潜江中学题写校名》

郑友贤：《不负曹禺殷殷情》

邹漳森：《深刻的篆刻》

魂兮归来

刘清祥:《魂归故里》

刘悦谦:《落叶归根终圆梦》

董家祥:《曹禺雕像落成记》

王国海:《怀念曹禺》

邹漳森:《难忘的深情　永恒的精神》

名剧评品

王国海:《辉映中美剧坛的一对瑰宝——〈榆树下的欲望〉与〈雷雨〉之比较》

附录

《马在学在潜江曹禺研究会成立大会上的讲话》

《陈焕新在潜江曹禺研究会成立大会上的讲话》

后记

第二辑

(潜江市曹禺研究会编,中国文史出版社 2005 年)

刘雪荣:《打造曹禺文化品牌(代序一)》

曹树钧:《重读〈雷雨〉　走近曹禺的艺术世界——兼论中国(潜江)曹禺文化周的创新意义(代序二)》

文化盛会

曹树钧:《中外学者谈"曹禺文化周"》

胡逢林:《试论曹禺文化周的文化意义》

杨义祥:《中国(潜江)曹禺文化周　发展文化生产力的俊笔杰作》

陈焕新:《名著、名人与名市》

郑学国:《让更多的人成为曹禺的知音》

傅海棠:《曹禺文化周散记》

研讨视角

仲呈祥:《在 2004 年潜江曹禺学术研讨会上的讲话》

曹树钧:《走向 21 世纪的曹禺研究——2004 年潜江曹禺学术研讨会部分论文提要》

童伟民、童姗:《个人话语与时代话语的消长》

俞健萌:《寻找"心灵的宝贝"和"通灵宝玉"》

濑户宏:《试论建国后曹禺作品的演出》

陆葆泰:《曹禺——世界剧史的代表作家》

邹元江:《曹禺剧作七十年解读的困惑》

刘艳:《20世纪中国文学悲悯意识的贫困与消解》

丁加生:《仰望曹禺先生》

张强:《女性主义视角下的曹禺创作》

朱寿桐:《体式错落的现代艺术风范——曹禺戏剧艺术个性的另一种解读》

张兰阁:《曹禺戏剧诗学》

余林:《曹禺与中国话剧艺术研究会》

杨云峰:《曹禺改过去改回来的启示》

刘芭:《消解婚姻爱情神话——重读曹禺前期剧作》

高月娟等:《曹禺作品中的女性主义倾向》

杨剑龙:《"一部不但可以演出,也可以读的作品"——论〈雷雨〉舞台指示词的效用与艺术》

刘明厚:《人性之恶:卑鄙的偷窥——论〈雷雨〉中的鲁贵》

库慧君:《罪感与救赎——论〈雷雨〉"序幕""尾声"的美学意义》

沈捷:《试论蘩漪性格中的恶魔因素》

李扬:《悖论与整合:〈北京人〉中的传统与反传统》

袁国兴:《从〈母〉与〈雷雨〉的比较,看曹禺剧作的历史文化渊源》

洪忠煌:《曹禺与唐槐秋》

刘平:《曹禺与易卜生》

赵敬立:《论鲁迅、曹禺对易卜生之接受的差异及其文学史意义》

王晓华:《叙事性舞台剧的衰落与抒情性舞台剧的兴起——论舞台剧的命运》

往事追怀

万黛:《我的爸爸是真正的艺术家》

万黛、万昭:《痛惜与悲哀》

万方:《灵魂的石头》

曹禺家世

陈寿:《曹禺的家世》

刘清祥:《曹禺出生潜江》

曹树钧:《过眼烟云五十年——曹禺与郑秀婚恋始末》

万家福:《我的堂兄万家宝》

毛道海:《我心仪的万枚子老人》

乡人品戏

杨生国:《雷雨撼天地　悲歌泣鬼神——〈雷雨〉的悲剧意义及审美价值漫议》

傅海棠:《原型·俚语·风俗画——略论曹禺剧作中的"乡味"》

花鼓戏缘

胡应明:《解读·摄神·重构——浅谈荆州花鼓戏〈原野情仇〉的改编》

丁素华:《名著〈原野〉与花鼓戏——〈原野情仇〉导演构思》

佘鸿传:《激情勃发的艺术之美——花鼓戏仇虎形象赏析》

肖作伟:《进入常五的自我》

倪汉清:《学习曹禺为观众弄戏》

杨礼福:《剧本·人才·观众——曹禺艺术管理思想的实践》

故乡情结

张志诚:《集体智慧的结晶　人文精神的硕果——曹禺纪念馆诞生纪略》

武塑院:《曹禺剧作人物群雕创意》

邹漳森:《曹禺先生全家人的故乡情结》

毛道海:《曹禺公园记》

曹树钧:《关于曹禺纪念馆进一步建设的几点意见》

人文潜江

罗仲全:《天下第一台——楚章华台》

后记

第三辑

(潜江市曹禺研究会编,中国文史出版社 2006 年)

《曹禺手书》

《曹禺同志的谈话》

张嗣义:《序》

缅怀曹禺

李玉茹:《无法寄出的一封信——写给曹禺》

曹树钧:《缘于曹禺剧作的戏剧情结——纪念曹禺逝世十周年》

黄殿祺:《回忆曹禺老师》

俞健萌:《"摄魂者"的风范——记戏剧大师曹禺的几件佚事》

崔国良:《曹禺先生关注中国话剧历史》

石曼:《曹禺访谈录》

褚伯承:《只要保持原著精神　改编可以充分发挥——曹禺先生观看沪剧〈日出〉时的谈话追记》

胡小孩:《曹禺在杭州的一次讲话》

许怀中:《回忆曹禺在闽时》

洪忠煌:《回忆曹禺院长》

沈澧莉:《曹禺给郑秀的情书永远消失》
阿庚:《从〈雷雨〉认识曹禺》
刘清祥:《怀念曹禺先生》

学术研究

刘芭:《曹禺戏剧世界中女性的生命本相》
黄川:《传统与现代冲突中的悲剧——〈雷雨〉新解读》
肖静:《透过〈家〉看曹禺》
陈洪声:《论曹禺的观众观》
刘清祥:《曹禺剧作里的"乡味"溯源》

名剧评介

陈寿楠:《曹禺剧作在温州》
丁加生:《五大名剧舞台模型解说词》
胡导:《看"中旅"〈雷雨〉在上海首演》
曹树钧:《曹禺名剧演出与研究在韩国》

中国作家曹禺故里行

叶辛:《阳光下的潜江》
谢克强:《曹禺印象》
高晓晖:《曹禺先生的后福》
韦启文:《大师的故乡情结》
王维洲:《思念在马昌湖畔》
江国庆:《春天的聚会——"中国作家曹禺故里行"采风活动回眸》

万氏家族

万家仁、曾祥芮:《思念父亲——报人万枚子》
毛道海:《曹禺高祖父是诰命夫人》

故乡情结

李艳红整理《纪念曹禺诞辰 95 周年座谈会发言摘要》
谷民:《曹禺文化与建设文化名市》
张燕:《对曹禺纪念馆传播曹禺文化的思考》
唤醒:《"鸡尾宴"上话衷肠》
吴为穹:《〈雷雨〉断想》
陈顺卿:《曹禺公园景观颂》
黄明山:《曹禺》

人文潜江

罗仲全:《中共 大代表李汉俊》

第四辑

（潜江市曹禺研究会编，中国文史出版社 2007 年）

话剧百年

田本相：《中国话剧百年的伟大成就》

曹树钧：《论曹禺对易卜生戏剧艺术的借鉴与发展》

尚长荣：《话剧百年　缅怀曹禺》

黄殿祺：《曹禺的恩师——张彭春》

往事追忆

屠岸：《关于曹禺先生的记忆》

黄维钧：《当面感受万先生》

俞赛珍：《难忘的一鞠躬》

贡淑芬：《岁月悠悠　思念长长》

刘仲武：《热情的鼓励　亲切的关怀》

学术研究

曹树钧：《论曹禺的第五部经典》

田本相：《对一个悲剧艺术家的悲剧性的探知》

库慧君：《关于如何评价曹禺剧作艺术成就的思考》

施毅：《曹禺与卜易生戏剧中的家庭情结》

左边：《曹禺的戏剧创作对西方文化的消解与重构》

雨虹：《曹禺剧作中的人物塑造探秘》

陈洪声：《论曹禺的读书观》

张燕、王红霞：《曹禺眼中的陈白露》

吴为穹：《没落社会的没落女人》

时晨：《电视连续剧〈日出〉的成就与不足》

舞台行角

丁小角：《八十年代我导演〈雷雨〉》

孙世安：《我演焦母》

曹禺家世

万世雄：《回忆叔父曹禺和万家正宗》

万世雄：《曹禺对大嫂的尊敬》

万军：《父亲万雯一生点滴》

故乡情结

陈焕新：《让曹禺文化溶入潜江人民生活之中》

郑学国:《打造文化品牌　彰显城市精神》
刘清祥:《解读曹剧　研究曹禺》
刘大琼、胡定平:《走近万方》
杨代林:《打造文化名市的又一亮点》
黄明山:《漫道沧桑　正是辉煌》

新著评介

曹树钧:《我和〈曹禺剧作演出史〉》
张福海:《论曹禺剧作演出史研究的成就》
黄川:《一部弥足珍贵的史书》
陈焕新:《〈曹禺家世〉序》
毛道海:《〈曹禺家世〉前言》

信息传递

黄殿祺:《天津筹建曹禺故居纪念馆》
前潮:《潜江论证"曹禺祖居复原项目"》

人文潜江

毛道海:《潜江人刘若金和他的〈本草述〉》

后记

第五辑

(潜江市曹禺研究会编,中国文史出版社 2008 年)

学术研究

田本相:《走向〈雷雨〉之路》
曹树钧:《论钱谷融的曹禺研究》
黄会林:《深入时代　启迪未来——曹禺与百年中国话剧》
邹红、黄莹:《钱理群与新时代曹禺研究》
宋宝珍:《曹禺剧作的当代诠释与舞台呈现》
庄伟杰:《三重设问:今天如何阅读曹禺》
张志强:《智者的圈套》
谷海慧:《宽恕:曹禺剧作潜隐的精神出路》
孟念珩:《燃烧的原野》
唐华军:《略论〈雷雨〉中蘩漪性格的多重性》
琚一品:《从导演角度看〈雷雨〉》

吴位琼:《花金子——原野无处不识君》

追思李玉茹

李如茹:《我们的妈妈了不起》
曹树钧:《三访李玉茹》
郑学国:《李玉茹回潜江》
刘清祥:《怀念李玉茹》
关伯煜:《“我是潜江的媳妇”》

舞台天地

王延松:《曹禺经典戏剧演出本的解读与创新——〈原野〉导演手记》
蔡菊辉:《在〈原野〉中成长——辽宁人艺版学习札记》

经典赏析

曹树钧:《“冬天总有尽了的时候”——曹禺的话剧〈家〉赏析》
海牧:《心灵救赎、人性复归的诗意呈现——明星版话剧〈日出〉观后》

万氏家族

贺亮:《万氏家族与甘鹏云》
毛道海:《曹禺和万钢先世谱表》

故乡情结

尹本武:《纪念曹禺诞辰百年的设想》
郑家荣:《我与曹禺有个约》
龚开云:《我记忆中的曹禺祖居》
肖作伟:《美哉园林青　妙哉原野情》
瞿祥祖:《建盐都新城　添水乡异彩——曹禺为故乡撤县设市题词20周年》

新著评介

刘厚生:《一本有新意的书——〈曹禺剧作演出史〉读后》
张福海:《论曹禺剧作演出史研究的成就——〈曹禺剧作演出史〉评述(下)》
曹树钧:《可贵的创见　有益的启迪——喜读陆葆泰专著〈曹禺的写剧技巧〉》

信息传递

前潮:《曹禺研究规划暨纪念〈雷雨〉首演与话剧百年国际学术研讨会在绍兴举行》
冀莎:《莎翁燕赵十日行》
钟莎:《朱生豪故居开放》

人文潜江

刘清祥:《乐苑奇才杜鸣心》

后记

第六辑

（潜江市曹禺研究会编，中国文史出版社 2009 年）

学术研究

韩相德：《论曹禺三部曲的文学地位和它的贡献》

钱亦蕉：《略论曹禺后期的创作》

曹树钧：《一次成功的艺术再创造——简论中篇弹词〈雷雨〉的艺术特色》

时晨：《对悲喜人生的创造性诠释——对电影〈北京人〉改编的成就与不足》

张志强：《苦闷者的出逃——曹禺戏剧的精神分析》

谷海慧：《角度与立场——〈日出〉的历史与当下接受》

杨生国：《曹禺“悲剧精神”的内涵及美学意义》

杨义祥：《从“人性出发”，直逼心灵的挣扎——读曹禺先生剧作〈原野〉》

往事追忆

曹树钧：《又将离歌追星去——曹禺、李玉茹的情感世界》

乐美勤：《忆曹禺先生》

方洪友：《大师曹禺》

戴健：《玻璃脆》

钱亦蕉：《李玉茹和晚年曹禺》

王嘉辰：《走进曹禺的内心世界》

刘清祥：《曹禺的晚年生活》

沈澧莉：《郑秀和她的家族》

曹禺书简

曹禺：《我的老师》

曹禺：《致侄儿万世雄的信》

舞台天地

魏淑娴：《愉快而幸福的创作过程——重排〈雷雨〉导演手记》

刘恩平：《飞鸟在霜花上的舞蹈——关于 2009 年版沪剧〈日出〉舞台体现的思考》

胡梦琪：《十七岁的那场“雷雨”》

倪汉清：《亦视亦听，“声”“形”总关情——戏曲联唱〈我是潜江人〉排演札记》

万氏家族

毛道海：《曹禺高祖七兄弟为何多出一人》

贺亮：《一样的爱书情怀——万氏家族与甘鹏云的交往之二》

贺亮：《乡情和友情——万氏家族与甘鹏云的交往之三》

经典赏析

曹树钧:《“试探一次新路”的巨大收获——曹禺的〈日出〉》

董家祥:《原野缘何开百花——电影〈原野〉赏析》

春尧:《青春激情的火焰在熊熊燃烧——评历史文献记录片〈国立剧专在江安〉》

故乡情结

陈博雷:《期待我的作品回到湖北——访曹禺之女万方》

潜中:《探究曹禺人文内涵　实践名人德育新路》

吴位琼:《兴趣成就卓越》

毛向华、张燕:《切实做好曹禺纪念馆免费开放工作》

信息传递

前潮:《曹禺当选为“新中国成立以来感动荆楚人物”》

前潮:《潜江将承办第二届中国(潜江)曹禺文化周》

海牧:《育才影视学院举办〈曹禺创作心理研究〉专题讲座》

李丹:《曹禺剧作在舞台上、书海中》

华延:《电影电视学院学生热爱曹禺、莎士比亚剧作》

剧本新作

曹树钧:《神童曹禺(六场话剧)》

洪忠煌:《诗魂惊雷(六场话剧)》

人文潜江

《南水北调中线补偿工程引江济汉兴隆枢纽坐落潜江》

后记

第七辑

(潜江市曹禺研究会编,中国文史出版社 2010 年)

张宗光:《认识曹禺和曹禺文化》

曹禺百年

刘厚生:《关于曹禺的读书和看戏》

田本相:《一个渴望自由的灵魂》

曹树钧:《曹禺研究 35 年回眸》

褚元仿:《曹禺风貌　永留脑海》

李丹:《曹禺在上海的艺术活动》

陈寿楠:《曹禺剧作与温州戏剧文化的发展》

刘清祥:《我心中的曹禺》
佘鸿传:《曹禺戏剧之光烛照荆州花鼓》
左边:《生命的绝响》
郑学国:《曹禺情系故里文化》

学术研究

黄健:《话剧引进与曹禺戏剧创作的文化审美价值》
刘恩平:《我本将心托明月》
时晨:《大度的忠于原著》
刘家鸣:《试论曹禺戏剧创作心态的演变》
杨生国:《宗教文化视阈中的曹禺戏剧创作》
董家祥:《谈〈原野〉与〈北京人〉的人物对应》
吴明星:《童年的创伤性经验在曹禺作品中的体现》
陆葆泰:《〈雷雨〉在技巧上的两大失误》
陈洪声:《曹禺戏剧创作理论探析》
贺亮:《曹禺之父万德尊著作佚文初探》

故乡情结

万方:《说不出的感动》
马荣华:《我接曹禺先生回故乡》
陈焕新等:《崇敬和缅怀——〈我是潜江人〉发表20周年座谈会发言摘要》
傅海棠:《苏蓬寻根》
青山:《情随乡思浓》
李淑雯:《悠悠思乡意、袅袅家乡情》
刘一容:《曹禺祖居陈列布置的构想》
吴位琼:《沿着曹禺走过的路》

舞台天地

李伟民:《莎士比亚点燃我们心中激情的火焰》
王嘉辰:《何雁版〈原野〉的舞台呈现》
金宙旻:《争奇斗艳　风格迥异》
华诞:《精湛的表演　期待着更完美的艺术传承》
洪忠煌:《〈诗魂惊雷〉导演计划》
陆葆泰:《绝妙:蘩漪　败笔:周朴园》

艺术鉴赏

过传忠:《〈雷雨〉让我们了解了什么是戏剧》
徐融:《沉郁大地上的一声霹雳——〈原野〉的创作与演出》

书评

曹树钧:《论一本内容厚实的曹禺研究年刊》

信息传递

北电:《曹禺诞辰 100 周年座谈会在京举行》
郑美峰:《潜江将举办第二届中国(潜江)曹禺文化周》
《文化周新闻发布会在北京举行》
《殷切的希望——文化周新闻发布会后扫描》
春尧:《人民的纪念——各地隆重纪念曹禺百年诞辰》
海牧:《图书馆文化的一个创举》

人文潜江

绿水:《中国小龙虾之乡——潜江》

后记

第八辑

(潜江市曹禺研究会编,中国文史出版社 2011 年)

刘云山:《百年曹禺　精神永存》

百年曹禺

周巍峙:《让大师的精神与风范永存》
王文章:《深邃的思想之光　精湛的艺术表现》
尹汉宁:《为了更清晰的铭记》
李默然:《大师关爱铭记终身》
蓝天野:《怀念曹禺先生》
谢玺璋:《曹禺百年:向青春致敬》
刘绍本:《曹禺在激荡的 1949 年》
张帆:《从曹禺最看重的一封信谈起》
李乃忱:《情系恩师》
孙悦:《学习大师作品　提升艺术品位》
刘清祥:《曹禺与李玉茹的情感世界》

文化盛会

万钢:《衷心的祝贺》
张岱梨:《湖北的骄傲　潜江的骄傲》
刘永泽:《把潜江打造成为“中国戏剧之都”》

朱汉桥:《把曹禺文化周办成全国一流的文化盛会》

万家仁:《回家》

马亚伦:《百年曹禺数风流　盛世潜江唱和谐》

曹树钧:《曹禺百年诞辰系列纪念活动纪事》

学术研究

廖奔:《曹禺的苦闷》

田本相:《伟大的人文主义戏剧家——曹禺》

雨敬然:《曹禺剧作中女性形象的反抗性》

沈后庆:《当年海上惊雷雨》

崔国良:《曹禺首个剧作是译作〈国民公敌〉》

孙菲:《浅谈中戏曹禺名剧舞台演出风格的变迁》

古今:《漫话洪深与曹禺》

刘恩平:《“百年曹禺”的沪剧记忆》

刘欣:《论曹禺的改译剧〈争强〉对〈曹禺〉的影响》

左边:《寻找人类的精神坐标》

董家祥:《绝非巧合,必有深意》

佘鸿传:《论话剧〈日出〉的艺术真实与创作胆识》

尹永华:《生活积累与现实主义力作之关联》

孙艺:《从结构主义的角度解读〈雷雨〉》

韩煜:《关于〈雷雨〉的版本研究》

王成:《理解曹禺,要从教育“缺失”入手》

王春平:《打造戏剧之都,助推城市转型》

舞台天地

孙岳懿:《寻找“诗人曹禺”》

邓允梅:《曹禺致越南翻译家邓允梅的信》

胡如奎:《〈雷雨〉在越南的出版与演出》

韩劳达:《曹禺剧作在新加坡》

华延:《话剧现代性与主体性的完美呈现》

张辉:《被遗忘的那片“艳阳天”》

万氏家族

曾祥芮:《家世两题》

毛道海:《儒者仁心》

贺亮:《万德尊诗词辑佚》

怀念父亲

万黛、万昭:《爸爸爱人艺》

万昭:《父亲的治艺精神》

万欢:《爸爸和我》

苏枫:《女儿眼中的曹禺》

花鼓情缘

杨礼福:《坚持花鼓戏为农民服务的正确方向》

倪汉清:《认真:为着艺术的真实》

肖作伟:《试用曹禺的创作理念弄戏》

信息传递

海牧:《北京人艺、中戏、上戏艺术信息》

华延:《曹禺生平图片展和剧情演出在英国反映强烈》

前潮:《中国剧协第三期中青年编剧读书班在潜江举办》

前潮:《潜江市政府代表团访问莎士比亚故乡》

前潮:《湖北省"一县一品"文化品牌创建工作会议在潜江召开》

春尧:《国立剧专迁江安 70 周年座谈会在川举行》

作品评介

曹树钧:《弘扬民族瑰宝的一本好书》

黄明山:《源于心灵的纪念》

曹树钧:《曹禺研究的新开拓》

郭怀玉:《曹禺为何撰文批判胡风、吴祖光和萧乾等人》

陈焕新:《〈曹禺研究〉搭起了曹禺文化交流之桥》

人文潜江

陈焕新:《辛亥革命元老李书城》

《今日潜江》

章华樵:《全民普法　依法治理　推动司法行政工作向更高水平发展》

章华樵:《泰丰办事处:奋力打造潜江"东方明珠"》

后记

第九辑

（潜江市曹禺研究会编，中国文史出版社2012年）

学术研究

洪忠煌：《关于曹禺在中国话剧史上地位变迁之随想》

米·帕芙罗维奇：《论曹禺剧的民主主义与人道主义思想》

左边：《曹禺戏剧创作中宗教文化情结的价值批判》

曹树钧：《论曹禺对中法文化交流的重大贡献》

张琳琳：《曹禺：从莎士比亚和契科夫处各得“半分神味”》

林茜：《从剧作学角度谈电视剧〈雷雨〉中的蘩漪形象》

郭启宏：《剧作由兹始——曹禺“必演景”戏剧主张之我见》

郭怀玉：《沧桑的文人情怀》

孙璐：《〈蜕变〉版本考论》

宫立：《〈未付邮——致曹禺书〉的作者“成己”是谁》

杨晨：《做中国的易卜生》

付锴：《曹禺历史上的一次违心事》

郑玉洪：《关于〈蜕变〉的思考》

纪念与缅怀

人艺：《北京人艺，六十年风华依旧》

张帆：《〈雷雨〉与北京人艺》

曹树钧：《〈今宵酒醒何处〉的艺术特色》

胡逢林：《曹禺的孩提少年生活与他的处女作》

刘清祥：《解读曹禺小说〈今宵酒醒何处〉》

陈洪声：《学习曹禺创新精神　培养青少年创作人才》

乐美勤：《“新加坡戏剧之父”郭宝坤及其对曹禺的崇高评价》

朱尚刚：《做莎士比亚的中国知音》

铃木直子：《曹禺与日本》

饭塚容：《曹禺作品在日本》

王培雷：《从“影之戏”到“戏之影”》

沈澧莉：《微笑的订婚照》

李乃忱：《回忆曹禺晚年生活片段（两则）》

曹禺书简

《曹禺与巴金书简》

《曹禺写给张瑞芳的信》

《李如茹、黄明山信件往来》

名剧鉴赏

树融:《读〈戏剧鉴赏〉中曹禺名剧解读有感》

夏叶:《三读〈雷雨〉》

舞台天地

杨秀玲:《曹禺与他的早期校园戏剧》

曹树钧:《这也是一种创造》

故乡情结

陈焕新:《曹禺文化在潜江从自觉自信走向自立自强》

陈洪声:《〈曹禺家世〉诞生记》

黄明山:《天籁和鸣》

万氏家族

贺亮:《万时喆中举后的有关史料》

毛道海:《万德尊是个不可忽视的奇才》

毛道海:《曹禺高祖叔万时喆"循良第一"》

信息传递

高源:《梅花奖艺术团到湖北潜江慰问演出》

青山:《第二届中国戏剧梅花奖演员读书班在潜江举办》

绿水:《第二十届曹禺戏剧文学奖在湖北潜江揭晓》

江南:《潜江纪念曹禺先生处女作发表 85 周年》

华延:《曹禺巴金书简引起社会广泛关注》

海牧:《北京人艺携〈原野〉等剧赴沪公演》

剑华:《上海勤苑沪剧团演出首部〈雷雨〉续剧〈雷雨后〉》

马路军:《曹禺纪念馆开播"每日一剧"》

人文潜江

徐述波、魏泽雄:《天台宗与智颤》

后记

第十辑

(《曹禺研究》编委会编,中国戏剧出版社 2013 年)

学术研究

曹树钧:《论曹禺与京剧艺术》

濑户宏:《试论曹禺作品在延安的演出》
宏友:《曹禺、余上沅与国剧运动》
钟海林:《浅论曹禺戏剧主题的多义性和丰富性》
刘恩平:《灵与魂的相拥相歌》
翟春雪、李伟民:《灵魂进入躯体的悲剧》
张景珊:《从女性视角探讨曹禺对〈雷雨〉的修改》
刘昊:《从〈柔密欧与幽丽叶〉译本看曹禺的创作观》
陈焕新:《三个女人一台戏》
左边:《“家”的毁灭与再生　社会的解体与重构》
李璀:《从人物形象塑造看曹禺话剧〈家〉的中和之美》
余安东:《又是重阳》
曹树钧:《晚年曹禺年谱(上)1966—1989 年》

曹禺书简

罗仲全:《曹禺亲笔修改〈曹禺家世〉》
宫立:《曹禺先生的一封佚简》

往事追忆

万黛、万昭:《无尽的追悔》
郑还:《关于曹禺、郑秀往事的一些回忆》
章洁思:《关于〈雷雨〉的故事》
李乃忱:《曹禺在国立剧专》

舞台天地

韩相德:《曹禺剧作在韩国的翻译和演出》
陈雪绒:《曹禺剧作在越南的传播与影响》
王培雷:《虎头蛇尾的“忠实”改编》
董家祥:《从一部外国影片看〈原野〉》
建华:《别开生面的曹禺经典改编》
肖作伟:《裹脚的震撼》
佘鸿传:《他山之石　可以攻玉》
濮波:《曹禺戏剧的后现代解构》

学子论坛

俞霞婷:《〈雷雨〉:“夏日春梦”八十年》
覃威尔:《品〈雷雨〉中的女性角色》
魏菡:《爱是自由的激流》
倪协克:《曹禺的悲悯心》

施纬:《在雨天遇见雷雨》
熊书婧:《曹禺改编〈家〉是对人性的又一次探寻》
张细霞:《我心中的〈家〉》
庄嘉艺:《我读曹禺剧作〈家〉》
肖紫云、张宁:《曹禺剧作〈家〉中的两位主人公形象的读解》
李明玉:《叛逆的颂歌》

万氏家族

陈洪声:《万氏家族的文脉传承》
刘清祥:《曹禺的传奇童年》

我与《曹禺研究》

陈焕新:《〈曹禺研究〉十年回眸》
曹树钧:《我和曹禺家乡潜江、〈曹禺研究〉的情缘》
洪忠煌:《平台——家园——旗帜》
刘恩平:《江湖夜雨十年灯:〈曹禺研究〉的意义》

信息传递

前潮:《"中国曹禺网"建立》
海牧:《何雁版〈原野〉三次出国巡演纪念》
华延:《〈雷雨〉诞生 80 周年　清华邀上戏教授作专题讲座》
剑华:《天津举行"〈雷雨〉与曹禺征文"活动》

剧本新作

田本相:《苦闷的灵魂》
洪忠煌:《新编"南开话剧"〈用非所学〉》
马鸽:《人物专题片〈曹禺研究专家——树钧教授〉》

人文潜江

刘同斌:《奥运冠军吕小军》

后记

第十一辑

(《曹禺研究》编委会编,长江文艺出版社 2015 年)

学术研究

邹元江:《曹禺剧作与中国话剧意识的觉醒》
郭怀玉:《共和国之爱》

顾振辉:《幻象与真实》

张景珊:《以女性视角探讨曹禺作品中的女性人物》

王海冰:《〈雷雨〉与万公馆的影子》

陈焕新:《周蘩漪的魅惑贯穿〈雷雨〉始终》

佘鸿传:《无药可医的心疾与懊悔》

曹树钧:《晚年曹禺年谱(中)》

舞台天地

王延松:《〈雷雨〉的新面目,经过一番怎样的煅烧》

刘暄:《关于"原创歌剧"〈雷雨〉艺术价值的思考》

邹楠:《在雷雨中呼喊》

沈国明:《〈雷雨〉在马来西亚的演出与活动发展素描》

杨礼福:《试论戏曲人物音乐形象的塑造》

刘恩平:《天地有大美》

曹树钧:《沪剧弘扬曹禺经典的重大成就》

俞霞婷:《如何抉发生命"潜流"的诗性》

学子论坛

吕彦霖:《身体书写与欲望叙事视野下的〈雷雨〉》

沈怡:《璀璨如流星的"金子"》

骆雁琳:《蘩漪的悲剧人生解读》

陈方:《话如其人》

舒弦:《滚滚的雷声　不朽的成就》

王婷婷:《开出罂粟的玫瑰》

左保斌:《读〈雷雨〉》

资料库存

万昭:《致〈摄魂——戏剧大师曹禺〉作者曹树钧的信》

刘清祥:《曹禺〈雷雨〉研究评介资料索引》

宫立:《〈回忆在天津开始的戏剧生活〉的两个版本》

宫立:《李蕤笔下的曹禺》

万氏家族

贺亮、田杏玲:《曹禺的启蒙老师刘其珂》

万世雄:《曹禺和天津万家》

名家风采

陈洪声:《曹树钧:探索曹禺的"心灵宝贝"50年》

曹宇红:《修炼自我　追求无我》

信息传递

康静:《川剧〈金子〉亮相新年戏曲晚会　习近平等党和国家领导观看》

《安徽演艺集团推出黄梅戏　〈雷雨〉等经典剧目巡演》

华延:《〈雷雨〉列入艺术院校招生考试必考题》

王海冰:《〈雷雨〉声动八十载　经典魅力永不衰》

海牧:《上海艺术研究所纪念〈雷雨〉完稿 80 周年》

人文潜江

吴燕军:《不忍看到那颗新星陨落》

后记

第十二辑

(潜江市曹禺研究会、湖北大学文学院编,长江出版社 2015 年)

曹禺戏剧文本研究

李伟民、曾艳:《道德乱伦:禁忌下的"畸形"母子(之二)》

李文英:《试论曹禺戏剧的叙事特征》

刘岩:《关于〈北京人〉的写作时间及版本流变》

贾浩杰:《花金子形象简论——兼论曹禺女性观的转变》

赵佳星:《在阴阳交界处——论剧本〈雷雨〉中的相反相成》

朱西希:《曹禺戏剧的女性意识表达》

刘清祥:《曹禺〈日出〉〈原野〉研究评介资料索引(1936—2013)》

曹禺戏剧舞台、表演研究

褚伯承:《从〈雷雨〉看沪剧的曹禺情结》

王嘉嘉、王延松:《古陶俑〈原野〉的世界表情——关于"古陶俑"〈原野〉的创作对谈》

沈国明:《〈原野〉在马来西亚的演出状况》

段金龙:《眉户剧〈雷雨〉改编之得失》

俞霞婷:《计白当黑——论何雁导演版〈原野〉的艺术探索》

王培雷:《忠诚再现刻板印象——论两版〈日出〉电影改编与表演的得失》

洪家祥:《历历在目的山寨版沪剧〈雷雨〉》

杨秀玲:《天津曹禺国际戏剧节鸟瞰——关于话剧受众情况的调查》

吴俊晓:《灵魂在舞台上飘动——〈雷雨〉人物塑造中揭露的人性》

海外曹禺研究

饭塚容:《关于钱谷融的"〈雷雨〉人物谈"》

陈凌虹:《最近日本学者的曹禺研究》
陈洪声:《跨越国界的弘扬——解读日本学者、中国话剧史专家濑户宏的曹禺研究》

曹禺家世、生平研究

曹树钧:《晚年曹禺年谱(下)》
陈焕新:《关于曹禺出生地的研究与商榷》
郑家荣:《万德尊——文武双全而被历史忽略了的民国知名将军》
万德尊:《万德尊译著人物传记两篇》

曹禺书简

《曹禺致李致书信》
《曹禺致长女万黛的信》
《曹禺给宋清如的信》

曹禺文化研究

章华樵:《陈焕新:耕耘在曹禺文化的沃土上》
聂运伟:《潜江曹禺建筑群的空间意义》
石若凡:《曹禺:一个文化符号的诞生》
吴飞:《文化创意产业的必由之路——以"曹禺文化周"为例》

信息传递

王海冰:《纪念抗战胜利70周年天津举行"抗日烽火中国立剧专主题展"等活动》
前潮:《潜江举行纪念抗战胜利七十周年系列活动》
华延:《唐志艳新编淮剧〈原野〉剧本问世》
项安琪:《曹禺著名莎剧译本〈柔密欧与幽丽叶〉再版》
剑华:《曹禺的剧作在各地的演出(简讯)》

编后记

第十三辑

(潜江市曹禺研究会、湖北大学文学院编,长江出版社2016年)

曹禺戏剧文本研究

曹树钧:《论话剧〈日出〉现代现实主义的创作方法——纪念〈日出〉诞生80周年》
洪忠煌:《从〈日出〉看曹禺怎样处理戏剧结构的矛盾》
胡德才:《论〈日出〉的结构》
张耀杰:《从经济学角度解读曹禺〈日出〉》
余迎胜:《〈日出〉的民族品格与扩展性》

靳书刚:《曹禺建国初修改〈日出〉的深层动因探析》
尹永华:《从〈日出〉创作看当下青春喜剧的缺憾》
谭冰雪、李伟民:《莎士比亚与“中国的莎士比亚”——曹禺》
戴义德:《生命意志的突围描绘出人生悲剧的图谱——简论曹禺的“生命悲剧”》
张健钟:《〈雷雨〉中的人物和结构》
古今:《〈北京人〉的戏剧审美类型问题平议》
张盈:《浅谈〈北京人〉与〈红楼梦〉的艺术关联》
杨涵棋:《对建构民族记忆的尝试——论〈原野〉与〈建筑师〉在“乌托邦”重建中的中西差异》

曹禺戏剧演出研究

杨秀玲:《〈大公报〉与〈日出〉发表前后》
沈国明:《〈日出〉在战前英属马来亚时期的演出、论争和意义》
陈洪声:《艺术生命的灿烂与顽强——曹禺〈日出〉演出史述(上)》
华延:《论曹禺经典在全球的演出及其深远的影响》
梅琳:《隐秘的热忱:30—40年代报刊中的曹禺印象》
王晓鹰:《曹禺与一出没有鲁大海的〈雷雨〉》
徐尧:《别具一格的改变　精益求精的建议——舞台版歌剧〈雷雨〉观后》
褚伯承:《精彩改编为经典加分——谈新版沪剧〈雷雨〉》
张奇虹:《仿佛又见曹禺先生》
刘恩平:《余笑予:通往“结合”与“感应”的艺术变法》

曹禺生平、思想、家世研究

张帆:《一篇难作的大文章(续篇)》
廖声武:《一次充满温情的访问》
库慧君:《失语的诗人——对曹禺后期创作戏剧美学思想转变的反思》
刘清祥:《谁知愁楚藏到了满头白发——写在曹禺逝世20周年之际》
王海冰:《谈曹禺抗战时期思想倾向形成过程》
贺亮、田杏玲:《樊增祥和潜江万氏家族的交谊》

曹禺文化研究

张萱:《“互联网+”时代下潜江曹禺文创产业发展新探——以台湾地区名人故居文创模式为参考样本》
黎明、崔艳琼:《以曹禺为核心符号的潜江市文化产业发展研究》
陈焕新、罗仲全:《潜江市打造曹禺文化品牌大事记》

品戏心语

洪家祥:《一部杰出的警世作品——浅谈〈日出〉主要人物的典型性及深远的现实意义》

左边:《社会批判与理想建构——从〈日出〉看曹禺先生民族自省精神的勃发》

胡逢林:《曹禺〈日出〉的当代意义》

董家祥:《或增或减总相宜——看电影〈日出〉随想》

佘鸿传:《人性美在黑暗处发光——谈谈〈日出〉的画面感》

谷京盛:《扮演〈日出〉中三个角色的一点体会》

邓碧婷:《从舞台叙事看两个〈日出〉版本》

树融:《令人难忘的三个小人物的悲剧》

张翔虹:《曹禺话剧〈王昭君〉中苦伶仃的形象解读》

舒启容:《从话剧〈原野〉到川剧〈金子〉的成功嬗变——缅怀德艺双馨戏剧作家隆学义》

剧本选载

唐志艳:《原野(第一场、第二场)(大型淮剧,根据曹禺先生话剧〈原野〉改编)》

信息传递

徐尧:《加拿大华侨演出〈日出〉上海歌剧院伦敦公演歌剧〈雷雨〉》

剑华:《曹禺五大经典活跃在各地舞台上》

前潮:《"中国曹禺"网站改版运行》

海牧:《纪念莎士比亚逝世400周年,促进中华戏剧高峰建设》

编后记

第十四辑

(潜江市曹禺研究会、湖北大学文学院编,长江出版社2017年)

田本相:《曹禺——中国话剧诗化之集大成者——为纪念话剧一百一十周年而作》

《原野》专论

曹树钧:《论〈原野〉三个阶段的误读及其顽强的艺术生命力——纪念〈原野〉诞生80周年》

洪忠煌:《〈原野〉的探索意义与历史命运》

吴卫民:《〈原野〉的阐释空间》

左边:《〈原野〉审美建构困境的历史性叙述与反思》

刘清祥:《〈原野〉若干分歧问题探讨——写在〈原野〉发表80周年之际》

王延松:《我导演〈原野〉:故事要变一个演法》

刘亚迪:《空间叙事学视角下的〈原野〉》

佘鸿传:《论〈原野〉的戏剧性》

胡逢林:《以一种悲悯的眼光来俯视这群地上的人们——看〈原野〉和董炳月先生评说的感悟》

董家祥:《都是主人公——论金子的地位及仇虎的反抗与觉醒》
王海冰:《〈原野〉等曹禺文学戏剧作品中的环境景观园林描写与生活关系》
中国文艺评论基地上戏评论组:《淮剧〈原野〉的艺术特色及其不足》

曹禺戏剧文本研究

李伟民、马露莹:《不同接受境遇中的莎士比亚——论曹禺与田汉对莎士比亚的接受》
李文英:《曹禺戏剧中的喜剧美学分析》
方冠男:《改造·创业·零余·被改造——曹禺作品中归国留学生的形象书写》
曹瀛:《曹禺〈日出〉的美学特征》
徐晨:《夜未央,日未出——曹禺前期剧作中的"日出"意象探究》
王彤:《曹禺的创作与天津》
刘继林、刘娟:《曹禺〈雷雨〉接受与批评资料索引(1935—1937)》

曹禺戏剧演出研究

陈军:《曹禺舞台观初探》
羊一梵:《阅尽人间百态,俯首氍毹方寸间——经典学习一得》
顾振辉:《曹禺剧作在上戏民国时期的排演》
曹同良:《天津人艺〈日出〉2005 版舞台呈现的特色》
严翔:《二十年后再演周萍》
娄际成:《从曹禺〈日出〉的两个人物谈表演》
徐盛华:《大格局——曹禺名作学习一得》
陈洪声:《艺术生命的灿烂与顽强——曹禺〈日出〉演出史述(下)》

曹禺家世研究

贺亮、田杏玲:《曹禺八世祖母魏氏及其娘家的史料》
万伟:《幸运的"曹禺故居纪念馆"》

曹禺文化研究

曹树钧:《弘扬中华优秀文化,建设中国曹禺学》
黎明、贾彤:《曹禺文化的多维度建构:面向城市品牌未来发展》

信息传递

《〈曹禺年谱长编〉上、下卷出版发行》
《潜江举办〈日出〉发表 80 周年研讨会〈曹禺晚年年谱〉举行首发式》
《跨越时空的对话——中英举行纪念汤显祖、莎士比亚逝世 400 周年研讨会》
《上海歌剧院歌剧〈雷雨〉风靡伦敦　曹禺女儿万昭信贺加拿大〈日出〉公演》
《〈原野〉在诞生地上海"重生"　歌剧清唱剧在厦门首演》

编后记

第十五辑

（潜江市曹禺研究会、湖北大学文学院编，长江出版社 2019 年）

曹禺戏剧文本研究

李伟民、胡蓓、曾艳：《生命的萌动与伦理的禁忌——〈雷雨〉中“畸形”的悲剧之恋（之三）》

王永恩：《晦暗与光明——论曹禺二元主题模式对中国现代话剧的影响》

满佩、刘继林：《从〈桥〉〈艳阳天〉看曹禺抗战后的创作转向》

靳书刚：《要“正确”不要真实——评开明本〈雷雨〉》

杨生国：《悲情浪漫式的精神突围与“易卜生主义”——曹禺批判现实主义创作方法探源》

柳士军：《曹禺在“莎士比亚中国化”进程中的贡献》

郑晓琴：《从视听语言看曹禺〈原野〉的神秘叙事》

王木祥、万至凤：《曹禺戏剧悲剧性生成探讨——以作品〈雷雨〉〈日出〉〈原野〉为例》

杨一丹：《曹禺戏剧的疾病书写和身体政治》

付蓉、李文英：《从精神分析学视域看曹禺〈原野〉的仇虎心理演变》

杨靖媛：《善的悲哀与爱的幻灭——论焦大星与周冲的“无辜人”形象》

姜赫：《曹禺经典剧作对我国剧作学的影响——以顾仲彝编剧理论为例》

刘华森：《奴才的可怕与黑暗——〈日出〉中王福升的形象》

官粹：《绝望的觉醒——略论〈日出〉中的陈白露与小东西》

左保斌：《蘩漪其人》

曹禺戏剧演出研究

曹树钧：《改革开放 40 年　曹禺经典在全球的广泛传播》

杨秀玲：《天津人艺与曹禺生命三部曲》

华延：《话剧〈家〉的诞生与首演的轰动——纪念曹禺话剧〈家〉首演 75 周年》

刘继林、刘娟：《复旦剧社公演〈雷雨〉前后的相关评论》

赵国灿、陆亚东：《试论曹禺经典与戏剧表演》

唐志艳：《师傅领进门　修行在自身——学习曹禺经典的几点心得》

樊翔：《〈雷雨〉的戏剧情境与舞台呈现》

陈洪声：《〈雷雨〉在抗战前的演出》

曹禺研究资料汇编

刘继林：《主持人语》

池周平：《〈雷雨〉研究资料·导言》

周少华：《〈日出〉研究资料·导言》

张义明、黄晓华：《〈原野〉研究资料·导言》

阳燕:《〈北京人〉研究资料·导言》
汪亚琴:《曹禺其他作品研究资料·导言》

曹禺文化研究

吴民:《新时期曹禺研究的得失与检讨——基于戏剧生态学的视域》
黎明、郑好好:《基于潜江城市微信公众号的曹禺文化传播策略研究》
陈焕新:《我与一个中学生的对话——话说曹禺》

怀念曹禺

严福昌:《曹禺羁旅四川八年间——在祝贺曹禺戏剧生涯65年集会上的发言》
华延:《有关曹禺的一次讲演和一封信》
陈迎宪:《生命的意义在于有点东西拿出来——读曹禺致李致书信》
万伟:《“狂人”忆曹禺》
佘鸿传:《谆谆教诲励终生》

曹禺家世

从维清、郑家容:《风雨鲲鹏韵神州　甘洒热血写春秋——曹禺堂弟万家佑传略》
贺亮:《潜江万氏家信中的少年曹禺》

信息传递

徐尧:《“东方之韵·经典剧目晋京展览演”燃爆京城——沪剧〈雷雨〉在京演出一票难求》
华延:《曹禺与中国话剧学术论坛在天津举行　传承大师精神　促进戏剧繁荣》
海牧:《上戏重视以经典剧作培养话剧人才接连演出〈北京人〉〈日出〉等多部曹禺经典》
海牧:《纪念话剧诞生110周年　上海银都艺校举行话剧〈家〉演出和专题讲座》
海牧:《鲁迅故乡绍兴大力弘扬优秀文化　隆重推出歌剧〈原野〉、话剧〈日出〉》
方瑾、顾晓惠:《浙江越秀外国语学院中国语言文化学院排演〈日出〉》
王永芳:《〈新青年〉与中国话剧国际学术研讨会隆重召开》

编后记

第十六辑

（潜江市曹禺研究会、湖北大学文学院编，长江出版社2020年）

本刊特稿

《编者按》
吴卫民:《〈我是潜江人〉赏析》
刘清祥:《悠悠白云　故乡情切——谈曹禺〈我是潜江人〉问世》
陈焕新:《纪念〈我是潜江人〉公开发表30周年——兼论潜江市打造曹禺文化品牌30年》
丁罗男:《曹禺:中国现代文化的重要代表》

胡志毅:《文旅融合　走向世界》

邹元江:《全面开创潜江曹禺文化发展新局面的战略构想》

刘川鄂:《打造地方文化品牌的情怀和担当》

刘继林:《高质量完成十一卷本〈曹禺研究资料长编〉》

赵冕:《坚持打造曹禺品牌的初心使命》

刘家思:《我的曹禺情结》

计敏:《文创产品:开拓曹禺文化市场的一种思路》

聂运伟:《“潜江人”:真正的人》

曹禺戏剧文本研究

王木祥:《论曹禺笔下的“多余人”形象及其美学特征》

段金龙:《论争视野下〈日出〉的经典化生成及其启示》

左边:《曹禺与文化抗战——兼说“两个口号”的论争及其他》

王刘梅:《论曹禺个性化的翻译、改译与其戏剧创作的关系》

曹禺戏剧演出研究

杨秀玲:《天津人艺舞台上的〈雷雨〉现象》

贺亮:《武汉话剧院曹禺话剧演出的艺术成就》

舒启容:《从话剧〈原野〉到川剧〈金子〉成功嬗变》

曹树钧:《弘扬中华经典　走向新的辉煌——赞茅善玉主演的沪剧电影〈雷雨〉》

梁汉森:《沪剧电影〈雷雨〉导演阐述》

《沪剧电影〈雷雨〉备受专家好评》

陈洪声:《〈雷雨〉在抗日战争和解放战争时期的上演》

王学明:《学习经典　努力弘扬曹禺剧作的艺术魅力——毕业大戏〈日出〉导演教学心得》

曹树钧:《黄殿祺和他的曹禺研究》

曹禺研究资料汇编

刘继林:《主持人语》

申利锋、唐小娟:《20 世纪 30 年代以来的曹禺戏剧比较研究概述》

唐小娟:《多元文化视域下的曹禺研究——海外及港澳台曹禺研究综述》

刘继林:《光芒在这里再一次绽放——曹禺戏剧舞台演出概述》

余迎胜:《经典在民间:曹禺剧作改编杂谈》

刘川鄂、汪亚琴:《说不尽的曹禺研究——曹禺综合研究述评》

曹禺文化研究

黎明、隗薇:《曹禺文化 IP 的内涵构造与产业实践》

曹禺家世

贺亮:《万德尊“历代诸将”诗歌中的民族精神》

怀念曹禺

梁爽:《魂归故里——与曹禺先生的对白》

佘鸿传:《最是文字释乡愁——方言诵读〈我是潜江人〉有感》

信息传递

《中央戏剧学院举办国际戏剧“学院奖”(理论奖)》

《上海剧协 2018 年度光荣榜中有关曹禺剧作的获奖人员》

《上海成立曹禺收藏研究院》

《湖北学者胡德才主编〈影视剧评论〉》

《钟海院长排演河北梆子〈原野〉》

《沪剧电影〈雷雨〉隆重登陆上海大银幕》

人文潜江

郑家荣:《潜江旧城之古桥》

编后记

丛书总后记

文学史料之于中国现当代文学研究的意义不言而喻。20 世纪 30 年代，由赵家璧主编、上海良友图书出版公司出版的《中国新文学大系》(1917—1927，十卷本)开创中国现代文学史料建设的先河，意义重大，影响深远。20 世纪 80 年代，由中国社会科学院文学研究所主持编选的大型资料丛书《中国现代文学史资料汇编》(甲、乙、丙三编，出版近 100 册)，以及《1913—1983 鲁迅研究学术论著资料汇编》(中国文联出版社，五卷本，1000 余万字)等，也为中国现代文学“史料学”建设做出了积极探索。近年来，中国现当代文学资料文献整理研究的趋势进一步加强，构建中国现代文学“史料学”“文献学”的呼声也越来越强烈。

正是基于此，湖北大学文学院和长江出版社共同策划并启动了重点选题《曹禺研究资料长编》(共十一卷)的编选工作，希望从史料的角度对中国现当代经典作家曹禺的研究资料做一次全面系统的梳理与整合。曹禺，祖籍湖北潜江，出生于天津，先后就读于南开大学、清华大学，20 世纪 30 年代因《雷雨》而成名，后又因创作了《日出》《原野》《北京人》等戏剧作品而被誉为“东方的莎士比亚”。《雷雨》发表之后的几十年时间里，曹禺在话剧艺术的小舞台和社会人生的大舞台之间，辗转、奔波、跋涉、徘徊，为我们创作了一大批经典的戏剧作品。与很多进入当代的现代作家一样，晚年的曹禺充满了矛盾，有诸多的怅惘、遗憾、反思和忏悔。曹禺及其创作，已成为百年中国新文学无法绕过的存在，也是湖北文学研究、湖北地方文化品牌建设最为重要的对象。

关于曹禺的研究资料，此前学界已出版过一些研究著述。比较重要的，有王兴平等编的《曹禺研究专集》(海峡文艺出版社，1985)，潘克明等编的《曹禺研究五十年》(天津教育出版社，1987)，田本相、胡叔和编的《曹禺研究资料》(中国戏剧出版社，1991)，田本相、刘家鸣主编的《中外学者论曹禺》(南开大学出版社，1992)，曹树钧著的《曹禺剧作演出史》(中国戏剧出版社，2006 年)，刘勇、李春雨编的《曹禺评说七十年》(文化艺术出版社，2007)，田本相、邹红主编的《海外学者论曹禺》(广西师范大学出版社，2014)，田本相、阿鹰编著的《曹禺年谱长编》(上海交通大学出版社，2016)等，为我们《曹禺研究资料长编》的编写提供了十分重要的参考。同时，我们通过对上海图书馆的《晚清民国期刊全文数据库》、中国国家图书馆的《民国中文期刊数字资源库》、《中国知网》等大型数据库，以及《大公报》《申报》《益世报》等民国报刊，《人民日报》《文艺报》《戏剧报》《人民戏剧》等当代报刊资料的检索、钩沉、阅读和梳理，发现已出版的曹禺相关研究资料仍存在较大的缺漏，重新系统辑录、校正和增补十分必要。

《曹禺研究资料长编》作为一部大型学术类研究资料丛书，共十一卷，选收了自1935年至2018年公开发表、出版的有关曹禺的研究资料，内容涉及曹禺的话剧创作、批评接受、比较分析、海外传播、剧作演出、艺术改编等方面的评论和研究资料。分卷编写情况如下：

第一卷　《雷雨》研究资料（池周平编）

第二卷　《日出》研究资料（周少华编）

第三卷　《原野》研究资料（黄晓华、张义明编）

第四卷　《北京人》研究资料（阳燕编）

第五卷　《家》与其他作品研究资料（汪亚琴编）

第六卷　曹禺比较研究资料（申利锋、唐小娟编）

第七卷　曹禺海外研究资料（叶萍、唐小娟编）

第八卷　曹禺剧作演出研究资料（刘继林、刘娟编）

第九卷　曹禺剧作改编研究资料（余迎胜编）

第十卷　曹禺综合研究资料（刘川鄂、汪亚琴编）

第十一卷　曹禺研究资料目录索引（刘继林、王刘梅、覃雪娇编）

丛书的编选坚持史料价值和学术价值相统一的原则，在尊重历史客观事实的前提下，注意呈现历史发展过程中作家思想、创作风格、批评接受的发展变化，力求真实、全面反映曹禺及其剧作的文学史意义、曹禺研究资料的学术史价值。

在历时三年半的编纂过程中，湖北大学文学院一大批优秀的本科生、硕士生和博士生参与其中，在各类原始报刊资料的搜集、整理、录入、校勘等方面做了大量富有成效的工作；在湖北大学文学院领导大力支持下，曹禺研究项目组的十多位老师，精诚团结，相互支持，密切配合，高效圆满地完成了各自的任务；湖北大学文学院的聂运伟教授、长江出版社的肖德才副总编辑、潜江曹禺研究会的傅海棠老师等全程参与，给予了诸多的指导和无私的帮助；长江出版社的赵冕社长、各卷的责任编辑等，在丛书的策划、编辑、校对和出版过程中，加班加点，付出了辛勤的劳动；还有众多给我们提供过资料和信息的老师、朋友等，在此一并表示衷心的感谢！

此外，需要特别感谢的是，八十多年来所有对曹禺先生和曹禺剧作有过关注、做过研究的专家学者们。正因为有他们此前精彩纷呈的研究，有他们为曹禺研究所奠定、所夯实的基础，才有我们今天这套丛书的编纂和出版，衷心感谢！

由于曹禺研究资料涉及的历史跨度大，各类文献资料繁多复杂，系统地搜集整理并编选出一套有学术价值的丛书，是既有难度又有挑战的一个工程。作为曹禺研究的后来者，我们以大无畏的精神接受了挑战，并如期完成了丛书的编选工作，应该说是一件值得庆幸的事。但我们又十分惶恐，我们深知在曹禺研究方面的学术积累不够，能力和水平有限，项目完成的时间也不足，这套丛书难免会有一定错漏，肯定也会有不少遗憾，其中不当和不妥之处，恳请方家和读者批评指正！

最后，需要特别说明的是：本丛书作为湖北大学中国语言文学学科建设的重要成果，其编选和出版得到了湖北大学“中国文化传承与发展”省级优势特色学科群和湖北大学“中国语言文学与哲学文化”省级一流学科建设项目的大力支持。在此一并衷心感谢。

编　者

2021 年初春时节于武昌沙湖畔